管理学
——原理与实务
（第2版）

主　编◎张　亚

副主编◎王力平　曾　政　向月波　李果桦

编写人员◎（以编写章为序）：

　　　　　张　亚　宋利斌　向月波　李　霞

　　　　　王力平　李果桦　王红阳　李俊明

　　　　　刘莉娟　曾　政

北京理工大学出版社
BEIJING INSTITUTE OF TECHNOLOGY PRESS

内 容 简 介

本书根据经管类专业培养目标、教师教学特点和学生学习需求，本着内容的系统性和广泛性，理论的够用性和简要性，实训的可操作性和多样性，介绍了管理的概念和特征、管理的性质和职能、管理的方法、管理的原理、管理思想的演变及决策、计划、组织、领导、激励、控制、创新职能。

本书既适合高等院校和专业培训的教学需要，又可作为成人教育、函授、自学考试及在职人员自学参考用书，也可作为管理学爱好者的读物。

版权专有　侵权必究

图书在版编目（CIP）数据

管理学：原理与实务／张亚主编．—2版．—北京：北京理工大学出版社，2013.12（2019.8重印）

ISBN 978－7－5640－8690－9

Ⅰ．①管… Ⅱ．①张… Ⅲ．①管理学－教材 Ⅳ．①C93

中国版本图书馆 CIP 数据核字（2013）第 311544 号

出版发行／	北京理工大学出版社有限责任公司
社　　址／	北京市海淀区中关村南大街 5 号
邮　　编／	100081
电　　话／	（010）68914775（总编室）
	82562903（教材售后服务热线）
	68948351（其他图书服务热线）
网　　址／	http：//www.bitpress.com.cn
经　　销／	全国各地新华书店
印　　刷／	北京虎彩文化传播有限公司
开　　本／	710 毫米×1000 毫米　1/16
印　　张／	22.75
字　　数／	425 千字
版　　次／	2013 年 12 月第 2 版　2019 年 8 月第 4 次印刷
定　　价／	48.00 元
责任编辑／	陈　竑
文案编辑／	胡卫民
责任校对／	周瑞红
责任印制／	马振武

图书出现印装质量问题，请拨打售后服务热线，本社负责调换

Preface 前言

本书通过对国内外管理学最新理论和案例的研究分析，探索社会主义市场经济体制下丰富的管理知识内容和优化的管理知识结构；根据经管类专业培养目标、教师教学特点和学生学习需求，本着内容的系统性和广泛性，理论的够用性和简要性，实训的可操作性和多样性，来安排教材的体系、构架、布局；在教学内容和编写体系上注重体现素质教育和创新能力培养，做到知识、能力和素质协调发展，教材编写取材适合，深度适宜，分量恰当，具有实际使用价值和可操作性，符合认知规律性，富有启发性，以技术和技能为导向带动理论阐述，突出应用型人才培养特点，这样既提高了学生的实践动手能力，又体现了应用型人才的培养目标和规格定位。

本教材在参考和吸收同行同类教材的基础上取长补短，体例设计新颖，符合教学规律：

★【学习目的和要求】——明确学习目标，提高学习针对性。

★【主要概念和原理】——解决重点难点，增进心灵沟通，提炼掌握基本及重点范畴和知识，纲要概括简明，重在提纲挈领。

★【案例导入】、【案例分析】——从感性认识到理性认识，以经典案例引出理论知识。

★【即问即答】、【相关链接】——教师在传授专业理论知识时，要加强与学生之间的课堂交流，适时引导学生、调节气氛，突出互动性，激发潜能灵感，刺激学习兴趣，调动学生课堂注意力，活跃课堂学习气氛，扩大学生对相关知识面的了解。

★【本章小结】——对知识的总结归纳，强化学习记忆。

★【知识掌握题】——告知学生应该掌握的本章知识。

★【自测题】——测试学生对本章知识的掌握程度。

★【知识应用与课堂讨论题】——对案例进行讨论、分析，这样可以培养学生独立分析、思考问题和口头表达的能力，创造平等交流的融洽气氛，让学生在讨论中互相启发，取长补短。在讨论过程中，教师对所讨论的问题应该做到心中有数，要引导学生集中讨论中心问题，防止讨论漫无边际或走题。讨论中观点不一定统一，只要有理有据，允许多种不同观点存在，教师不要出面裁判是非，切忌简单宣布所谓"标准答案"。

★【情景模拟题】——让学生扮演案例材料中当事者的角色，引导他们进入特定的情景，进行"情景体验，现场模拟"。在案例的选择上应注意"现实性、生活性、趣味性"，有利于学生在案例背景材料的基础上，结合现实生活的经验进行分析和判断。

★【实践训练题】——教师还要让学生带着专业的理论知识参加社会实践，走出课堂，调查研究，参与策划和组织活动，通过社会实践这个载体，让学生找到成就感，运用公关理论，撰写调查报告。用身体去学习，得到的是知识；用头脑去学习，得到的是理性；用心灵去学习，得到的是感悟。

★【课下补充参考资料】——为学习积极和有余力的学生，提供更多的自学空间。

本书既适合高等院校和专业培训的教学需要，又可作为成人教育、函授、自学考试及在职人员自学参考用书，也可作为职业技能鉴定、职业资格考试参考用书，以及公关爱好者的读物。

本书大纲由张亚主编，体例由张亚设计，王力平、曾政、向月波、李果桦任副主编。各章的编写分工是：张亚编写第一章，宋利斌编写第二章，向月波编写第三章，李霞编写第四章，王力平编写第五章，李果桦编写第六章，王红阳和李俊明合写第七章，刘莉娟编写第八章，曾政编写第九章。全书由张亚修改、总纂和定稿。

在本书编写过程中我们广泛参考了国内外教材和书籍，借鉴和吸收了其他同行和教材的内容及研究成果，限于篇幅，除少数文献我们在书末列出之外，不能全部列出，在此一并致谢。

教材的质量提高和创新是一个永恒的主题。由于编写时间仓促，编写水平有限，不足之处在所难免，恳请同行专家和广大读者不吝赐教，提出宝贵意见，予以批评指正，以便改进。

编　者

Contents | 目录

第一章　绪论 ·· 1
　第一节　管理的概念和特征 ·· 2
　第二节　管理的性质和职能 ·· 11
　第三节　管理的方法 ·· 21
　第四节　管理的原理 ·· 33

第二章　管理思想的演变 ··· 57
　第一节　早期管理实践与管理思想阶段 ··· 59
　第二节　管理理论产生的萌芽阶段 ·· 62
　第三节　古典管理理论阶段 ·· 65
　第四节　现代管理理论阶段 ·· 74
　第五节　当代管理理论阶段 ·· 83

第三章　决策 ·· 92
　第一节　决策的概念 ·· 93
　第二节　决策的分类 ·· 98
　第三节　决策程序 ··· 104
　第四节　决策的方法 ·· 108

第四章　计划 ·· 127
　第一节　计划的含义与分类 ·· 129
　第二节　计划工作的技术 ··· 136
　第三节　计划过程与目标管理 ·· 148

第五章　组织 ·· 162
　第一节　组织与组织设计 ··· 164
　第二节　组织结构的基本类型和形式 ·· 169
　第三节　组织文化和组织变革 ·· 176
　第四节　人员配置 ··· 193

第六章 领导 203
第一节 领导概述 204
第二节 领导理论 210
第三节 领导艺术 220
第四节 沟通 227

第七章 激励 242
第一节 激励概述 243
第二节 激励理论 247
第三节 激励实务 262

第八章 控制 277
第一节 控制的概念和基本原理 278
第二节 控制的类型与过程 281
第三节 控制的技术与方法 294
第四节 构建有效控制系统 302

第九章 创新 317
第一节 创新的基本理论 318
第二节 创新职能的基本内容 333
第三节 创新的过程和模式 345

参考文献 356

第一章 绪论

学习目的和要求

通过本章学习，要求达到：
知识目标：了解管理的概念和特征。
素质目标：熟悉管理的性质与职能。
技能目标：掌握管理的方法。
能力目标：能够运用所学管理概念和原理观察、分析现实管理问题。

主要概念和原理

管理　管理的性质　管理的职能　管理的方法　系统原理和相应的整分合原则与相对封闭原则　人本原理和相应的能级原则与动力原则　动态原理和相应的弹性原则与反馈原则　效益原理和相应的价值分析原则与可行性研究原则

▶ 案例导入

木桶效应

所谓木桶效应，就是借用木桶描述系统论思想：木桶代表系统，每一块板代表了一个子系统。当木板高低不齐时，木桶装水量取决于最低板，而不取决于最高板，这告诉我们系统论的道理：子系统最优，并不代表总系统的最优；子系统同步发展、动态均衡有利于系统总体功能实现。如果木板质地优良，且一样高，但板块之间有缝隙，木桶就会漏水，它说明这样的道理：子系统必须紧密配合、互动，才可能使系统总体功能较好实现。

资料来源：林宏，余向平．现代企业管理［M］．杭州：浙江大学出版社，2005

案例分析

系统的整体性是指具有独立功能的各个系统和要素之间，必须逻辑地统一和协调于系统的整体之中。即任何一个要素不能离开整体去研究，要素间的联系和作用也不能脱离整体的协调去考虑。脱离了整体，各个要素的机能和要素间的相互作用也就失去了意义。系统中的各要素相互作用一定要服从于系统的整体目的。只有在发挥整体功能的基础上展开各要素及其相互之间的活动，才能形成系统整体的有机行动。这就是管理系统的功能应具有的整体性。这个案例启示我们考虑问题必须有系统整体性的思想。

第一节 管理的概念和特征

一、管理的概念

管理自古有之，源远流长，作为一种社会行为，可以说与人类群体俱生，与人类的文明历史一样悠久。但时至今日，人们对管理的概念也还很难达到一个普遍而统一的定义。这不仅是因为管理的渊源太久，很大程度上还是因为管理的内涵太丰富，涉及面太广。人们通常总是倾向于按自己某种实践的需要，从某种特定的角度或特定的学科领域谈管理。因此，不同的管理党派对管理一词有不同的解释。

科学管理学派认为："管理就是效率。"他们认为管理就是协调团体的活动以达到其共同的目标所做努力的过程。

管理过程学派认为："管理就是实行计划、组织、指挥、协调和监督。"

行为科学学派认为："管理就是对人的管理。"

决策理论学派认为："决策贯穿管理的全过程，管理就是决策。"

管理科学学派认为："管理就是用数学模型与程序来表示计划、组织、控制、决策等合乎逻辑的程序，求出最优的解答，以达到组织的目标。"

有人认为，管理从字义上理解就是管辖和处理的意思；亦即管人和理事，管辖指权限，处理是在权限内行使职能。

有人认为，管理一般意指经由他人的努力以完成工作目标的活动，倘若依靠自己的力量即可完成某一目标，这种活动只能称为操作，不能称为管理。

还有人数学化地描述说："管理是微分决策的积分。"

上述种种说法，皆是从不同的角度去认识管理，虽然结论不同，但无疑都揭示了管理概念的不同侧面，也启迪我们对管理实质做更全面的认识。

综上所述，我们从管理的要素和管理的程序来研究，可以得出管理的概念如下：所谓管理，就是人们在认识并掌握管理系统内在联系和外在环境及其相互关系的基础上，运用各种管理的基本职能，有效地利用管理的基本要素，以达到系统预定目标的运动过程。

即问即答 1-1

凡是有集体劳动和共同劳动的地方是否就需要管理？

具体地讲，管理包括以下五个方面。

第一，管理的主体是管理者。在一个组织中管理者是"首脑"，一个组织的运行及其效果，很大程度上取决于管理者的素质、能力、经营理念与风格及其对组织的定位、发展战略的制定和具体的管理上。

第二，管理的客体是组织资源。组织资源是以人为中心的生产要素，在管理活动中一个很重要的内容是要搞好对人的管理，人是管理的核心要素，管理要最大限度地调动人的积极性和激发人的潜能。通过有效的管理，把组织资源有效地配置，提高资源的利用率和产出效果。

第三，管理总是在特定的环境下进行的。任何组织的活动都不能脱离特定的环境来进行，管理者必须及时洞察环境的变化，分析环境变化给组织带来的是机遇还是威胁，以便抓住经营机会，避开或减轻环境变化对组织带来的威胁。

第四，管理的手段是管理所应有的职能活动。管理职能是在一定技术经济条件下，在管理过程中反复出现的带有共性的管理活动的理论抽象。一般认为，计划、组织、指挥、控制是管理的最基本的职能，管理目标的实现必须以这些职能作为手段。管理活动是一个动态过程，应将这些职能有机地整合与协调，贯穿于整个管理过程的始终。这些职能要得以有效的实现，必须在组织内部形成一个合理的管理机制，采取恰当的管理方法。

第五，管理的目的是有效实现组织的目标。管理是有目的的行为，任何有序的组织行为都是为了实现一定的目标而开展活动的。没有目标，组织的管理活动就失去了努力的方向与动力。一个组织的一切管理活动，都是为实现组织目标服务的。制定一个先进切合实际的组织目标，并使一个组织的所有活动都围绕目标的实现而有效运行，才能使组织各项职能管理活动既有效率，又有效益。

二、管理的特征

1. 普遍性

管理的普遍性表现为管理活动是协作活动，涉及人类每一个社会角落，它与人们的社会活动、家庭活动以及各种组织活动都是息息相关的。从人类为了生存而进行集体活动的分工和协作开始，管理便随之产生。管理的普遍性决定它所涉及的范围。

2. 科学性

管理的科学性表现在管理活动的过程可以通过管理活动的结果来衡量，同时它具有行之有效的研究方法和研究步骤来分析问题、解决问题。管理是一门科学，它是人类长期以来从事社会生产活动实践，对管理活动规律的总结。作为一门科学，管理规律要求应有系统化的理论知识。管理科学是把管理的规律性揭示出来，形成原则、程序和方法，对管理者管理活动予以普遍性指导，使管理成为理论指导下的规范化的理性行为。承认管理的科学性，就是要求人们在管理活动中要不断发现与摸索管理的规律性，按照管理的规律来办事，在科学的管理理论与原则的指导下，搞好管理，提高管理效率。

3. 艺术性

管理又是一门艺术。所谓管理艺术，是指管理者在管理活动中，针对管理对象，为实现管理目的，在管理原理、原则指导下所掌握和运用的富有创造性的各种管理技能、技巧、才能和方法。强调管理的艺术性，也就是管理不能照搬教条，管理理论作为普遍适用的原理、原则，必须结合实际应用才能有效。管理的艺术性表现在管理的实践性上，在实践中发挥管理人员的创造性，并因地制宜地采取措施，为有效地进行管理创造条件。管理者要从管理实践中提高自己的判断力与管理的技巧，掌握应用艺术，在管理组织、管理制度、管理技术与方法等方面不断创新。管理的科学性和艺术性是相辅相成的，对管理中可预测可衡量的内容，可用科学的方法去测量；而对管理中某些只能感知的问题，某些内在特性的反映，则无法用理论分析或逻辑推理来估计，但可通过管理艺术来评估。最富有成效的管理艺术来源于对它所依据的管理原理的理解和丰富的实践经验。管理是科学与艺术的结合，决定了管理者不只是需要管理知识，掌握管理的理论，还需要依靠人的经验、才识、思维力和创造能力，提倡管理的灵活性与创造性，通过两者的结合，促进管理目标的实现。

4. 动态性

首先表现在管理对要素的动态性，从早期的人、财、物到今天的观念、目标、组织、人员、资金、信息、技术、物资、时间和环境等要素。其次表现在管理理论的动态性，从泰罗的科学管理理论到今天流派纷呈的各种管理学派。再次表现在参考信息的动态性，组织所面临的内外环境在变化，面对来自国内和国际市场的竞争压力，面对瞬息万变的信息和技术革新、纷繁复杂的市场需求，多数中国企业在管理上、经营上、观念上都有应变和适应上的滞后现象。随着企业管理水平的全面提高，管理工作的静态化特征已经越来越不能适应现代化企业发展的需要。尤其是随着企业规模的不断扩大、各类事务的增多，企业在发展初级阶段可以暂时将其忽略的很多问题，在这时都必须顺次地被提上企业的工作日程上来，管理无形中会被注入很多新的职能，如执行企业文化、人力资源管理、成本核算等任务。为了适应企业发展阶段性转变的需要，组织必须慎重审视自己的新增职能，并在具体的管理活动中逐步走出静态化管理的惯例，逐步向动态化管理的方向转化。

5. 不确定性

管理的不确定性就是不可预见性与不可控制性。不确定性可以分为主观原因与客观原因造成的不确定性。主观原因是个人知识、结构、信息等决定的认识的有限性决定的不确定性。客观原因是环境的变化带来的不确定性。管理者的职责之一就是力图将环境的不确定性降至最低限度，环境对企业的管理决策有重大的影响，而且由于环境的不断变化，决策者要依据环境因素做出正确的决策就会更加困难。在稳定的简单的即不确定性低的环境中，管理者可以较为正确地、简单地判断出应对的策略，而相反，在动态的复杂的即不确定性高的环境中，管理者在某一时间对环境做出的正确的、科学的决策和判断，可能因为环境的快速变化，而成为无效的甚至错误的决策和判断。因此，管理者在企业的管理过程中，力图将环境的不确定性降至最低，以确保所做出的决策利于企业的发展。

相关链接 1-1

管理：不确定性时代的选择

在商业社会，不确定性的趋势也越发明显。最新的例子是东芝。2008 年 2 月 19 日，东芝公司宣布停止 HDDVD 播放器/录像机的开发和生产。东芝社长西田厚聪表示，东芝之所以决定退出 HDDVD，并非 HDDVD 没有技术优势，而是由于市场环境的突然变化。他指出，华纳兄弟公司 1 月 4 日突然宣布只支持蓝光格式让东芝始料不及，并成为东芝放弃 HDDVD 的主要原因。据悉，在此之前，华纳兄弟公司已打算于 2007 年 12 月中旬签署 HDDVD 独占协议。对于东芝而言，此举虽然无奈，却也相当明智。

乔治·马歇尔说："只要目标正确，连一个尉官也能制定战略。"但问题在于，这是一个充满不确定性的社会，预期与实际结果之间往往并不一致。任正非有句话颇有意思，他说："如果谁能够说出 20 年之后华为做什么的话，我就可以论证：20 年后人类将不吃粮食，改吃大粪。"任正非看到了不确定性。

在当今的商业环境中，不确定性的特点日益突出。竞争对手就有很强的不确定性，一些看起来完全不可能的企业会在某一日忽然成为对手。比如，就在几年之前，有多少人料到诺基亚会成为柯达的对手，而微软又会成为诺基亚的对手？

对于如何驾驭不确定性，管理学者们已有许多研究。从大的原则上，可以概括为 16 个字：周密计划、敏锐把握、灵活应对、果断抉择。

首先要"周密计划"。在每个重大商业活动前都应周密计划，充分考虑到方方面面的因素以及各种各样的可能性。

其次要"敏锐把握"。俗话说计划没有变化快，再完善再周密的计划，也不可能不遇到变化，因为总有一些因素是计划制订者自身无法控制的。企业要做的就是敏锐把握这些可能会影响到其计划实施的因素。

第三要"灵活应对"。许多大企业也都强调灵活敏捷,这其中就包括灵活应对各种不确定性。以松下为例,最近松下与日立合资的 IPS 阿尔法科技公司公布了新的八代线液晶面板生产线建设计划。有分析师指出,这标志着松下终于迈出了从等离子向液晶转型的关键一步。在此之前,松下曾多次表示坚持其等离子发展战略。然而,市场情况的发展却是松下始料未及的,过去两年,等离子电视制造商的收入大幅下降。2007 年情况更进一步恶化,全球液晶电视出货量达到 7 200 万台,远远超过了等离子电视。正是在这个背景下,松下不得不做出调整。为了灵活应对不确定性,一些企业采取了"战略备份"的做法。当年,微软在决定重点发展 Windows 操作系统时,仍同时进行 MS-DOS 和 OS/2 的开发,原因就是它看不透市场的前景。当然,这种做法也有其弊端,如造成资源的分散和浪费,这就需要企业根据自身情况去权衡得失了。

最后要"果断抉择"。某些变化的出现,并不足以对企业或企业的某个计划产生根本性影响,在这种情况下,企业只需进行相应的调整即可。然而,有些变化却恰恰相反,也就是说,因为这些变化的出现,原有计划或战略已失去了继续实施的依据。在这种条件下,企业就应果断抉择,以短痛避免长痛。东芝正是如此。尽管东芝在 HDDVD 上投入很大,但随着华纳兄弟公司的倒戈,东芝再坚持下去前景也不会很妙,断腕成了最佳选择。类似这样的例子,不论是正反都有许多。戴姆勒·奔驰公司并购克莱斯勒后,痛苦地整合了数年,最终还是不得不放弃克莱斯勒。这其中虽有诸多方面的因素,但没有果断抉择给戴姆勒·奔驰公司造成了巨大痛苦。

显而易见,确定性是非常态,不确定性才是常态,我们不能用非常态的确定性去理解和驾驭常态的不确定性。

资料来源:http://www.chinasexq.com/html/news/manage/2008312102758689.shtml

三、管理的地位

在现实社会中,人们都是生活在各种不同组织之中的,如工厂、学校、医院、军队、公司等,人们依赖组织,组织是人类存在和活动的基本形式。没有组织,仅凭人们个体的力量,无法征服自然,也不可能有所成就的;没有组织,也就没有人类社会今天的发展与繁荣。组织是人类征服自然的力量的源泉,是人类获得一切成就的主要因素。然而,仅仅有了组织也还是不够的,因为人类社会中存在组织就必然有人群的活动,有人群的活动就有管理,有了管理,组织才能进行正常有效的活动。简而言之,管理是保证组织有效地运行所必不可少的条件。组织的作用依赖于管理,管理是组织中协调各部分的活动,并使之与环境相适应的主要力量。所有的管理活动都是在组织中进行,有组织,就有管理,即使一个小的家庭也需要管理;从另一个方面来说,有了管理,组织才能进行正常的活动,组织与管理都是现实世界普遍存在的现象。

不过,当组织规模还比较小的时候,管理对组织的影响还不大。组织中的管理活动还比较简单,并未形成独立的管理职能,因而也就显现不出管理的特别重要性。如对于小生产企业来说,也可以凭借经验,维持自身的发展。但随着人类的进步和组织的发展,管理所起的作用越来越大。

20世纪以来,尤其是第二次世界大战以后,全世界掀起了科学管理的热潮。当今管理已成为一门科学,管理队伍已成为一支大军。国际上公认管理、科学和技术是现代社会的三大支柱。有人说:"19世纪是工业世纪,20世纪则作为管理世纪载入史册"。美国在战后一举成为世界第一经济强国的秘诀是三分靠技术,七分靠管理。日本也不甘落后,他们在20世纪50年代末期总结经验的基础上,结合自己国情,在全国迅速掀起了学习科学管理的热潮。20世纪60年代,终于靠科学和管理两个车轮,经济开始腾飞。现今日本是青出于蓝而胜于蓝,已成为世界第二经济强国。他们自己总结说:"管理与设备,管理更重要。管理出效率,管理出质量,管理可以提高经济效益,管理为采用更先进的技术准备条件。"

在我国管理是制约经济腾飞的瓶颈。诸多国外考察者认为:"中国工业急需解决的问题,第一是管理,第二还是管理,第三还是管理。"

关于管理的地位,马克思曾明确指出:"劳动的社会生产力表现为资本固有的属性,既包括科学的力量,又包括生产过程中的社会力量的结合,最后还包括从直接劳动转移到机器,即死的生产力上的技巧。"马克思在这里不仅告诉我们科学技术属于生产力,还指明作为生产过程的结合——管理,也属于生产力。

因此,管理同劳动力、劳动工具、劳动对象、科学技术一样是生产力要素。故现在人们赋予生产力一个新的定义:

生产力 =(劳动力 + 劳动工具 + 劳动对象 + 科学技术)× 科学管理

这个公式表明管理在其中起着乘数的作用,它能放大或缩小管理系统的整体功能。

四、管理的作用

管理的作用体现在以下几个方面。

(1)通过管理可以使潜在生产力变为现实生产力,产生巨大的结构组合效益。这是因为不相干的生产要素不会形成真实的生产力,只有通过管理,使之结合在一起,才会形成现实的生产力系统,而且人类共同劳动的不同分工协作,通过管理定会产生巨大的结构组合效益。在组织活动中,需要考虑到多种要素,如人员、物资、资金、环境等,它们都是组织活动不可缺少的要素,每一要素能否发挥其潜能,发挥到什么程度,对管理活动产生不同的影响。有效的管理,正在于寻求各组织要素、各环节、各项管理措施、各项政策以及各种手段的最佳组合。通过这种合理组合,就会产生一种新的效能,可以充分发挥这些要素的最大潜能，使之人尽其才，物尽其用。例如，对于人员来说，每个人都具有一定的能力，但是却有很大的弹性。如能积极开发人力资源，采取有效管理措施，使每个人聪明才智得到充分的发挥，就会产生一种巨大的力量，从而有助于实现组织的目标。

(2) 管理是当代人类社会加速进步的杠杆，通过管理会使集体劳动能力总和大于单个劳动能力之和，起到放大生产力的作用。组织是有目标的，组织只有通过管理，才能有效地实现组织的目标。在现实生活中，我们常常可以看到这种情况，有的亏损企业仅仅由于换了一个精明强干、善于管理的厂长，很快扭亏为盈；有些企业尽管拥有较为先进的设备和技术，却没有发挥其应有的作用；而有些企业尽管物质技术条件较差，却能够凭借科学的管理，充分发挥其潜力，反而更胜一筹，从而在激烈的社会竞争中取得优势。通过有效的管理，可以放大组织系统的整体功能。因为有效的管理，会使组织系统的整体功能大于组织因素各自功能的简单相加之和，起到放大组织系统的整体功能的作用。在相同的物质条件和技术条件下，由于管理水平的不同而产生的效益、效率或速度的差别，这就是管理所产生的作用。

(3) 管理可以协调组织各部分的活动，并使组织与环境相适应。管理，是一切组织正常发挥作用的前提，任何一个有组织的集体活动，不论其性质如何，都只有在管理者对它加以管理的条件下，才能按照所要求的方向进行。组织是由组织的要素组成的，组织的要素互相作用产生组织的整体功能。然而，仅仅有了组织要素还是不够的，这是因为各自独立的组织要素不会完成组织的目标，只有通过管理，使之有机地结合在一起，组织才能正常地运行与活动。组织要素的作用依赖于管理。管理在组织中协调各部分的活动，并使组织与环境相适应。一个单独的提琴手是自己指挥自己，一个乐队就需要一个乐队指挥，没有指挥，就没有乐队。在乐队里，一个不准确的音调会破坏整个乐队的和谐，影响整个演奏的效果。同样，在一个组织中，没有管理，就无法彼此协作地进行工作，就无法达到既定的目的，甚至连这个组织的存在都是不可能的。集体活动发挥作用的效果大多取决于组织的管理水平。

(4) 管理能使组织劳动分工和协作细化，组织规模扩大，生产的社会化程度提高。组织对管理的要求和对管理的依赖性与组织的规模是密切相关的，共同劳动的规模越大，劳动分工和协作越精细、复杂，管理工作也就越重要。一般地说，在手工业企业里，要进行共同劳动，有一定的分工协作，管理就成为进行生产所不可缺少的条件。但是，如果手工业企业的生产规模较小，则生产技术和劳动分工也比较简单，管理工作也比较简单。现代化大工业生产，不仅生产技术复杂，而且分工协作严密，专业化水平和社会化程度都高，社会联系更加广泛，需要的管理水平就更高。工业如此，农业亦同样如此，一个规模大、部门多、分工复杂、物质技术装备先进、社会化专业化商品化水平高的农场，较之规模小、部门单一、分工简单、以手工畜力劳动为主、自给或半自给的农业生产单位,就要求有高水平、高效率的管理。总而言之,生产社会化程度越高,劳动分工和协作越细,就越要有严密的科学的管理。组织系统越庞大,管理问题也就越复杂,庞大的现代化生产系统要求有相当高度的管理水平,否则就无法正常运转。

(5) 管理制约着生产力总体能力的发挥。这是由于劳动者、劳动工具、劳动对象、科学技术和管理这五个生产力要素并非简单的相加,它们是以劳动者为主体,通过管理把诸要素有机地组合在一起,形成一个动态系统来运行的。因此,管理水平的高低,就会产生不同的生产力总体能力。所以有的专家认为:"各国在现有的技术和设备条件下,倘若切实改进管理,均可提高生产力水平 1/3 以上。"

(6) 管理会使科学技术这个最先进的生产力得到最充分的发挥,相得益彰。所以才有管理与科技是现代社会进步的两大车轮之喻。

相关链接 1-2

随着人类的进步和经济的发展,管理所起的作用越来越大。当今世界,各国经济水平的高低很大程度上取决于其管理水平的高低。国外一些学者的调查统计证实了这一点。第二次世界大战后,一些英国专家小组去美国学习工业方面的经验。他们很快就发现,英国在工艺和技术方面并不比美国落后很多。然而,英国的生产率水平同美国相比为什么相差得如此悬殊呢?进一步的调查发现,英国工业在生产率水平方面比较低的主要原因在于英国的组织管理水平远远落后于美国。而美国经济发展速度比英国快,其最主要的原因就是依靠较高的管理水平。美国前国防部长麦克纳马拉说过,美国经济的领先地位三分靠技术,七分靠管理。美国经济上的强大竞争力与美国在管理科学上的突飞猛进显然具有内在联系。

美国的邓恩和布兹特里斯信用分析公司在研究管理的作用方面也做了大量工作。多年来,他们对破产企业进行了大量调查。结果表明,在破产企业中,几乎有 90% 是由于管理不善所致。中国国有企业面临许多困难。调查显示,80% 以上的亏损企业是由于管理不善所致。我国国有企业的改革和发展,没有轻松的道路可走,只有老老实实地研究改善经营管理,建立一套现代企业管理制度才行。没有现代财务、成本、质量管理和科学决策制度,没有扎扎实实的管理基础工作,就不能搞现代市场经济。1996 年 7 月朱镕基同志在一次会议中指出:"对管理的重要性,宣传得还太少,要大力宣传加强企业的经营管理,要大力提倡振兴中国的管理科学,要总结中国管理实践的经验。今天到了要大力提倡改善中国的管理和发展中国的管理科学的时候了。党中央提出了科教兴国的方针。这个科学包括自然科学和社会科学两个方面,当然也包括了管理科学。现在,确实需要强调管理科学和管理教育也是兴国之道。"

资料来源：http://www.shyycg.com/qiyeguanli_neirong.jsp? id=257

五、管理的要素

管理要素是指构成管理活动的必要因素。主要有观念（价值观念、经营观念、人性观念、法治观念等）、目标、组织、人员、资金、信息、技术、物资、时间和环境等十大要素。管理对象是管理者为实现管理目标，通过管理行为作用其上的客体。任何管理活动都是针对一定的管理对象而展开的，它要解决的是"管什么"的问题。对于管理对象包括哪些要素，不同的管理学者从不同的角度和从不同的时期看法有所差异。大家普遍接受的观点认为管理对象包括以下几方面。

（1）人员。人是管理的主要对象。人在管理中具有双重地位：既是管理者又是被管理者。管理过程是一种社会行为，是人们相互之间发生复杂作用的过程。管理过程各个环节的主体是人，各个环节的工作都是由人去做的。因此，人与人的行为是管理过程的核心。

（2）财和物（如组织中的资金、设备、原材料等）。财和物是一个组织赖以实现其目标的重要物质基础。财是组织所拥有的货币资金，资金是组织经营活动的"黏合剂"，资金管理就必须对资金筹措、资金运用、资金耗费与经济核算等过程加强管理，以降低成本，提高资金使用效益。对物资的管理，必须制定好物资采购计划，搞好定额管理，加强库存管理，降低库存，提高物资利用率。

（3）信息。在信息社会时代，信息已成为重要的管理对象。信息是能够反映管理内容的、可以传递和加工处理的文字、数据、图表等。信息系统是管理过程中的"神经系统"。管理中的人流、物流，都要通过信息来反映和实现。管理职能要发挥作用，也要信息的支持。只有通过信息的不断交换、传递，把各要素有机地结合起来，才能形成现实的管理活动。

（4）时间。任何管理活动都是在特定时空条件下进行的，管理离不开时间。现代社会的一个重要特点是时效性日益突出。管理活动处在不同的时间区域，就会产生不同的管理效果。管理效率的提高主要表现为时间的节约。管理活动及其要素的分配，都有一个时序性问题。管理者要加强时间管理，科学地运筹时间，提高工作的效率。

（5）技术。科学技术是第一生产力。在知识经济时代，科学技术在一个组织的发展中起着十分重要的作用。现代组织尤其是现代企业必须加大科技投入，加强科技开发的力度，搞好技术改造，推进科技进步，建立自己的科技研发体系，搞好技术创新，形成企业的核心竞争力，才能促进一个组织可持续发展。

在管理的要素中你认为哪个要素最重要？

六、管理的分类

管理的分类可以有多种多样。按历史的发展阶段，可以分为古代管理、传统管理、科学管理和现代管理；按精确程度，可以分为定性管理和定量管理；按决策者的地位，可以分为专制管理和民主管理；按信息传递的特点与控制方式，可以分为单向管理和双向管理，或开环管理和闭环管理；按管理领域范围，可以分为微观管理和宏观管理两大类。

企业管理属于微观管理还是宏观管理？

第二节 管理的性质和职能

一、管理的性质

管理的性质即管理的二重性，是指管理的自然属性和社会属性，即一方面具有与生产力社会化大生产相联系的自然属性；另一方面，它又具有与生产关系、社会制度相联系的社会属性。管理的自然属性指它在生产过程中处理人和自然的关系，合理组织生产力的属性，表现为管理的一般职能。管理是分工协作的集体劳动所引起的，是社会劳动过程的一般要求，是劳动过程的普遍形态。管理的自然属性是管理的共性，因为与生产力相联系的生产力配置、生产力诸要素的结合形式、手段、方法，在任何社会制度下都没有本质的区别。它决定于生产力发展水平和劳动社会化程度，不取决于生产关系的性质。管理的社会属性是指它在管理过程中要处理人与人之间的关系，维护一定社会的生产关系的属性，表现为管理的特殊职能。管理实际上是通过别人把事情做成的行为，所以管理过程必然涉及人与人之间的关系，因而不能不涉及经济利益的调节，所以管理体现着阶级、社会集团、劳动者之间的经济利益关系，与生产关系的性质相联系。管理或多或少是为了实现生产资料所有者的特殊利益而进行的，生产关系性质不同，管理的社会性质、目的就不同，它表现为劳动过程的特殊历史形态。

管理的二重性是由生产过程的二重性所决定的。企业的生产过程是生产力和生产关系的统一体，它一方面是物质资料的再生产过程，另一方面又是生产关系的再生产过程。在管理实践中,管理二重性总是结合在一起发挥作用的,学习管理二重性理论,使我们懂得对古今中外的一切管理成就,应该有科学的借鉴态度。也就是说,凡是那些可以为我所用的科学的管理理论和方法,只要能极大地提高合理组织生产的能力和水平,我们都应大胆地拿来、借鉴和吸收,不能因其个性而一概拒绝。当然,不同社会、不同时代的管理本身又有社会属性的差异,而且由于具体的国情不同,即使属于生产力组织范畴的具体理论和方法,在不同的国度和具体条件下也会有不同的表现形态,不能一概照搬,必须结合中国的具体情况,加以改造和发展创新。

管理的二重性理论是否适用于今天的企业管理?

二、管理的职能

管理的职能是指管理所具有管理本质的外在根本属性及其所应发挥的基本功效。管理具有两种基本的职能,即合理组织生产力的一般职能和维护生产关系的特殊职能。因为社会生产过程原本就是生产力和生产关系的统一体,所以在管理实践中这两种基本职能是结合在一起发生作用的。当它们结合作用于社会生产过程时,就表现为管理的具体职能。企业管理的性质是通过管理职能体现出来的,企业管理的基本职能是通过一些具体职能来实现的。

1. 决策

所谓决策,简言之,即对管理中的重大问题决定政策。具体地讲,可以说是根据企业内部条件和外部环境,从多个发展目标中,确定本企业未来的发展目标;或从多个实现目标的行动方案中选择其一;或从多个技术上都可行,而经济效益不同的多个方案中选择其一的分析判断过程。

对重大问题,如企业的发展方向、产品种类、产品结构的变化、体制改革、设备技术引进和人才开发等,决策正确与否,决定着本企业的兴衰甚至存亡。对一般问题的决策如何,也关系到经济效益的高低。决策贯穿于管理过程的始终,决策也是上下各级管理人员的主要工作。因而,一些管理学者认为:"管理就是决策","管理的关键在于决策",可见其在管理中的地位是何等重要。

2. 计划

所谓计划,就是对未来的发展目标进行具体设计,制定长远的发展蓝图、年度的发展计划和日常的工作安排,并用计划指导工作,按计划办事,用计划和实际进行对比检查等。

古人讲:"凡事预则立,不预则废",无论管理任何组织,事先都得有个计划,并按计划办事,才能增强管理活动的目的性、预见性和主动性,减少盲目性。另外，管理活动不是孤立的，本企业既处于大系统之中，本企业也是一个系统，而且系统下还有很多分支系统，因而上下左右的关系错综复杂，若都不按计划行事，就会互相"撞车"而抵消力量。就一个企业而言，既有产、供、销各环节，又有人、财、物等各要素，经济活动纷繁复杂，要是没有长远计划、年度计划和作业计划，则企业就无法组织总体的行动以实现发展的目标，长期处于一片混乱之中。

3. 组织

所谓组织，就是整分合的原则，对各方面的人和事进行有效的组合，使职工都为完成总体目标努力。

整分合原则认为系统是一个有机的整体，系统内部的各个要素都有着不同的功能和作用。因此，在保持系统整体性的前提下，必须有明确的分工，以有效地发挥不同要素的不同功能，但只有分工没有协作就会影响系统整体功能的发挥，因而，还要在分工的基础上进行综合。整分合原则就是在整体规划下明确分工，同时又在分工的基础上进行有效的综合。在企业组织管理中就是这样，企业的组织结构分为若干层次和专业部门，这些层次和部门都有明确的职责和不同的分工，但它们都必须接受企业最高层的指令，服从最高层的指挥，这样才能保持和企业的总目标相一致，才能产生管理者所期望的结构功能效应。

组织是实现总体目标和计划的保证。因为，总体目标和计划是要广大职工共同完成的，若职工是一盘散沙，则将一事无成。所以，管理工作者要对所完成的总体任务进行了解和分析，进而将总体任务分解为一个个基本环节或要素，并明确分工落实到基层或个人，然后促使他们在分工的基础上密切合作，有效地进行工作。

组织职能的内容十分广泛，总的包括管理职能的设置、各部门职权的划分、人员的安排、责任的分工等。具体还包括：内部核算单位的责任制的建立和健全，人员的调配、培训、考核和奖惩等。

4. 领导

组织是由人构造的，组织的目标也是由人来实现的。通过管理的计划、组织和控制活动，基本上形成了管理活动的一个基本轮廓，但是以此还不足以有效地实施组织的目标。只有把管理者的领导活动同计划、组织和控制结合起来，才能有效地协调个人之间、群体之间的努力，才能使目标有效实现。所以说，管理的领导职能构成了连接计划、组织和控制的纽带。那么什么是领导呢？

领导可理解为影响人们去实现目标；实施领导意味着要在组织里建立起人们共享的文化和价值观；意味着要把组织的目标沟通到组织的每一个成员当中；同时还意味着怎么样来鼓舞组织的成员以一种高效率的方式去实现高绩效。领导的实质在于一种影响过程。

领导职能的内容：具体来说，通过管理的计划职能，明确了组织的目标以及实现目标的途径；通过管理的组织职能，营造起了一个高效的组织结构；通过领导职能，就要在组织中营造起一种氛围，一种促使人们全心全意、全力以赴、自觉自愿去实现组织目标的气氛。如何才能实现这样一种气氛呢？这有赖于以下三个方面的工作：激励、沟通、适当的领导风格。通过这三个方面的工作，我们希望在组织里营造起一种氛围来促使人们去努力实现目标。管理的领导职能实际上也就是营造氛围的一种活动。

相关链接 1-3

一个简单的比喻可以帮助理解领导的作用。当电磁铁不处在电场之中的时候，对外并不表现出磁性来，但是即使没有表现出磁性，电磁铁内部仍然具有无数的小磁极。拥有这么多小磁极，为什么没有磁性呢？因为不处于电场中的时候，这些小磁极是杂乱无章地排列着的，磁性彼此都被抵消了；一旦这块电磁铁放在一个电场当中，所有的磁极就会指向同一个方向，电磁铁便表现出强大的磁性。工业中有很多起重设备是按照电磁铁的原理设计的。组织就好比是这块电磁铁，假如没有有效的领导，组织的成员也许都很能干，但是大家的能量可能会彼此抵消；只有当营造起一种有效的电场，即一种氛围的时候，组织成员的努力才能指向同一个方向，人们才能表现出巨大的合力来。这就是我们重视管理的领导职能的意义之所在。

资料来源：http://www.plc.com.cn/course/detail/162.html

5. 激励

所谓激励，是指激发鼓励职工的积极性，引导和教育职工，埋头苦干，实现企业总体目标和任务。激励是指激发人们动机的心理过程。

人们由需要引起动机，动机引起行为，行为指向一定的目标。当目标达到之后，又反馈回去，强化刺激，又开始另一个激励过程，使人们向着更高的目标前进。在激励的过程中要加以引导和教育。教育人们把个人、集体和国家三者利益正确结合起来，为本企业的兴旺发达贡献力量。

激励教育的因素很多，包括政治思想的因素、物质利益的因素、需要的因素、期望的因素、环境的因素等。激励教育的内容和方式有：正确处理职工与企业之间、企业内上下之间、职工之间的关系；领导以身作则，树立榜样；培养集体荣誉感；培养职工的进取心；制定奋斗目标；工作扩大化和丰富化；赏罚严明等。

相关链接 1-4

在激励方面有以下三个理论。

(1) 期望理论。这一理论是由心理学家弗洛姆提出的。期望理论认为，根据人类行为的基本模式——需要导致行为，但是并不是所有的需要都能导致行为。需要激发起行为来，必须符合一定的条件。弗洛姆期望理论构造了一个公式，叫作激励强度。

$$激励强度 = 行为结果的大小 \times 行为实现可能性的大小$$

人能不能产生行为取决于激励强度的大小，激励强度等于两个因素的乘积，一个因素是通过行为能得到的结果大小的绝对值，另外一个因素是行为实现可能性的大小。如果激励强度比较大，这种行为就容易发生；如果激励强度比较小，即使是有这个需要，也不见得能导致行为。从这个公式中可以看出，或许有的行为最终的结果可能会很大，但是由于实现的可能性很小，所以对人们的激励强度相对来讲也还是比较小的。这个期望理论比简单的需要导致行为的基本模式能更多地说明一些问题。所以在一定意义上，可以认为它是对于需要导致行为模式的补充。

(2) 公平理论。事实上，需要导致行为这个模式还可以进一步往下延伸。它有一个潜在的因素是说，人们通过行为得到满足。但是公平理论主张人能否通过某种行为得到满足和满意，除了取决于自身所得到的结果的大小之外，还取决于跟他人的对比程度。这可以概括为如下的公式：

$$\frac{自己的所得/自己的投入}{他人的所得/他人的投入} \begin{cases} >1 & 比较满意 \\ =1 & 公平合理、心态平衡 \\ <1 & 不满意或比较不满意 \end{cases}$$

这个理论也给我们一些启发，就是在激励员工的时候，很多情况下起作用的也许不见得是绝对值，人们能否得到满意常常还取决于跟他人的比较。

(3) 强化理论。关于人的需要的研究是针对需要导致行为的输入来讨论的，公平理论、期望理论等是针对需要导致行为的过程本身来讨论的。强化理论，则是把需要导致行为看作一个黑箱，针对这个模式的输出，也就是针对行为来做文章。一般人们倾向于去重复那些受到赞扬或者鼓励的行为，会避免或者说克服那些受到惩罚或者打击的行为。这就是强化理论的基本出发点。所以，它主张可以使用正强化、负强化、自然消退和惩罚四种方式来对人们的行为施加影响。

◆ 正强化指的是对希望人们做出的那种行为加以奖励或者鼓励，以此来促使人们不断地重复这种行为。

◆ 负强化指的是人们由于担心行为会导致某种不好的结果，而努力避免这种行为的一种状态。例如根据过去的经验，上班迟到会被扣奖金，所以在8点上班之前，你会看到人们在拼命地往单位里跑。实际上这是一种负强化，因为人们知道，假如超过8点以后迈进单位大门，就会有不好的结果。

◆ 自然消退指的是对那些不希望出现的行为，可以采取冷处理，即置之不理。当人们感到被忽视、被无视的时候，这种行为也会逐渐地消失。

◆ 惩罚指的是当人做错某种不希望的行为的时候，及时地予以一些惩治，这会使其不再重复这样的行为。

资料来源：http://www.plc.com.cn/course/detail/162.html

6. 控制

所谓控制，是指按计划办事的过程中，对计划执行情况进行监督和检查，及时发现问题，并采取干预措施，纠正偏差，确保原定目标和计划按预期要求实现。

要进行控制，需要有三个条件和相应的步骤。首先，事前要有明确的包括数量和质量要求的标准，如规章制度、计划产量、质量以及各种定额等。其次，在执行过程中，要及时通过各种渠道和手段，收集有关情况和数据，搞好信息反馈，同原计划对比，并查明发生偏差的具体原因。最后，在查明偏差大小，分析产生原因的基础上，采取切实措施加以纠正以保证原目标和计划顺利实现。

目前，在企业管理中，控制已有了许多专门的科学方法，在生产控制、库存控制、质量控制、成本控制等方面得到了广泛的运用。

7. 创新

组织、领导、控制是保证计划目标的实现所不可能缺少的，从某种角度说，它们是管理的"维持职能"。其任务是保证系统按预定的方向和规则进行。但是管理是在动态环境中生存的社会经济系统，仅维持是不够的，还必须不断调整系统活动的内容和目标，以适应环境变化的要求——创新职能。从管理工作的主要内容来看，维持和创新是管理工作的本质内容，有效的管理在于适度的维持与适度的创新组合。

创新是指人们为解决某个问题，自觉地、能动地综合运用各种思维方式和方法，提出新颖而有效的方案的思维过程。这种思维过程一般包括准备、酝酿、顿悟、求证四个阶段。创新是通过直觉、灵感（顿悟）、推理、实践而形成的高级思维过程，是智慧的升华，是智力、想象力的高级表现形态，也是思维本质的创新。

创新是一个企业生命力的源泉，一个企业想要长远地发展，就必须高度重视创新管理。创新管理的主体是企业，它统领着其他各项管理。创新管理做得好，可以有效地提高企业的竞争力。创新管理本身就是一种战略。创新包括人力资源创新、营销创新、工艺创新、技术创新、观念创新等。只有各种创新有效适当结合，才能使企业的整体发展达到一个新的水平，才能使企业可持续发展，长盛不衰。

创新作为人类高级的思维形式在人类文明的发展和进步上发挥了重要作用，创新带来了科技创新、产品创新、市场创新、管理创新、组织形象创新、工作方式创新、营销创新、公关创新、广告创新、品牌创新等。没有创新，人类不可能登上月球；不可能发明飞机、汽车、电话、计算机、因特网；不可能有"一国两制"等。

相关链接1-5

辐射组合创新法

辐射组合创新法是以一种新方法或令人感兴趣的方式，同多方面的传统方法结合起来，形成辐射，从而策划出多种创新的方法。美国有位出版商的一本书滞销，想请美国总统为该书题词，但书到总统面前后，总统看了半天，竟一个字也没题，最后仅微微一笑说："不错"，出版商竟如获至宝，到处宣传"现有总统喜爱的书出售"，结果该书一销而光；不久，出版商又送了一本书请总统题词，总统吸取了上次教训，看也没看就大笔写道："此书糟透了"，出版商同样如获至宝，打出的行销宣传口号是："现在总统最讨厌的书出售"，书比上次卖得更快；当第三次出版商再请总统为一本书题词时，总统为了不让出版商钻空子，决定沉默不语，谁知出版商却大做广告："现在总统难以下结论的书出售"，该书因此又很畅销。这是用"名人效应"辐射而去，用总统给出版商的书任何态度而策划出各种不同的促销口号。

资料来源：张亚.创造性思维方法探析.成都电子机械高等专科学校学报，2002（3）

创新有以下特点。

（1）新颖性。即同原有事物相比更具有新鲜感和新意，使人感到耳目一新。前所未有的新思维、新发现、新观点、新产品、新科技、新形象等，在一定范围内新出现的东西也视为具有新颖性。如成都电子机械高等专科学校将校办工厂改建为工程素质训练中心就是运用了创造性思维的结果。

（2）求异性。主要表现为对普遍的现象、已有的权威性和经验性的东西持怀疑的、分析的、批判的态度而不是盲从和轻信，喜欢另辟蹊径，与众不同，坚持实事求是，不唯上、不唯书，正确的理论要坚持，不正确、过时的理论要勇于突破、敢于创新。如毛泽东的"农村包围城市"的理论，邓小平的"一国两制"和社会主义市场经济理论都具有求异性的特征。

（3）敏锐性。就是通常我们所说的思维上的灵感性，灵感作为一种综合性、突发的心理现象，是人脑以最优越的功能，加上处理信息的最佳心理状态，灵感能突破关键，使兴奋的选择性泛化得到加强，产生神经联系的突然性接通。而这种突然性接通是建立在对某一问题长时间思考、知识和经验积累的基础上，并非突发奇想。

（4）多向性。即从不同的角度来考虑问题，如运用发散性思维举一反三，提出更多、更新的方案，打开思路；换位思维，如企业站在消费者的角度来开发研制产品，教师站在学生的角度来备课和教学，医生站在患者的角度来实施医疗服务，政府站在人民群众的角度来制定路线、方针和政策等；转向思维，工作受阻后马上转向，开拓思路，不墨守成规，在困难中逼出新思路，如红军在长征中爬雪山、过草地。

（5）洞察性。在观察事物的过程中，不断将观察到的事物与已有的知识或假设联系起来思考，把事物之间的相似性、特异性、重复观察进行比较，发现事物之间的必然联系，做出新的发现和发明。例如，透过蛛丝马迹看到未来的先兆；面对事物的各种变化，能高瞻远瞩，提纲挈领，化繁为简，抓住事物的要害；透过表面现象，看到问题的本质。

相关链接 1-6

类比创新法

类比创新法就是根据两个或两类事物在某些属性上相同，进而推出它们在其他属性上也相同的推理。具体来说，类比是在创新思维中，借助某两个事物的相似性，对所研究的问题加以比较，从而推出解决方案。例如，中国台湾农林厅希望通过广告手段向大家推荐香蕉与凤梨，利用哪位明星来做这两则广告呢？这就是广告策划者发挥想象力的时候了，拍一个她品尝香蕉和凤梨的广告，观众会不会只去欣赏她的风韵或风度？既要利用名人的知名度，又要突出产品，二者如何结合得巧妙？这时广告策划者想到了台湾著名的歌星包娜娜和凤飞飞。包娜娜与英语 BANANA 谐音，想象力创造的巧合竟然如此奇妙！凤梨广告利用了凤飞飞的名字的谐音，向消费者推荐"甜蜜蜜的台湾凤梨"。又如我国的小霸王学习机，用香港著名影星成龙做广告，隐含望子成龙之意；"百年润发"洗发液，用香港著名影星周润发做广告，暗喻用此洗发液可使头发滋润等。

资料来源：张亚．创造性思维方法探析．成都电子机械高等专科学校学报，2002（3）

上述各项管理职能，并无严格的次序和界限，各职能之间是密切联系，互相交叉，互相渗透的。一般来说，管理总是先要做决策，然后再制定计划、组织实施和协调控制的整个过程。在进行决策时，必须同时考虑计划、组织、领导和控制的问题；而制定计划，不仅要考虑如何实现决策目标，还必须研究组织、领导、控制和激励的可能性。在组织实施过程中，也包含有科学决策、合理计划和如何协调控制的问题。

即问即答 1-5

在以上 7 个管理的职能中你认为哪个职能最重要?

三、经营

1. 经营的概念

经营一词在我国春秋战国时代的书籍中就已出现了。如《诗经》上说:"经始灵台,经之营之,庶民攻之,不日成之"。这里经营的意思是经度营造,即筹划、谋略、开拓之意。

经营作为企业活动中一个特定概念,随着我国企业经营活动的产生和发展,大致分三个阶段:① 把经营理解为销售;② 将经营理解为生产前的决策和生产后的产品销售;③ 认为经营应包括企业全部经济活动,是企业的综合性职能。因此,从系统及现代市场经济的观念来看,经营是指企业根据外部条件和内部优势确定企业的经营目标、生产方向和实现这一目标所进行的经济活动及全部过程。

企业经营是市场经济的范畴,它是在商品生产日益发展,科学技术不断进步,市场不断扩大的条件下形成的,是市场经济赋予企业的职能。

即问即答 1-6

经营比管理的历史更长?

2. 经营与管理的关系

经营与管理是两个既有区别,又有联系的不同概念,人们统称为经营管理。这是因为经营与管理密不可分,不能截然分开,二者相互渗透,各有侧重,它们是各有侧重的统一体,如表 1-1 所示。二者区别主要表现在以下几个方面。

表 1-1　经营与管理的区别

经营侧重于	管理侧重于
对外经济联系	企业内部经济协调
确定经营目标	组织生产服务活动
预测与决策	指挥、控制、实施
提高经济效益	提高生产工作效率

（1）概念不同。经营是筹划、谋略的意思；企业经营是指根据企业外部条件和内部优势，确定生产方向，经营总目标和实现目标的经济活动过程；管理是指对系统的处理、保管、治理和管辖；企业的管理是指为了有效实现经营总目标而对企业各要素及其组成的系统进行计划、组织、指挥和控制的综合性活动。

（2）来源不同。经营是由市场经济的产生和发展而引起的一种调节和适应社会的职能，并随着市场经济的发展而发展；管理则是由人们共同劳动所引起的一种组织、协调的职能，随着社会化大生产、人们的共同劳动和分工协作的发展而发展。

（3）性质不同。经营主要解决企业生产方向、方针和重大问题，一般属于战略性和决策性活动；管理主要解决如何组织要素实现战略目标，属于战术性和执行性活动。

（4）范围不同。经营要将企业作为一个整体看待，用系统的观点分析处理企业管理问题，追求企业的综合、总体、系统效果；管理侧重内部各要素、各环节的合理组合、使用，以促进其有序、高效完成生产经营任务。

（5）对象不同。经营主要是针对企业的方向、目标的，解决企业内部条件与外部环境相适应的问题；而管理则主要通过计划、组织、指挥和控制等职能体现出来，如财务管理、销售管理、物资管理、生产管理、质量管理、劳动管理和目标管理等。

（6）目的不同。经营关系企业生产经营的方向、出发点、市场，解决如何在市场竞争中取胜的战略性问题，追求的是企业的经济效益；而管理是为实现经营目标，解决如何充分合理组织企业内部的人、财、物等要素，更好地进行供、产、销活动，从而提高劳动生产率，提高工作效率的问题。

即问即答 1-7

经营比管理更高一个层次？

经营和管理是辩证统一体，从它们的联系看，二者是密不可分的。表现出经营促进管理，管理保证经营。可用下列关系式表示：

$$经营管理效果 = 目标方向 \times 工作效率$$

这个关系式说明两个问题：只讲经营，不讲管理，企业经营管理效果就成了空中楼阁；只讲管理，不讲经营，管理就成了无的放矢。也就是说，上式右边任何一项不能为 0 或负，目标方向是企业经营要解决的问题，工作效率是管理追求的目的。经营是企业经济活动的中心，是管理效果产生和发展的基础；管理从经营中产生、发展后，又成为控制、调节经营过程，决定经营命运的重要手段。

经营管理的关键在决策？

经营与管理之间是目的与手段的关系，管理适应经营的需要而产生，企业有了经营才会有管理；经营借助管理而实现，离开了经营活动就会发生紊乱甚至中断。一个企业只有在优良经营的前提下，加上科学的管理，才能取得良好的效果。经营不善，或决策失误，管理再好也无济于事。因此，经营管理综合在一起，才能发挥更大的作用。

随着社会化大生产、专业化分工协作程度的提高，随着企业生产经营活动的发展，人们对经营和管理的内涵认识越来越深入、具体。企业管理中经营的地位日趋重要和突出，企业要在优胜劣汰的市场竞争中生存、发展，首要问题就是经营规模和营销市场的决策，可以说经营失误的后果严重程度远远大于管理差的后果，它直接导致企业的全军覆没。

第三节 管理的方法

一、管理方法的含义和类型

1. 管理方法的含义

管理方法，同人类的一切知识一样，来源于人类的实践活动，是随着人类社会实践的发展和科学技术的进步而不断发展起来的。人们在协调群体的活动以实现一定目的的过程中，根据管理任务和管理对象的情况，制定出达到既定目标的活动方式。按照这种方式，如果达到了既定的目标，就说明它是有效的，这种行动方式在人们的活动中经过不断的重复，就逐渐在头脑中固定下来，变成了正确的管理方法。

管理方法是管理者行使管理职能和实现管理目的的手段、方式、途径和程序的总称。从行使管理职能来看，方法是执行有关职能的手段；从实现管理任务来看，方法是协调分工、协作劳动和各种措施的总和。如果从管理主体和管理客体的关系来看，管理方法则是管理主体作用于管理客体的方式。总之，无论是行使管理职能，实现管理任务，或是维持管理主体和管理客体之间的联系，都必须借助于一定的管理方法。也可以说，没有方法就没有管理。

任何管理，都要选择、运用相应的管理方法。但说起管理方法，人们很容易想起密密麻麻的数字和符号构成的数学模型、烦琐复杂的逻辑运算和形形色色的计算机，使一般人望而生畏，觉得高不可攀。其实，数学方法只是思维逻辑的一种形式，计算机是提供信息、进行运算的一个辅助性工具。数学手段和计算机运用只是管理方法的一个部分、一个方面或一种类型，并不是管理方法的全部。由于管理的任务、对象和环境是复杂多变的，因此，实践中运用的管理方法也是多种多样的。

2. 管理方法的类型

管理方法多种多样，可按照不同的标准进行分类，主要有下列几种分类。

（1）按管理方法的适用范围分为专门管理方法和通用管理方法。在管理某个领域，或特定条件下使用的管理方法是专门管理方法；使用范围广泛，在任何管理中均常常使用，具有共性的管理方法是通用管理方法。

专门管理方法是对某个资源要素、某一局部或某一时期实施管理所特有的专门方法，是为解决具体管理问题的管理方法。例如，计算机信息管理是以信息资源为主要管理对象的具体管理方法，激励管理方法是以人力资源为管理对象的具体管理方法。而生产管理、销售管理、库存管理、行政管理等，由于管理对象、目的不同而具备不同的管理的特点，这就要求必须有适应这些特点的特殊的、专门的方法。即使是某一类型的管理，由于其具体的条件不同，也各有其不同的特点。例如，同样是企业的生产管理，但对每一个特定企业而言，由于工艺技术不同，所有制不同，生产的规模不同，人的素质不同，社会环境不同，其管理都会具有各自的特点，需要有同它们的特点相适应的管理方法。总之，每一事物、每一过程的矛盾都各有其特殊性质，用不同的方法去解决不同的矛盾，是由各种不同的管理活动所具有的特殊规律决定的，管理者应该根据各种不同的具体条件发挥其创造性。每个新的具体方法的产生，都是管理者的知识经验、组织能力、专业技能和创造性思维的集中表现。

通用管理方法（或称为根本方法），是以不同领域的管理活动都存在某些共同的属性为依据而总结出的管理方法。通用管理方法是人们对不同领域、不同部门、不同条件管理实践的理论概括和总结，揭示出了这些共同属性，从而总结出的管理方法。例如，不论是政治活动还是经济活动，都需要做好决策和为协调各方面的活动而进行的组织和控制，以保证预定目标的实现。这种存在于各种管理活动中的共同性，决定了某些管理方法的通用。在管理的实践过程中，管理学家根据管理实际工作中的应用问题提出了许多通用的管理方法，其中有任务管理法、人本管理法、目标管理法、系统管理法等。这些通用管理方法对于各种不同的管理活动都是适用的，是管理方法中主要和重要的组成部分。

专门管理方法和通用管理方法并非是绝对分立，而是相互影响、相互制约的。通用管理方法是专门管理方法的前提和基础，它为人们运用专门管理方法提供思想路线和基本原则，专门管理方法则是通用管理方法的具体表现。人们在把专门管理方法运用于实际工作的时候总是自觉不自觉地表现其通用的方法；反过来说，通用的方法又必定会支配和制约着人们对专门管理方法的运用。

（2）按管理方法的层次可分为哲学方法、一般方法和具体方法。哲学方法是最高层次的管理方法,对低层次的具体方法起指导作用,即起方法论的作用,此种类型的方法适用于任何领域、任何过程,是整个管理方法体系中最基本的、有指导意义的、制约其他方法的方法,管理的定性分析问题均需使用这种方法;一般方法是指常用的行政方法、经济方法、法律方法、宣教方法、数学方法等;具体方法是管理活动中针对性极强、处理具体问题的方法。此类方法适用于管理的某一领域、某一过程中的局部,它是对某种活动过程、某个资源要素实施管理所特有的专业方法,其技术程度较高,是为解决具体管理问题服务的。如以物质资源为主要管理的具体管理方法有网络技术、全员设备管理等;以信息资源为主要管理对象的具体管理方法有预测技术、决策技术等。对具体管理活动的认识和控制有具体的、特殊的方法。此类方法是部门管理学的主要研究内容。

(3)按管理方法的性质可分为定性分析法和定量分析法。在管理活动中需要深入剖析事物内在本质特性,从而采取相应手段、措施,就是定性分析法;为提高管理和科学化程度,以准确的数据及数学方法揭示事物运动规律,从而找出管理手段、措施的方法是定量分析法。

定量分析法比定性分析法更重要?

管理方法还可以分为定性的方法和定量的方法。任何事物都有质的规定性和量的规定性,原则上都可以从质和量两个方面来把握。一般认为,确定事物内部和外部各种数量关系的方法,叫作定量的方法;确定事物及其运动状态的性质的方法,叫作定性的方法。在管理实践中,管理者运用数理知识方法,对管理现象及其发展趋势,以及与之相联系的各种因素,进行计算、测量、推导等,属于定量分析方法。管理者对管理现象的基本情况进行判断,粗略统计和估计属于定性分析方法。定性是粗略的定量,定量是精确的定性。在现代管理中,定量管理已成为很重要的方法和手段,这标志管理水平的提高。定量方法是重要的,但是它并不排斥定性的方法,这不仅是由于定性是定量的基础,而且还在于,有许多事物和现象运用目前的手段还难于进行定量研究,从而使定量方法受到限制。定量方法和定性方法又是相互渗透的,许多问题的解决,常常需要二者相互补充。还有不少方法既可用来定性,又可用来定量。管理者在管理的过程中,要充分地利用这两种管理方法的特点,为管理服务。

资料来源:http://www.manage9.com/type.asp?news_id=74

（4）按管理方法的强制程度可分为硬方法和软方法。硬方法是指管理者靠权威，强制实施管理的方法，如行政方法、法律方法；软方法是指管理者充分运用社会学、心理学等知识，在管理中循循善诱，靠以理服人来实现其目的的方法，如宣教方法、咨询方法等。

管理方法在应用中不是孤立存在的，必须结合使用。单个运用某一种方法都有一定的片面性和局限性，不能全面反映客观经济活动过程。为适应经济活动中各种规律的要求，只有将各种管理方法有机地结合起来，相辅相成，才能产生一种最大的合力，达到理想的效果。要使各种管理方法的作用得到充分发挥，就需要创造出各种管理方法结合运用的具体形式。在企业经营管理中有若干结合运用的具体形式。主要有以下三种：

① 几种方法的机械结合运用。企业管理问题往往是多层次、多方面、多人员构成，处理这些问题，一般要采用两种或两种以上的管理方法针对性地解决。

② 各种管理方法有机结合运用。企业管理是一个完整的系统，构成这个系统的各个部分、各个单位、各个要素均密切相关，作为系统管理就要求各种措施、手段有机融合，形成一种具体的特定的管理形式，如企业的经济责任制度、建立现代企业制度。

③ 各种方法结合运用中的某单一方法相对独立地运用。企业管理要求各种方法结合运用，在具体的结合运用中，也会出现采取接近纯粹的某一方法的状况，不过，这只是在结合运用，尤其是机械结合运用中，特定条件和对象的特殊要求，如企业的经营决策采取的数学方法。

二、行政方法

行政方法是依靠管理机构和管理者的权力，通过带有强制性的指令性计划、命令、指示、规定以及规章制度等方式，直接对管理对象发生影响和作用。行政方法是最古老的管理方法之一。当管理活动随着共同劳动出现后，行政管理方法就随之而产生了。

1. 行政方法的特性

（1）权威性。运用行政方法进行管理，起主导作用的是权威性。管理是否有效，在很大程度取决于管理者的权威。发出行政命令、指示的管理者的权威越高，被管理者的内心就越服从。因此提高各级领导的权威，是运用行政方法进行管理的前提，也是提高行政方法有效性的基础。管理者必须努力以自己优良的品质、卓越的才能去增强管理权威，而不能仅仅依靠职位带来的权力来强化权威。领导者的威信，是搞好行政管理的重要一环。

（2）强制性。行政方法通过管理者或管理机构发出的命令、指示、规定、指令性计划、规章制度等，对管理对象来说，具有强制性。被管理对象必须认真贯彻执行。但这种强制性与法律方法的强制性有程度的不同。法律的强制性是通过国家机器和司法机构执行的，它只准许人们可以做什么和不可以做什么。而行政方法的强制性是要求人们在思想上、行为上、纪律上服从统一的意志。但主要是原则上的统一，允许人们在具体方法上有所灵活。从制约的范围来看，法律方法的强制性对任何人是一致的，而行政方法的强制性一般只对特定的对象有效。

（3）无偿性。行政管理方法是以组织的权力为基础，以服从为天职的。因此，上级组织对下级组织发出的命令，如对人、财、物等的调动和使用不讲等价交换的原则。下级在执行中不能以利益或者是其他方面的要求为代价，一切根据行政管理的需要，不考虑价值补偿问题。

（4）层次性。行政方法是按行政管理层次进行管理的。它是纵向的分层次的垂直管理。上级管下级、下一级只服从直接上一级的管理，横向之间一般不发生管理关系，因而横向之间只存在协作关系。

（5）保密性。行政命令、指示、计划、规定等方式一般只适用于所属的管理范围。因此，与其他方法相比，往往在某一阶段和在某种范围内具有保密性。管理者或管理机构，为了某种需要，可以对管理范围内的某些事情进行保密，限制信息外流，从而起到不受外部因素妨碍和干扰的作用。

（6）灵活性。由于行政方法是具体的，从行政命令发布的对象到命令的内容，都是针对某个组织、某些人或某件事做出的，因而有较强的针对性。因此，它能较好地处理特殊问题和管理活动中出现的新情况。它能通过针对性地发出行政命令，对特殊的、个别的问题，采取强有力的措施予以处理。此外，行政方法在实施的具体方式上，是因对象、目的、时间变化而变化的。因此，它往往只对某一特定时间和对象有用，具有一定的时效性。由于行政方法的针对性和时效性，决定了它具有一定的弹性和灵活性，它可以在总的目标之下，因时、因地、因事、因人再采取比较灵活的手段。

行政方法的特点使其能保持管理系统的集中、统一，使企业生产经营活动协调一致，正确运用行政方法，既有利于管理职能的充分发挥，又是结合运用其他管理方法的重要手段和保证。

2. 行政方法的局限性

但是，行政方法是非经济手段，在企业的经济活动过程中，有其局限性。

（1）受领导者管理水平的影响较大。由于行政方法是"人治"手段，因此，行政命令的执行效果，经营管理的好坏，在很大程度上取决于管理者的知识水平、业务能力、领导艺术和道德修养等。行政方法要求下级毫不含糊地贯彻执行，权力高度集中在最高领导者手中。领导者的才能、素质和水平直接关系企业的命运，可能造成决策失误。因此，运用行政方法要求上级领导者不但要有责有权，还要有较高的政策水平、敏锐的眼光和较强的组织管理能力。

（2）不便于分权。因为分权以后便很容易削弱集中统一这个优点，出现各自为政、本位主义现象；而权力过分集中，又会因层次多，影响管理效率，造成各层次领导主要听命于上层领导，使下属单位产生有职、少权、无责的现象，不利于发挥下级单位的主动性、积极性和创造性，容易贻误经济活动的有利时机。

（3）容易助长管理者的依赖思想。行政方法的特点要求管理高度集中统一，管理者只需按文件、按指令办事即可。企业管理面对激烈的竞争、瞬息万变的环境，不是某一个或某些最高层人物能应付的，必须充分调动和发挥每一个管理者的主观能动性。而行政方法却只要求按上级意图办，使管理者产生"惰性"，不能开拓进取。

（4）由于行政方法是纵向的垂直的管理，管理系统内部各子系统之间联系较少，横向沟通困难，横传的命令基本无效，因而子系统之间的矛盾较多，协调任务重。此外，当行政机构庞大、管理层次较多时，会造成信息传递迟缓甚至严重失真的情况。

企业管理必须运用行政方法，这种方法带有一定的权威性，而没有权威和服从，经营管理的职能就无法实现，但由于其局限性，要特别注意正确运用。真正使它建立在客观规律基础上，反映员工利益，扬长避短地使用，更好发挥其作用。既不能单纯依靠、直用行政方法，也不能沿用陈旧、过时的，不符合现代企业管理的行政法规。只有将行政方法控制在一定范围内，并与其他方法结合起来，相辅相成，随时根据变化了的企业内外环境不断完善，才能更好地发挥行政方法的作用。

三、经济方法

经济方法是指依靠经济组织，按照客观经济规律的要求，运用经济手段来调整各种不同经济利益之间的关系，以获得较高的经济效益、社会效益和生态效益的管理方法。经济手段包括价格、工资、利润、利息、税收、信贷、奖金、罚款等经济杠杆和价值工具，以及经济合同、经济责任制等制度。从上可知，经济方法就是运用经济手段来调节人们之间的物质利益关系，促使经济组织和员工从物质利益上关心生产经营活动，提高经济效益的有效方法。目前在经济管理中，经济方法已越来越被人们所重视。

经济方法的核心在于正确贯彻物质利益原则，处理好国家、企业和个人等各方面的经济关系，使管理活动符合客观经济规律的要求。这样才能调动各方面的积极性，共同为实现管理的目标而努力。

1. 经济方法的特性

经济方法的主要特点是，经济组织对下属单位或个人不进行直接的强制，而是按照客观经济规律的要求，运用经济手段，使他们从自身的物质利益出发，自觉按经济规律办事，以保证经济发展目标的实现。具体有以下特性。

（1）客观性和平等性。在经济管理中采用经济方法，是客观经济规律的要求，具体制定和实施经济方法也必须符合客观经济规律，否则在实践中就不能为人们所接受，或者根本行不通。经济方法强调各个企业在获取自身经济利益的权利上是平等的，社会按照统一的价值尺度计算和分配经营成果；各种经济杠杆和经济手段的运用对相同情况的企业起同样的作用，不允许有特殊；经济合同签订，是在平等法人前提下进行的。

（2）利益性和有偿性。利益性是经济方法最重要的特性，人们所制订出的具体经济方法，必须符合物质利益原则，使经济组织或个人的物质利益与其工作成果紧密相连，作到责、权、利相结合，使承担的责任与应有的权力、应得到的利益相当，这样的办法才行之有效。企业是在市场平等的竞争中进行经济活动的。各企业之间所有经济往来都必须根据等价交换的原则，实行有偿交换，互相计价，讲求各自的经济利益。任何单位和部门都不能任意平调企业的财产，经济方法鼓励公平竞争，促进企业和职工主观能动性，使企业具有生机与活力。

（3）间接性和灵活性。经济方法是通过对各个方面经济利益的调节来间接控制和干预企业行为的。就是说，国家或企业根据客观经济规律，制定和采用符合物质利益原则的具体方法，使企业或个人的物质利益与工作成果挂钩，责、权、利一致，从而间接地制约企业或个人的生产经营活动，达到预定目标。经济方法的灵活性表现在两个方面：第一，经济方法针对不同的管理对象，如企业、职工个人，可以采取不同的手段；第二，对于同一管理对象，在不同情况下，可采取不同的方式进行管理，以适应形势发展。

（4）可制约性和可调整性。国家和各级经济组织，可以运用各种经济杠杆和各种经济手段来制约下级经济组织和个人的生产经营活动，使他们的经济活动方向、经济行为符合国家和有关组织的要求，而不致发生较大的矛盾。

（5）技术性和多样性。运用经济方法需要确定各种有关的经济指标，而各类经济指标的制定必然涉及较广泛的生产技术知识，有的甚至要经过测定、试验、分析、计算等，因而它具有一定的技术性。又由于不同部门、不同地区、不同工种、不同时间，人们所从事的生产经营活动的具体内容不同，人员的素质不同甚至习惯不同等，都会使具体的经济方法千差万别，各有不同，因而具有多样性。

（6）公开性与竞争性。采用经济方法是为了充分调动经济组织和个人的积极性，以促进经济的发展。所以，只有将各项经济技术指标公开，开展竞争，鼓励经济组织或个人去竞争，才能取得预期的效果，同时为了对比、激励，采用经济方法以后的执行结果，也应是公开的。

2. *经济方法的局限性*

经济方法管理企业，有利于企业行使经营自主权，发挥主观能动性；调动职工积极性，努力提高企业经济效益，提高管理效率。但是，经济方法要发挥作用，是有一定条件的。要求企业必须是真正独立的经济实体，有独立的经营自主权。企业内部要有科学、严密的制度；企业外部要有健全的法制保证。在社会主义市场经济建设过程中，企业理所当然要采用经济方法，不过也要看到其局限性。

(1) 容易助长本位主义和企业短期行为。经济方法采用物质刺激，往往容易助长人们急功近利，使人们只关注眼前、局部、个人利益，而忽视长远、全局、国家利益。过重强调经济手段，会产生个人主义、本位主义，与社会大生产条件下的企业生产经营不相适应。

(2) 不能解决经营管理中需严格规定或需立即采取措施的问题。经济方法是一种软方法，间接起作用。对于企业经营中需立即解决的问题，如生产过程中出现的需立刻解决的技术性问题，绝不能临时讨价还价再解决。市场竞争中，时间就是生命，时间就是效益，企业在采用经济方法的同时，还必须采用其他方法。

(3) 不是唯一调动企业和职工积极性的方法。经济方法是现阶段企业调动员工积极性的好方法，但过多强调，会助长一切向钱看，不利于培养企业的社会责任感。最终还会失去物质刺激的作用，达不到调动积极性的目的。

经济方法的局限性，决定企业在使用经济方法的同时，必须结合运用多种方法、扬长避短，产生一种系统合力，才能达到管理的目的。

四、法律方法

法律方法就是把管理中比较成熟、比较稳定、带有规律性的原则、制度和方法，由国家以经济法律、法令、条例等形式固定下来，作为调整国家、地方、企业和个人经济活动的法律规范，并由国家司法机关强制实施，以保证社会经济活动具有良好的经济秩序。因此，它也是现代管理中一种必不可少的方法。

法律方法与行政方法相比，有某些类似之处。所不同的是，法律方法比行政方法更为成熟，更为稳定，更具有权威性和强制性。一经用法律条文固定下来的东西便不能轻易变动，违法就要受到法律制裁，这是法律的严肃性。法律面前人人平等，使法律方法具有无差别性。具体特性可归纳为以下几点。

1. 法律方法的特性

(1) 概括性。法律方法的概括性就是无差别性。因为法律约束的对象是每个人，而不是某个具体的、特定的人。所以法律面前人人平等，法律方法对任何人的约束力是一致的，绝不能因人而异。法律在同样的情况下，可以反复多次使用，而不是仅使用一次，因而它有高度概括性。

(2) 规范性。统治阶级把自己的意志上升为法律，依靠国家机器的强制力量，要社会成员来遵守，成为社会成员的行为准则，这就叫作法律规范。法律的规范性是在人类长期社会生产实践中逐步形成的。法律的规范性表现在，法律和法规是所有组织和个人行动的统一准则，都是用极严格的语言，准确阐明一定的含义，并且只允许对它做出一种意义的解释，明确规定在一定条件下可以做什么和不可以做什么，非常规范。

(3) 强制性。法律和法规是国家权力机关或各级管理机构制定、颁布的，各个企业、每个公民要毫无例外地遵守，违法必究。法律规范同其他社会道德规范不同,它是由国家强制实施的,所以具有强制性,不论愿意不愿意。运用法律方法来进行管理,实际上就是运用强制性来进行管理。法律方法的强制性与行政方法的强制性有所不同,行政方法的强制性主要是要求人们服从统一意志,统一原则,允许方法上有一定灵活性,且只适用于一定的管理对象。法律方法的强制性则是人人都必须遵守的行为准则,具有普遍的约束力。

(4) 稳定性。法律方法规定的行为准则,都是经过反复实践而总结出来的,一经确定,就比较稳定,可以较长时期反复应用,并严格按照法律规定的程序进行,更改也必须经过必要的立法程序。

(5) 预见性。正是由于法律的稳定性,人们就可以事先预料到国家对自己和他人的行为会抱什么态度。也就是说,人们可以事先估计到自己或他人的行为是合法的还是非法的,会产生什么样的后果等,因而它具有预见性。

2. 法律方法的局限性

(1) 只能在有限范围内调整和控制经济活动。法律方法不能解决所有的经济、社会问题,只能在有限范围内起作用,法律范围外还有各种各样的经济关系、社会关系需要调整和控制。而且,从法律方法的特点看出它是一种强硬的管理方法,而法律、法规、法令总是预先规定人们的行为准则,面对纷繁复杂的社会、经济现象,不可能做到十全十美,难以灵活适应。

(2) 不能代替经济方法和其他上层建筑的力量影响经济发展。法律方法是一种上层建筑的力量,在社会生活、经济活动过程中十分有效;但是,它不能代替经济方法,深入、具体地调动人的积极性,也代替不了其他上层建筑的力量,它在意识形态方面是无力的。可以规定人们做什么,但不可能限制人们想什么。社会活动、经济活动是人的主观能动的结果,客观上存在许多法律方法无法解决的问题。

相关链接 1-8

截至 2009 年 8 月底,全国人大及其常务委员会共制定了现行有效的法律 229 件,涵盖宪法及宪法相关法、民商法、行政法、经济法、社会法、刑法、诉讼及非诉讼程序法七个法律部门;国务院共制定了现行有效的行政法规 682 件;地方人大及其常务委员会共制定了现行有效的地方性法规 7 000 余件;民族自治地方人大共制定了现行有效的自治条例和单行条例 600 余件;5 个经济特区共制定了现行有效的法规 200 余件;国务院部门和有立法权的地方政府共制定规章 2 万余件。

资料来源: http://www.ce.cn/cysc/newmain/jdpd/zjxw/200909/22/t20090922_19704644.shtml

部分经济方面的法律法规有:

经济法、公司法、企业法、个人独资企业法、合伙企业法、中外合资经营企业法、外资企业法、破产法、合同法、反不正当竞争法、消费者权益保护法、产品质量法、专利法、工业产权法、商标法、会计法、审计法、金融法、票据法、统计法、财政法、预算法、税收法、经济诉讼法、劳动合同法、就业促进法、反垄断法、反不正当竞争法、消费者权益保护法、产品质量法、拍卖法、招标投标法、证券法、商业银行法、证券投资基金法、税收征收管理法、审计法、个人所得税法、会计法、海关法、土地管理法、农村土地承包法、环境保护法等。

资料来源：http://zhidao.baidu.com/question/94648644.html

五、宣教方法

宣教方法是指运用社会、心理学的知识，了解人们的心理活动特点以及在生产经营活动中的规律，根据企业需要，采用宣传、鼓动、教育、培训的方式管理企业的方法。由于人是经营要素中的决定因素，管理企业的关键在于调动人的积极性。宣教方法正是基于这一点，根据行为科学理论的要求，从研究、掌握企业职工在生产经营活动中的心理活动规律，有的放矢进行管理。宣传、教育使国家的政策、法令、制度、方针、措施深入人心，让职工正确理解、领会，调动劳动热情，使之自觉遵守和认真执行。宣教方法包含了企业管理基础工作——培训的内容，主要针对职工的思想政治素质，目的是提高全员的基本素质水平和企业凝聚力，调动主观能动性和积极性，使职工能在外力激励下，产生正确的动机和行为，以最终实现管理的目的。宣教方法也要与技术、文化教育相结合，使整个企业素质能不断提高。

宣教方法是一种软方法，是企业管理的软科学性所决定，也是企业管理基础工作的必然要求，并且依据了现代企业管理的人本原理和动力原则的要求。没有正确的指导思想和对客观事物的正确认识，便没有正确的方向和行为，也就达不到理想的目的，宣教方法完全是针对人们的思想意识和观念进行的方法。

1. 宣教方法的特性

（1）启发性。宣教方法集行为科学、社会学、心理学等为一体，采取以理服人、言传身教、防患未然的方式。宣教方法是启发人们自觉地指向共同的目标并采取行动，通过启发去培养和推动人们忠于职守、努力工作的动机，从而促使人们产生积极劳动、努力工作的行为。按照心理学的观点，在现代社会经济条件下，人们对个人工作的评价越来越注重社会职能的实现，注重对社会贡献的大小，而不仅仅着眼于物质利益，对强化人们的事业心、责任感、激励工作热情，调动主观能动性起着指导、启发、促进的作用。因而恰当地运用宣教方法，给以正确的启发，对搞好管理是必要的。

（2）利益性。宣教方法，既要宣传实现共同目标以后人们可能得到的物质利益，也要宣传精神上的利益。在管理中，要着重宣传大系统的共同利益，也要兼顾小系统和个人的利益。如果忽视利益性，进行空洞的说教，宣传就是无效的。

（3）灵活性。每个人都有复杂的行为动机，反映到管理中便表现为不同的思想、认识、观点。管理中存在着的许多矛盾，就是人们的思想、认识、观点不一致的反映。宣教方法要深入人的灵魂，绝不能采取简单的说教式、高压式强行灌输，而必须随人们认识角度、素质水平和所处环境等不同而有所不同。因此，宣教方法应因人而异，采取灵活多样的方式、方法去影响和改变人们的动机行为，使之符合管理目标的要求，把实现管理目标变成每个人的自觉行动。

（4）互动性。教育是一个互动过程。在教育的过程中，授教者和受教者都在提高，是一种相互学习、相互影响的活动。因此教育不是教训、不是灌输。教育要起作用，授教者必须以身作则、身体力行。否则，宣教方法是无效的，至少会是低效的。

（5）更新性。由于社会经济的不断发展、进步，人们的需求层次也会相应地由低层次向较高层次变化，加之科学技术的进步，新工艺、新材料、新产品、新技术的不断出现，也要求人们的科技文化知识要不断更新。因此，宣教方法要能起到应有的作用，就必须从内容到具体形式上进行调整、更新。如果长期都用老一套办法，老生常谈，是收不到应有效果的。

（6）长期性。正确的世界观、人生观的确立，科学文化知识的积累都不是一朝一夕之功。此外，科学技术的发展，社会的进步都是无止境的。尤其作为企业管理的基础工作，是长远、连续不断的，任何企图短期完成宣传教育或追求短暂的宣传教育效果，必是徒劳的。为此，宣传教育的方法必须长期坚持不懈，它具有长期性。

2. 宣教方法的局限性

（1）宣教方法对企业生产经营活动只起间接的决定作用。宣教方法解决的是企业经营主体要素——人的最基本素质问题，是通过各种形式的宣传、教育，调动人的积极性，从而努力工作。它不能直接干预企业的经济活动、人的经济行为和经济利益的分配，只能间接对企业生产经营起作用。

（2）宣教方法不能解决人们所有的思想意识问题。这种方法虽然主要针对人的思想认识、世界观改造，但人的思想意识复杂多变，不可能药到病除。宣教方法只能抓住主要的、关键的、行得通的问题针对性解决，不能解决人们所有的认识问题。

宣教方法的特征及局限说明这一方法是现代企业管理中必须使用的重要方法之一，但仍需要与其他方法配套使用，才可能达到管理效果。

六、数量分析方法

随着电子计算机等现代科学技术的发展及其在管理中的运用，管理的技术和方法也在不断发展。数量分析方法与前几种一般方法不同，是为了提高企业管理科学化程度，实现管理现代化而采用的重要手段，是现代化管理理论两大流派之一——管理科学理论的内容。

数量分析方法是指运用数据和数学知识，分析、揭示企业生产经营活动规律，为企业管理服务的定量方法。也就是说，这种方法是为企业管理服务的，是现代管理的科学依据。它是在研究经济活动的数量表现、数据关系和数量变化规律的基础上，运用经济数学的方法，模拟实际社会经济活动，建立数学模型并通过对数学模型的计算、分析，实现为经济管理提供科学依据，服务于管理，使管理尽可能实现标准化、规范化、程序化、系统化。企业管理中常用的数学方法主要有盈亏平衡分析法、线性规划法、网络计划法、投入产出法、经济批量采购法、ABC 控制法、全面质量管理方法等。

1. 数量分析方法的特性

数量分析方法是为实现企业管理现代化，以便生产经营活动能准确反映出来，以利于科学地预测和正确决策以及有效控制而采用的科学方法，主要具有以下特征。

（1）准确性。数量分析方法使用的数据一定是生产经营活动中客观的数据，必须是准确、可靠的，选用的模型适用、合理，运算结果准确，才能作为企业管理的科学依据。

（2）模型化。模型化是指在假定的前提条件下，运用一定的数理逻辑，就需要解决的问题建立起一定的模型。

（3）客观性。在使用这些方法时，除了假定前提条件和选择分析的数量分析方法之外，在建立模型和进行推导过程中，基本上不受人为因素的影响，具有较强的客观性。

（4）科学性。数量分析方法的准确性决定其应具科学性，客观反映企业生产经营活动，适应生产经营客观实际规律，不是主观臆断的结果。而且，数量分析方法必须与先进的现代科学手段共存，没有电子计算机、光纤通信等技术，无法计算准确数据，及时传递可靠信息，也无法建立符合客观现实的数学模型。

2. 数量分析方法的局限性

数量分析方法是为企业管理服务的一种方法，也是其他现代管理方法的科学手段与保证，主要是提供科学标准和依据。因此，在使用中存在局限性。

（1）对企业生产中大量无法量化的行为无力。数量分析方法是一种定量方法，必须以数学为基础，而企业管理中相当多内容是无法用数据表示的，因而也无法使用数量分析方法。

（2）定量方法发挥作用必须与定性方法相结合。数量分析方法严格讲只是一种手段，要发挥管理的作用，就必须与定性方法相结合。一方面因为企业管理难以量化的内容较多；另一方面因为只有定性分析才可能选择正确的数学模型和正确运用计算结果，才能使定量方法发挥作用。

综上所述，管理的行政方法、经济方法、法律方法、宣教方法以及以现代科学技术为基础的数量分析方法，构成了一个完整的管理方法体系。在运用这些管理方法时既要充分发挥各种管理方法各自的作用，又要重视整体上的协调配合。如果忽视综合运用，孤立地运用单一的管理方法，往往不能取得预期的效果。例如，单纯运用经济方法，容易助长个人主义、拜金主义思想；单纯依靠行政方法，容易助长官僚主义作风，不利于充分调动各方面的积极性；单纯实施宣教方法，容易造成形式主义、教条主义的做法。企业管理中现代管理方法多种多样，只要是符合现代企业管理要求的方法，都是现代管理方法。各种方法都有各自的特点和局限，在企业管理中必须结合运用。要实现企业管理现代化，就必须正确运用现代管理方法。

第四节　管理的原理

管理原理是对管理行为和管理工作的内容、实质等进行科学分析、归纳总结的理论，是管理者行使管理职能的理论依据，是管理者在实际管理工作中应遵循的行为准则。管理原理主要论述了系统原理和相应的整分合原则与相对封闭原则；人本原理和相应的能级原则与动力原则；动态原理和相应的弹性原则与反馈原则；效益原理和相应的价值分析原则与可行性研究原则。

一、系统原理及原则

1. 系统的概念及其分类

1）系统的概念

任何管理对象都是一个特定的系统，现代管理的每个要素都不是孤立的，它既是在自己的系统之内，同时又处在更大的系统之内，与其他系统发生千丝万缕的联系。因而，为了实现有效管理，达到管理的最佳目标，必须善于运用系统理论对管理对象进行系统分析。

系统是指若干个既有区别、又有联系的要素所组成的，处在一定环境之中，为达到一定目的的有机整体。从定义中可以看出，系统性质揭示如下要点。

（1）系统中包含了许多要素和子系统，必须按照这些要素和子系统之间特定的相互作用、相互依赖关系进行组织工作。

（2）联系是具有特定投入产出功能的系统，不同的组织类型，就有不同的投入产出功能。

（3）系统是处于环境大系统中的子系统。

2）系统的分类

系统是普遍存在的，一切事物都是以系统的形式存在的。根据存在方式可分为以下几类系统。

（1）封闭系统与开放系统。这是按照系统与周围环境有无交换关系而划分的。封闭系统是指那些与外界环境只有能量交换，但没有物质交换的系统；开放系统是指与外界既有能量交换，又有物质交换的系统。

（2）自然系统与人造系统。这是按照系统的要素属性划分的。自然系统是由自然物组成的系统，它的特点是自然形成的，是人造系统的基础。人造系统是创造的系统，人造系统有三类：一是工程技术系统；二是组织管理系统；三是科学技术系统，人造系统又称为社会系统。管理中所需研究的系统是人造系统。

（3）静态系统与动态系统。这是按照系统的状态是否随时间变化来划分的。静态系统是系统的状态参数不随时间改变的系统；动态系统是系统的状态随时间改变的系统，静态系统是动态系统的基础。

2. 管理系统的特征

管理系统是人造系统，或者说自然界系统，但是经过人们改造的系统。它有以下几个特征。

（1）目的性。每个系统都有明确的目的，而且通常只能有一个目的。不同的系统有不同的目的，没有目的的系统是不应当存在的，目的不明确或者混淆了不同目的，都必然导致管理的混乱。这是系统设计中一个非常重要的问题。例如，企业经营系统在限定的资源和现有职能机构的配合下，它的目的是达到规定的质量、成本和利润指标等。系统的目的决定着系统的功能性质。系统功能一般是通过同时或顺次完成一系列任务来达到的。这些任务的完成，其结果就是系统功能中间的或最终的目的。因此，有步骤地进行分析、规划和设计各系统的任务，以达到系统总目标的实现，这是管理系统的重要内容。

（2）集合性。管理系统至少是由两个或两个以上的可以相互区别的要素或部分所组成的。集合性又称为分离性，即一个系统可以分离出能独立存在的两个或两个以上的组成要素。这里所说的"相互区别"和"独立存在"是指各个要素或部分各自具有的特性，以及在系统中发挥的独立功能。在工业企业中，各种各样的厂房、设备、工具、原材料、燃料、加工制品、工人、技术员、管理人员以及各种各样的信息、数据、指标、财会、报表、规章制度等，就是组成工业企业的基本要素，它们在这个系统中各以自身的特征和功能而相互区别。

（3）相关性。相关性是指管理系统中的各个要素或部分都是相互联系、相互作用的。如工业企业的生产、技术、经营过程中的各个要素之间存在着相互联系、相互作用的关系，因而可以组合。从生产过程来看，原材料的供应——供应部门，原材料的加工——机加车间，工件的处理——热处理及表面处理车间，机件的组装——装配车间，产品的检验车间，产品的销售——销售（推销）部门，还有动力供应——机动车间，工具的加工——工具车间，以及后勤保障、思想政治部门等都是相互关联的。因此，管理者必须了解和掌握管理系统中各要素或部分的相关性。

（4）层次性。系统作为一个相互要素的总体，它有着一定的层次结构，并分解为一系列的分系统。分系统的功能是系统功能的一部分。各个分系统本身又是由更小的分系统组成的，这样，系统、分系统和要素就构成了一个阶层结构。这个阶层结构，应当体现出目的性、集合性和相关性，从而构成了系统的骨架。

（5）整体性。整体性是指具有独立功能的各个系统和要素之间，必须逻辑地统一和协调于系统的整体之中。即任何一个要素不能离开整体去研究，要素间的联系和作用也不能脱离整体的协调去考虑。脱离了整体，各个要素的机能和要素间的相互作用也就失去了意义。系统中的各要素相互作用一定要服从于系统的整体目的。只有在发挥整体功能的基础上展开各要素及其相互之间的活动，才能形成系统整体的有机行动。这就是管理系统的功能应具有的整体性。

（6）环境的适应性。任何一个管理系统都是处于一个更大的系统之中，它的存在和发展都受到外界环境的客观条件所制约，因此必须具有对环境的适应能力。工业企业是一个通过资源的获得和产品的销售，与外界发生联系的系统，受到整个社会经济环境的影响，必须使自己的活动（产品）与社会经济活动协调一致，密切衔接适应市场经济的要求和变化，以推动自身的发展。

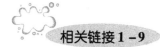
相关链接 1-9

系统管理方法

第二次世界大战之后，企业组织规模日益扩大，企业内部的组织结构也更加复杂，从而提出了一个重要的管理课题，即如何解决复杂大企业的管理问题。为了解决复杂大企业的效率问题，系统方法产生了。

系统方法属于一般科学方法论，它以认识、研究和探讨结构复杂的客体确立必要的方法论原则。所谓系统方法，就是按照事物本身的系统性把研究对象放在系统的形式中认识和考察的一种方法。具体地说，从系统的观点出发，始终着重从整体与部分（要素）之间、整体与外部环境之间、部分（要素）与部分（要素）之间的相互作用和相互制约的关系中考察对象，从而达到最佳地处理问题的一种方法。

系统方法是一种满足整体、统筹全局、把整体与部分辩证地统一起来的科学方法，它将分析和综合有机地结合并运用数学语言定量地、精确地描述研究对象的运动状态和规律。它为运用数理逻辑和电子计算机来解决复杂系统的问题开辟了道路，为认识、研究和探讨结构复杂的整体确立了必要的方法论原则。

在用系统方法考查研究对象时，一般应该遵循整体性、最优化的原则。整体性是系统方法的基本出发点。所谓整体性原则，就是把研究对象看作由各个构成要素形成的有机整体，从整体与部分相互依赖、相互制约的关系中揭示对象的特征和运动规律，研究对象整体性质。整体性质不等于形成它的各要素性质的机械之和，对象的整体性是由形成它的各要素（或子系统）的相互作用决定的。因此它不要求人们事先把对象分成许多简单部分，分别地进行考察，然后再把它们机械地迭加起来，而要求把对象作为整体对待，从整体与要素的相互依赖、相互联系、相互制约的关系中指示系统的整体性质。如一个由人群、动植物、山川河流、树木花草、大气环境等组成系统的性能和活动规律，只存在于组成系统的各要素之间相互作用、相互依存的关系中，单独研究其中任一部分都不能揭示出系统的规律性。最优化原则是指，从许多可供选择的方案中选择出一种最优的方案，以便使系统运行于最优状态，达到最优的效果。它可以根据需要和可能为系统确定最优目标，并运用最新技术手段和处理方法把整个系统分成不同的层次结构，在运动中协调整体与部分的关系，使部分的功能和目标服从系统总体的最优功效，从而达到整体最优的目的。

资料来源：http://www.manage9.com/type.asp? news_id=73

3. 系统原理的基本原则

根据管理的系统原理进行管理，在实践活动中应遵循如下原则。

1）整分合原则

现代高效率的管理必须在整体规划下明确分工，在分工基础上有效地综合，就是管理的整分合原则。这里整体观点是个大前提，不充分了解整体及其运动规律，分工必然是混乱而盲目的。但是分工是关键，没有明确的分工的管理系统只能是混沌的、原始的，构不了现代有序的系统。协作是以分工为前提的，没有合理的分工，也就无谓协作，在合理分工的基础上组织严密有效的协作，才是现代的科学管理。

现代社会中大致按下列四种类型进行分工。

（1）按社会功能进行专业化功能分工。现代社会是按照事物社会功能及固有规律来进行分工和组织。政治、经济、立法和司法，工农兵学商、科学实验等社会活动各成体系，同时各个体系构成也是分工的，并且日益精细。

（2）按自然资源特点进行专业化区域分工。自然资源是生产力的重要构成，它的分布是不以人们的意志为转移的。现代管理也只能且必须顺从自然规律，才能充分有效地利用自然资源，创造更大的生产力。

（3）按照产品及其构成进行专业化生产分工。现代工农业产品正以惊人的速度增长。一个企业、一个部门甚至一个国家为对象研究和进行生产分工，必须实行专业化。并且这种专业化生产已不是生产成套机组，而是更多地生产零部件。

（4）按照作业程序进行专业化作业分工。这类分工现在正日益在生产和科研的不同层次内深入进行。以现代企业而言，它不再是传统意义上的工厂，而是包括了市场预测系统、研究开发部、生产工厂、技术服务和销售系统。

分工并不是现代管理的终结,分工也不是全能的。它也会带来许多新问题。分工特别容易在时间和空间、数量和质量等方面脱节。因此,必须采取强有力的组织管理,使多方面同步协调,有计划按比例、综合平衡发展,才能创造出现代化的科学生产力。合理的分工,如果没有强有力的组织管理,其效能也是不高的。

2) 相对封闭原则

在任何一个系统内,其管理手段必须构成一个连续封闭的回路,才能形成有效的管理运动,自如地进行管理。

一个管理系统可以分解为决策中心、执行机构、监督机构和反馈机构。由决策中心(指挥中心)为管理的起点,决策中心的指令一方面通过执行机构去贯彻执行,同时又发向监督机构,监督执行情况。指令执行效果输入反馈机构,反馈机构对信息处理,比较效果与指令的差距,返回决策中心(司令部),便形成了管理的封闭回路。管理运动在封闭回路中不断振荡,推动管理运动不断前进。如图1-1所示。

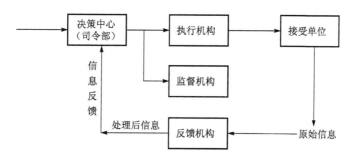

图1-1 管理系统的基本封闭回路

如果管理系统缺少反馈机构,那反馈的职能只能由执行机构代为行使,变成自己执行自己检查,其弊端如下。

(1) 执行者忙于事务,无暇顾及调查研究和分析评价,反馈的信息多是支离破碎的表面现象,不成系统,如果依据这些信息去修正管理,难免头痛医头,脚痛治脚。

(2) 执行者自己检查执行情况,由于与切身利益相关,容易姑息自谅,报喜不报忧,造成假象,使决策面对的情况不明,胸中无数,造成失误。

(3) 执行机构的功能不同于反馈机构,它要坚决地不折不扣地贯彻决策中心的指令,才能使管理秩序井然,反馈机构则需要根据调查的情况提出自己的不同看法,递请决策中心参考。由于两者的功能不同,所以不能越俎代庖。

如何行使封闭管理呢?应该从以下几个方面着手。

① 从后果评估出发。评,就是对后果的质的评议;估,就是对后果尽可能有量的估计。采取任何管理措施都要考虑它可能产生的后果。一般是以原定的目

标来检查实际执行的结果，是否达到预期的目标，有多大的偏差。后果与目标总是有完全不一致的地方，这时就要采取对策加以封闭，避免偏离目标的后果。即使可以达到预期的目的，同时也可能产生某些副作用，也需要采取对策使副作用尽可能减少，这也需要采取封闭。

② 从各种后果中循踪追迹，选择可以反馈控制的主导线，加以封闭。例如，企业长期管理混乱，常年亏损，原因很多，作为问题最主导的作用，反馈上来了，就是扩大企业的自主权。但扩大自主权后，又带来一些新问题，还要循踪追迹。在扩大企业自主权以后，从外部系统讲，必须有专利法和经济法，以保护科研成果的出售；从内部系统来看，至少应有权选择和招聘科技人才，保证不断研究出高质量、高价值的新科技成果。这样，扩大企业自主权才能构成封闭的管理回路，才能进行真正有效的管理。

③ 封闭的专家顾问管理法。建立顾问团听专家的意见，这是实践证明了的行之有效的提高管理效果的重要措施。古人讲："兼听则明，偏听则暗。"国外推行的一种"专家集体预测法"，起到了一种智囊团的作用，足以消除少数人的偏听偏见，实现有效的管理。

④ 管理的封闭，只能是相对的，绝对不可能是僵化、凝固的。从空间上讲，封闭系统不是孤立系统，它要受到系统原理的作用。每一个系统与其上下左右各系统都有着输入和输出的关系，一环扣一环，以致无穷。从时间上讲，在后果评价中，有许多后果是无法预测的，只有通过时间的检验，才能显现出来；即使有所预测，预测正确与否，采取的措施是否有效，也要通过时间来检验，所以对新发现的后果或经实践证明是不正确的措施，都必须进行新的封闭，就是原来已形成的封闭管理，随着管理运动的发展，也可能被不断冲破。从此看来，一劳永逸的封闭管理是没有的，有效的管理要求不断地进行封闭。

二、人本原理及原则

1. 人本原理概述

所谓人本原理，就是一切管理均应以调动人的积极性，做好人的工作为根本，即以人为本。

人本原理要求每个管理者必须从思想上明确，要做好整个管理工作，要想管好物、财、时间、空间和信息等，都必须紧紧抓住做好人的工作这个根本，使全体人员明确整体目标，自己的职责、工作的意义、相互关系等，从而能够主动地、积极地、创造性地完成自己的任务。这就是人本原理的基本思想，人本原理反对和防止见物不见人，见钱不见人，重技术不重人，靠权力不靠人等忽视人的错误认识和做法。管理者必须端正自身在企业中的位置，要依靠群众，依靠职工。多考虑如何能给下级以相应的自主权，把他们的积极性、聪明才智充分发挥上来，而不是满脑子的"管人"。

现代管理思想把人的因素放在第一位，注意处理好人与人的关系，尽量发挥人的自我实现精神，充分发挥人们的创造才能。实践证明，发挥和调动了人的主观能动性和积极性，可以发挥人的才能的 70%，如果被动地生产和工作，只能发挥才能的 20%~30%。因此，现代管理科学把人本原理的研究列为它的核心内容，强调应做人的工作为根本。无数实践证明，人的能动性发挥的程度越高，管理的效应就越大，反之，管理的效应就越小。

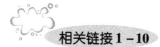

相关链接 1-10

人本管理法

从管理学的发展来看，对组织采取以人为中心的管理方法是在任务管理后提出来的。20 世纪 30 年代以后，管理学家们发现，提高人的积极性，发挥人的主动性和创造性对提高组织的效率更为重要。组织活动成果的大小是由领导方式与工作人员的情绪决定的，由此管理学将研究的重点转向了管理中的人本身，这就是以行为科学为主要内容的人际关系理论。人际关系学家主张采取行为管理的方法，即通过分析影响人的行为的各种心理因素，采用一定的措施改善人际关系，以此提高工作人员的情绪和士气，从而能产出最大的成果，达到提高组织效率的目的。

在人际关系理论的推动下，对于组织的管理和研究便从原来以"事"为中心发展到以"人"为中心，由原来对"纪律"的研究发展到对"行为"的分析，由原来的"监督"管理发展到"自主"管理，由原来的"独裁式"管理发展到"民主参与式"管理。管理者在管理中采取以工作人员为中心的领导方式，即实行民主领导，让职工参加决策会议，领导者经常考虑下属的处境、想法、要求和希望，与下属采取合作态度，管理中的问题通过集体讨论，由集体来做出决定，监督也采取职工互相监督的方式等。这样，职工在情感上容易和组织融为一体，对上司不是恐惧疏远而是亲切信任，他们的工作情绪也就可以保持较高的状态，从而使组织活动取得更大的成果。这种以人为中心的管理理论和方法也包含着一系列更为具体的管理方法，常用的主要有参与管理、民主管理、工作扩大化、提案制度和走动管理等。

科学管理以金钱为诱饵，人际关系理论则主张管理必须重视人的心理上的满足。古典组织理论强调合理的劳动分工和对组织的有效控制，人际关系理论则强调对人际行为的激励。因此，人际关系理论的出现，给组织管理带来巨大的变化。从 20 世纪 40 年代开始，人际关系理论渐渐渗入组织管理实践中去，管理学家在这种管理思想中找到缓和劳资关系，提高工人的士气，借以提高生产效率的方法。

人本管理法是作为对任务管理法的革新而提出的一种新的管理方法。这种管理法和任务管理法的重大区别在于：任务管理法要求工作人员的活动标准化，工作人员在工作中的自由度是很小的，但对完成组织规定的任务较有保证。而行为管理法则有较大的灵活性，工作人员在组织中有相当的自由度，较能发挥其自主性和创造性，但这样一来，组织内的变动也较大，组织规定的任务有时却无法完成。为了吸取两种方法的长处和克服短处，一种新的管理方法提出来了，这就是目标管理法。

资料来源：http：//www.manage9.com/type.asp? news_id=73

2. 人本原理的基本原则

1）能级原则

能是做功的本领，按其大小排列成阶梯状就是能级。这是物理学上的概念，在现代企业管理中也存在。能量有大有小，能量大的就是干事的本领大。能量可以分成能级，分级就是建立一定的秩序、一定的规范、一定的标准。企业的机构、法和人都是有一定能量的，要根据能量大小对应分级，使管理有一定秩序、标准和规范。怎样才能实现能级原则呢？

实现能级原则可以从下面几个方面采取对策。

(1) 管理能级必须按层次具有稳定的组织形态。现代管理不是随便分级的，各级也不是可以随便组合的。稳定的管理结构是三角形，上面具有尖锐的锋芒，下面有宽厚的基础。管理三角形都分为四个层次，即经营层、管理层、执行层和操作层。没有能级的管理是要失败的。

(2) 不同能级应表现出不同的权力、物质利益和精神荣誉。这不仅是能量的外在体现，而且只有与能级相对应，才能符合封闭原理。有效的管理不是拉平和消灭权力、物质利益和精神荣誉的差别，而是对合理的能级给予适当的均衡。

(3) 各级能级必须动态地对应。人有各种不同的才能，多种管理岗位有不同的能级，现代管理科学必须使相应才能的人处于相应的能级岗位，这样的管理体制才能稳定，才能持续而高速地运转。因此，作为管理者必须知人善任，任人唯贤，唯才是举，唯才是用。作为现代管理者（领导者）要惜才、爱才、拥有人才。在识才方面，要有识才之智，惜才之心，容才之量；在用人方面，不赶时髦，敢于破格，勇于护才；在治才方面，不严则毁，要打预防针，要严格考核。拿破仑的用人之道就是：第一，无微不至地爱护人才；第二，想方设法地启动人才；第三，不拘一格地选拔人才；第四，扬长避短地善用人才。

即问即答 1-10

"现代管理的岗位必须是合理有序的，人才运动又必须是无序的，才能有合理的管理。"这句话对不对？

2）动力原则

动力原则是指管理必须有强大的动力，而且要正确运用动力，才能使管理持续而有序地进行。动力原则在很大程度上决定了其他原则的效能。能级原则必须有充分的能源才能实现，没有强有力的动力制约因素，能级可能蜕变为封建等级制度。"人才辈出，人尽其才"，光靠良好的意愿是不能实现的，只有某种动力因素迫使人们非用人才不可，才能真正做到不拘一格选拔人才。否则，领导选用人才可能是任人唯亲，任人为诺；如果没有一定的动力来驱使领导反馈信息，他又何必自找麻烦呢？不如自己拍脑袋，想当然简单。

现代管理中将动力分为三大类。

（1）物质动力。辩证唯物主义告诉人们，物质是第一性的，物质的存在决定人们的意识。物质动力是根本的动力，物质动力不仅是物质刺激，更重要的是经济效益。经济效益是检验管理实践的标准，是现代管理的灵魂。现代社会生产主要依靠科学技术推动，创造性的脑力劳动日益重要，并将成为社会的主要劳动方式。如果人们都不愿意做脑力劳动者，这个社会怎么能实现现代化呢？尊重知识，尊重人才，将是现代管理日益重要的课题。脑力劳动具有创造性、连续性和复杂性的特点。因此，应当有巨大的制约因素——优越的物质条件。不重视物质动力，或者物质动力运用不当，就会受到恶化的物质后果的惩罚。当然，物质动力不是万能的，使用不当就会带来副作用。因此，除了用物质的办法来解决物质的问题外，还必须充分发挥其他两种动力的作用。

（2）精神动力。精神动力主要是指思想教育、日常的思想政治工作、精神奖励、信仰和理想等。

精神动力是客观存在的，管理是人的活动，人有思想，有精神，必有精神动力，精神动力不仅可以补偿物质动力的缺陷，而且具有巨大的威力。毛主席说，在一定条件下，物质变精神，精神变物质，这是普遍的规律。一个先进集体，为着共同的荣誉，团结战斗；一个劳动模范，先进工作者，为了赢得这种荣誉，忘我工作、劳动，为社会做出巨大贡献。无数科学家为了寻求科学真理，不怕迫害，不慕富贵，发明创造了科学定律，为后人所敬仰。在特定条件下，精神动力可以成为决定性的动力。

（3）信息动力。从管理角度看，信息作为一种动力，有超越物质和精神的相对独立性。信息是关于事物运动状态的表达。信息不是事物本身，而是人们对事物及其运动状态认识的反映和描述。信息向人们展示的是认识和智慧。人类处于现代社会的今天，已远远不同于历史的昨天和前天。信息和效率作为时代的特征。我们面临的新技术革命，其核心可以说是信息革命，信息给管理以不断发展的模式，使之日臻完善；信息给人以智慧，激发其创造力。有以下公式：

$$信息 + 管理 + 人才 = 最大的创造力$$

从这个公式可以看出，信息是促使发展的最优手段。

动力原则要求注意几个问题：一是要加强教育培训，提高职工思想政治觉悟、文化技术水平，从而产生正确的动机和行为；二是物质动力、精神动力和信息动力要配合使用；三是要正确认识和处理个体与集体动力的辩证关系，因势利导，综合平衡；四是运用动力要重视"刺激量"。动力靠刺激产生，刺激有正有负，其量必须适当，要与承担的任务相适应，并逐步增大。

三、动态原理及原则

1. 动态原理概述

动态原理是指任何管理系统受多种因素影响，处于不断发展变化中，要注意管理系统的动态特征，遵循在动态中进行管理的规律。管理对象是某个系统，管理目的是实现最佳效益。对于任何系统的正常运转，不但受到系统本身条件的限制和制约，还要受到有关系统势力的影响和制约，随着不同时间、地点，随着人们的不同努力，都在不断变化，须遵循在动态中做好管理工作的理论。动态原理要求每个管理者必须从认识上明确，管理的对象和目标在发展、变化，不能一成不变地看待它，必须把握管理对象的复杂多变的特点，注意收集信息，进行调节，保持充分的弹性，以适应客观事物各种可能的变化，有效地实现动态管理。

管理系统的静止是相对的，运动是绝对的。首先，管理的客体是人，包括管理者、被管理者和顾客，都会受各种因素影响不断变化；其次，管理组织要受各要素、各部分结合方式及目的影响制约，是一种特殊的动态系统；第三，管理活动的劳动对象、劳动资料等要随社会化生产和科技发展而变化；第四，管理活动的场所和时间也具有动态性；第五，管理的信息在生产经营过程中不断产生、传递、反馈；第六，管理系统是开放系统，与外界环境联系紧密，企业外部环境是不断变化的；最后，管理过程本身也处于不断运动中。所以，企业管理是在运动中进行的。

管理的运动是呈振荡运动的，要求管理者预先采取措施，使振荡幅度尽可能小，从而产生更大的前进力；而且企业管理一定要造成竞争态势，推动企业发展。市场经济是竞争经济，静止是没有生命力的，且不进则退。所以，要根据系统的开放性、不平衡性特征，在企业内部、外部主动积极地提倡、参与竞争，才能使企业在动态中生存和发展。

2. 动态原理的基本原则

1）弹性原则

因为动态管理必须留有余地，及时适应客观事物各种可能的变化，才能有效地实现动态管理。

管理的弹性原则是管理系统的特性所要求的。

（1）管理所面临的问题，从来不是单因素或少因素的，而总是有许多因素的。这些因素千丝万缕地联系着，如同蛛网交织。而管理决策总是合力的结果，一个任何领域或一个地域的社会、经济、科技、生态的管理，涉及成千上万个因素。然而，在现实的管理中，人们要完全掌握所有的因素是不可能的。一个卓越的管理者，绝不能认为自己的决策"完全正确"、"绝对正确"或者"一贯正确"。必须清醒地看到自己对客观世界的认识是永远有缺陷的。因此，管理必须留有余地。

（2）对于科学的研究，特别是自然科学的研究，总要想方设法排队次要因素，力争抓住主要因素。作科学实验，总是把其他一些因素固定起来，而去探求主要因素之间的因果联系和变化规律。创造理论也往往都首先给出假定和边界限制，才能做出相应的结论。恩格斯在《自然辩证法》中说："为了了解单个的现象，我们必须把它们从普遍的联系中抽出来，孤立地考察它们，而且在这里不断更替的运动就显现出来，一个为原因，另一个为结果。"然而，管理却永远处在活生生和普遍联系之中，各方面要看到，要顾及左邻右舍。因此，在抓住主要因子的同时，不可忽视各种细节。科学管理必须考虑尽可能多（一切可能）的因素，综合平衡，以求得最佳技术经济效益。若忽视某一因素，也许会造成全局的失败。因此，在实践中，真正做到明察秋毫也是很难的，要完全抓住每个细节也不是不可能的。而且在实际上也没有必要，聪明的管理者总是留有余地，而不是抓住所有的细节。

（3）世界上一切事物都在运动变化之中，管理更具有不确定性。这不仅是管理的因素多，更主要是管理是人的社会活动。某种管理办法在此地十分有效，但如果把它僵化起来，没有弹性，运用到彼时彼地，就会导致效益下降，甚至是一败涂地。

（4）管理是行为科学，它有后果问题。由于管理的因素多，变化大，一个细节的忽视可能产生很大的影响，常言道："差之毫厘，失之千里。"因此，科学的管理必须留有余地，保持必要的可调性。即使出现重大失误的情况，也能及时采取对策，避免重大损失的出现。

企业管理弹性有两种分类：一是按弹性作用范围分为局部弹性和整体弹性。局部弹性是指任何一类管理必须在一系列管理环节上保持可以调节的弹性，特别是在重要的关键环节上要保持足够的余地。整体弹性是指管理整体系统的可塑性和适应性。在管理中必须做到企业整体系统和各环节、各部门都要有弹性。二是按弹性的作用性质分为消极弹性和积极弹性。企业管理的伸缩性，主要着眼于"积极弹性"。也就是说，现代管理中应用弹性原则，不仅要有"留一手"以防不测的消极弹性，更主要的是应有遇事能"多一手"的积极弹性，才可能灵活机动应付瞬息万变的市场，从而达到企业管理的目的。

2）反馈原则

反馈是控制论中的一个极其重要的概念。所谓反馈，就是由控制系统把各种信息输送出去，又把其作用结果返送回来，并对信息再输出发生影响，起到控制的作用，以达到预期的目标。原因产生结果，结果构成新的原因，反馈在原因和结果间架起了"反向"的桥梁，在因果性和目的性之间建立了紧密的联系，这种因果关系的相互作用，不是各自的目的，而是为完成一个共同的功能目的。同时，反馈使任何事物本身与其环境统一在动态之中，构成不断的新陈代谢活动。

反馈普遍存在于各种自然系统之中。在人体运动中，大脑把各种信息（受到外界环境的各种刺激经过感觉——感知的各种信息）输出指挥人体器官的多种活动，同时人体的各种官能——耳、目、鼻、舌、身等感觉器官将各种刺激——信息输送（反射）到大脑中，不断调节，发出新的指令，产生新的运动，使之适应外界环境。如果没有信息反馈，人体运动就不能协调，将会成为一具僵尸。在生产系统中，从投入原料到产品制成，经历各种工序，每道工序在半成品制成后，都要经过检验，把检验数据与计划指标、技术参数作比较，找出误差数据，然后返回到有关工序，及时予以调整与修正工艺，从而使次品消失在生产工艺过程中，杜绝废品出现。所以，反馈的本质特征就是根据工艺过程的各种操作情况去调整未来的行动（工艺流程），达到生产出合格的优质产品。

应用反馈原则进行控制时，一般产生两种不同的效果：如果反馈使系统输入对输出的影响增大，导致系统的运动加剧，这种反馈叫作正反馈；如果反馈使系统的输入对输出的影响减小，使系统偏离目标的运动收敛，趋向于稳定状态，则叫作负反馈。在现代管理中，反馈的主要作用就是对所执行的前一个决策引起的客观变化及时作出有益的反映，并提出相应的新决策建议，面对大量、不断变化的客观现实，管理是否有效，其关键在于是否有灵敏、正确、有力的反馈。要灵敏就必须有灵敏的感受器，以便及时发现管理与变化着的各种客观现象之间的矛盾所在。要正确就必须有现代分析系统，以过滤加工感受的各种信息，达到去粗取精，去伪存真，由此及彼，由表及里的结果。要有力就必须把分析了的信息及时转变为决策部门的有力行动，修正原来的管理行动，使之更符合客观实际，获得管理的更大效益。灵敏、正确和有力的程度是一个管理制度，是一个管理部门是否有充足生命力的标志。

对管理系统进行控制时，情况是多种多样的，因此常采用简单控制、跟踪控制、自适控制和最佳控制等。在现代管理中，无论哪一种控制，为使系统达到既定目标，都必须贯彻反馈原则。而要使系统保持稳定有序，必须使系统结构具有不断自我调节的能力。在现实实践中，任何一种调整、改革，一开始都不一定十分完善，但只要系统具有良好的反馈机制，就可以不断地调节，不断地纠正偏差，逐步趋于完善，直至达到满意的管理效果。

随着社会经济的发展，现代社会组织的管理已是纵横交织、瞬息万变的动态网络，即使是天才的管理行家也无法洞察一切，包揽一切，靠自己掌握一切信息来构思政策、计划和措施。因此，在现代管理中，没有一个指挥中心可以不建立自己的反馈系统而能有效正确地进行指挥的。管理者的本领只在于从反馈系统提供和可供选择的方案中做出正确的决策。

小生产的传统管理习惯于"平安无事","积小变为大变","不断完善"。事物发展无止境,人们对事物的认识在不断深化,始终存在改革(改进)的余地。有效的管理者要善于捕捉各种信息及反馈,及时做出相应的变革,把各种矛盾解决在萌芽状态之中。决策、执行、反馈、修正、再决策、再执行、再反馈,由此无穷地螺旋上升,使管理不断地进步和完善。从此看来,反馈原则正是"一切从实际出发","实践是检验真理的唯一标准"这一马克思主义基本原理在现代管理科学中的运用和体现。

四、效益原理及原则

1. 效益原理概述

1)经济效益的概念

经济效益是人类活动的根本目的。任何社会实践都会产生某种效果,如经济效果、政治效果、军事效果和艺术效果等。人类从事生产活动,都是为了有用的物质效果,也就是要创造出具有使用价值和价值的产品或劳动。为了实现这一目的,人们在进行生产劳动时,必须有相应的投入。因此,经济效益就是在一定的既定目标条件下,劳动消耗量和劳动占有量与所取得的有用成果之比。在现实社会中,为了计算方便,劳动消耗量、生产资料消耗量和所取得的有用成果量,一般用货币计价的形式,用金额近似地表现出来。用数学公式表示为

$$经济效益(E) = \frac{有用成果(Y)}{劳动消耗量和劳动占用(L)}$$

经济效益的这一公式,既适用于宏观,又适用于微观;既可以全面反映劳动成果、劳动消耗和劳动占用,又可以比较准确地反映正效果、负效果和零效果。

管理的目的是创造更多、更好的社会经济效益和企业经济效益。社会经济效益是指从全社会角度出发,研究全社会的投入产出关系及各企业间合理配合的问题,追求的是全社会和整体的效益;企业经济效益是从企业角度出发,使人、财、物、信息、时间和科技等资源得到最充分有效利用,产生最佳的投入产出效果。社会经济效益和企业经济效益是一致的。但有时也有矛盾:企业效果不能完全表现社会效益;社会效益也不能完全代表企业效益。

效益原理要求企业管理必须追求经济效益,它是企业生产经营活动的出发点和归宿点。经济效益指标可分解为产量、产值、成本和利润等,生产经营过程中不同时期、不同阶段,可根据生产任务、产品要求追求最大产量、产值或利润,也可追求最低成本。当企业经济效益与社会效益发生冲突时,企业要服从全局和整体,任何时候也不能用损害社会利益的手段获取企业经济效益。要认识到企业要获得长期、稳定的经济效益,就必须使自身的发展目标、经济效益指标与社会发展目标和效益指标相一致。

2)提高经济效益的理论依据

提高经济效益是我国经济建设的核心,是企业生存和发展的基本要求,其理

论依据如下。

（1）强调经济效果，提高经济效益，实质上是提高劳动生产率，增加产出扣除投入后的余额。根据马克思主义扩大再生产理论，这一余额的大小和经济发展至关重要。因为积累是扩大再生产的唯一源泉。因此，提高经济效益是人类物质文明和精神文明提高的基础，是社会经济不断增长的根本保证。

（2）提高经济效益是经济规律的要求。在社会经济活动中，无论是必要产品的增长还是剩余产品的增长都是同等重要的，整个国民收入的实物量尽可能增多，经济效益才能提高，从而才能满足人们日益增长的物质和文化生活的需要。

（3）在物质资料生产过程中，能够投入的多种资源总是有限的，而人们的消费水平总是不断提高的，对物质产品和精神产品的需要则是无限的。这就要求我们正确处理好人力、物力、财力、信息的有限性与人们需要增长的无限性之间的矛盾。因此，必须强调提高经济效益，以便能提供更多的剩余产品，为社会增加更多的新财富。

（4）提高经济效益是节约时间规律的要求。一切活动都要讲求节约人力、物力和财力。节约人力是直接劳动时间的节约；节约物力是节约生产资料的消耗和占用；节约财力是节约人力和物力的价值形式。所有这些，归根结底是劳动时间的节约。这样不仅可以尽可能少的劳动时间生产出满足社会需求的产品，同时将节约下来的时间用于其他部门，具有合理分配劳动时间的作用，从而可以取得微观和宏观双重意义上的经济效益。

（5）提高经济效益是价值规律的要求。价值规律是市场经济条件下的重要经济规律，它要求商品的价值由生产商品的社会必要劳动时间决定，商品的交换按照商品的价值量来进行。因此，价值规律必然要求计算商品的价值量，进而计算成本和利润等。这就决定了生产单位降低消耗，提高经济效益，使单位产品的劳动消耗量低于社会平均必要劳动量，从而获得更多的盈利，这是在市场经济条件下任何一个物质生产部门进行扩大再生产和继续生产发展下去的前提和保证。

2. 效益原理的基本原则

根据效益原理的要求，在企业管理中应遵循价值分析原则和可行性研究原则。

1）价值分析原则

所谓价值工程，指的都是通过集体智慧和有组织的活动对产品或服务进行功能分析，使目标以最低的总成本（寿命周期成本），可靠地实现产品或服务的必要功能，从而提高产品或服务的价值。价值工程主要思想是通过对选定研究对象的功能及费用分析，提高对象的价值。这里的价值，反映的是费用支出与获得之间的比例，用数学比例式表达如下：价值＝功能/成本。提高价值的基本途径有5种，即提高功能，降低成本，大幅度提高价值；功能不变，降低成本，提高价值；功能有所提高，成本不变，提高价值；功能略有下降，成本大幅度降低，提高价值;适当提高成本,大幅度提高功能,从而提高价值。

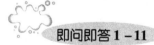

价值分析原则认为:价值=功能/成本,这里的价值是指凝结在产品中的劳动价值,成本即是生产成本。这是否正确?

价值分析原则从企业管理角度讲,是指对产品或作业进行功能分析,以求得最低成本可靠地实现产品或作业的必要功能。价值是一个特定的概念,表示其产品或工程项目的功能水平与成本水平的比值,即:

$$价值 = \frac{功能}{成本} \quad \left(V = \frac{F}{C}\right)$$

现代企业管理中,价值分析的一般公式:

$$价值 = \frac{功能}{成本} = \frac{产出}{投入} = 社会经济效益$$
$$= \frac{符合社会需要的产品总量}{社会所耗劳动总量}$$

按照价值工程原理:如果都用于解渴,瓶装矿泉水比自来水有价值。这是否正确?

价值分析是以功能分析为核心,使产品或作业达到适当价值,即用最少投入实现社会经济效益,使产品或作业实现应有的必要功能。投入的人、财、物要尽可能少,生产时间尽可能短;而生产产品是符合社会需要的,量足质好。

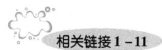

价值工程与麦尔斯

价值工程(Value Engineering,VE)又称为价值分析(Value Analysis,VA),是一门新兴的管理技术,是降低成本、提高经济效益的有效方法。它于20世纪40年代起源于美国,麦尔斯(L. D. Miles)是价值工程的创始人。1961年,美国价值工程协会成立时麦尔斯当选为该协会第一任会长。在第二次世界大战之后,由于原材料供应短缺,采购工作常常碰到难题。经过实际工作中孜孜不倦的探索,麦尔斯发现有一些相对不太短缺的材料可以很好地替代短缺材料的功能。后来，麦尔斯逐渐总结出一套解决采购问题的行之有效的方法，并且把这种方法的思想及应用推广到其他领域。例如，将技术与经济价值结合起来研究生产和管理的其他问题，这就是早期的价值工程。1955年，这一方法传入日本后与全面质量管理相结合，得到进一步发扬光大，成为一套更加成熟的价值分析方法。麦尔斯发表的专著《价值分析的方法》使价值工程很快在世界范围内产生巨大影响。

麦尔斯在长期实践过程中，总结了一套开展价值工作的原则，用于指导价值工程活动的各步骤的工作。这些原则是：① 分析问题要避免一般化、概念化，要作具体分析；② 收集一切可用的成本资料；③ 使用最好、最可靠的情报；④ 打破现有框框，进行创新和提高；⑤ 发挥真正的独创性；⑥ 找出障碍，克服障碍；⑦ 充分利用有关专家，扩大专业知识面；⑧ 对于重要的公差，要换算成加工费用来认真考虑；⑨ 尽量采用专业化工厂的现成产品；⑩ 利用和购买专业化工厂的生产技术；⑪ 采用专门生产工艺；⑫ 尽量采用标准；⑬ 以"我是否这样花自己的钱"作为判断标准。这13条原则中，第1条至第5条属于思想方法和精神状态的要求，提出要实事求是，要有创新精神；第6条至第12条是组织方法和技术方法的要求，提出要重专家、重专业化、重标准化；第13条则提出了价值分析的判断标准。

资料来源：http：//www.csai.cn

企业管理必须按价值分析的原则进行，才能实现社会效益和企业效益的统一。"必要功能"不是高功能或全功能。要提高产品价值，就必须改善功能或降低成本。改善功能等于提高产品价值，降低成本同样等于提高产品价值。所以，产品和作业分析的关键在于产品功能分析，改变了传统的产品结构分析方式，十分有利于新产品开发。如开发手表的新产品，如果按传统的产品结构分析进行，始终跳不出机械表的范围，最多改变形状、大小、厚薄等；而用价值分析原则进行开发，从产品的必要功能考虑，只要能显示时间，具有手表的必要功能即可，结果有了新的突破，出现了石英电子手表。

进行一项价值分析，首先需要选定价值工程的对象。一般来说，价值工程的对象是要考虑社会生产经营的需要以及对象价值本身被提高的潜力。例如，选择占成本比例大的原材料部分如果能够通过价值分析降低费用提高价值，那么这次价值分析对降低产品总成本的影响也会很大。当我们面临一个紧迫的境地，例如生产经营中的产品功能、原材料成本都需要改进时，研究者一般采取经验分析法、ABC分析法以及百分比分析法。选定分析对象后需要收集对象的相关情报，包括用户需求、销售市场、科学技术进步状况、经济分析以及本企业的实际能力等。价值分析中能够确定的方案的多少以及实施成果的大小与情报的准确程度、及时程度、全面程度紧密相关。有了较为全面的情报之后就可以进入价值工程的核心阶段——功能分析。在这一阶段要进行功能的定义、分类、整理、评价等步骤。经过分析和评价，分析人员可以提出多种方案，从中筛选出最优方案加以实施。在决定实施方案后应该制定具体的实施计划，提出工作的内容、进度、质量、标准、责任等方面的内容，确保方案的实施质量。为了掌握价值工程实施的成果，还要组织成果评价。成果的鉴定一般以实施的经济效益、社会效益为主。作为一项技术经济的分析方法，价值工程做到了将技术与经济的紧密结合。此外，价值工程的独到之处还在于它注重于提高产品的价值、注重研制阶段开展工作，并且将功能分析作为自己独特的分析方法。

价值工程已发展成为一项比较完善的管理技术，在实践中已形成了一套科学的实施程序。这套实施程序实际上是发现矛盾、分析矛盾和解决矛盾的过程，通常是围绕以下7个合乎逻辑程序的问题展开的：① 这是什么？② 这是干什么用的？③ 它的成本多少？④ 它的价值多少？⑤ 有其他方法能实现这个功能吗？⑥ 新的方案成本多少？功能如何？⑦ 新的方案能满足要求吗？顺序回答和解决这七个问题的过程，就是价值工程的工作程序和步骤，即选定对象，收集情报资料，进行功能分析，提出改进方案，分析和评价方案，实施方案，评价活动成果。

价值工程虽然起源于材料和代用品的研究，但这一原理很快就扩散到各个领域，有广泛的应用范围，大体可应用在两大方面：一是在工程建设和生产发展方面。大的可应用到对一项工程建设，或者一项成套技术项目的分析，小的可以应用于企业生产的每一件产品、每一部件或每一台设备，在原材料采用方面也可应用此法进行分析，具体做法有工程价值分析、产品价值分析、技术价值分析、设备价值分析、原材料价值分析、工艺价值分析、零件价值分析和工序价值分析等。二是在组织经营管理方面。价值工程不仅是一种提高工程和产品价值的技术方法，而且是一项指导决策，有效管理的科学方法，体现了现代经营的思想。在工程施工和产品生产中的经营管理也可采用这种科学思想和科学技术。例如，对经营品种的价值分析、施工方案的价值分析、质量价值分析、产品价值分析、管理方法价值分析、作业组织价值分析等。

2）可行性研究原则

可行性研究原则是指对某方案或某事能够实现、行得通和成功的可能性进行分析论证，以求获得管理的最佳效果。可行性研究是一种事前行为，是决策的事前行为。通过可行性研究，告诉决策者，在一定的限制条件下有关的目标能否实现，是否可行，以及何者为最优。决策是企业管理的重要职能，决策正确与否直接关系企业兴亡。而决策是否正确，在于预测和经营信息的可靠程度。这一切均以可行性研究为根本。可行性研究的内容应根据项目的各自特点决定，一般要解决决策者主要关心的几个问题。

① 各种条件是否具备了成功的可能性？

② 项目采用的技术是否先进和适用？
③ 项目是否经济合算？
④ 项目的效益是否达到最佳？

可行性研究因为其对象的复杂程度不同，具体研究步骤有别。大型、复杂的项目要经过四个阶段；小型、简单的项目可简化为二三个阶段。一般可行性研究的步骤有机会研究、初步可行性研究、最终可行性研究、论证和审批。机会研究阶段主要判断该项目有无深入研究的价值和必要；初步可行性研究阶段主要提出较为系统的设想方案；最终可行性研究阶段主要为决策项目提供技术、经济和商业上的充分依据，在作全面准确的分析计算和论证基础上提出完备的方案；论证主要指在可行性研究报告审批前交有关专家进行的论证；审批即是可行性研究报告完成后，经专家论证通过，按隶属关系由管理部门审批。

本章小结

本章主要讲述了管理的概念、特征、地位、作用、要素和分类；管理的性质，即管理的二重性，是指管理的自然属性和社会属性，即一方面具有与生产力社会化大生产相联系的自然属性，另一方面又具有与生产关系、社会制度相联系的社会属性；管理的职能，这些职能包括决策、计划、组织、领导、激励、控制和创新；经营的概念，经营与管理的关系；管理的方法，管理方法是管理者行使管理职能和实现管理目的的手段、方式、途径和程序的总称，管理的方法有行政方法、经济方法、法律方法、宣教方法和数量分析方法；企业管理的基本原理和原则，这些基本原理和原则有系统原理及原则、人本原理及原则、动态原理及原则、效益原理及原则。

知识掌握题

1. 什么是管理？它有哪些特征？
2. 简述管理的作用。
3. 简述管理的性质。
4. 管理有哪些职能？
5. 什么是经营？它与管理有什么关系？
6. 什么是管理方法？管理方法有哪些？这些方法各有哪些特征和局限性？
7. 什么是系统？管理系统有哪些特征？
8. 如何理解系统的整分合原则？为什么相对封闭原则没有一劳永逸的封闭？
9. 在倡导科学发展观的今天坚持人本原理有什么意义？为什么管理要对应分级？根据人本原理中的动力原则，如何调动人的积极性来完成管理目标？
10. 弹性原则和反馈原则对管理有什么意义？
11. 价值分析的核心是什么？为什么说它有利于新产品开发？

自 测 题

一、单项选择题

1. 高层管理者的主要工作是（　　）。
   A. 决策　　　　B. 控制　　　　C. 协调　　　　D. 领导
2. 管理同劳动力、劳动工具、劳动对象、科学技术一样是生产力要素，管理在其中起着（　　）的作用。
   A. 加数　　　　B. 减数　　　　C. 乘数　　　　D. 除数
3. 下列管理要素中最重要的是（　　）。
   A. 物资　　　　B. 人员　　　　C. 资金　　　　D. 技术
4. 在企业管理中，确定工作目标和实现目标的方法等项工作属于（　　）。
   A. 计划职能　　B. 组织职能　　C. 指挥职能　　D. 控制职能
5. 在企业的生产经营活动中，必须调动一切积极因素，充分发挥广大员工当家做主的精神。这种职能属于（　　）。
   A. 计划职能　　B. 组织职能　　C. 控制职能　　D. 激励职能
6. 价值工程的核心是（　　）。
   A. 成本分析　　B. 价值分析　　C. 功能分析　　D. 功能分配

二、多项选择题

1. 管理的职能有（　　）。
   A. 决策　　　　B. 计划　　　　C. 指挥　　　　D. 人事
   E. 沟通
2. 创新的特点有（　　）。
   A. 新颖性　　　B. 敏锐性　　　C. 可变性　　　D. 多向性
   E. 奇异性
3. 行政方法的特性有（　　）。
   A. 权威性　　　B. 强制性　　　C. 无偿性　　　D. 保密性
   E. 灵活性
4. 管理系统的特征有（　　）。
   A. 科学性　　　B. 目的性　　　C. 集合性　　　D. 相关性
   E. 层次性
5. 在价值工程中，对价值的理解正确的是（　　）。
   A. 价值与功能成反比　　　　　B. 价值与功能成正比
   C. 价值与成本成正比　　　　　D. 价值与成本成反比
   E. 价值与成本不相关

> 知识应用与课堂讨论题

深谋远虑　做强企业

广西康华药业有限责任公司创建于1994年，现注册资金800万元，是一家按现代企业制度建立起来的高新技术企业，多年来在南宁市委、市政府、高新区管委会及自治区和南宁市药监局的支持和帮助下，公司实行科学的发展观，勇于开拓、锐意创新得到了较大的发展。公司于2002年投资2 000万元进行异地改造迁入南宁高新技术开发区内，新车间于2003年12月通过国家GMP认证，目前已成为国内较大的栓剂专业生产厂家之一，公司拥有6条自动化生产线，生产能力达1亿元以上产值，公司法人代表梁文广先生多次被评为优秀民营企业家。

10多年间，康华由10人迅猛发展到300多人，这种超常规的发展，使企业管理落后于发展的现象日渐明显。生产的规模化和质量规范化要求有完善的管理制度与之相辅相成。公司将2003年确定为"管理年"，从理念转型启动，通过制度创新，形成运行机制，打造管理平台，全面提升经营管理水平。目前公司现有员工158人，90%以上的员工具有中专、技校以上的文化程度，且具有药学本科、大专学历的员工有50多人。

公司将实施目标管理与绩效考核有机结合，使企业管理制度规范化、现代化。建立起相配套的方针目标、组织机构、程序方法、管理制度、人力培训等体系。通过流程再造，实现岗位优化、工作量化、业务流程化；通过自评、互评，实现定岗、定员、定额、定薪，强化全程控制；通过实行岗位级别工资和责权利结合，调动员工的积极性；通过实行全面预算管理，明确成本目标，规范绩效考核，加强成本控制。各项改革目标的实施，充分挖掘了人、财、物的潜力，整合了企业资源，从根本上转变了公司管理滞后于发展的被动局面，为持续健康发展奠定坚实基础，使企业管理工作逐步步入程序化、标准化、制度化轨道。

1994年，康华创立时，国内药厂众多，市场竞争激烈。梁文广意识到产品的科技含量将成为企业在市场竞争中成败的关键，产品开发已成为企业永恒的研究课题，于是把企业定位于弘扬中华传统医药，并实现中药的市场化、产业化、专业化。

当年，梁文广发现广大妇女被多种妇科疾病所困扰，感到解决这类疾病的迫切性和潜在的商机。经过不懈的努力，终于找到民间配方，经医药专家注入高新技术，成功开发对宫颈炎、白带过多等妇科疾病有显著疗效的"宫颈炎康栓"。"宫颈炎康栓"被列入国家三类新药，成为康华药业的主打产品。产品以其疗效快、无副作用等优势，很快成为国内同类药的主导产品，得到广大妇女患者的认可，解除了上亿妇女的痛苦。

为了保持公司持续稳定的发展，一直以来公司非常重视新产品的开发和技术改造，计划在5年内把康华药业建设成为集栓剂、乳膏剂、洗剂、片剂等具有多种制剂生产能力的制药企业。从2004年以来共申报了硝酸咪康唑栓等7个仿制品（其中2个已获得了生产批文），目前正在研究的项目有一个国家3.1类化药乳膏剂（与北京羚锐科技公司合作研发）和4个仿制药。下一步除做好常规品种的仿制外，还将进一步加强与有关科研院所合作，力争开发一两个技术含量高、有着广阔市场前景的新产品。在技改方面，今年又投巨资兴建了一栋13 000 m^{2}的包括产品中心、质量检测中心和营销中心在内的综合大楼，并在原来的厂房内新建了一个面积为1 200 m^{2}的乳膏剂、洗剂生产车间，为公司的发展奠定了基础。

国家医药相关政策的调整、市场竞争的日趋激烈，加之企业生产规模扩大所带来的联动效应，对公司原有的营销模式提出了新的挑战，如何实现"以销定产，产销一体化"，成为摆在了管理层面前的新课题。为适应市场变化，公司适时调整营销策略，提出了"一个中心，四个支点"的发展战略（即以企业的总体战略为中心，以营销改革为切入点、以科技创新为增长点、以规范管理为支撑点、以人才开发为中心点）；以四个支点推进企业的全面建设，推动企业营销创新，扩大了市场份额。

公司创新营销体制，通过互惠互利、长期双赢的市场运作方式，实现公司与经销商的长期合作，共同搭建全新的营销平台，创建新型营销网络，为建立中国医药经济终端网打下坚实基础；通过宣传策略的全面实施，打好媒体推广的组合拳，即平面媒体与影视媒体相结合，专业媒体与大众媒体相结合，企业品牌塑造与产品品牌塑造相结合，促进企业和产品的知名度、信誉度、美誉度的提高，塑造良好的品牌形象。通过品牌拉动产品销量，加强营销渠道的开发与管理，向管理、质量、科技和营销渠道维护挖潜力、要效益。通过确立广义终端论的理念，完善销售服务及售后服务，巩固老市场，培育和开辟新市场。

康华药业已成为国内妇科栓剂生产基地之一，为实现"护佑众生，产业报国"的创业宗旨，坚持"以市场为导向、销售为中心、质量为生命、产品研发为核心、人才为根本"的经营理念，通过"做强企业、富裕员工、造福社会"，为社会生产更多优质的药品，致力于中药的现代化和国际化，为企业谱写更加辉煌的篇章。

本案例思考讨论题：
1. 你认为康华药业公司成功的经验是什么？
2. 要想使企业持续稳定地发展，应该采取哪些有力措施？
3. 作为一名管理者应具备什么样的素质？

资料来源：http://www.harc.cn/Get/qiyjdal/130543370.htm 和广西康华药业有限责任公司网站

情景模拟题

一、情景介绍

主管职位的三位候选人

某保险公司有一个中层主管的职位空缺。公司当局组成了一个人事评核委员会,对各位候选人逐一评核,经淘汰后剩下了三个人。

第一位是公司新进不久的企划员。他毕业于北方某大学管理系,获硕士学位。在大学期间主修保险学。公司认为,他有管理知识背景,对人员督导一定有一些技术上的认识。但人事评核委员会部分委员认为他受的教育"通而不专",他们认为"最理想的人选应该是在保险业务方面有丰富经验和受过专业训练的人员"。

第二位是一位推销员。该推销员在过去两年里有着辉煌的推销业绩,但他不想终身从事保险推销,故毛遂自荐,表示希望担任该职位。从好的方面来说,人事评核委员会很满意他过去的业绩,一位委员说:"这年轻人确实表现了他在待人接物方面的才干";但从坏的方面来说,一位委员直率地说:"待人接物跟管理是两码事情,待人接物好并不意味他擅长管理。"

第三位是位女士,公司精算部门的保险精算师,在过去三年中成绩很出色。人事评核委员会中有一位委员认为她是理想的人选。他说:"保险精算正是保险公司的骨干,她精通保险事业,应会有良好的表现。"不过也有委员认为她虽精通保险精算,但不一定能胜任管理工作。

开会时,各位委员对三个候选人进行了充分的讨论,最后主席说:"各位,现在三位候选人的优缺点都已了解,今天必须决定,从三人中选定一人,选谁呢?"

二、模拟训练

1. 同学们可按分别支持的第一、第二、第三位候选人自由组合或由指导老师组合成三个小组,分别商讨竞聘中层主管职位的讲演稿和答辩词。

2. 每一小组推行一名代表上台发表讲演,另外两组的同学扮演人事评核委员会的成员,并进行提问,竞聘中层主管职位的那一组同学进行答辩。

3. 讲演和答辩结束后请全班同学分别给各小组评分(见表1-2)。

表1-2 记分表

得分 项目	优 (90~100分)	良 (80~89分)	中 (70~79分)	及格 (60~69分)	不及格 (60分以下)
演讲水平					
回答内容					
回答技巧					
效果					

4. 最后由指导老师进行点评和总结。

实践训练题

项目：走访调查某一组织管理的行政方法、经济方法、法律方法、宣教方法和数量分析方法的运用

1. 实训项目

访问某一组织管理的行政方法、经济方法、法律方法、宣教方法和数量分析方法的运用。

2. 实训目的

通过访问某一组织管理的行政方法、经济方法、法律方法、宣教方法和数量分析方法的运用，培养学生实训能力，了解社会和学习管理学的兴趣，以及参加社会实践活动的主动性、积极性。

3. 实训内容

（1）要求学生了解该组织在管理上采用了哪些管理的方法，以及这些管理方法采用的比例和应用范围。

（2）分析这些管理方法在该组织运用所起作用、优点和缺点。

4. 实训组织

（1）把全班同学分成 5 组。

（2）第 1 组同学侧重调查行政方法。

（3）第 2 组同学侧重调查经济方法。

（4）第 3 组同学侧重调查法律方法。

（5）第 4 组同学侧重调查宣教方法。

（6）第 5 组同学侧重调查数量分析方法。

5. 实训考核

（1）要求每位学生写出访问报告或小结。

（2）要求学生填写实训报告。其内容包括：① 实训项目；② 实训目的；③ 实训内容；④ 本人承担任务及完成情况；⑤ 实训小结。

（3）教师评阅后写出实训评语，实训小组或全班进行交流。

课下补充参考资料

1. H·法约尔. 工业管理和一般管理 [M]. 北京：中国社会科学出版社，1982

2. 哈罗德·孔茨，海因茨·韦里克. 管理学 [M]. 北京：经济科学出版社，1998

3. 周三多. 管理学 [M]. 北京：高等教育出版社，2000

4. 陈捷，王丹. 现代企业管理教程 [M]. 北京：清华大学出版社，2008

5. 赵冰梅，刘伟力. 现代企业管理教程［M］. 北京：航空工业出版社，2008

6. 邬适融. 现代企业管理——理念、方法、技术［M］. 北京：清华大学出版社，2008

7. 中国现代企业管理网——企业管理培训的品牌网站，http://www.china-guanli.com

第二章
管理思想的演变

学习目的和要求

通过本章学习，要求达到：
知识目标：了解古典和现代管理思想、理论的形成及内容。
素质目标：深刻理解各种管理理论形成的历史背景。
技能目标：重点掌握各种现代管理理论的基本内容。
能力目标：能够应用各种管理理论分析和解决现实管理问题。

主要概念和原理

管理思想 古典管理理论 现代管理理论 管理学派 人际关系原理 行为科学原理 需求层次原理 双因素原理 科学管理原理

瑞士经济学家肯德讲过一句名言："19世纪是工业世纪，20世纪则作为管理世纪载入史册。"当20世纪悄然逝去，世界经济战车在科技与管理两个巨轮驱动下驶入新世纪的时候，回看一个世纪的管理风云，不得不惊叹这真是一个经济英雄辈出的世纪，差不多每一个产业王国中都活跃着一批管理艺术大师，如卡内基、艾柯卡、松下幸之助、盛田昭夫、李嘉诚、比尔·盖茨等，同时这也是管理思想巨匠群星闪耀的世纪，泰罗、法约尔、福莱特、梅奥、巴纳德、孔茨、德鲁克等，他们使几乎与人类文明一样悠久的管理在这个世纪终于从经验中走向科学。

伴随着改革开放进程的深入，"管理也是生产力"、"管理现代化是中国第五个现代化"等观念日渐深入人心，并逐步成为各级行政领导、工商企业经理等的共识，管理学也与经济学一道成为学术界最为热门的学科。短短20年间，西方近百年的管理思潮、学术流派、理论观点在国内迅速地游走了一遍。国内学者对西方管理学的了解和熟悉,在整个自然科学与社会科学中名列前茅。一个多世纪以前的思想对今天的管理仍有一定的借鉴意义,了解管理学的精髓首先要从发展根源入手。作为经济、管理等相关专业的大学生,学习管理学原理应该首先了解世界管理思想史的演变和发展。

案例导入

知难而上:克莱斯勒公司挑战20世纪90年代

在20世纪80年代,李·艾珂卡因拯救濒于破产边缘的美国汽车巨头之一克莱斯勒公司而名声大起,颇具传奇色彩。今天克莱斯勒公司又面临另外一场挑战:在过热的竞争和预测到的汽车产能过剩的环境中求生存。为了度过这场危机并再次成功地进行竞争,克莱斯勒公司不得不先解决以下问题。

首先,世界汽车产业的生产能力过剩,这意味着所有汽车制造商将竭尽全力保持或增长它们的市场份额,不仅美国的汽车公司要靠增加投资来提高效率,而且日本的汽车制造商也不断在美国建厂,这就带来了问题。另外,欧洲和韩国的厂商也想在美国增加他们的市场份额。艾珂卡承认,需要对某些车型削价,为此,他运用全面打折和其他激励手段来吸引消费者进入克莱斯勒的汽车陈列室。

可是,艾珂卡和克莱斯勒公司认为,价格是唯一得到更多买主的方法。事实上,那不是最好的方法,尤其从长期性来看。相反,克莱斯勒公司必须解决第二个问题:改进它所生产汽车的质量和性能。

艾珂卡承认,他犯了个错误,因为他把注意力过分集中在市场的营销和财务方面,而把产品的开发拱手让给了其他厂家。此外,克莱斯勒公司还必须向消费者提供高质量的售后服务。产业分析家一致认为,优良的消费者服务在一种饱和的市场中至关重要。

艾珂卡的第三个问题,是把美国汽车公司和克莱斯勒公司的运作结合起来。兼并美国汽车公司意味着克莱斯勒公司不得不解雇许多员工,既有蓝领工人又有白领阶层。剩余的员工对这些解雇工人的态度从愤怒到担心,这种局面给克莱斯勒公司的管理带来了巨大的压力,难以和劳工方面密切合作,以便回避骚乱,确保汽车质量和劳动生产率。

为了生存,克莱斯勒公司承认,公司各级管理人员和员工必须通力协作,以团队的形式来开发和制造消费者需要的高质量产品,还有以提高工作效率为基础。今天,克莱斯勒公司一直注重降低成本,提高产品质量,并以团队合作的方式提高产品开发的速度,发展与供应商和消费者更好的关系。在其他方面,艾珂卡要求供应商提供降低成本的建议,最后他收到了上千条建议。

艾珂卡现在已经从克莱斯勒公司总裁的职位退休。有些分析家开始预见克莱斯勒公司的艰难时光。一位前管理人员说:"感受到(克莱斯勒)的时光一去不复返。艾珂卡与其说是一种资产不如说是一种负债。"但一位现任主管却反驳道,克莱斯勒有一项大优势:那就是它从前有过一次危机,却又度过了危机并生存了下来,所以,克莱斯勒公司能够向过去学到宝贵的东西。

资料来源:周三多. 管理学——原理与方法 [M]. 上海:复旦大学出版社,2003

案例分析

面临激烈竞争而富于挑战的时代,一个企业要想不断生存、发展和壮大,就得根据经营环境的变化而采取积极、有效的管理手段和管理方法。管理者的管理思想和管理理念是先导,有什么样的管理思想和理念,就会有相应的不同的管理手段和方法。本案例中,艾珂卡根据克莱斯勒公司所处的环境和存在的问题,及时地调整战略思想和管理理念,综合采取了行之有效的各种管理手段和方法,取得了明显的效果,使企业走出了困境并战胜对手。本案例给我们的启示是,一个优秀的管理者必须树立先进的管理思想和管理理念,掌握各种管理手段和方法,并能根据实际情况灵活、有效地加以应用。

第一节 早期管理实践与管理思想阶段

管理活动源远流长,人类进行有效的管理活动,已有数千年的历史,但从管理实践到形成一套比较完整的理论,则是一段漫长的历史发展过程。一般来说,管理学形成之前可分成两个阶段:早期管理实践与管理思想形成阶段(从有了人类集体劳动开始到18世纪)和管理理论产生的萌芽阶段(从18世纪到19世纪末)。管理学形成后又分为三个阶段:古典管理理论阶段(20世纪初到20世纪30年代行为科学学派出现前)、现代管理理论阶段(20世纪30年代到20世纪80年代,主要指行为科学学派及管理理论丛林阶段)和当代管理理论阶段(20世纪80年代至今)。

从人类社会产生到18世纪,人类为了谋求生存自觉不自觉地进行着管理活动和管理的实践,其范围是极其广泛的,但是人们仅凭经验去管理,尚未对经验进行科学的抽象和概括,没有形成科学的管理理论。早期的一些著名的管理实践和管理思想大都散见于埃及、中国、希腊、罗马和意大利等国的史籍和许多宗教文献之中。

一、国外早期的管理实践和管理思想

管理活动或管理实践自古以来就存在,是人类集体协作和共同劳动的必然产物。人类的管理实践大约已超过6 000年的历史,埃及的金字塔、巴比伦古城、我国的万里长城等,都是古代人民勤劳智慧的结晶,也是历史上伟大的管理实践。

古罗马帝国之所以兴盛,在很大程度上应归功于卓越的组织才能。戴克利先成为皇帝后，实行把中央集权控制与地方分权管理很好地结合起来的连续授权制度，使其从一个小城市发展成为一个世界帝国，在公元前2世纪取得了统治欧洲和北非的宏伟大业。

罗马天主教会早在第一次工业革命以前，就采取按地理区域划分基层组织，并在此基础上又采用了有很高效率的职能分工，成功地解决了大规模的组织问题。罗马天主教会之所以能够有效控制世界各地5亿以上教徒的宗教活动，在很大程度上与它采用的一套组织形式有密切关系。

在公元前5 000年左右，古代埃及人建造了世界七大奇迹之一的金字塔。据考察，金字塔共耗用上万斤重的大石料230多万块，动用了10万人力，费时20年才得以建成。完成这样巨大的工程是非常艰难的，其中包含了大量的组织管理工作。例如，组织人力进行计划和设计，在没有先进运送工具的条件下，组织搬运，人力的合理分工等。这些工作不但需要技术方面的知识，更重要的是要有许多管理经验。

在公元前2 000年左右，古巴比伦王国汉谟拉比曾经颁布过一部法典，全文共有280多条，其中对人的活动作了许多规定，如个人财产怎样受到保护；百姓应该遵守哪些规定；货物贸易应该如何进行；臣民之间的关系；家庭纠纷与犯罪的处理等。这里面涉及了许多的管理思想。

古希腊也留下了一些宝贵的管理思想。在公元前370年，希腊学者曾对劳动分工作了如下的论述："在制鞋工厂中，一个人只以缝鞋底为业，另一个人进行剪裁，还有一个人制造鞋帮，再由一个人专门把各种部件组装起来。"这里所遵循的原则是：一个从事高度专业化工作的人一定能工作的最好。希腊学者的这一管理思想与后来科学管理的创始人泰罗的某些思想非常接近，尽管他们所处的年代相差了2 200多年。

公元6—18世纪，在欧洲大体上是奴隶社会末期到资本主义萌芽的时期，社会生产力、商品生产都有了一定程度的发展，并产生了所谓的"重商主义"。从管理上来看，这一时期主要出现了两种类型的社会活动组织形式：一种是商业行会和手工业行会；一种是厂商组织。前者是商人、手工业者进行自我管理的共同体，后者则可以称为最早的"前店后厂"，也就是公司制的前身。

15世纪世界最大的工厂之一的威尼斯兵工厂，早在当时就采取了流水作业，建立了早期的成本会计制度，并进行了管理的分工，这也是一个管理实践的出色范例，体现了现代管理思想的雏形。

意大利的尼古拉·马基雅弗利于16世纪所著的《君王论》一书中，针对君王如何能够成功地管理一个国家、如何更好地运用权威，提出了以下管理四原则。

(1) 群众认可。所有的政府，其持续存在都依赖群众的支持，权威来自群众，即权威是自下而上的，不是自上而下的。

（2）内聚力。要使国家能持续存在，必须有内聚力。组织内聚力的关键因素是使人民确信他们可以信赖自己的君主，知道君主期望他们的是什么。

（3）领导方法。掌权之后要使政权能够持续维持下去，就必须具备领导能力。

（4）生存意志。任何组织的主要目标之一是要使自己存在下去，因此必须居安思危。

马基雅弗利提出的管理原则同样也适用于管理其他组织，该管理四原则是对当时出色领导人活动的概括和总结，与现代的管理原理有许多类似的地方，因而对管理思想的发展有相当大的影响。

二、我国早期的管理实践和管理思想

我国古代帝王、知名学者也有许多杰出的管理实践和管理思想闻名于世。例如，秦始皇确立中央集权制，统一中国，统一文字、货币、车轨、道宽，以及度、量、衡制度，不仅体现了他的勇于改革和创新的精神，而且这些管理举措对中国延续两千多年的封建制度也有着重大的影响。此外，还有唐太宗李世民的"贞观之治"、康熙大帝建立的盛世王朝等。另外，我国古代的《周礼》、《孟子》、《墨子》、《孙子兵法》等书籍中也都体现了我国古代思想家众多杰出的管理思想。

（1）中国是世界上历史最悠久的文明古国之一。早在5 000年前，中国已经有了人类社会最古老的组织——部落和王国，有了部落的领袖和帝王，因而也就有了管理。到了公元前约17世纪的商、周时代，中国已形成了组织严密的奴隶制和封建制的国家组织，出现了从中央到地方，高度集权、等级森严的金字塔形的权力结构。

（2）中国自古就是世界上人口最多，幅员最大的国家之一。早在公元前200多年，秦朝就形成了与现代中国国土相近的统一国家。在以后2 000多年漫长的历史中，中国曾经发生过无数次战争和多次外国入侵，经历了数百次改朝换代，虽然也曾有过短暂的分裂，但历代统治者都能对如此辽阔的疆土和众多的人口进行着有效的控制和管理。历代统治者的功过是非应当由历史学家去研究和评述，但从管理学的角度看，历史也给我们留下了有关管理国家、巩固政权、统帅军队、组织战争、治理经济、发展生产、安定社会等方面极为丰富的经验和理论，其中也包含着许多至今仍闪耀着光辉的管理思想。

（3）中国有许多世界历史上的伟大工程。长城就是其中最令人赞叹不已的例子。长城早在春秋战国时（公元前7世纪），各国为了互相防范，在形势险要的地方开始修筑，后来经过秦朝、明朝历代修缮，于明朝万历年间（1573年）终于形成了西起嘉峪关，东至山海关，总长约6 700多千米，连为一体的万里长城。这一工程历时2 000多年，投入的劳动力达数百万人，筑城所用的砖都按统一规格由全国各地烧制后运送到工地。为了监督检查制砖的责任和质量，每块砖上都要刻有制造州府县及制造者的名字。要完成如此浩大的工程，在科学技术尚不发达的当时，其计划、组织、领导、控制等管理活动的复杂程度是现代人难以想象的。

（4）中国在其漫长历史中，所经历战争之多，规模之大，也是世界各国所少有的。早在春秋战国时，就经常发生投入几十万军队的大战役。战争给人类带来了死亡和灾难，摧毁了人类的文明和良知。但战争也推动了如何治理军队，如何带兵作战的军事思想的发展，产生了许多不朽的军事著作。《孙子兵法》就是其中最著名的代表作，著作中所阐述的"为将之道"、"用人之道"，以及在各种极其错综复杂环境中为了取胜所采用的各种战略、策略，堪称是人类智慧的结晶。

即问即答2-1

人类的早期活动相对比较简单，是不是一定要有管理活动的存在？

第二节 管理理论产生的萌芽阶段

随着社会的进步和生产力的不断发展，西方国家开始进行工业革命。工业革命有时又称产业革命，指资本主义工业化的早期历程，即资本主义生产完成了从工场手工业向机器大工业过渡的阶段，是以机器生产逐步取代手工劳动，以大规模工厂化生产取代个体工场手工生产的一场生产与科技革命，后来又逐步扩充到其他行业。这一演变过程叫作工业革命。有人认为工业革命在1750年左右已经开始，但直到1830年，它还没有真正蓬勃地展开。大多数观点认为，工业革命发源于英格兰中部地区。18世纪中叶，英国人瓦特改良蒸汽机之后，由一系列技术革命引起了从手工劳动向动力机器生产转变的重大飞跃，随后传播到英格兰及整个欧洲大陆，19世纪传播到北美地区。

工业革命是资本主义经济发展的客观要求所决定的：① 资产阶级革命废除了封建制度，消除了不利于资本主义发展的种种束缚，为工业革命创造了重要的政治前提；② 消除了农业中的封建制度和小农经济，为资本主义大工业的发展提供了充分的劳动力和国内市场；③ 资本主义原始积累过程，提供了资本主义大工业所必需的大批自由劳动力和巨额的货币资本（殖民）；④ 资本主义工场手工业长期的发展，为大机器生产的出现准备了技术条件。一般认为，蒸汽机、焦炭、铁和钢是促成工业革命技术加速发展的四项主要因素。

工业革命的爆发使以机器为主的现代意义上的工厂成为现实，社会生产力有了较大的发展。随之而来的是管理思想的革命，计划、组织、控制的职能也相继产生。随着企业规模不断扩大，劳动产品的复杂程度与工作专业化程度日益提高，工厂以及公司的管理越来越突出，管理方面的问题越来越多地被涉及，企业经理人员也逐渐摆脱里头其他工作，专门从事管理活动，部分社会学者也开始研究管理问题，因而管理学开始逐步形成。这个时期的代表人物有亚当·斯密（1723—1790 年）、大卫·李嘉图（1772—1823 年）等。

一、亚当·斯密及其理论

亚当·斯密（1723—1790 年）是经济学的主要创立者。1723 年，亚当·斯密出生在苏格兰。1723—1740 年间，亚当·斯密在家乡苏格兰求学，在格拉斯哥大学时期，亚当·斯密完成拉丁语、希腊语、数学和伦理学等课程；1740—1746 年间，赴牛津大学求学，但在牛津并未获得良好的教育，唯一收获是大量阅读许多格拉斯哥大学缺乏的书籍。1750 年后，亚当·斯密在格拉斯哥大学不仅担任过逻辑学和道德哲学教授，还兼负责学校行政事务，一直到 1764 年离开为止。这时期中，亚当·斯密于 1759 年出版的《道德情操论》获得学术界极高评价。而后于 1768 年开始着手著述《国家财富的性质和原因的研究》（简称《国富论》）。1773 年时认为《国富论》已基本完成，但亚当·斯密多花三年时间润饰此书，1776 年 3 月此书出版后引起大众广泛的讨论，影响所及除了英国本地，连欧洲大陆和美洲也为之疯狂，因此世人尊称亚当·斯密为"现代经济学之父"和"自由企业的守护神"。亚当·斯密并不是经济学说的最早开拓者，他最著名的思想中有许多也并非新颖独特，但是他首次提出了全面系统的经济学说，为该领域的发展打下了良好的基础。因此完全可以说《国富论》是现代政治经济学研究的起点。

该书的伟大成就之一是摒弃了许多过去的错误概念。亚当·斯密驳斥了旧的重商主义学说。这种学说片面强调国家储备大量金币的重要性。他否决了重农主义者的土地是价值的主要来源的观点，提出了劳动的基本重要性。

亚当·斯密的分工理论中，重点强调劳动分工会引起生产的大量增长，抨击了阻碍工业发展的一整套腐朽的、武断的政治限制。斯密在分析增进"劳动生产力"的因素时，特别强调了分工的作用。他对比了一些工艺和一些手工制造业实行分工前后的变化，对比了易于分工的制造业和当时不易实行分工的农业情况，说明分工可以大大提高劳动生产率。他认为分工的好处主要有：劳动分工可以使工人重复完成单项操作，从而提高劳动熟练程度，提高劳动效率；劳动分工可以减少由于变化工作而损失的时间；劳动分工可以使劳动简化，使劳动者的注意力集中在一种特定的对象上，有利于创造新的劳动工具和改进设备等。

亚当·斯密的经济思想体系结构严密，论证有力，使经济思想学派在几十年内就被抛弃了。实际上，亚当·斯密把他们所有的优点都吸入进了自己的体系，同时也系统地披露了他们的缺点。亚当·斯密的接班人，包括像托马斯·马尔萨斯和大卫·李嘉图这样著名的经济学家对他的体系进行了精心的充实和修正（没有改变基本纲要），今天被称为经典经济学体系。《国富论》一书技巧高超，文笔清晰，拥有广泛的读者。

自从亚当·斯密以来，经济学有了突飞猛进的发展以致他的一些思想已被搁置一边，因而人们容易低估他的重要性。但实际上他是使经济学说成为一门系统科学的主要创立人，因而是人类思想史上的主要人物。

二、大卫·李嘉图及其理论

大卫·李嘉图（1772—1823年）是英国古典政治经济学的代表。生于犹太人家庭，父亲为证券交易所经纪人。12岁到荷兰商业学校学习，14岁随父从事证券交易。1793年独立开展证券交易活动，25岁时拥有200万英镑财产，随后钻研数学、物理学。1799年读亚当·斯密《国富论》后开始研究经济问题，参加了当时关于黄金价格和谷物法的讨论，1817年发表《政治经济学及赋税原理》，1819年选为下议院议员。

李嘉图以功利主义为出发点，建立起了以劳动价值论为基础，以分配论为中心的理论体系。他继承了斯密理论中的科学因素，坚持商品价值由生产中所耗费的劳动决定的原理，并批评了斯密价值论中的错误。他提出决定价值的劳动是社会必要劳动，决定商品价值的不仅有活劳动，还有投在生产资料中的劳动。他认为全部价值由劳动产生，并在三个阶级间分配：工资由工人的必要生活资料的价值决定，利润是工资以上的余额，地租是工资和利润以上的余额。由此说明了工资和利润、利润和地租的对立，从而实际上揭示了无产阶级和资产阶级、资产阶级和地主阶级之间的对立。他还论述了货币流通量的规律、对外贸易中的比较成本学说等。但他把资本主义制度看作永恒的，只注意经济范畴的数量关系，在方法论上又有形而上学的缺陷，因而不能在价值规律基础上说明资本和劳动的交换、等量资本获等量利润等。他的理论达到资产阶级界限内的高峰，对后来的经济思想产生了深刻的影响。

相关链接 2-1

亚当·斯密于1768年开始着手著述《国民财富的性质和原因的研究》（简称《国富论》）。1773年时认为《国富论》已基本完成，但亚当·斯密多花三年时间润饰此书，出版于1776年3月，就是美国《独立宣言》发表的那一年。

《国富论》共分五卷。它从国富的源泉——劳动，说到增进劳动生产力的手段——分工，因分工而起交换，论及作为交换媒介的货币，再探究商品的价格，以及价格构成的成分——工资、地租和利润。

第1卷，共11章，主要内容是分析形成以及改善劳动力生产能力的原因，分析国民财富分配的原则。

第2卷，共5章，主要内容是讨论资本的性质、积累方式，分析对劳动力数量的需求取决于工作的性质。

第3卷，共4章，主要内容是介绍造成当时比较普遍的重视城市工商业，轻视农业政策的原因。

第4卷，共9章，主要内容是列举和分析不同国家在不同阶段的各种经济理论。

第5卷，共3章，主要内容是分析国家收入的使用方式，是为全民还是只为少数人服务，如果为全民服务，有多少种开支项目，各有什么优缺点；为什么当代政府都有赤字和国债，这些赤字和国债对真实财富的影响等。

书中总结了近代初期各国资本主义发展的经验，批判吸收了当时的重要经济理论，对整个国民经济的运动过程做了系统的描述，被誉为"第一部系统的伟大的经济学著作"。

资料来源：百度百科网站 http：//baike.baidu.com

即问即答2-2

有人说，没有工业革命就没有真正意义上的企业出现，你认为对吗？

第三节　古典管理理论阶段

古典管理理论阶段是管理理论最初形成阶段，在这一阶段，侧重于从管理职能、组织方式等方面研究企业的效率问题，对人的心理因素考虑很少或根本不去考虑。其间，在美国、法国、德国分别活跃着具有奠基人地位的管理大师，其中的代表人物有科学管理之父泰罗、管理理论之父法约尔以及组织理论之父马克斯·韦伯。

一、泰罗及其科学管理

泰罗（1856—1915年）是西方古典管理理论的主要代表，科学管理理论的创始人。1856年，泰罗出生于美国宾夕法尼亚州。1878年，22岁的泰罗来到费城的米德维尔钢铁厂，在短短的六年时间里，泰罗从一个普通工人升为机工班长、车间工长、总技师，最后成为总工程师。1890年，泰罗离开米德维尔钢铁厂，先后担任过投资公司总经理，从事过工厂的管理咨询工作，1906年，泰罗担任了美国机械工程师协会的主席，1915年，在一次发表演讲的归途中，泰罗患了肺炎，在刚度过五十九岁生日的第二天于医院病逝。泰罗被埋葬在一座能俯视费城钢铁厂的小山上，墓碑上刻着"科学管理之父弗雷德里克·温·泰罗"。

泰罗一生中从事了大量的生产实践活动，对车间的生产活动和工人的劳动状况非常熟悉。他还是生产技术的行家，在技术上有许多发明创造，拥有100多项专利权。19世纪末，泰罗亲身参加了企业管理工作，这些经历从实践上为他积累了丰富的经验，从而使他与科学管理结下不解之缘。

早在米德维尔钢铁厂当工长时，泰罗就发现了工人磨洋工和效率低下的问题。因为工资是按是否上班以及地位高低而不是以做出的努力大小来决定的，即多劳不会多得，实际上是怂恿工人偷懒。计件工资制标准往往订得很乱，当工人得到的工资太高时，雇主们便降低工资标准，因此工人们为了保护自身利益，只把工作干到不被解雇的程度便不再继续提高产量了。对此泰罗认识到，必须制定新的工业计划，确定一个大家都能接受的客观标准，才能避免管理部门同工人之间的激烈冲突。也就是从这个时候起，泰罗开始了他对科学管理的探索。在对工厂一线劳动做了一系列实践和试验以后，他撰写并出版了《计件工资制》（1895年）、《工厂管理》（1903年）、《论金属切削技术》（1906年）、《科学管理原理》（1911年）、《在美国国会听证会上的证词》（1912年）等文献，其中1911年发表的《科学管理原理》奠定了科学管理的理论基础。

泰罗的"科学管理"理论又被称为泰罗制，主要内容概括为以下八个方面。

（1）科学管理的中心问题是提高效率。泰罗认为，要制定出有科学依据的工人的"合理的日工作量"，就必须进行工时和动作研究，让每个人都用正确的方法作业。方法是选择合适且技术熟练的工人，把他们的每一项动作、每一道工序所使用的时间记录下来，加上必要的休息时间和其他延误时间，就得出完成该工作所需要的总时间，据此定出一个工人"合理的日工作量"，这就是工作定额原理。

（2）为了提高劳动生产率，必须为工作挑选"第一流的工人"，制定培训工人的科学方法。所谓第一流的工人，泰罗认为："每一种类型的工人都能找到某些工作使他成为第一流的，除了那些完全能做好这些工作而不愿做的人。"对第一流的人进行动作分解和优化使其达到最高效率。

（3）要使工人掌握标准化的操作方法，使用标准化的工具、机器和材料，并使作业环境标准化，用以代替传统的经验，为此需要调查研究，拿出科学依据，这就是标准化原理。

（4）实行刺激性的计件工资报酬制度。按照工人完成定额和实际表现而采用不同的工资率，通过对公司的研究和分析，制定出标准制度，改变过去以估计和经验为依据的做法。

（5）工人和雇主两方面都必须认识到提高效率对双方都有利，都要来一次"精神革命"，相互协作，为共同提高劳动生产率而努力。泰罗认为这就是劳资双方进行"精神革命"，从事协调与合作的基础，实现"科学管理的第一步"。

（6）把计划职能同执行职能分开，变原来的经验工作法为科学工作法。泰罗主张明确划分计划职能与执行职能，由专门的计划部门来从事调查研究，为定额和操作方法提高科学依据，制定科学的定额和标准化的操作方法及工具，拟定计划并发布指示和命令，比较"标准"和"实际情况"，进行有效的控制等工作。

(7) 实行"职能工长制"。即将管理的工作予以细分,使所有的管理者只承担一种管理职能。他设计出八个职能工长,代替原来的一个工长,其中四个在计划部门,四个在车间,每个职能工长负责某一方面的工作。

(8) 在组织机构的管理控制上实行例外原则。泰罗等人认为,规模较大的企业组织和管理,必须应用例外原则,即企业的高级管理人员把例行的一般日常事务授权给下级管理人员去处理,自己只保留对例外事项的决定和监督权。这种以例外原则为依据的管理控制原理,以后发展成为管理上的分权化原则和实行事业部制管理体制。

泰罗的科学管理理论是管理思想发展史上的一个里程碑,它是使管理成为科学的一次质的飞跃。作为一个较为完整的管理思想体系,科学管理理论对人类社会的发展做出了自己独特的贡献。

(1) 科学管理理论的创立者弗雷德里克·泰罗是一位西方古典管理思想发展的集大成者,正如英国管理学家厄威克所说:"泰罗所做的工作并不是发明某种全新的东西,而是把整个 19 世纪在英、美两国产生、发展起来的东西加以综合而形成的一整套思想,他使一系列无条理的首创事物和实验有了一个哲学的体系,称之为科学管理。"

(2) 科学管理理论在管理哲学上取得了重要的突破,泰罗堪称管理哲学大师。正如美国管理学家德鲁克指出的:"科学管理只不过是一种关于工人和工作系统的哲学,总的来说,它可能是自联邦主义文献以后,美国对西方思想做出的最特殊的贡献。"

(3) 泰罗将科学引入管理领域,提高了管理理论的科学性。泰罗等人做了大量的科学试验,并在此基础上提出了系统的理论和一整套的方法措施,为管理理论的系统形成奠定了基础。从本质上讲,科学管理理论突破了工业革命以来一直延续的传统的经验管理方法,是将人从小农意识、小生产的思维方式转变为现代社会化大工业生产的思维方式的一场革命。

(4) 科学管理理论提出的有科学依据的作业管理、管理者同工人之间的职能分工、劳资双方的心理革命等,为作业方法和作业定额提供了客观依据,使得劳资双方有可能通过提高劳动生产率、扩大生产成果来协调双方的利害关系,从而推动了生产力的发展,劳动生产率有了大幅度的提高。

(5) 科学管理运动加强了社会公众对消除浪费和提高效率的关心,促进了经营管理的科学研究,其后的运筹学、成本核算、准时生产制等,都是在科学管理理论的启发下产生的。

泰罗科学管理理论使管理理论发生了质的变化,但他的理论也存在着局限性。

(1) 科学管理理论的一个基本的假设就是,人是"经济人"。在泰罗和他的追随者看来,人最为关心的是自己的经济利益,企业家的目的是获取最大限度的利润，工人的目的是获取最大限度的工资收入，只要使人获得经济利益，他就愿意配合管理者挖掘出他自身最大的潜能。这种人性假设是片面的，因为人的动机是多方面的，既有经济动机，也有许多社会和心理方面的动机。

(2) 科学管理理论的诸项原则在实际推行过程中，并没有得到很好的贯彻。科学管理的本意是应用动作研究和工时研究的方法来进行分析，以便发现和应用提高劳动生产率的规律，但很多企业的工时研究没有建立在科学的基础上，往往受到企业主和研究人员主观判断的影响，由此确定的作业标准反映了企业主追求利润的意图，为工人确定的工资也是不公正的。此外，泰罗主张的职能工长制和差别计件工资制，也没有得到广泛的应用。

(3) 泰罗对工会采取怀疑和排斥的态度。在他看来，工会的哲理和科学管理的哲理是水火不相容的，工会通过使工人和管理部门不和，加紧进行对抗和鼓励对抗，而科学管理则鼓励提倡利益的一致性。所以泰罗认为，如果工人参加工会，组织起来，就容易发生共谋怠工的情况。但实际上，在通过工时研究和动作研究来确定作业标准和定额以及工资时，如果没有工会的参与，很难建立起真正协调的劳资关系。

尽管泰罗的科学管理理论存在局限性，但有一点是没有疑问的，泰罗确实是管理思想演进过程中一个重要时代的领路人，正如丹尼尔·雷恩所说："科学管理反映了时代精神，科学管理为今后的发展铺下了光明大道。"

二、法约尔及其管理职能

法约尔（1841—1925 年）是法国著名管理学家，西方古典管理理论学派的代表人物之一。1860 年法约尔从圣艾蒂安国立矿业学院毕业后，1866 年开始一直担任高级管理职务。根据自己 50 多年的管理实践，法约尔于 1916 年发表了《工业管理和一般管理》一书，提出了适用于一切组织的五大职能和有效管理的 14 条原则。法约尔一生中获得了不少的荣誉和称号，如法国科学院德雷塞奖、罗马尼亚皇家荣誉团司令称号等。

法约尔提出的有效管理 14 条原则主要内容如下。

(1) 劳动分工。这是一项属于自然规律方面的原则，其目的是用同样的努力生产得更多、更好。劳动分工可提高劳动的熟练程度和准确性，从而提高效率；劳动分工不仅限于技术工作，也适用于管理和其他工作——这是一个与泰罗相同的观点，其结果是职能的专业化和权力的分散；没有学者和艺术家的专业化工作，社会进步的可能性也很能想象。

(2) 权力和责任。权力，就是指挥和要求别人服从的能力；责任是权力的孪生物，是权力的当然结果和必要补充，凡有权力行使就有责任。权力可分为职能规定的权力和由领导者的智慧、博学、经验、道德品质、指挥才能和以往的功绩而形成的个人权力。一个好的领导者，个人权力是规定权力的必要补充。一般来说，人们像追求权力一样害怕承担责任，但一个好的领导者应具有承担责任的勇气，并使他周围的人也随之具有这种勇气。法约尔认为，制止一个重要领导人滥用权力的最有效的保证是个人的道德，特别是该领导人的高尚的精神道德，这种道德是选举和靠财产所不能取得的。

（3）纪律。这是企业和其下属人员之间通过协定而达成一致的服从、勤勉、积极、举止和尊敬的表示，它是以尊重而不是以恐惧为基础的。没有纪律，任何一个企业都不能兴旺繁荣，而纪律的状况则主要取决于其领导的道德状况。维护纪律不排除对违反共同协定即违反纪律的行为进行惩罚，包括指责、警告、罚款、停职、降级或开除。高层领导和下属人员一样，必须接受纪律的约束。制定和维持纪律最有效的办法是：有各级好的领导；尽可能明确而又公平的协定；合理执行惩罚。

（4）统一指挥。无论对哪一种工作来说，下属人员只应接受一个领导人的命令。在任何情况下，都不会有适应双重指挥的社会组织，双重指挥经常是冲突的根源。人类社会和动物机体一样，如果一个人身体有两个脑袋，就是个怪物，就难以生存。因此，对于力求达到同一目的的全部活动，只能有一个领导人和一项计划。"统一领导"和"统一指挥"是两个概念。

（5）统一领导。人们通过建立完善的组织来实现一个社会团体的统一领导，而统一指挥取决于人员如何发挥作用。

（6）个人利益服从整体利益。在一个企业中，个人或一些人的利益不能置于企业利益之上，一个家庭的利益应先于一个成员的利益，国家利益应高于一个公民或一些公民的利益。因此，必须对无知、贪婪、自私、懒惰、懦弱和一切把个人利益置于整体利益之上的行为进行持久的斗争。

（7）人员的报酬。人员的报酬是其服务的价格，应该合理，并尽量使企业和所属人员都满意。工人的报酬方式有按劳动日付酬、按工作任务付酬和计件付酬三种，其方法还包括奖金、分红、实物补助和精神奖励。付酬的方式取决于多种因素，其目的只有一个，即改善所属人员的作用和命运，鼓励各级人员的劳动热情。

（8）集中。集中也是一种必然规律的现象。在动物机体或社会组织中，感觉集中于大脑或领导部门，从大脑或领导部门发出命令，使组织的各部分运动。集中化管理作为一种制度，本身无所谓好坏，也不为领导人的随意性所任意取舍，需要根据企业的情况，决定集中化的最适程度。权力集中与分散的措施本身可以经常变化，所有提高下属作用的做法都是分散，降低这种作用的做法则是集中。实行集中化的最终目的是尽可能地使用所有人员的才干。

（9）等级制度。即从最高权力机构直至低层管理人员的领导系列，它显示出企业内信息传递的路线。

（10）秩序。即每个人都有一个位子，每个人都在他的位置上，而每个位子都是事先选择好的。这一条原则还应用于物品和场地方面。

（11）公平。它是由善意和公正产生的。企业领导应努力使公平感深入人心。

（12）人员的稳定。不稳定往往是企业不景气的原因与结果，所以，要努力保持企业领导人和其他人员的相对稳定性，合理补充人力资源，掌握好人员稳定的尺度。

（13）首创精神。这是人类活动最有力的刺激物之一。除了领导的首创性外，还要加上全体人员的首创性，并在必要时去补充前者，应尽可能地鼓励和发展这种能力。一个能发挥下属人员首创精神的领导要比一个不能这样做的领导高明得多。

（14）人员的团结。全体人员的和谐与团结是一个企业的巨大力量。为维护团结，法约尔特别强调了要注意的一个原则和需避免的两个危险。一个原则即统一指挥的原则；两个危险即对格言断章取义、各取所需；滥用书面联系。

法约尔认为，管理的全部活动和管理职能就是计划、组织、指挥、协调、控制，并对这5个要素进行了分析。

（1）计划。法约尔在这里是把计划和预见作为一个相同的概念提出的，而预见即表示对未来的估计，也表示为未来做准备，它是以企业的资源、所经营业务的性质和未来的趋势为其根据的。法约尔认为，一个好的行动计划应具备以下特征：① 统一性，即一次只能执行一个计划，但一个计划可以分为总计划和部门的专业计划，作为一个整体相互结合、联系；② 连续性，即应该使第二个计划不间隔地接上第一个，第三个接上第二个，持续不断；③ 灵活性，即计划应能够顺应人们的认识的发展而适当调整，但这并不影响计划总是人们服从的法规；④ 精确性，即根据预测，尽可能使计划适应未来发展的需求，在近期计划中要求有较高的精确度，而长期计划则采取简单的一般方法。法约尔认为制定一个好的行动计划要求有一个精明的、有经验的领导，他必须具有管理人的艺术、积极性、勇气、专业能力、处理事务的一般知识和领导人员本身的稳定性，缺乏计划或一个不好的计划是人员没有能力的标志。计划即预见是管理的首要因素，具有普遍的适用性，而且是一切组织活动的基础。

（2）组织。组织可分为物质组织与社会组织，法约尔所论及的仅只是社会组织，即为企业的经营提供所有必要的原料、设备、资金、人员。组织所应完成的管理任务有：① 检查计划制定情况和执行情况；② 注意组织活动是否与企业目标、资源和需要相适应；③ 建立一元化的、有能力的、有效的领导；④ 配合行动，协调力量；⑤ 做出清楚、明确、准确的决策；⑥ 有效地配备和安排人员；⑦ 明确职责；⑧ 鼓励首创精神与责任感；⑨ 建立合理的报酬方式；⑩ 建立惩罚制度；⑪ 使大家遵守纪律；⑫ 使个人利益服从企业利益；⑬ 特别注意指挥的统一性；⑭ 维护物品与社会秩序；⑮ 进行全面控制；⑯ 与规章过多、官僚主义、形式主义、文本主义做斗争。

（3）指挥。指挥即让社会组织发挥作用，是一种以某些个人品质和对管理的一般原则的了解为基础的艺术。担任指挥工作的领导应该做到：① 对职工有深入的了解；② 淘汰没有工作能力的人；③ 对企业和职工之间的协定很了解；④ 做出榜样；⑤ 对组织要定期检查，并使用概括的图表来促进这项工作；⑥ 召开讨论统一指挥和集中努力时要让主要助手参加；⑦ 不要陷入琐碎事务；⑧ 力争使成员团结、主动、积极和忠诚。

（4）协调。协调是指企业的一切工作都要和谐地配合，以便于企业经营的顺利进行，并有利于企业取得成功，使各职能的社会组织机构和物资设备机构之间保持一定比例，在工作中做到先后有序，有条不紊。在法约尔看来，协调是一种平衡行动，使支出和收入相等，使设备适合于实现生产目标的需要，以及确保销售和生产之间的协调一致。组织工作和计划工作通过规定任务、制定时间表以及实行目标管理等方法推进协调工作。他认为，领导部门的每周例会是协调工作的最好之一，而在各次会议间隔的时间里，为了促进协调以及照顾远离中心领导机构的单位，可以使用联络人员——一般由参谋人员承担，但联络人员不能代替首脑人员承担直接责任。

（5）控制。控制就是要证实一下各项工作是否都与已定计划相符合，是否有缺点和错误，以便加以纠正并避免重犯。对物、人、行动都可以进行控制，控制涉及企业的一切方面，包括商业方面、技术方面、财政方面、安全方面和会计方面。当控制工作太多、太复杂、涉及面太大时，就应作为一项独立的工作来设立专门的检查员或监督员。在控制中，一个要避免的危险是对各部门的领导和工作进行过多的干预。这种越权行为会造成最可怕的双重领导：一方面是不负责任地控制人员，他们有时在很大范围内造成有害影响；另一方面是被控制的业务部门，他们没有权利采取自卫措施来反对这种控制。一切控制活动都应是公正的，控制这一要素在执行时也需要有持久的专心工作精神和较高的艺术，最好要做到不管对什么工作都能够回答这个问题——"怎样进行呢？"

另外，法约尔还详细研究了企业各级人员必须具备的素质问题，特别强调管理教育的必要性。他指出，每个人都或多或少地需要管理知识，大企业的高级管理人员最必需的能力是管理能力，单凭技术教育和业务实践是不够的，所以管理教育应当普及。他又说，缺乏管理教育的真正原因是缺乏管理理论，而他的研究正是建立一种管理理论的尝试。

三、马克斯·韦伯及其组织理论

马克斯·韦伯（1864—1920 年）德国人，组织理论之父。他在管理思想方面的主要贡献是在《社会组织和经济组织理论》一书中提出了理想的官僚组织体系理论，他认为建立一种高度结构化的、正式的、非人格化的理想的官僚组织体系是提高劳动生产率的最有效形式。

韦伯所提出的行政组织理论实际上反映了当时德国从封建社会向资本主义社

会过渡的要求。19世纪后期,德国的工业化过程相当迅速,但生产力的发展仍然受到封建制度的束缚,旧式的家族式企业正逐渐转变为资本主义企业。行政组织理论力图为新兴的资本主义企业提供一种高效率的、符合理性的组织结构,所以韦伯成为新兴资产阶级的代言人。这一理论开始并未引起人们的很大注意,直到20世纪40年代末,因企业规模日益扩大,人们积极探索组织结构问题,才受到了普遍的重视。行政组织理论的核心是理想的行政组织形式。韦伯对组织形式的研究是从人们所服从的权力或权威开始的,其主要的理论如下。

(1)权力与权威是组织形成的基础。韦伯认为组织中存在三种纯粹形式的权力和权威:一是法定的权力和权威,是以组织内部各级领导职位所具有的正式权力为依据的;二是传统的权力,是以古老传统的不可侵犯性和执行这种权力的人的地位的正统性为依据的;三是超凡的权力,是以对个人的特殊的、神圣英雄主义或模范品德的崇拜为依据的。韦伯强调,组织必须以法定的权力和权威作为行政组织体系的基础。

(2)韦伯的理想行政组织机构管理体系。它有以下几个特征:① 把全部活动分解为各种具体的任务,将这些任务分配给组织中的各个成员或职位;② 按照一定的权力等级将组织中的各种职务和职位形成责权分明,层层控制的指挥体系;③ 通过正式考试或教育训练,公正地选拔组织成员,使之与相应的职务相称;④ 除了按规定必须通过选举产生的公职外,官员是上级委任而不是选举的;⑤ 组织内部的管理人员不是他所管理单位的所有者,而只是其中的工作人员;⑥ 组织中成员之间的关系是一种不受个人情感影响的关系,完全以理性准则为指导;⑦ 实行管理人员专职化;⑧ 管理人员必须严格遵守组织中规定的规则和纪律。

相关链接 2-2

科学管理是一次心理革命

——泰罗在1912年国会听证会上的演说

1912年1月25日,泰罗在调查科学管理委员会的众议院特别委员会上作证时,发表了如下的演说。

科学管理不是什么取得效率的解决手段,也不是一种保证效率的手段,甚至不是一套或一组取得效率的手段。科学管理不是一种核算成本的新制度,也不是一种支付工资的新办法;它不是计件工资制,不是奖金制度,不是津贴制度,不是支付工资的规划,不是用马表监视工人并记录下他们的行动;它不是工时研究,也不是动作研究,更不是人的活动分析;不是印刷、划线和卸下一两吨空白表格给一批人，然后对他们说："这就是你们的制度，拿去使用吧！"科学管理不是划分工长制或职能工长制；不是一般人每当说到科学管理时所想起的任何手段。一般人听到"科学管理"一词时，总认为是指上述一种或几种东西，然而科学管理并不就是这些手段中的任何一种。我不是在嘲笑成本核算制度、工时研究、职能工长制，也不是轻视任何新的和改进了的工资办法，更不是在轻视任何提高效率的手段。如果它们确实是一些可以取得效率的手段，我信任这些手段，但是我要强调指出的是，这些手段无论是整个地或部分地说来都不全是科学管理，它们是科学管理有用的附属物，同样的，也是其他管理制度有用的附属物。

就其实质而言，科学管理包含着一次全面的心理革命。一方面在于任何特定企业中劳动的人，就他们对于他们的工作、伙伴和雇主的责任而言，这是一次全面的心理革命；而在管理这一方面，工长、厂主、企业主、董事会，就他们对于企业中的同事、劳动者及一切日常事务的责任而言，同样是一次全面的心理革命。如果没有这两方面的全面的心理革命，那么科学管理就不存在。

这两方面的人在科学管理条件下，心理态度发生的伟大革命表现在：双方的眼光都从把分摊盈余作为一件最重要的事情上转移到共同注意增加盈余的数额，直到盈余额大得没有必要再为如何分摊而争吵为止。他们开始看到，如果他们不再互相倾轧，并转而往同一方向并肩前进，由他们共同努力创造出来的盈余的数额就会多得惊人。他们双方都认识到，当他们用友好合作和相互帮助代替彼此敌对和冲突的时候，他们就能够使这盈余比过去有巨额的增长，从而有充足的盈余来大大提高劳动者的工资，同时也大大地增加了制造商的利润。先生们，这就是伟大心理革命的开端，它是走向科学管理的第一步。科学管理就是沿着完全改变双方的心理态度的路线，用和平代替战争，用真诚的兄弟般合作代替斗争和冲突，用齐心协力走同一方向代替彼此背离，用相互信任代替猜疑戒备，由敌人渐渐变成朋友。我认为，科学管理顺着这条路线去发展。

这种新看法或新观点的替代是科学管理的实质所在。在新观点成为双方的主导思想之前，再用使用和和平的新思想代替倾轧和斗争的旧思想之前，任何地方都不会出现科学管理。

双方对待"盈余"的心理态度的这种变化，只是在科学管理条件下发生的伟大心理革命的一个部分，以后我将要指出这一革命的其他成分。不过，还有一个观点的改变，对于科学管理的存在也是绝对不可缺少的。这就是双方都必须从本质上认识到：老板也好，劳动者也好，都要用严密的科学调查和知识代替老的、个别人的判断或意见去处理有关企业各项工作中的所有事务。这既适用于开展工作所使用的方法，也适用于完成每项具体任务所需要的时间。

因此，在管理者和劳动者双方的心理态度都发生这样的变化之前，也就是说，在双方都尽他们的责任合作生产尽可能多的盈余，并且都认为有必要用严密的科学知识办事之前，在任何企业中都不能说有了科学管理。

这就是科学管理两个绝对不可缺少的要素。

资料来源：李军．管理学基础［M］．北京：清华大学出版社，2006

泰罗制内容的侧重点是职能管理而不是人性的管理，对吗？

第四节 现代管理理论阶段

20世纪50年代—20世纪70年代，世界政治和经济形势发生了深刻的变化，科学技术迅猛发展，企业规模在激烈的竞争中迅速扩大，职工素质、文化程度有了大幅度提高。社会政治和经济形势的变化对企业管理提出了新的要求，如要求解决企业的决策问题；要求应用更先进的管理手段；要求在管理中充分调动人的积极性等，这一切要求有新的管理思想和理论产生，于是一系列的管理理论和学派应运而生。

现代管理理论阶段主要指行为科学学派及管理理论丛林阶段。行为科学学派阶段主要研究个体行为、团体行为与组织行为，重视研究人的心理、行为等对高效率地实现组织目标的影响作用。行为科学的主要成果有梅奥（1880—1949年）的人际关系理论、马斯洛（1908—1970年）的需求层次理论、赫兹伯格的双因素理论、麦格雷戈（1906—1960年）的X理论—Y理论等。除了行为科学学派得到长足发展以外，许多管理学者都从各自不同的角度发表自己对管理学的见解。这其中主要的代表学派有管理过程学派、管理科学学派、社会系统学派、决策理论学派、系统理论学派、经验主义学派、经理角色学派和权变理论学派等。这些管理学派研究方法众多，管理理论不统一，各个学派都各有自己的代表人物，各有自己的用词意义，各有自己所主张的理论、概念和方法，管理学家孔茨（1908—1984年）称其为管理理论丛林。

一、霍桑实验与梅奥的人际关系理论

梅奥生平

乔治·埃尔顿·梅奥，原籍澳大利亚的美国哈佛大学行为科学家、心理学家，美国艺术与科学院院士。1927年冬，梅奥应邀参加了始于1924年的霍桑实

验。开始了一次使管理思想的进程发生改变的尝试。霍桑实验以及梅奥对霍桑实验结果的分析对西方管理理论的发展产生了重大而久远的影响，使西方管理思想在经历过早期管理理论和古典管理理论阶段之后，进入到行为科学管理理论阶段。

资料来源：http://detail.bookuu.com/0902507.html

1924—1932年，以哈佛大学教授梅奥为首的一批学者在美国芝加哥西方电气公司所属的霍桑工厂进行的一系列实验，称为霍桑实验。1924年11月，霍桑工厂内的研究者在本厂的继电器车间开展了厂房照明条件与生产效率关系的实验研究。研究者预先设想，在一定范围内，生产效率会随照明强度的增加而增加，但实验结果表明，不论增加或减少照明强度都可以提高效率（有两个女工甚至在照明降低到与月光差不多时仍能维持生产的高效率）。随后，研究者又试验不同的工资报酬、福利条件、工作与休息的时间比率等对生产效率的影响，也没有发现预期的效果。

1927年梅奥等人应邀参与这项工作。从1927—1932年，他们以"继电器装配组"和"云母片剥离组"女工为被测对象，通过改变或控制一系列福利条件重复了照明实验。结果发现，在不同福利条件下，工人始终保持了高产量。研究者从这一事实中意识到，工人参与试验的自豪感极大地激发了其工作热情，促使小组成员滋生出一种高昂的团体精神。这说明职工的士气和群体内的社会心理气氛是影响生产效率的更有效的因素。在此基础上，梅奥等在1928—1932年中，又对厂内2 100名职工进行了采访，开展了一次涉及面很广的关于士气问题的研究。起初，他们按事先设计的提纲提问，以了解职工对工作、工资、监督等方面的意见，但收效不大，后来的访谈改由职工自由抒发意见。由于采访过程既满足了职工的尊重需要，又为其提供了发泄不满情绪和提合理化建议的机会，因此职工士气高涨，产量大幅度上升。

在心理学研究的历史上，霍桑实验第一次把工业中的人际关系问题提到首要地位，并且提醒人们在处理管理问题时要注意人的因素，这对管理心理学的形成具有很大的促进作用。梅奥在对霍桑实验的结果进行了系统的总结后，提出了人际关系学说，并在1933年出版的《工业文明中的人的问题》一书中阐述了主要观点。

（1）早期的管理理论、管理方法和管理制度建立在一种基本的人性假设上，即人是一种受经济利益驱动的"经济人"，因此金钱成为刺激工人积极性的唯一动力。霍桑实验证明人是"社会人"，即人是复杂的社会关系的成员，因此，要调动工人的积极性，除了物质需求的满足，还必须注重满足工人在社会方面和心理方面的需求。

（2）早期的管理认为生产效率主要受工作方法和工作条件的制约，霍桑实验证明了工作效率主要并非取决于工作条件和工作方法，重要的是员工的工作积极性，即工人的士气或工作情绪，士气又和人的满足程度有关，满足程度越高，士气就越高。因此提高生产效率的主要途径应当是提高员工的满足感。

（3）早期的管理只注重正式组织的组织机构、职权划分、规章制度等，霍桑实验证明员工中还存在着非正式组织，这种非正式组织有其特殊的关系和规则。正式组织通行的主要是效率逻辑，非正式组织通行的则是感情逻辑。管理者应当正视非正式组织存在的现实，并处理好正式组织与非正式组织之间的关系。非正式组织的出现并非坏事，它同正式组织是互相依存的，对生产力的提高有很大的影响，关键是管理者要高度地重视，把它的作用引导到正式的组织目标上来。

（4）新型的领导能力在于管理要以人为中心，全面提高职工需求的满足程度，以提高士气和生产率。这需要技术、经济管理技能，更需要人际关系技能，所以要对管理者进行培训和教育，使之掌握必要的人际沟通和管理的技能。

霍桑实验和梅奥提出的"社会人"、"士气"、"非正式组织"的概念，开创了管理学中的一个新的领域，即强调人际关系整合对生产效率的影响。自此以后，人际关系运动在企业界蓬勃开展起来。因此，人们把人际关系理论视为早期的行为科学理论。

二、马斯洛与需求层次理论

马斯洛（1908—1970年），美国著名的社会心理学家、人格理论家和比较心理学家。他是人本主义运动的发起者之一和人本主义心理学的重要代表，他的需要层次理论和自我实现理论对管理心理学有重要影响。

马斯洛的需求层次理论认为，个体成长发展的内在力量是动机，而动机是由多种不同性质的需要所组成的，各种需要之间，有先后顺序与高低层次之分；每一层次的需要与满足，将决定个体人格发展的境界或程度。马斯洛认为，人类的需要是分层次的，由低到高一层一层地得到满足。它们分为五个层次，即生理需求、安全需要、社交需要、尊重需要和自我实现。

（1）生理上的需要是人们最原始、最基本的需要，如吃饭、穿衣、住宅、医疗等，若不满足，则有生命危险。这就是说，它是最强烈的不可避免的最低层需要，也是推动人们行动的强大动力。

（2）安全的需要要求劳动安全、职业安全、生活稳定、希望免于灾难、希望未来有保障等。安全需要比生理需要较高一级，当生理需要得到满足以后就要保障这种需要。每一个在现实中生活的人，都会产生安全感的欲望、自由的欲望、防御实力的欲望。

（3）社交的需要也叫归属与爱的需要，是指个人渴望得到家庭、团体、朋友、同事的关怀、爱护、理解，是对友情、信任、温暖、爱情的需要。社交的需要比生理和安全需要更细微、更难捉摸，它与个人性格、经历、生活区域、民族、生活习惯、宗教信仰等都有关系,这种需要是难以察悟、无法度量的。

(4) 尊重的需要可分为自尊、他尊和权力欲三类,包括自我尊重、自我评价以及尊重别人。尊重的需要很少能够得到完全的满足,但基本上的满足就可产生推动力。

(5) 自我实现的需要是最高等级的需要。满足这种需要就要求完成与自己能力相称的工作,最充分地发挥自己的潜在能力,成为所期望的人物。这是一种创造的需要,有自我实现需要的人,似乎在竭尽所能使自己趋于完美。自我实现意味着充分地、活跃地、忘我地、集中全力全神贯注地体验生活。

即问即答 2-4

是否只有较低的需要满足了,才会产生更高层次的需要?

马斯洛认为,由于每个人的需要结构发展的状况不同,这 5 种需要在体内形成的优势位置也就不同,但是任何一种需要并不因为高层次的要求获得满足而自行消失,只是对行为的影响比重减轻而已。此外,当一个人的高级需要和低级需要都能满足时,他往往追求高级需要,因为高级需要更有价值,只有当高级需要得到满足时,才具有更深刻的幸福感和满足感。但是如果满足了高级需要,却没有满足低级需要,人们可能会牺牲高级需要而去谋求低级需要,这是由人们需要层次满足是由低到高所决定的。

马斯洛的需要层次理论为我们研究人的行为提供了一个比较科学的理论框架,成为激励理论的基础。他将人类千差万别的需要归纳为五类,揭示了一般人在通常情况下的需要和行为规律,指出了人们的需要从低级向高级发展的趋势,这符合人的心理发展的过程,对我们很有实用价值。另外,该理论还告诉人们,人的需要是多种多样的,因此激励的方式也是多种多样的。在具体的管理工作中,对每一个人的需要应区别对待,不能"一刀切"。

三、赫兹伯格与双因素理论

美国心理学家赫兹伯格于 1959 年提出了双因素理论,其全名叫"激励、保健因素理论"。通过在匹兹堡地区 11 个工商业机构对 200 多位工程师、会计师调查征询,赫兹伯格发现,受访人员举出的不满的项目,大都同他们的工作环境有关,而感到满意的因素,则一般都与工作本身有关。

传统理论认为,满意的对立面是不满意,而据双因素理论,满意的对立面是没有满意,不满意的对立面是没有不满意。因此,影响职工工作积极性的因素可分为两类:保健因素和激励因素,这两种因素是彼此独立的并且以不同的方式影响人们的工作行为。所谓保健因素,就是那些造成职工不满的因素,它们的改善能够解除职工的不满,但不能使职工感到满意并激发起职工的积极性。它们主要有企业的政策、行政管理、工资发放、劳动保护、工作监督以及各种人事关系处理等。由于它们只带有预防性，只起维持工作现状的作用，也被称为"维持因素"。所谓激励因素，就是指那些使职工感到满意的因素，只有它们的改善才能让职工感到满意，给职工以较高的激励，调动积极性，提高劳动生产效率。它们主要有工作表现机会、工作本身的乐趣、工作上的成就感、对未来发展的期望、职务上的责任感等。

双因素理论与马斯洛的需要层次理论是相吻合的，马斯洛理论中低层次的需要相当于保健因素，而高层次的需要相当于激励因素。

双因素理论是针对满足的目标而言的。保健因素是满足人的对外部条件的要求；激励因素是满足人们对工作本身的要求。前者为间接满足，可以使人受到内在激励；后者为直接满足，也可以使人受到内在激励。因此，双因素理论认为，要调动人的积极性，就要在"满足"二字上下功夫。

赫兹伯格双因素理论的主要贡献：① 告诉人们一个事实，采取了某些激励措施以后并不一定就会带来满意，更不一定劳动生产率就能够提高；② 满足各种需要所引起的激励深度和效果是不一样的。物质需要的满足是必要的，没有它会导致不满，但它的作用是有限的，不是万能的；③ 要充分调动人的积极性，不仅要注意物质利益和工作条件等外部因素，更要注意对人进行精神鼓励，注意给人以发展、成才和晋升的机会，用内在因素来调动人的积极性，才能起更大的激励作用并维持更长的时间。

四、麦格雷戈与 X 理论—Y 理论

在哈佛大学长期从事心理学教学和研究工作的麦格雷戈，于 1957 年发表的《企业的人性面》中提出了著名的 X 理论—Y 理论。他认为，有关人的性质和人的行为的假设对于决定管理人员的工作方式来讲是极为重要的，管理人员对人的不同看法，决定了他们用不同的方式来组织、控制和激励人。基于这种思想，他提出了 X 理论—Y 理论。

麦格雷戈把传统的管理观点叫作 X 理论，其主要内容如下。

（1）大多数人是懒惰的，他们尽可能地逃避工作。

（2）大多数人都没有什么雄心壮志，也不喜欢负什么责任，而宁可让别人领导。

（3）大多数人的个人目标与组织目标都是自相矛盾的，为了达到组织目标必须靠外力严加管制。

（4）大多数人都是缺乏理智的，不能克制自己，很容易受别人影响。

（5）大多数人都是为了满足基本的生理需要和安全需要，所以他们将选择那些在经济上获利最大的事去做。

（6）人群大致分为两类，多数人符合上述假设，少数人能克制自己，这部分人应当负起管理的责任。

根据 X 理论的假设，管理人员的职责和相应的管理方式如下。

（1）管理人员关心的是如何提高劳动生产率、完成任务，他的主要职能是计划、组织、经营、指引和监督。

（2）管理人员主要是应用职权，发号施令，使对方服从，让人适应工作和组织的要求，而不考虑在情感上和道义上如何给人以尊重。

（3）强调严密的组织、制定具体的规范和工作制度，如工时定额、技术规程等。

（4）应以金钱报酬来收买员工的效力和服从。

由此可见，此种管理方式是"胡萝卜加大棒"的方法，一方面靠金钱的收买与刺激，一方面严密控制、监督和惩罚迫使其为组织目标努力。麦格雷戈发现当时企业中对人的管理工作以及传统的组织结构、管理政策、实践和规划都是以 X 理论为依据的。

然而麦格雷戈认为，虽然当时工业组织中人的行为表现同 X 理论所提出的各种情况大致相似，但是人的这些行为表现并不是人固有的天性所引起的，而是现有工业组织的性质、管理思想、政策和实践所造成的。他确信 X 理论所用的传统的研究方法建立在错误的因果观念的基础上。通过对人的行为动机和马斯洛的需要层次论的研究，他指出，在人们的生活还不够丰裕的情况下，胡萝卜加大棒的管理方法是有效的；但是，当人们达到了丰裕的生活水平时，这种管理方法就无效了。因为，那时人们行动的动机主要是追求更高级的需要，而不是"胡萝卜"（生理需要、安全需要）了。

麦格雷戈认为，由于上述的以及其他许多原因，需要有一个关于人员管理工作的新理论，把它建立在对人的特性和人的行为动机的更为恰当的认识基础上，于是他提出了 Y 理论，其主要内容如下。

（1）一般人并不是天性就不喜欢工作的，工作中体力和脑力的消耗就像游戏和休息一样自然。工作可能是一种满足，因而自愿去执行；也可能是一种处罚，因而只要可能就想逃避。到底怎样，要看环境而定。

（2）外来的控制和惩罚，并不是促使人们为实现组织的目标而努力的唯一方法。它甚至对人是一种威胁和阻碍，并放慢了人成熟的脚步。人们愿意实行自我管理和自我控制来完成应当完成的目标。

（3）人的自我实现的要求和组织要求的行为之间是没有矩盾的。如果给人提供适当的机会，就能将个人目标和组织目标统一起来。

（4）一般人在适当条件下，不仅学会了接受职责，而且还学会了谋求职责。逃避责任、缺乏抱负以及强调安全感，通常是经验的结果，而不是人的本性。

（5）大多数人，而不是少数人，在解决组织的困难问题时，都能发挥较高的想象力、聪明才智和创造性。

（6）在现代工业生活的条件下，一般人的智慧潜能只是部分地得到了发挥。

根据以上假设，相应的管理措施如下。

（1）管理职能的重点。在Y理论的假设下，管理者的重要任务是创造一个使人得以发挥才能的工作环境，发挥出职工的潜力，并使职工在为实现组织的目标贡献力量时，也能达到自己的目标。此时的管理者已不是指挥者、调节者或监督者，而是起辅助者的作用，从而给职工以支持和帮助。

（2）激励方式。根据Y理论，对人的激励主要是给予来自工作本身的内在激励，让他担当具有挑战性的工作，担负更多的责任，促使其工作做出成绩，满足其自我实现的需要。

（3）在管理制度上给予工人更多的自主权，实行自我控制，让工人参与管理和决策，并共同分享权力。

五、管理理论丛林

管理过程学派又称为管理职能学派，是美国加利福尼亚大学的教授哈罗德·孔茨和西里尔·奥唐奈里奇提出的。管理过程学派认为，无论组织的性质和组织所处的环境有多么不同，但管理人员所从事的管理职能却是相同的。孔茨和奥唐奈里奇将管理职能分为计划、组织、人事、领导和控制五项，而把协调作为管理的本质。孔茨利用这些管理职能对管理理论进行分析、研究和阐述，最终得以建立起管理过程学派。孔茨继承了法约尔的理论，并把法约尔的理论更加系统化、条理化，使管理过程学派成为管理各学派中最具有影响力的学派。

管理科学学派的管理科学理论是指以系统的观点运用数学、统计学的方法和电子计算机的技术，为现代管理的决策提供科学的依据，通过计划和控制以解决企业中生产与经营问题的理论。该理论是泰罗科学管理理论的继承和发展，其主要目标是探求最有效的工作方法或最优方案，以最短的时间、最少的支出，取得最大的效果。

社会系统学派是从社会学的角度来分析各种组织。它的特点是将组织看作一种社会系统，是一种人的相互关系的协作体系，它是社会大系统中的一部分，受到社会环境各方面因素的影响。美国的切斯特·巴纳德（1886—1961年）是这一学派的创始人，他的著作《经理的职能》对该学派有很大的影响。

决策理论学派是在第二次世界大战之后，吸收了行为科学、系统理论、运筹学和计算机程序等学科的内容发展起来的，代表人物西蒙。西蒙是美国管理学家、计算机学家和心理学家，决策理论学派的主要代表人物。决策理论学派认为：管理过程就是决策的过程，管理的核心就是决策。西蒙强调决策职能在管理中的重要地位，以有限理性的人代替有绝对理性的人，用"满意原则"代替"最优原则"。

系统理论学派是指将企业作为一个有机整体，把各项管理业务看成相互联系的网络的一种管理学派。该学派重视对组织结构和模式的分析，应用一般系统理论的范畴、原理，全面分析和研究企业和其他组织的管理活动和管理过程，并建立起系统模型以便于分析。系统理论学派的重要代表人物是弗里蒙特·卡斯特。弗里蒙特·卡斯特是美国系统管理理论的重要代表人物，著名的管理学家。主要著作有《系统理论与管理》、《组织与管理：系统与权变方法》等。

经验主义学派又称为经理主义学派，以向大企业的经理提供管理当代企业的经验和科学方法为目标。它重点分析成功管理者实际管理的经验，并加以概括、总结出他们成功经验中具有的共性东西，然后使之系统化、合理化，并据此向管理人员提供实际建议。其中的代表人物有彼得·德鲁克、欧内斯特·戴尔等。

经理角色学派是以对经理所担任角色的分析为中心来考虑经理的职务和工作，该学派认为针对经理工作的特点及其所担任的角色等问题，如能有意识地采取各种措施，将有助于提高经理的工作成效。经理角色学派的代表人物是亨利·明茨伯格。

权变理论学派认为，企业管理要根据企业所处的内外条件随机应变，没有什么一成不变、普遍适用的"最好的"管理理论和方法。企业管理要根据企业所处的内部条件和外部环境来决定其管理手段和管理方法，即要按照不同的情景、不同的企业类型、不同的目标和价值，采取不同的管理手段和管理方法。其代表人卢桑斯在1976年出版的《管理导论：一种权变学》是系统论述权变管理的代表著作。

相关链接 2-4

西蒙：决策理论学派的主要代表人物，曾获1978年度诺贝尔经济学奖金。主要著作有《管理行为》、《组织》、《管理决策的新科学》等。其理论要点归纳如下。

（1）决策贯穿管理的全过程，决策是管理的核心。西蒙指出组织中经理人员的重要职能就是做决策。他认为，任何作业开始之前都要先做决策，制定计划就是决策，组织、领导和控制也都离不开决策。

（2）系统阐述了决策原理。西蒙对决策的程序、准则、程序化决策和非程序化决策的异同及其决策技术等作了分析。西蒙提出决策过程包括四个阶段，即收集情况阶段、拟订计划阶段、选定计划阶段、评价计划阶段。这四个阶段中的每一个阶段本身就是一个复杂的决策过程。

（3）在决策标准上，用"令人满意"的准则代替"最优化"准则。以往的管理学家往往把人看成是以"绝对的理性"为指导，按最优化准则行动的理性人。西蒙认为事实上这是做不到的，应该用"管理人"假设代替"理性人"假设，"管理人"不考虑一切可能的复杂情况，只考虑与问题有关的情况，采用"令人满意"的决策准则，从而可以做出令人满意的决策。

（4）一个组织的决策根据其活动是否反复出现，可分为程序化决策和非程序化决策。经常性的活动决策应程序化以降低决策过程的成本,只有非经常性的活动,才需要进行非程序化的决策。

资料来源:百度百科网站 http://baike.baidu.com

相关链接 2-5

彼得·德鲁克,被尊为大师中的大师,对世人有卓越贡献及深远影响。德鲁克以他建立于广泛实践基础之上的 30 余部著作,奠定了其现代管理学开创者的地位,被誉为"现代管理学之父"。

生平

1909 年 11 月 19 日,彼得·德鲁克出生于奥匈帝国统治下的维也纳,祖籍荷兰。其家族在 17 世纪时就从事书籍出版工作。父亲是奥国负责文化事务的官员,曾创办萨尔斯堡音乐节;他的母亲是奥国率先学习医科的妇女之一。德鲁克从小生长在富于文化的环境之中。

德鲁克先后在奥地利和德国受教育,1929 年后在伦敦任新闻记者和国际银行的经济学家。于 1931 年获法兰克福大学法学博士。

1937 年移民美国,曾在一些银行、保险公司和跨国公司任经济学家与管理顾问,1943 年加入美国籍。德鲁克曾在贝宁顿学院任哲学教授和政治学教授,并在纽约大学研究生院担任了 20 多年的管理学教授。尽管被称为"现代管理学之父",但德鲁克一直认为自己首先是一名作家和老师。

1942 年,受聘为当时世界最大企业——通用汽车公司的顾问,对公司的内部管理结构进行研究。

1946 年,将心得写成《公司概念》,"讲述拥有不同技能和知识的人在一个大型组织里怎样分工合作"。该书的重要贡献还在于,德鲁克首次提出"组织"的概念,并且奠定了组织学的基础。

1954 年,出版《管理实践》,提出了一个具有划时代意义的概念——目标管理。从此将管理学开创成为一门学科,从而奠定管理大师的地位。

1966 年,出版《卓有成效的管理者》,告知读者:不是只有管理别人的人才称得上是管理者,在当今知识社会中,知识工作者即为管理者,管理者的工作必须卓有成效。该书成为高级管理者必读的经典之作。

1973 年,出版巨著《管理:任务,责任,实践》,是一本给企业经营者的系统化管理手册,是为学习管理学的学生提供的系统化教科书,告诉管理人员付诸实践的是管理学而不是经济学,不是计量方法,不是行为科学。该书被誉为"管理学"的"圣经"。

1982 年,出版《巨变时代的管理》,探讨了有关管理者的一些问题,管理者角色内涵的变化,他们的任务和使命,面临的问题和机遇,以及他们的发展趋势。

1985年，出版《创新与企业家精神》，被誉为《管理实践》推出后德鲁克最重要的著作之一，全书强调目前的经济已由"管理的经济"转变为"创新的经济"。

1999年，出版《21世纪的管理挑战》，德鲁克将"新经济"的挑战清楚地定义为：提高知识工作的生产力。

资料来源：百度百科网站http://baike.baidu.com

马斯洛的需求层次理论中的五个需求层次可以从高到低得到满足，对吗？

第五节 当代管理理论阶段

进入20世纪70年代以后，由于国际环境的剧变，尤其是石油危机对国际环境产生了重要的影响。这时的管理理论以战略管理为主，研究企业组织与环境关系，重点研究企业如何适应充满危机和动荡的环境的不断变化。迈克尔·波特所著的《竞争战略》把战略管理的理论推向了高峰，他强调通过对产业演进的说明和各种基本产业环境的分析，得出不同的战略决策。

20世纪80年代为企业再造时代，该理论的创始人是原美国麻省理工学院教授迈克尔·哈默与詹姆斯·钱皮，他们认为企业应以工作流程为中心，重新设计企业的经营、管理及运作方式，进行所谓的"再造工程"。美国企业从20世纪80年代起开始了大规模的企业重组革命，日本企业也于20世纪90年代开始进行所谓第二次管理革命，这十几年间，企业管理经历着前所未有的、类似脱胎换骨的变革。哈默对组织再造的定义是，将组织的作业流程作根本的重新思考与彻底翻新，以便在成本、品质、服务和速度上获得戏剧化的改变。其中心思想是强调组织必须采取激烈的手段，彻底改变工作方法，摆脱以往陈旧的流程框架。

20世纪80年代末以来，信息化和全球化浪潮迅速席卷全球，顾客的个性化、消费的多元化决定了企业必须适应不断变化的消费者的需要，在全球市场上争得顾客的信任，才有生存和发展的可能。这一时代，管理理论研究主要针对学习型组织而展开。彼得·圣吉在所著的《第五项修炼》中更是明确指出企业唯一持久的竞争优势源于比竞争对手学得更快更好的能力，学习型组织正是人们从工作中获得生命意义、实现共同愿景和获取竞争优势的组织蓝图。

"学习型组织"概念是由彼得·圣吉在其著作《第五项修炼》中提出来的，该理论认为，传统的组织类型已经越来越不适应现代环境发展的要求，未来真正出色的企业，将是能够设法使组织成员全心投入，并有能力不断学习的组织。学习型组织是一种更适合人性的组织模式，这种组织有崇高而正确的核心价值、相信和使命，具有强大的生命力和实现共同目标的动力，不断创新，持续蜕变，但学习型组织的形成必须建立在组织成员的五项修炼基础之上。

（1）锻炼系统思考能力。强调要把企业看成是一个系统，并把它融入社会这个大系统中，考虑问题既要看到局部，更要看到整体；既要看到当前，更要看到长远。

（2）追求自我超越。强调组织成员应能不断认识自己，认识外界的变化，不断给予自己新的奋斗目标，做事要精益求精，永远努力发展自我，超越自我。

（3）改善心智模式。要求组织成员要善于改变传统认识问题的方式和方法，要用新的眼光看世界。

（4）建立共同远景目标。强调要把企业建成为一个生命共同体，它包括远景、价值观、目的和使命、目标等内容。

（5）开展团队学习。其目的是使组织成员学会集体思考，以激发群体的智慧。

相关链接 2-6

《第五项修炼》是一本不同寻常的书，这是一本开拓性地倡导学习型组织管理思想的巨作。《第五项修炼》是彼得·圣吉博士在总结以往理论的基础上，并通过对 4 000 多家企业的调研而创立的一种具有巨大创新意义的理论。1990 年《第五项修炼：学习型组织的艺术和实务》一书出版后，连续三年荣登全美最畅销书榜榜首，在世界各地掀起了一阵阵学习管理的热潮，并于 1992 年荣获世界企业学会最高荣誉的开拓者奖。由于其创新价值，并由于其已在无数美国企业中得到了成功的应用，引起理论界及企业的浓厚兴趣，在短短几年中，被译成二三十种文字风行全世界，它不仅带动了美国经济近十年的高速发展，并在全世界范围内引发了一场创建学习型组织的管理浪潮。

这本书被评为"世界上影响最深远的管理书籍"之一。而该书的作者彼得·圣吉被《经营战略》杂志誉为"20 世纪对商业战略影响最大的 24 个伟人之一"，《金融时报》评述他是"顶尖管理大师"，《商业周刊》将其列为"十大管理大师之一"。现在彼得·圣吉被誉为继彼得·德鲁克之后最具影响力的管理大师，被称为"'学习型组织'理论之父"。

《第五项修炼》出版后迅速席卷全球，被各个行业的大小企业所认同，一些国际知名企业，如壳牌石油、福特汽车、克莱斯勒、摩托罗拉、苹果电脑等都随即以"五项修炼"作为操作方法，在企业内建立起了学习型组织。可以说，《第五项修炼》给组织管理带来了一个全新理念，而这些理念转化为实际管理制度与行为，就可能引起管理方式的大变革。

资料来源：百度百科网站 http://baike.baidu.com

相关链接 2-7

日本企业文化的特点

  企业文化的产生、发展、演变都与社会文化有着密切的联系。许多学者在研究日本企业文化的同时，发现其产生的根基——日本社会文化具有一些与众不同的特点。

  首先，民族的单一性和社会结构的同质性。日本民族一个最为显著的特点是它在日本列岛上自始至终都是唯一的民族。在漫长的日本民族历史上几乎没有民族大迁移及本民族之间的大残杀，社会结构较稳定和统一。80%以上的人世世代代生活在同质社会中，继承了日本社会传统的"强调集团"主义和业绩主义相结合的献身价值观，对纪律的高度重视又成了组织目标实现的保证。

  其次，"文化滞后型"与兼容并蓄性。日本的农业诞生于公元前1世纪，其社会经济文化比中国落后了几个世纪。这时，日本显现出一种"文化滞后"状态。"滞后型文化"可以朝着两个截然相反的方向发展：一是封闭守旧，停步不前，抵制先进文化，从而文化更加落后；二是发扬文化革新精神，兼容并蓄地输入外来文化以改造自身。日本选择了后者，公元前7世纪进行的"大化革新"，缔造出一个融合大唐文化的日本封建文化体。19世纪进行的"明治维新"运动，又缔造出一个融合欧美文化的日本资本主义文化体系。

  最后，节俭意识强烈。日本是一个岛国，地小物稀，这培养了日本民族节俭的观念，"暴殄天物"是许多日本人的口头禅，这深深地影响着日本的企业文化。日本的汽车产品之所以能在国际市场上有着很强的竞争力，就在于它的生产成本和使用成本低，这不能不说日本民族的这种固有观念起了很大的作用。

  日本企业文化包容面很广，但主要内容是有关"和"的观念。"和"是日本企业管理范畴中的哲学概念和行动指南。其内涵是指爱人、仁慈、和谐、互助、团结、合作、忍让，它是日本高效能团队精神的基础。"和"的观念其实源于中国的儒家思想，但在日本又发展了儒家思想。中国儒家思想强调的是"仁、礼、义"，而在日本则强调"和、信、诚"，由此使得日本企业文化中包括"和、信、诚"的成分，使得人们注重共同活动中与他人合作，并时刻约束自己，所有日本的企业都依循"和"的观念行事。在日本人看来，一个团体或企业如果失败，多半由于缺乏"和"的精神。真正实行了"和"的团体，势必带来和谐和成功。理想的工作环境，使人的潜能得到良好的发挥，使得人找到人生的归宿，达到幸福的境界。"和"的观念很大程度上制约和引导着日本企业的经营哲学。日本企业实行的自主管理和全员管理、集体决策和共同负责、人与人之间的上下沟通，乃至于情同手足，这些都与"和"的观念密不可分。

资料来源：《中国汽车报》2001年09月21日第三版

即问即答 2-6

当代管理理论和现代管理理论没有多大的区别,对吗?

本章小结

本章主要讲述了管理思想产生以及管理理论形成的历史背景、形成的过程,介绍了各种管理学派和管理理论的代表人物、代表著作和其基本内容。重点讲述了现代和当代管理理论形成的思想基础和核心内容,简要分析了各种管理理论对我们现实的管理活动的影响和指导意义。

知识掌握题

1. 管理理论形成的历史背景是什么?
2. 法约尔认为管理的基本职能是什么?
3. 韦伯理想行政组织体系的特点是什么?
4. 泰罗制的主要内容是什么?
5. 梅奥人际关系理论的主要观点是什么?
6. 马斯洛需求层次理论的主要内容是什么?
7. 什么是管理理论丛林?有哪些主要的管理学派?
8. 什么是非正式组织?我们该如何正确对待组织中的非正式组织?
9. X 理论与 Y 理论的本质差别是什么?在现实的管理中如何应用 Y 理论?
10. 什么是学习型组织?在现代企业管理中如何建立学习型组织?
11. 什么是五项修炼?
12. 现代管理理论产生的历史背景是什么?它与古典管理理论内容有什么本质的区别?

自 测 题

一、单项选择题

1. 管理活动和管理思想是从( )就存在。
   A. 古埃及时代　　B. 古罗马时代　　C. 自古以来　　D. 15 世纪
2. 《国富论》的作者是( )。
   A. 李嘉图　　　　B. 斯密　　　　　C. 法约尔　　　D. 泰罗
3. 赫兹伯格的双因素理论中的双因素是指( )。
   A. 激励和保健因素　　　　　　　　B. 满意和不满意因素
   C. 物质和精神因素　　　　　　　　D. 鼓励和惩罚因素

4. 决策理论学派的代表人物是（　　）。
   A. 孔茨　　　　　B. 西蒙　　　　　C. 巴纳德　　　　D. 德鲁克
5. 彼得·圣吉提出学习型组织概念的时间是（　　）。
   A. 20 世纪 60 年代末　　　　　　B. 20 世纪 70 年代末
   C. 20 世纪 80 年代末　　　　　　D. 20 世纪 90 年代末

二、多项选择题

1. 法约尔提出的管理活动职能包括（　　）。
   A. 计划　　　　　B. 组织　　　　　C. 指挥　　　　　D. 协调
   E. 控制
2. 马斯洛的需求层次理论中的五个层次是指（　　）。
   A. 生理需要　　　B. 安全需要　　　C. 社交需要　　　D. 尊重需要
   E. 自我实现
3. 管理理论丛林中所包括的理论学派主要是指（　　）。
   A. 管理过程学派　　　　　　　　B. 管理科学学派
   C. 社会系统学派　　　　　　　　D. 决策理论学派
   E. 系统理论学派　　　　　　　　F. 经验主义学派
   G. 经理角色学派　　　　　　　　H. 权变理论学派
4. 彼得·圣吉提出学习型组织必须建立在五项修炼之上，这五项修炼是指（　　）。
   A. 锻炼系统思考能力　　　　　　B. 追求自我超越
   C. 改善心智模式　　　　　　　　D. 建立共同远景目标式
   E. 开展团队学习
5. 梅奥人际关系学说的主要观点有（　　）。
   A. 人是"社会人"不是"经济人"
   B. 工作效率并非取决于工作条件和工作方法，主要取决于员工的工作积极性
   C. 员工主要靠物质刺激
   D. 员工中存在着非正式组织

知识应用与课堂讨论题

施科长没有解决的难题

施狄闻是富强油漆厂的供应科科长，厂里同事乃至外厂的同行们都知道他心直口快，为人热情，尤其对新主意、新发明、新理论感兴趣，自己也常在工作里搞点新名堂。

前一阶段，常听见施科长对人讲："咱厂科室工作人员的那套奖金分配制

度，是彻底的平均主义，吃大锅饭，我看，到了非改不可的地步了。奖金总额不跟利润挂钩，每月按工资总额拿出5%当奖金，这5%是固定死了的，一共才那么一点钱。说是具体每人分多少，由各单位的领导按每人每月工作的表现去确定，要体现什么多劳多得原则，还要求搞什么重赏重罚，承认差距。可是这谈何容易啊，总共就那么一点点，还玩得出什么花样？理论上是说要奖勤罚懒，干得好的多给，一般的少给，差的不给。可是你真的不给试试看？不给你造反才怪！结果实际上是大家基本拉平，皆大欢喜，要说有那么一点点差距，确定分成三等，不过这差距也只是象征性的。照说这奖金也不多，有啥好计较的？可要是一个钱不给，他就认为这简直是侮辱，存心丢他的脸。唉，难办！一个是咱厂穷，奖金拨的就少；二是咱中国人平均主义惯了，爱犯'红眼病'。"

最近，施科长却跟人们谈起了他的一段有趣的新经历。他说："改革科室奖金制度，我琢磨好久了，可就是想不出啥好点子来。直到上个月，厂里派我去市管理干部学院参加一期中层管理干部培训班。有一天，他们不知打哪儿请来一位美国教授，听说还挺有名，他给咱们做了一次讲演。"

"那教授说，美国有位学者，叫什么来着？……对，啊什么伯格，他提出一个新见解，说是企业对职工的管理，不能太依靠高工资和奖金。又说：钱并不能真正调动人的积极性。你说怪不？什么都讲金钱万能的美国，这回倒说起钱不那么灵了。这倒要留心听听。"

"那教授继续说，能影响人积极性的因素很多，按其重要性，他列出了一长串单子。我记不太准了，好像是，最要紧的是'工作的挑战性'这个洋名词。照他解释，就是指工作不能太简单，轻而易举地就完成了；要艰巨点，得让人动点脑筋，花点力气，那活才有干头。再就是工作要有趣，要有些变化，多点花样，别老一套，太单调。他说，还要给自主权，给责任，要让人家感到自己有所成就，有所提高。还有什么场啦，跟同事们关系友好融洽啦，劳动要舒服安全啦什么的，我也记不准、记不全了。可有一条我是记准了：工资和奖金是摆在最后一位的，也就是说，最无关紧要。"

"你想想，钱是无关紧要的！闻所未闻，乍一听都不敢相信。可是我细想想，觉得这话是有道理的，所有那些因素对人说来，可不都还是蛮重要的吗？我于是对那奖金制度不那么担心了，还有别的更有效的法宝呢。"

"那教授还说，这理论也有人批评，说那位学者研究的对象全是工程师、会计师、医生这类高级知识分子，对其他类型的人未必见得合适。他还讲了一大堆新鲜事。总之，我这回可是大开眼界啦。"

"短训班办完，回到科里，正赶上年末工作总结讲评，要发年终奖金了。这回我有了新主意。我那科里，论工作，就数小李子最突出：大学生，大小也算个知识分子，聪明能干，工作积极又能吃苦，还能动脑筋，于是我就把他找来谈话。"

"别忘了我如今学过点现代管理理论了。我于是先强调了他这一年的贡献,特别表扬了他的成就,还细致讨论了明年怎么能使他的工作更有趣,责任更重,也更有挑战性……瞧,学来的新词儿,马上用上啦。我们甚至还确定了考核他明年成绩的具体指标,最后才谈到这最不要紧的事——奖金。我说,这回年终奖,你跟大伙儿一样,都是那么多。我心里挺得意:学的新理论,我马上就用到实际里来了。"

"可是,小李子竟发起火来了,真的火了。他蹦起来说'什么?就给我那一点?说了那一大堆好话,到头来我就值那么一点?得啦,您那套好听的请收回去送给别人吧,我不稀罕。表扬又不能当饭吃'!"

"这是怎么一回事?美国教授和学者的理论听起来那么有道理,小李也是知识分子,怎么就不管用了呢?把我搞糊涂了。"

资料来源:黄雁芳. 管理学教程案例集 [M] . 上海:上海财经大学出版社, 2001

本案例思考讨论题:

1. 案例中所提到的激励理论,是指管理学中的哪个激励理论?按照这个理论,工资和奖金属于什么因素?能够起到什么作用?

2. 施科长用美国教授介绍的理论去激励小李,结果碰了钉子,问题可能出现在什么地方?根据案例提示的情况,说出你的理由。

3. 你认为富强油漆厂在奖金分配制度上存在的主要问题是什么?可以用什么办法解决?

情景模拟题

一、情景介绍

纽曼公司的利润在过去一年来一直在下降,尽管在同一时期,同行们的利润在不断上升。公司总裁杰克先生非常关注这一问题。为了找出产生利润下降的原因,他花了几周的时间考察公司的各个方面,接着,他决定召开部门经理人员会议,把他的调查结果和他得出的结论连同一些可能的解决方案告诉他们。

杰克说:"我们的利润一直在下降,我们正在进行的工作大多数看来也是正确的。比如说,推销策略帮助公司保持住了在同行中应有的份额。我们的产品和竞争对手的一样好,我们的价格也不高,公司的推销工作看来是有成效的,我认为还没有必要改进什么。"他继续评论道:"公司有健全的组织结构、良好的产品研究和发展规划,公司的生产工艺在同行中也占领先地位。可以说,我们的处境良好。然而,我们的公司却面临这样严重的问题。"

室内的每一个人都有所期待地听着。杰克开始讲到了劳工关系:"像你们所知道的那样,几年前,在全国劳工关系局选举中工会没有取得谈判的权利。一个重要的原因是,我们支付的工资一直至少和工会提出的工资一样高。从那以后,我们继续给员工提高工资。问题在于，没有维持相应的生产率。车间工人一直没有能够生产足够的产量，可以把利润维持在原有的水平之上。"

杰克继续说："我的意见是要回到第一个原则。近几年来，我们对工人的需求注意的太多，而对生产率的需求却注意不够。我们的公司是为股东创造财富的，不是工人的俱乐部。公司要生产下去，就必须创造利润。我在上大学时，管理学教授们十分注意科学管理先驱们为获得更高的生产率所使用的方法，这就是为了提高生产率广泛采用了激励性工作制度。在我看来，我们可以回到管理学的第一原则上去，如果我们工人的工资取决于他们的生产率，那么工人就会生产更多的产量。管理学先辈们的理论在今天一直在指导我们。"

二、模拟训练

1. 同学们可自由组合或由指导老师组合成若干小组，商讨下列问题：

（1）纽曼公司生产率低的原因是什么？难道只是杰克分析的那样吗？还有别的原因吗？

（2）你认为杰克的解决方案怎么样？如果你是该公司总裁，你该如何应对？将采取什么措施来提高生产率？

2. 每一小组推荐1名代表上台扮演公司总裁，发表演讲，你认为应该采取什么措施来应对目前公司面临的问题？该如何通过改进管理来提高生产率？其他同学扮演公司的职工和管理者，提问相关的问题。

3. 表演结束后请全班同学分别给各小组评分（见表2-1）。

表2-1 记分表

得分 项目	优 （90~100分）	良 （80~89分）	中 （70~79分）	及格 （60~69分）	不及格 （60分以下）
回答内容					
演讲水平					
回答技巧					
效果					

4. 最后由指导老师进行点评和总结。

实践训练题

1. 背景材料

国外曾做过这样的研究，他们调查了450名管理者，发现这些管理者都从事相同的四种活动：传统管理（决策、计划和控制）、沟通（交流例行信息和处理文书工作）、人力资源管理（激励、惩戒、调解冲突、人员配备和培训）、网络联系（社交活动、政治活动和与外界交往）。但一般管理者与有效管理者却在从事的这四项工作的时间上有明显不同。

一般管理者常花费30%的时间从事传统管理活动；30%的时间从事沟通活动；20%的时间从事人力资源活动；20%的时间从事网络活动。有效管理者却分别用20%的时间从事传统管理活动，10%的时间从事网络活动，25%的时间从事人力资源活动，而花费45%的时间从事沟通活动。

可见，有效管理者在沟通上花费的时间最多，对组织的相对贡献最大。这说明，现代管理者不应是事务主义者和一味只想到晋升，应该以工作业绩以及下级对其满意和成功的程度为标志，扮演好人际关系协调者的角色。

2. 实训项目

走访企业及相关单位的管理者，调查管理绩效和工作时间分配的关系。

3. 实训内容

（1）将班上的同学分成若干组，每组走访和调查十余领导或管理者，了解他们分别花费在传统管理、沟通管理、人力资源管理和网络管理活动上的工作时间比例是多少？（可设计一张调查表）。

（2）简要分析所调查的管理者的工作绩效和他们工作时间的分配关系。

（3）组织全班学生对调查结果进行讨论，每组可确定一名主发言人，根据本组调查结果，围绕管理者的工作绩效和工作时间分配的关系课题发言。

（4）要求每个学生针对这个课题，写出一篇心得体会，阐述自己的观点和看法。

课下补充参考资料

1. H·法约尔. 工业管理和一般管理 [M]. 北京：中国社会科学出版社，1982
2. 泰罗. 科学管理理论 [M]. 北京：中国社会科学出版社，1980
3. D·A·雷恩. 管理思想的演变 [M]. 北京：中国社会科学出版社，1994
4. 周三多. 管理学 [M]. 北京：高等教育出版社，2000
5. 魏文斌. 现代西方管理学理论 [M]. 上海：上海人民出版社，2001

第三章

决策

学习目的和要求

通过本章学习,要求达到:
知识目标:掌握决策的概念、原则及理论。
素质目标:熟悉决策分类和程序。
技能目标:掌握决策的基本方法。
能力目标:能够运用决策的概念和方法,分析、解决现实中的决策问题。

主要概念和原理

决策 战略决策 战术决策 业务决策 高层决策 中层决策 基层决策 程序化决策 非程序化决策 确定型决策 风险型决策 非确定型决策 古典决策理论 行为决策理论 当代决策理论 定性决策方法 定量决策方法

▶ 案例导入

文理科的选择

即将高三,小娟面临着文理科的选择。她喜欢文科,特别是诗歌、散文、小说,还有英语,她希望有一天自己的英语能说得像外国人那样流利。可能正因为如此,她文科科目的成绩总是在班里名列前茅,她的作文总被老师拿来作范文在全班朗读。她不喜欢理科,数学、物理、化学让她头疼,尽管如此,她理科的成绩也不错,因为她渴望考上理想的大学,所以她非常努力学习,可是她觉得学得非常辛苦,她要比那些擅长理科的人多花几倍的时间,才有现在这样的成绩。但这些只有她自己知道,老师、同学、父母都不知道。

于是,老师找她谈话,鼓励她选理科。因为以她的成绩,考上第二批的本科绝对没问题，加把劲还能上第一批，而且选了理科，以后可选择的大学和专业都比较多，就业面也比较广，工作容易找。此外，她所在的高中比较重视理科，配备的都是比较优秀的、有经验的教师。

父母更关心，他们打电话、拜访老师以及亲戚朋友，向他们咨询。结果是：大多数人都认为选理科好，以后比较有前途。父母也劝她选理科。她的好朋友们大多数也都要选理科，她们也劝她选理科，以后可以继续报考同一所大学。

她动摇了，最终选择了理科。那年高考分数出来后，"命运"和她开了个玩笑，她语文和英语考得非常好，数学也不错，理科综合却出奇的低，结果她的总分刚刚超过了第二批录取线，这意味着她很可能只能上第三批的本科学校，学费会很高。面对这样的结果，她非常难过，她知道父母心里的难受和失落，她也清楚家庭的经济情况，是承担不起一年一万多的学费的。

最终，她选择了去复读一年，这一年的生活是枯燥而充满压力的，最后分数虽然高了些，她也上了第二批的大学，但还是理科综合拖了后腿，而她被录取的专业，还是文科性质的。

资料来源：http：//www.usors.cn/blog/sallyni/myessaydetail.asp？id=43011

案例分析

这是一个关于文理科选择的真实案例，其实这也是一个决策问题，我们许多人都曾有过相似的经历。案例中的女孩绕了一大圈，还是回到了自己喜爱的文科上，如果她当时明确自己今后的职业规划或目标，对自己更了解、更坚信，她就不会为旁人的意见而动摇，做出正确的决策，就不会走许多弯路，就会有更好的结果。

第一节 决策的概念

决策是我们生活经验中的一个重要组成部分。在某些情况下，我们可以自动地做出决策或按程序做出决策，如我们从熟悉的地点到熟悉的目的地去，很少在可供选择的方案中进行有意识的比较，而代之以经验性决策。它是低级的决策形式，科学决策是在这种决策形式上发展起来的，科学决策是建立在严密的理论分析和科学计算的基础上，遵从严格的程序，运用科学的方法所做的决策。

一、决策的含义

对于什么是决策，众说纷纭，不同的学者有着不同的看法，直到目前尚无一个公认的定义。

"从两个以上的备选方案中选择一个的过程就是决策。"（杨洪兰，1996年）

"所谓决策，是指组织或个人为了实现某种目标而对未来一定时期内有关活动的方向、内容及方式的选择或调整过程。"（周三多等，1999年）

"决策是指公司或政府在其政策或选择实施现行政策的有效方法时所进行的

一整套活动,其中包括收集必要的事实以对某一建议做出判断,以及分析可以达到预定目的的各种可选择的方法等活动。"(《美国现代经济辞典》)

在本书中我们对决策定义为:决策者在占有大量必要信息的基础上,对未来行动确定目标,并借助一定的手段和方法,对影响决策的诸因素进行分析研究后,从两个以上的可行方案中选取一个满意方案的运筹过程。

这一定义蕴含有四层内容。

(1) 决策是为实现一定的目标服务的,在对决策方案做出选择前一定要有明确的目标。

(2) 决策必须有两个以上的方案。

(3) 决策要进行方案的分析比较,选择一个满意的方案。

(4) 决策是一个多阶段、多步骤的分析判断过程。

决策是管理的首要职能,决策的正确性和科学性对管理活动的成败起着决定性的作用,直接关系到企业或一个组织的生存和发展。

决策方案一定是最优的方案吗?

二、决策的特征

现代决策所面临的对象,已不再是单个物体机械的组合,而是极为复杂的系统。越来越多的高功能、大规模、相互交织的新系统,如大经济、大科学、大文化、大农业、大工程相继出现。它们不但内部结构日益错综复杂,而且彼此之间相互制约、依赖和渗透,某一方面的决策很快会影响到其他诸多方面,甚至会导致"一着不慎、满盘皆输"的后果。在这种趋势下,决策有了一些新的特点和要求。

(1) 高速化。社会、经济和科技的迅猛发展和迅速变化对决策提出了高速化的要求,时间的价值在现代决策中表现得极为突出和明显。

(2) 准确化。现代决策必须做到准确,这主要指决策信息要有质(概念、性质)的准确和量(范围、幅度)的准确。

(3) 相关化。现代决策面临交织多变的事物,往往"牵一发而动全身",尤其是高层决策更是如此。所以现代决策必须全面考虑各种相关因素。

(4) 网络化。决策系统的结构将一改传统的直线式和"金字塔形",而趋向纵横交叉的短阵网络和立体网络,在横向联系中从多维空间取得信息,从而获得生命力。

(5) 两极化。现代决策活动趋向于把大量规范性决策向下转移,由中下层决策者和计算机来完成;高层决策者主要承担起战略性的和随机非程序化的决策,将精力转移到保证和提高决策的可行性和有效性上来。

三、决策遵循的原则

决策者要做出科学的决策,必须遵循以下原则。

1. 信息准全原则

信息准全原则是指未进行决策前所收集的信息,必须全面准确地反映决策对象的内在规律与外部联系。信息是决策的基础和前提,没有准确、全面、及时、适用的信息,决策就成了无源之水、无本之木,势必导致决策的失误,甚至造成不可挽回的损失。信息的准确性是指信息要能真实地反映经济发展的客观规律;信息的全面性是指要从多渠道收集各种信息,并对其进行必要的综合整理和筛选,以便能够全面地反映所要研究的问题。

但是需要注意的是,信息也不是越多越好,决策者不能毫无目的、不计成本地收集各方面的信息,决策者在决定收集什么样的信息、收集多少及从何处收集等问题时,都要进行详细分析,这样才能保证信息准、全,而不杂乱。

2. 可行性原则

可行性原则是指决策方案必须与企业现实的资源条件相适应。可行性程度的高低是衡量决策正确性的重要标志,决策方案绝不能超越企业现有的主客观条件。为此决策者应从实际出发,对各种备选方案进行定性、定量分析,进行方案的可行性论证和评价。任何只考虑需要而不考虑约束条件的决策都会导致决策的失误。

3. 优选原则

优选原则是指要坚持对各种备选方案进行比较和筛选的工作方法,对各备选方案的优劣进行综合评价和分析论证。评价方案优劣的关键在于方案实施后经济效益的高低。优选令人满意的方案,是在保证达到决策目标的条件下,从多个可供选择的备选方案中,选择耗费人力、物力、财力最少,费用最省,速度最快,需要时间最短,经济效益最高的方案。

相关链接 3-1

最优原则与满意原则

按照这一原则,在最优决策和满意决策之间,我们应该选择后者而不是前者。这是因为,在现实的决策中,可供选择的方案是相当之多,实际上很难找出最优的方案,或者说很难肯定某个方案是否一定是最优的;同时,最优方案的实现,往往需要严格的条件,现实中很难完全满足。因而最优方案不一定导致最优结果。而满意决策则是在现实条件可行的前提下,寻求一个相对优化的方案。西蒙认为:"决策遵循的是满意原则,而不是最优原则。"

资料来源:http://59.42.177.237/jpkc/glx/fdjc/%B5%DA%CE%E5%D5%C2%20%20%BE%F6%B2%DF.doc

4. 系统性原则

系统性原则是指决策过程中，要运用系统分析的理论和方法，对决策对象进行全面的分析和论证，在决策过程中兼顾各种利益关系。协调各种矛盾，以获得整体功能最佳的效果。现代决策都是在错综复杂的动态系统中进行的，这就要求决策者必须针对系统所处的特定环境和条件，坚持整体优化的思想，深入分析系统中各部分、各层次之间的相互关系，进行整体构思、统筹安排、全面考虑，使其产生最佳的系统整体功能。

5. 利用"外脑"原则

利用"外脑"原则是指在决策过程中，要充分发挥专家智慧，广泛利用"智囊团"的作用，实行民主化决策。现代决策面临着非常复杂的外部环境和条件，为了提高决策的科学化水平，在确定目标、拟订方案、方案选优、组织实施等各个阶段，都必须重视专家、顾问、智囊团的作用，充分发挥集体智慧，把决策方案真正建立在民主化、科学化的基础上。

6. 追踪监控原则

追踪监控原则是指在决策方案付诸实施的过程中，必须及时进行信息反馈，密切注视环境变化，采取措施及时有效地调查发生的各种偏差。在决策方案实施过程中，往往会发生一些事先无法预料的偶然性因素，为了保证目标的顺利实现，必须追踪监控决策的执行情况，掌握反映决策的进程以及实际情况与目标要求之间的差距，以便于采取有效的调节和控制措施，减少或消除各种偏差，确保决策目标的顺利实现。

四、决策理论

决策理论是把第二次世界大战以后发展起来的系统理论、运筹学、计算机科学等综合运用于管理决策问题，形成的一门有关决策过程、准则、类型及方法的较完整的理论体系。具有代表性的决策理论有以下三种。

1. 古典决策理论

古典决策理论又称规范决策理论，是基于"经济人"假设提出来的，主要盛行于20世纪50年代以前。古典决策理论认为，应该从经济的角度来看待决策问题，即决策的目的在于为组织获取最大的经济利益。

古典决策理论的主要内容是：决策者必须全面掌握有关决策环境的信息情报；决策者要充分了解有关备选方案的情况；决策者应建立一个合理的自上而下的执行命令的组织体系；决策者进行决策的目的始终都是在于使本组织获取最大的经济利益。

古典决策理论忽视了非经济因素在决策中的作用，而非经济因素在企业的决策中有时间起着很重要的作用，因此这种理论不能准确地指导实际的决策活动，从而逐渐被更为全面的行为决策理论所代替。

2. 行为决策理论

行为决策理论的发展始于20世纪50年代。对古典决策理论的"经济人"

假设发难的第一人是赫伯特·A·西蒙,他在《管理行为》一书中指出,理性的和经济的标准都无法确切说明管理的决策过程,进而提出"有限理性"标准和"满意度"原则。其他学者对决策者行为作了进一步的研究,他们在研究中也发现,影响决策者进行决策的不仅有经济因素,还有其个人的行为表现,如态度、情感、经验和动机等。

行为决策理论的主要内容有:人的理性介于完全理性和非理性之间,人的理性是有限的。因为在高度不确定和极其复杂的现实决策环境中,人的知识、想象力和计算力是有限的,决策者在识别和发现问题中容易受知觉上的偏差影响,从而使决策者对环境和决策方案的认知产生偏差,对决策的确定产生影响,同时由于受决策时间和可利用资源的限制,决策者即使充分了解和掌握有关决策环境的信息情报,也只能做到尽量了解各种备选方案的情况,而不可能做到全部了解,决策者选择的理性是相对的;在风险型决策中,与经济利益的考虑相比,决策者对待风险的态度起着更为重要的作用。决策者往往厌恶风险,倾向于接受风险较小的方案,尽管风险较大的方案可能带来较为可观的收益,因此决策者在决策中往往只求满意的结果,而不愿费力寻求最佳方案。

行为决策理论摒弃了古典决策理论的一些片面性,开始把对决策者决策行为的研究拓展到非经济的领域,开始考虑一些非经济因素对决策的影响,如决策者和决策群体的心理、组织内部的冲突。

3. 当代决策理论

继古典决策理论和行为决策理论之后,在这两种理论的基础上,产生了当代决策理论。当代决策理论的核心内容是:决策贯穿于整个管理过程,决策程序就是整个管理过程。

对当今的决策者来说,在决策过程中应广泛采用现代化的手段和规范化的程序,应以系统理论、运筹学和电子计算机为工具,并辅之以行为科学的有关理论。从研究组织的内外环境开始,继而确定组织目标,设计可以达到该目标的各种可行方案,比较和评估这些方案并进行方案选择,最后实施决策方案,并进行追踪检查和控制,以确保预定目标的实现。这种决策理论对决策的过程、决策的原则、决策的方法、决策的组织机构的建立同决策过程的联系等方面作了深入研究,把古典决策理论和行为决策理论有机地结合起来,既重视科学的理论、方法和手段的应用,又重视人的积极作用。

相关链接 3-2

决策理论学派的代表人物——西蒙

决策理论学派的主要代表人物是曾获 1978 年度诺贝尔经济学奖的赫伯特·

西蒙。西蒙虽然是决策学派的代表人物，但他的许多思想是从巴纳德中吸取来的，他发展了巴纳德的社会系统学派，并提出了决策理论，建立了决策理论学派，形成了一门有关决策过程、准则、类型及方法的较完整的理论体系，主要著作有《管理行为》、《组织》、《管理决策的新科学》等。其理论要点归纳如下：

（1）决策贯穿管理的全过程，决策是管理的核心。西蒙指出组织中经理人员的重要职能就是做决策。他认为，任何作业开始之前都要先做决策，制定计划就是决策，组织、领导和控制也都离不开决策。

（2）系统阐述了决策原理。西蒙对决策的程序、准则、程序化决策和非程序化决策的异同及其决策技术等做了分析。西蒙提出决策过程包括4个阶段：搜集情况阶段、拟定计划阶段、选定计划阶段和评价计划阶段。这四个阶段中的每一个阶段本身就是一个复杂的决策过程。

（3）在决策标准上，用"令人满意"的准则代替"最优化"准则。以往的管理学家往往把人看成是以"绝对的理性"为指导，按最优化准则行动的理性人。西蒙认为事实上这是做不到的，应该用"管理人"假设代替"理性人"假设，"管理人"不考虑一切可能的复杂情况，只考虑与问题有关的情况，采用"令人满意"的决策准则，从而可以做出令人满意的决策。

（4）一个组织的决策根据其活动是否反复出现可分为程序化决策和非程序决策。经常性活动的决策应程序化以降低决策过程的成本，只有非经常性的活动，才需要进行非程序化的决策。

资料来源：http://zhidao.baidu.com/link? url = 7ex9x – 3dzoyvp12hL1GTuJZ_fvnSs4I3KUUuV0EJbe2TmPAx_WfXdjEJLp1SoyKfxAYfHTaIahqVQ699tIaNM_

第二节　决策的分类

在企业生产经营活动中，存在着大量的决策问题，内容也十分广泛。根据不同的划分标准，可以分为许多种类。

一、按决策问题的重要程度分类

从决策的问题重要性看，可把决策分为战略决策、战术决策与业务决策。

1. 战略决策

战略决策是所有决策问题中最重要的，是涉及组织大政方针、战略目标等重大事项进行的决策活动，是有关组织全局性的、长期性的、关系到组织生存和发展的根本性决策。它包括组织资本的变化、国内外市场的开拓与巩固、组织机构的调整、高级经理层的人事变动等决策。

2. 战术决策

战术决策是组织在内部范围内贯彻执行的决策，属于执行战略决策过程中的具体决策。旨在实现组织内部各环节活动的高度协调和资源的合理使用，以提高经济效益和管理效能，如企业的生产计划、销售计划、更新设备的选择、新产品定价、流动资金筹措等决策。

3. 业务决策

业务决策是涉及组织中的一般管理和工作的具体决策活动，直接影响日常工作效率。主要的决策内容包括工作任务的日常分配与检查、工作日程（生产进度）的监督与管理、岗位责任制的制定与执行、企业的库存控制、材料采购等方面的决策。

在不同类型的决策活动中，不同的管理层因面对的问题和所授权限不同，所能负责的决策也不同。高层管理者主要负责战略决策，中层管理者主要负责战术决策和部分业务决策，基层管理者负责大部分业务决策。

即问即答 3-2

公司要投资新建一个分公司可以由财务经理进行决策吗？

二、按决策的层次分类

从决策的层次来看，可把决策分为高层决策、中层决策和基层决策。

1. 高层决策

高层决策是指由企业最高领导人所做出的决策。高层决策解决的是企业全局或涉及面较大、比较重要、政策性较强、利害关系影响较大的决策。

2. 中层决策

中层决策是指由企业中级管理人员所做的决策，如企业执行性的管理决策和部分业务决策。大多属于安排一定时期任务，解决工作或生产过程中的问题。

3. 基层决策

基层决策是指由基层管理人员所做的决策，主要是解决作业任务的安排问题。

即问即答 3-3

车间要加工某个零件的工作任务安排由谁决策？

三、按决策的主体分类

从决策的主体不同看，可以将决策分为集体决策和个体决策。

1. 集体决策

集体决策是指企业通过各种委员会或领导机构并吸收所属机构有关人员参加

的形式，按一定程序和方法，对某些重要问题所做出的决策。这类决策适用于对关系到组织全局的、长远发展的战略问题等进行决策。集体决策方式有利于交流信息、集思广益，比较客观和科学，也有利于减少或避免决策失误，但这种决策常常有拖延时间，影响效率，产生"从众现象"（groupthink）以及责任不明，遇紧迫性问题时容易丧失良机等缺点。

2. 个人决策

个人决策是指决策者个人使用自己已掌握的信息，凭着自己的实践经验和智慧，对某些问题做出决策。它适用于对于许多紧迫性的问题和常规性业务问题的处理，虽有利于提高管理效率，但因个人的知识、经验有限，容易出现失误现象。

相关链接 3–3

勒温（lervon）的实验

第二次世界大战期间，由于战争所造成的经济困难，美国减少了对商业网点的食品供应量，同时为了补充食品的不足，又开始向居民供应大量由屠宰副产品制作的罐头，但却遭到了家庭主妇的抵制。为了找到说服家庭主妇的办法，勒温进行了一个实验。他把参加红十字会的妇女组成6个小组，每组13~17人。他对其中某些组采用传统的宣传形式，请人给他们宣传关于购买罐头的好处，并希望他们去购买；而对另外一些组则采用新的、让他们自己讨论的形式，认识购买罐头的重要性，并在此基础上做出群体决定。一周后，勒温进行了访问，调查她们对购买罐头的态度有多大转变，结果是听讲座的那些组里有3%的人改变了态度，而群体进行讨论的那些组则有32%的人改变了态度，去购买罐头。

资料来源：http://ibs.nku.cn/bg/default.asp

四、按决策的重复程度分类

从决策所涉及问题的重复程度看，可把决策分为程序化决策与非程序化决策。

组织中的问题可被分为两类：一类是例行问题，另一类是例外问题。赫伯特·A·西蒙（Herben A. Simon）根据问题的性质把决策分为程序化决策与非程序化决策。程序化决策涉及的是例行问题，而非程序化决策涉及的是例外问题。

1. 程序化决策

程序化决策是按原来规定的程序、处理方法和标准去解决管理中经常重复出现的问题，又称重复性决策，如当库存减少到一定程度时，再次订购货物加以补充；当开支超出预算（10%或10%以上）时，向上级报告；每次学校放完长假过后,都要求每个班进行点名,确定学生返校人数等,都属于程序化决策。

2. 非程序化决策

非程序化决策是指解决以往无先例可循的新问题,所决策的问题具有极大的偶然性和随机性,很少发生重复。通常是有关重大战略问题的决策,如新产品开发、组织结构调整、市场开拓、企业发展等。

程序化决策与非程序化决策的比较如表3-1所示。

表3-1 程序化决策与非程序化决策的比较

决策类型	问题性质	组织层次	决策制定技术		举例
			传统式	现代式	
程序化决策	例行问题(重复出现的、日常的)	中层基层	1. 按惯例 2. 按标准操作规程 3. 明确规定的信息通道	1. 系统运筹学、结构分析模型、计算机模拟 2. 管理信息	企业:处理工资单 大学:处理入学申请 医院:准备诊治病人 政府:利用国产汽车
非程序化决策	例外问题(新的、重大的)	高层	1. 根据决策者的判断、直觉和创造性进行 2. 主观概率法 3. 通过经理的遴选和培训	探索式解决问题技术适用于: 1. 培训决策者 2. 编制人工智能程序	企业:引入新的产品 大学:建立新的教学设施 医院:对地方疾病采取措施

在企业中大量的决策是程序化决策,而且不同的管理层所面对的程序化决策数量也不同(见图3-1)。高层管理者所做出的重复性决策至少在40%,中层管理者可达60%~70%,基层管理者或操作者则高达80%~90%。

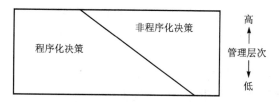

图3-1 不同管理层次面对不同数量的程序化决策

五、按决策问题的可控程度分类

从决策问题的可控程度看,可把决策分为确定型决策、风险型决策与非确定型决策。

1. 确定型决策

确定型决策是在稳定（可控）条件下进行的决策，是指决策者确知自然状态的发生，每一方案只有一个确定的结果，方案的选择结果取决于对各方案结果的直接比较。由于这种决策对未来的自然状态以及各方案的结果都是已知的和肯定的，故称为确定型决策。

确定型决策具有以下几个特征。

(1) 决策者希望达到的目标是明确的。

(2) 只存在一个确定的自然状态。

(3) 存在可供选择的两个以上的行动方案。

(4) 不同行动方案的结果是确定的，其损益值可以计算出来。

相关链接 3-4

某个经理有一笔余款想通过银行存款形式来获取利润，他了解到：第一家银行的活期存款利率为 6%；第二家银行存款期为 1 个月，利率为 9.8%；第三家银行存款期为半年，利率为 11.5%，但若提前取款，则要扣除 7.5%。在这三种方案的条件、结果都十分明确的情况下，该经理可以结合自己的具体情况，选择一个相对最理想的存款方式。

资料来源：季辉. 管理学基础 [M]. 成都：四川大学出版社，2004

2. 风险型决策

风险型决策是指决策者在自然状态不能完全确定的情况下，只能根据几种不同自然状态可能发生的概率进行的决策。在这类决策中，自然状态不止一种，决策者不能预知哪种自然状态会发生，但可以知道有多少种自然状态以及每种自然状态发生的概率。由于这种决策是以事先估计的概率为依据的，最后出现的实际情况（自然状态）不一定与预先估计的概率完全相符合，所以这种决策带有一定的风险性，故称为风险型决策。

风险型决策具有以下特征。

(1) 决策者期望达到的目标是明确的。

(2) 存在着两个以上可供选择的行动方案。

(3) 存在着不以决策者的意志为转移的两种以上的自然状态。

(4) 决策者虽然对未来可能出现的自然状态不能确定，但其出现的概率可以大致估计出来。

(5) 不同行动方案在不同自然状态下的损益值可以计算出来。

(6) 每一种决策方案在执行过程中，由于存在着不同自然状态下的不可控因素，没有一种确定的结果，可能出现几种不同的结果。

这类决策的关键在于衡量各备选方案成败的可能性（概率），权衡各自的利弊，做出择优选择。

一个游泳场的经营者想要在淡季增加利润收入，决定开辟一个新的业务领域。通过对有关各方面情况的调查分析，有两个可供选择的方案：一个是开辟一条能有稳定收入的生产线；另一个是可能有更好前景、发展迅速的行业，但这个行业的经营收入时高时低动荡不定。经营者要在这两个方案中做出抉择。如果他选择第一个方案，则可获得有保证的稳定的收入；如果选择第二个方案，则有可能获得大得多的收入，但也可能经营失败，导致大量亏损。经过仔细分析，经营者认为，第二个方案中有10%的失败可能性，有40%的可能比第一个方案的收入高得多，有50%的可能取得与第一个方案相同的收益。也就是说，若选择第二个方案，冒风险的程度是10%，而实现高收入的可能性是40%。

显然，在有风险的环境中进行决策，各备选方案成败可能性的衡量是十分关键的。如本例中，若失败的可能性是50%，与第一个方案获得同样收入的可能性是30%，而成功的可能性是20%，那么选择第二个方案的风险就更大了。

资料来源：季辉. 管理学基础 [M]. 成都：四川大学出版社，2004

3. 非确定型决策

非确定型决策是指决策者在客观自然状态完全不能确定的情况下进行的决策。在不确定条件下，决策者不清楚所有的备选方案有哪些，以及与其相关的风险和可能的后果。

非确定型决策与风险型决策的主要区别在于：风险型决策虽然对两种以上的自然状态在未来究竟出现哪一种情况不能肯定，但其出现的概率可预先估计或预测出来；而非确定型决策则无法预先估计或预测。因此，非确定型决策很大程度上取决于决策者的主观判断和实际经验，取决于决策者对待风险的态度。它是一种风险性最大的决策。

某企业面临着扩大生产能力以满足市场需要的迫切问题。而可供决策人员选择的方案有两个：一是购买现有最新的技术设备建立一条新的生产线，以扩大生产能力；二是由企业自己加强新技术的研究或等待新技术的突破来扩大生产能力。这两个方案的情况是：技术革新可能成功，新的技术可能突破，但是，在什么时候呢？这就很难预测，因为这是不可控的因素。如果决策者选择了第一个方案，而在一两年时间内技术革新成功了，或新技术被突破了，那么买的技术设备很快就会被淘汰，新的生产线就没有多大的作用了（因此，选择第一个方案的决策是错误的）。但是，如果采用第一个方案以后，新技术在三年内并没有突破，那么新的生产线就能实现扩大生产能力，满足市场需要的目的（即选择第一个方案是正确的）。这一决策还存在第三种方案：如果没有采用第一个方案，而新技术在第三年被突破了，这时再建立新的生产线（这个决策可能是正确的，也可能是错误的，这要取决于对各种信息资料的可靠性分析）。由此可知，在不稳定条件下进行有效的决策，主要是根据决策人员的直觉、经验和判断能力来进行的。

资料来源：季辉．管理学基础［M］．成都：四川大学出版社，2004

对需要决策的条件及相关信息掌握得非常少，对实现的可能性（概率）也不清楚的情况下适宜使用风险型决策还是非确定型决策？

六、按决策起点分类

从决策的起点看，可以将决策分为初始决策与追踪决策。

初始决策是零起点决策，它是在有关活动尚未进行从而环境未受到影响的情况下进行的。

随着初始决策的实施，组织环境发生变化，这种情况下所进行的决策就是追踪决策。因此，追踪决策是非零起点决策。

第三节　决　策　程　序

决策程序也称决策流程，是指决策过程中所形成的各环节、步骤及其活动的总和。它作为一个动态的行为模式，是由前后相继的政策步骤、环节所构成的。在决策环境非常复杂的情况下，有秩序地做决策比随意性决策更有效率，能够避免许多不必要的浪费。

决策就是拍板定案——紧接着瞬间的事情？

决策的程序是实现决策目标的过程和手段。坚持正确的决策程序，依照决策的基本步骤，就要占有大量的资料、数据和信息，集中各方面的正确意见，从社会、经济、技术等方面对多个备选方案进行定性和定量分析，从中确定优选决策方案和最佳的实施办法。因此，必须坚持正确的决策程序和方法，有效避免主观主义、盲动主义以及个人说了算的弊端，使决策人为的失误减小到最低程度，以保证最佳的决策质量，实现最佳的决策目标。

决策程序主要包括发现问题、确定目标、寻求可行方案、寻求相关或限制因素、分析评估备选方案和方案选择、检验和实施等步骤，如图 3-2 所示。

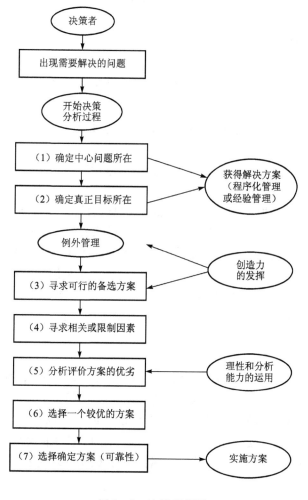

图 3-2 决策程序图

1. 发现问题

发现问题是决策过程的起点。及时发现问题的苗头，正确界定问题的性质和问题产生的根源是解决问题、提出改进措施的关键，这就要求企业各级管理人员具备正确发现问题的能力。问题是从调查中发现的，有时候问题很明显，如设备突然发生故障，但有时问题又很难发现。作为管理工作，不能坐等问题的出现，还应预见问题的到来。

2. 确定目标

这一阶段的目的在于澄清解决问题的最终目的，明确应达成的目标，并对目标的优先顺序进行排序，从而减少以后决策过程中不必要的麻烦。

决策目标是由上一阶段明确的有待解决的问题决定的。在确定过程中，首先必须把要解决问题的性质、结构、症结及其原因分析清楚，才能有针对性地确定出合理的决策目标。

决策目标往往不止一个，而且多个目标之间有时还会有矛盾，这就给决策带来了一定的困难。要处理好多目标的问题，可通过采用三种办法。

（1）尽量减少目标数量，把要解决的问题尽可能地集中起来，减少目标数量。

（2）把目标依重要程度的不同进行排序，把重要程度高的目标先行安排决策，减少目标间的矛盾。

（3）进行目标的协调，即以总目标为基准进行协调。

3. 寻求可行方案

在诊断出问题的根由，澄清解决此问题的真正目标之后，应寻求所有可能用来消除此问题的对策及有关的限制因素。这些可能的备选方案间，应互相具有替代作用。选用何方案，视其在各相关限制因素的优劣地位及成本效益而定。

通常来说，一个问题往往可以用一个以上的办法来解决，所以在选择之前，应先把所有可能的候选者及相关因素罗列出来，以便清楚地加以考查和评估。提出的可行方案应尽可能详尽无遗，方案的数量越多、质量越好，选择的余地就越大。

4. 寻求相关或限制因素

寻求相关因素与限制因素，即列出各种对策所可能牵涉到的有利或不利的考虑因素。所谓备选方案的相关因素或限制因素，是指评价方案优劣后果应考虑的对象。例如，采购问题的决策考虑因素有价格（成本）、品质、交货时间、交货持续性、售后服务、互惠条件、累计折扣等。不同的决策问题将有不同的考虑因素，决策者必须针对特定问题，思考可能的相关因素，以免遗漏。

相关链接 3-7

某电器公司的工厂位于上海西北部，但其产品行销西南地区，其业务经理建议在昆明设立一个装配厂，以利就近服务顾客。目前该公司仅有一个仓库及分公司在昆明，竞争力和售后服务均感不足。公司总部在决定此建议前，必须考虑以下相关限制因素：

（1）运送成品及零件到昆明的运输成本。

（2）在昆明设立装配厂的工资成本、管理费用、生产成本、固定资产投资及其资金来源。

（3）影响西南地区电器需求的季节性因素及企业适应季节性变化的能力。

（4）设装配厂对当地顾客服务水平的影响，如送货、修理及其他售后服务等。

（5）新厂管理的难度。

（6）当地政府对设厂的财税优惠。

（7）新厂设立对公司总销售和总利润的影响。

资料来源：季辉. 管理学基础 [M]. 成都：四川大学出版社，2004

5. 分析评估备选方案

在制订出各种可行方案及确定相关因素与限制因素之后，接着就是进行评估，选择一个最有助于实现目标的方案。

首先，要建立各方案的数学模型，并要求得各模型的解，对其结果进行评估。评估时，要根据目标来考核各个方案的费用和功效。

其次，采用现代化的分析、评估、预测方法，对各种比较方案进行综合评价。一是运用定性、定量的分析方法，评估各比较方案的效能价值，预测决策的后果以及来自各阶层、各领域的反应。二是在评估的基础上，权衡、对比各比较方案的利弊得失，并将各处比较方案按优先顺序排列，提出取舍意见，送交最高决策机构。

从上例来看，电器公司的经理必须逐一回答上述问题，或计算每一因素的优劣，并针对每一重要的相关限制因素，给出定量化的评价。

6. 选择方案

选择方案是决策程序中最为关键的环节，由决策系统完成。进行选择，就要比较可供选择方案的利弊，运用效能理论进行总体权衡、合理判断，然后选取其一，或综合成一，做出决策。

决策者在决策时必须研究某一项对策对其他各方面的影响，以及其他方面的事物对这项对策的影响，并估计其后果的严重性、影响力和可能发生的程度。在仔细估量并发现各种不良后果以后，决策者有时会选择原来目标中的次好对策，因为它比较安全，危险性小，是较好的决策。

在方案的评价和选择中，应注意以下问题。

（1）确定评价的价值标准。评价的价值标准要根据决策目标而定。凡是能够定量化的都要规定出量化标准，如利润达到多少等；难于定量化的，可以做出详细的定性说明，如安全可靠性。

（2）注意方案之间的可比性和差异性，即把不可比的因素转化为可比因素，对其差异着重比较与分析。

（3）从正反两方面进行比较。目的在于考虑到方案可能带来的不良影响和潜在的问题，以权衡利弊得失，做出正确的决断。

7. 检验方案的可靠性

当决策者在几个备选方案中选定自己认为最优的方案后，科学决策分析过程并未结束，为了确保决策能推动目标的达成，决策者还应该在执行前进行方案的可靠性检验。即进行局部试验，以验证其方案运行的可靠性。若成功的话，即可进入普遍实施阶段；若所有先前考虑到的后果都变成可能发生的问题，就需要进一步分析研究其原因所在，然后采取预防性措施以消除这些因素；若无法消除，还应该制定一些应急措施来对付可能发生的问题，或反馈回去进行"追踪检查"。

第四节 决策的方法

随着决策理论和实践的不断发展，人们在决策中所采用的方法也不断得到充实和完善。目前，经常使用的企业经营决策方法一般分为两大类：一类是定性分析法；另一类是定量分析法。

一、定性分析法

定性分析法是指人们运用过去的经验，对决策方案进行评价与选择的一种方法。定性决策的方法通常有头脑风暴法、对演法、名义小组技术和德尔菲法。

1. 头脑风暴法

头脑风暴法是美国学者 A·F·奥斯本于 1939 年首创的，这是在宽松的环境中以专题讨论会的形式，通过专家们的自由交流，引起头脑中智力碰撞，从而产生新的智力火花，使专家的论点不断集中和精化，以形成优化或满意方案的一种集体决策的方法。

其做法是以召开会议的形式，由主持人充分地说明会议的主题，提供必要的相关信息，创造一个自由的空间，让各位专家充分表达自己的想法。为此，参加会议的专家的地位应当相当，以免产生权威效应，从而影响另一部分专家创造性思维的发挥。专家人数不应过多，应尽量适中，因为人数过多，会议成本相应增大，一般 5~12 人比较合适。另外，会议的时间也应当适中，时间过长，容易偏离策划者的主题，时间太短，策划者很难获取充分的信息。这种方法要求会议主持人具备很强的组织能力、民主作风与指导艺术，能够抓住决策的主题，调节讨论气氛，调动专家们的兴奋点，从而更好地挖掘专家们潜在的智慧。

头脑风暴法应用的原则有以下几点。

(1) 独立思考，开阔思路，不重复别人的意见。
(2) 意见建议越多越好，不受限制。
(3) 对别人的意见不作任何评价。
(4) 可以补充和完善已有的意见。

相关链接 3-8

美国北部某地区冬季格外严寒，大雪纷飞，电线上积满冰雪，大跨度的电线常被积雪压断，严重影响了通信。

过去，许多人试图解决这一问题，但都未能如愿以偿。后来，电信公司经理应用奥斯本发明的头脑风暴法，尝试解决这一难题。他召开了一次座谈会，参加会议的是不同专业的技术人员，要求他们必须遵守以下四项原则。

(1) 自由思考。即要求与会者尽可能解放思想，无拘无束地思考问题并畅所欲言，不必顾虑自己的想法或说法是否符合常规做法和逻辑。

(2) 延迟评判。即要求与会者在会上不要对他人的设想评头论足，不要发表"这主意好极了"、"这种想法太离谱了！"之类的贬抑或赞誉之词。至于对设想的评判，留在会后组织专人考虑。

(3) 以量求质。即鼓励与会者尽可能多地提出设想，以大量的设想来保证质量较高的设想的存在。

(4) 结合改善。即鼓励与会者积极进行智力互补，在自己提出设想的同时，注意思考如何把两个或更多的设想结合成另一个更完善的设想。

按照这种会议规则，大家七嘴八舌地议论开来。有人提出设计一种专用的电线清雪机；有人想到用电热来化解冰雪；也有人建议用振荡技术来清除积雪；还有人提出能否带上几把大扫帚，乘坐直升机去扫电线上的积雪。对于这种"坐飞机扫雪"的设想，大家心里尽管觉得滑稽可笑，但在会上也无人提出批评。有一位工程师在百思不得其解时，听到用飞机扫雪的想法后，大脑突然受到启发，一种简单可行且高效率的清雪方法产生了出来。他想，每当大雪过后，出动直升机沿积雪严重的电线飞行，依靠高速旋转的螺旋桨产生的风力即可将电线上的积雪迅速扇落。他马上提出"用直升机扇雪"的新设想，又引起其他与会者的联想，有关用飞机除雪的主意一下子又多了七八条。不到1小时，与会的10名技术人员共提出90多条新设想。

会后，公司组织专家对设想进行分类论证。专家们认为设计专用清雪机、采用电热或电磁振荡等方法清除电线上的积雪，在技术上虽然可行，但研制费用大，周期长，一时也难以见效。那种因"坐飞机扫雪"激发出来的几种设想，倒是一种大胆的新方案，如果可行，将是一种既简单又高效的好办法。经过现场试验，发现用直升机扇雪果然奏效，一个久悬未决的难题，终于在头脑风暴会中得到了巧妙的解决。

资料来源：http：//www1.gdou.edu.cn/scxy/scxytwxsh/Article/ShowArticle.asp? ArticleID =75

2. 对演法

对演法也称"逆头脑风暴法"。对演法是一个进行理性决策的快速方法，它是靠相互批评激发创造性。

其做法是以召开会议的形式来解决问题的。会议上有几个持不同观点的小组，这些小组各抒己见，通过唱对台戏的方法进行辩论，攻其所短，辩己之长，充分揭露矛盾，展现各种方法的优缺点，暴露出各方案的片面性。也可拿出一个方案，人为设置对立面去批评，挑刺反驳，以使一些潜在的危险性问题得到较充分彻底的揭露，使新见解更加成熟、完善。运用这种方法，对筛选方案能起到一定作用。这种方法在竞争型决策中尤为重要。

3. 名义小组技术

在集体决策中，如对问题的性质不完全了解且意见分歧严重，则可采用名义小组技术。在这种技术下，小组的成员互不通气，也不在一起讨论、协商，因此小组只是名义上的。这种名义上的小组可以有效地激发个人的创造力和想象力。

在这种技术下，管理者先召集一些与问题相关的人员，把要解决的问题的关键内容告诉他们，并请他们独立思考，要求每个人尽可能地把自己的备选方案和意见写下来。然后再按次序让他们分别陈述自己的方案和意见。在此基础上，由小组成员对提出的全部备选方案进行投票，根据投票的结果，赞成人数最多的备选方案即为决策方案。当然，管理者最后仍有权决定是接受还是拒绝这一方案。

4. 德尔菲法

德尔菲法（Delphi Method）是在20世纪40年代由O·赫尔姆和N·达尔克首创，经过T·J·戈尔登和兰德公司进一步发展而成的。德尔菲这一名称起源于古希腊有关太阳神阿波罗的神话，传说中阿波罗具有预见未来的能力。因此，这种预测方法被命名为德尔菲法。1946年，兰德公司首次用这种方法进行预测，后来该方法被迅速广泛采用。

德尔菲法，又名专家意见法，是依据系统的程序，采用匿名发表意见的方式，即团队成员之间不得互相讨论，不发生横向联系，只能与调查人员发生关系，以反复地填写问卷，以集结问卷填写人的共识及收集各方意见，用来构造团队沟通流程，应对复杂任务难题的管理技术。

德尔菲法有三个明显的特点：匿名性、多次反馈、小组统计回答。

（1）匿名性。匿名是德尔菲法极其重要的特点，从事预测的专家彼此互不知道其他有哪些人参加预测，他们是在完全匿名的情况下交流思想的。

（2）多次反馈。小组成员的交流是通过回答组织者的问题来实现的，它一般要经过若干轮反馈才能完成预测。

（3）小组统计回答。统计回答是根据专家反馈的数据，经过统计报告一个中位数和两个四分点，其中一半落在两个四分点内，一半落在两个四分点之外。这样，每种观点都包括在这样的统计中了，避免了专家会议法的缺点。

相关链接 3-9

某书刊经销商采用德尔菲法对某一专著销售量进行预测。该经销商首先选择若干书店经理、书评家、读者、编审、销售代表和海外公司经理组成专家小组。将该专著和一些相应的背景材料发给各位专家，要求大家给出该专著最低销售量、最可能销售量和最高销售量三个数字，同时说明自己做出判断的主要理由。将专家们的意见收集起来，归纳整理后返回给各位专家，然后要求专家们参考他人的意见对自己的预测重新考虑。专家们完成第一次预测并得到第一次预测的汇总结果以后，除书店经理B外，其他专家在第二次预测中都做了不同程度的修正。重复进行，在第三次预测中，大多数专家又一次修改了自己的看法。第四次预测时，所有专家都不再修改自己的意见。因此，专家意见收集过程在第四次以后停止。最终预测结果为最低销售量26万册，最高销售量60万册，最可能销售量46万册。

资料来源：http://www.e-works.net.cn/eworkbbs/uploadImages/20043161439458625l.doc

即问即答 3-6

采用德尔菲法需要把专家召集到一起开会商讨吗？

二、定量分析法

定量分析法是指根据现有数据，运用数学模型进行决策的一种方法。它能使决策精确化和程序化。

1. 确定型决策

确定型决策指决策者确切地知道不可控的环境因素的未来表现，即只有一种自然状态需要加以考虑，每一方案对应一个特定的结果。在确定型决策下，决策方案的选择简化为对每一个方案结果值进行直接比较的过程。其主要方法有线性规划法和盈亏平衡分析。

1）线性规划法

线性规划法是决策系统的静态最优化数学规划方法之一。它作为经营管理决策中的数学手段，在现代决策中的应用是非常广泛的。

线性规划法是解决多变量最优决策的方法，是在各种相互关联的多变量约束条件下，解决或规划一个对象的线性目标函数最优的问题，即给予一定数量的人力、物力和资源，如何应用而能得到最大经济效益。其中目标函数是决策者要求达到目标的数学表达式，用一个极大或极小值表示。约束条件是指实现目标的能力资源和内部条件的限制因素，用一组等式或不等式来表示。

线性规划法一般采取四个步骤。

(1) 确定影响目标大小的变量。

(2) 建立目标函数。

(3) 找出实现目标的约束条件。

(4) 求解各种待定参数的具体数值。在目标最大的前提下，根据各种待定参数的约束条件的具体限制，找出一组最佳的组合。

例 3-1 丹·科利尔是一家制造手枪的工厂，生产左轮手枪和半自动手枪。生产数据如表 3-2 所示。工厂生意不错，所有生产出的手枪都能卖掉，但是使管理者困惑的是：两种手枪的制造流程是类似的，问题是每种手枪应当生产多少能够使利润最大化？

表 3-2　某企业的有关资料

部门	每单位产品所需工时/小时		月生产能力/小时
	左轮手枪	半自动手枪	
制造	2	4	1 200
装配	2	2	900
每单位产品利润	100	180	

解：(1) 确定影响目标大小的变量。在本例中，目标是利润（G），影响利润的变量是生产左轮手枪的数量 R 和生产半自动手枪的数量 S。

(2) 建立目标函数：

$$G = 100R + 180S$$

(3) 找出约束条件。在本例中，两种产品在一道工序上的总时间不能超过该道工序的月生产能力，即：

$$制造工序：2R + 4S \leq 1\ 200$$
$$装配工序：2R + 2S \leq 900$$

除此之外，还有两个约束条件，即非负约束：$R \geq 0$，$S \geq 0$。从而线性规划问题成为如何选取 R 和 S，使 G 在上述 4 个约束条件下达到最大。

(4) 求出最优解——最优产品组合。上述线性规划问题的最优解为 $R_{max} = 300$ 和 $S_{max} = 150$，即生产 300 把左轮手枪和 150 把半自动手枪能使企业的利润最大。

2) 盈亏平衡分析法

盈亏平衡分析法又被称为量本利分析法，是根据成本的两个组成部分——固定成本和变动成本与产量的关系进行经济分析的方法。对固定成本与变动成本分析的目的，是研究产量变化对成本的影响，从而得出生产某种产品至少要达到的临界产量，只有达到这个产量才不会亏本。该方法的核心是寻找盈亏平衡点，寻找盈亏平衡点的方法有图解法和公式法。

在一般情况下，生产任何一种产品的总成本都是由固定成本、变动成本组成的。固定成本是指在一定的产量范围内，不随产量增减而变化的成本费用，即生产产品所需要的厂房租金、机器设备折旧费和管理费等；变动成本是指随产量的变化而变化的成本费用，即原材料成本和直接参加生产的工人工资等。

（1）图解法。图解法是以横轴表示产量，纵轴表示成本和销售收入，绘成直角坐标图，如图3-3所示。

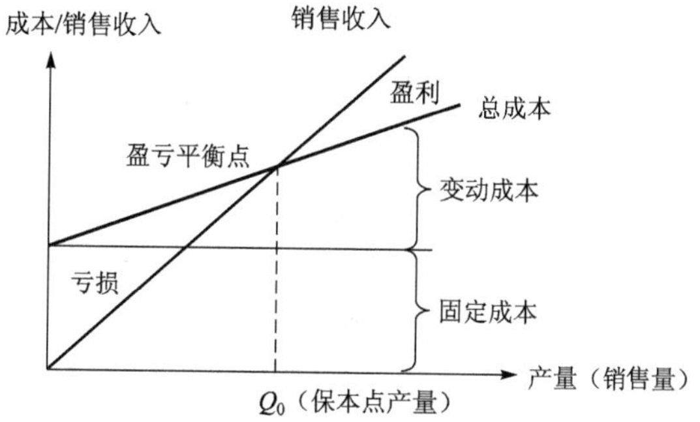

由图3-3可知，当产量（或销售量）低于Q_0时，企业必将亏损，当产量（或销售量）大于Q_0时，企业就将盈利。

（2）公式法。公式法包括盈亏平衡点产量（或销售量）计算、实现目标利润产量计算、盈亏平衡点销售额计算和安全边际的计算。

图3-3 盈亏平衡分析图

① 盈亏平衡点产量（销售量）：盈亏平衡点销售量（产量）计算法是以盈亏平衡点销售量或产量作为依据进行分析的方法。其基本公式为：

$$Q_0 = \frac{F}{P - v}$$

式中，Q_0为盈亏平衡点产量（或销售量），F为总固定成本，P为产品销售单价，v为单位产品变动成本。

② 实现目标利润的产量：设目标利润为G，则实现目标利润的产量为：

$$Q = \frac{F + G}{P - v}$$

③ 盈亏平衡点销售额：盈亏平衡点销售额的计算法是以盈亏平衡点销售量作为依据进行分析的方法。其基本公式为：

$$R_0 = \frac{F}{1 - \frac{v}{P}} = PQ_0$$

式中，R_0为盈亏平衡点销售额。

④ 安全边际和安全边际率：安全边际是方案带来的产量与保本产量之差，即：

$$\text{安全边际} = Q - Q_0$$

安全边际率是安全边际与方案产量之比,即:

$$\text{安全边际率} = \frac{Q - Q_0}{Q}$$

例 3-2 某复印部规定,每复印一张纸 2 角,如果固定成本为每年 27 000 元,可变成本为每张 5 分。

求(1)公司的盈亏平衡产量。

(2)若复印部目标利润为 18 000 元,求公司的销售量和销售额。

解:(1)根据题意,盈亏平衡产量为:

$$Q_0 = \frac{F}{P - v} = \frac{27\ 000}{0.20 - 0.05} = 180\ 000 \text{(张)}$$

(2)目标利润销售量:

$$Q = \frac{F + G}{P - v} = \frac{27\ 000 + 18\ 000}{0.20 - 0.05} = 300\ 000 \text{(张)}$$

目标利润销售额:

$$R = PQ = 0.20 \times 300\ 000 = 60\ 000 \text{(元)}$$

即问即答 3-7

如果企业生产的产量低于盈亏平衡点的产量就必须停止生产吗?

2. 风险型决策

风险型决策是指决策者能预知各种自然状态出现的概率,并在此基础上进行计算、比较和分析,依据判别的标准,选取其中一个合理的方案,验证后作为决策的依据。

由于概率是决策者根据历史统计资料和经验推断出来的,带有一定的主观性,所以决策存在一定的风险。风险型决策主要用于远期目标的战略决策或随机因素较多的非常规决策,如投资决策、筹资决策、组织发展决策等。

风险型决策必须具备以下条件。

① 存在着决策者企望达到的目标。

② 有两个以上方案可供决策者选择。

③ 存在着不以决策者的意志为转移的几种自然状态。

④ 各种自然状态出现的概率已知或可估计出来。

④ 不同行动方案在不同自然状态下损益值可以估算出来。

常见的决策模型和技术是决策树尖。

(1)决策树的构成。决策树由决策点、方案枝(亦称决策枝)、状态结点、概率枝和期望值构成。决策树的决策点为决策的出发点，用□表示；决策点引出若干条决策枝，每一条决策枝代表一个方案，决策枝的末端为状态结点，用○表示，状态结点又引出概率枝，每一条概率枝代表一种自然状态，概率末端为期望值，用△表示，整个形状像树形，故称为决策树，如图 3-4 所示。

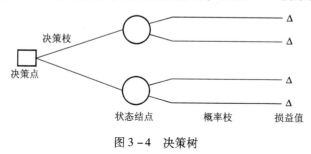

图 3-4 决策树

(2) 决策树分析。决策树分析步骤如下：

① 绘制决策图。绘制的"树"形图要自左向右展开。绘制时必须先对决策条件进行细致分析，确定所有可供选择的方案，以及方案所存在的自然状态。对于多级决策，要逐级展开其决策枝、状态结点和概率枝。

② 计算期望值。从右向左按逆向顺序进行计算。即先将每种自然状态的损益值分别乘以各自概率枝上的概率，再乘以决策期限，然后将各概率枝的值相加，再标于状态结点上。

$$期望值 E = \sum (Pi)$$

式中，P 为损益值；i 为概率。

③ 选择决策方案，比较不同方案的期望值，从中选出期望值最大的作为决策方案，并将此最大值标于决策点方框上。同时，未被选用的方案用两条平行短线截断，称为"剪枝"。

例 3-3 某公司计划未来三年生产某种产品，需要确定产品批量。根据预测估计，这种产品的市场状况的概率是畅销为 0.2；一般为 0.5；滞销为 0.3。现提出大、中、小三种批量的生产方案，各方案的损益值如表 3-3 所示，求取得最大经济效益的方案。

表 3-3 各方案损益值表　　　　　　　　　　万元

方案＼损益值	畅销 (0.2)	一般 (0.5)	滞销 (0.3)
大批量	40	30	-10
中批量	30	20	8
小批量	20	18	14

解：(1) 绘制决策树形图，计算期望值，如图 3-5 所示。

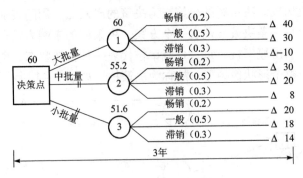

图 3-5 决策树计算图

（2）计算期望值

大批量生产期望值 $= [40 \times 0.2 + 30 \times 0.5 + (-10) \times 0.3] \times 3 = 60$（万元）

中批量生产期望值 $= [30 \times 0.2 + 20 \times 0.5 + 8 \times 0.3] \times 3 = 55.2$（万元）

小批量生产期望值 $= [20 \times 0.2 + 18 \times 0.5 + 14 \times 0.3] \times 3 = 51.6$（万元）

（3）选择决策方案。经过比较，大批量方案的期望值最大，因此选择大批量方案为决策方案，并把此决策方案的期望值写在决策结点方框的上面，以表示选择的结果。中批量和小批量未被选用的方案用两条平行短线进行剪枝。

在决策树法图中如何表示所选择的决策方案及放弃的方案？

3. 非确定型决策

在非确定型决策问题中，各自然状态出现的概率为未知，不能以客观概率来求得各项行动的预期收益，则可由决策者运用主观判断评定概率，并借助上述技术进行分析决策。但由于概率的评定受决策者经验、认识能力的影响较大，风险较大。因此，可选择其他一些决策准则来选择最佳方案。

（1）乐观法（大中取大准则）。此准则适用于乐观的决策者，即比较各方案所产生的最大收益，而选取其中最大的一个。这种决策方法的主要特点是依据"乐观"原则，不放弃任何一个获得最好结果的机会，争取好中之好。采用此准则须冒一定的风险，但也可能有最大的收益。

（2）悲观法（小中取大准则）。即比较各方案所产生的最小收益，而选取其中最大的一个。采用这一准则可保证决策者至少可获得某一收益，因为不论实际情况如何，都不会得到更差的结果。

悲观法的着眼点是实践中无论自然状态发生什么变化，其收益值不会低于一定限度，损失值不会高于一定限度。它把最小收益的自然状态视为必然出现的自然状态，从"最不利"的情况出发，寻找"最有利"的方案。因此，这是一种留有余地的分析方法，尽管比较保守、"悲观"，但却稳妥可靠。

（3）最小后悔值法。这种方法的基本思想是如何使选定的决策方案可能出现的后悔值达到最小，即蒙受的损失最小。因为当某一自然状态出现时，决策者会很明确地选择收益值最大的方案为决策方案。如果决策者当时没有选择这个方案，而是采取了其他方案，就会感到后悔。这种方法是以后悔值作为评价方案的标准，依据的是"遗憾"原则。它既不过于保守，又不过于冒险，是一种比较稳当的决策方法。

应用这种方法时，先计算同一自然状态下各方案比较的后悔值。计算公式为：

后悔值 = 该自然状态下最优方案的损益值 – 该自然状态下其他方案的损益值

然后，从所有后悔值中选取各方案最大的后悔值，再从这些最大后悔值中取出最小者作为最佳方案。

即问即答 3-9

需要决策的各方案在各自然状态出现的概率为未知，无法求得各项行动的预期收益，这时应采用哪种决策方法？

例 3-4 某公司计划生产一种新产品。该产品在市场上的需求量有四种可能：需求量较高、需求量一般、需求量较低、需求量很低。对每种情况出现的概率均无法预测。现有三种方案：A 方案是自己动手，改造原有设备；B 方案是全部更新，购进新设备；C 方案是购进关键设备，其余自己制造。该产品计划生产 5 年。根据测算，各个方案在各种自然状态下 5 年内的预期损益如表 3-4 所示，请分别用乐观法、悲观法、后悔值法选择决策方案。

表 3-4 各方案在不同自然状态的预期损益值　　　　　　万元

方案 \ 损益值	需求量较高	需求量一般	需求量较低	需求量很低
A 方案	70	50	30	20
B 方案	100	80	20	-20
C 方案	85	60	25	5

（1）采用乐观法，可将各方案在不同自然状态下的最大收益值计算出来，再比较三个方案的最大收益值，取最大的收益值方案为决策方案，如表 3-5 所示。

表 3-5 各方案的最大收益值计算表　　　　　　　　　　　　万元

方案＼损益值	需求量较高	需求量一般	需求量较低	需求量很低	最大收益值
A方案	70	50	30	20	70
B方案	100	80	20	-20	100
C方案	85	60	25	5	85

根据表 3-5 中所示的最大收益值，B 方案即全部更新设备的收益值最大 100 万元，应为乐观法的决策方案。

（2）采用悲观法，则可将各方案在不同自然状态下的最小收益值计算出来，再比较三个方案的最小收益值，取最大收益值方案为决策方案，如表 3-6 所示。

表 3-6 各方案的最小收益值计算表　　　　　　　　　　　　万元

方案＼损益值	需求量较高	需求量一般	需求量较低	需求量很低	最小收益值
A方案	70	50	30	20	20
B方案	100	80	20	-20	-20
C方案	85	60	25	5	5

根据表 3-6 所示的最小收益值，A 方案即自己动手改造原有设备的收益值是最大收益值 20 万元，应为悲观法的决策方案。

（3）采用后悔值法。先将各方案在同一状态下的后悔值计算出来，再选出各方案在不同自然状态下的最大后悔值，在最大后悔值中进行比较，取后悔值最小的方案为决策方案，如表 3-7 所示。

表 3-7 各方案的后悔值计算表　　　　　　　　　　　　万元

方案＼损益值	需求量较高	需求量一般	需求量较低	需求量很低	最大后悔值
A方案	100-70=30	80-50=30	30-30=0	20-20=0	30
B方案	100-100=0	80-80=0	30-20=10	20-(-20)=40	40
C方案	100-85=15	80-60=20	30-25=5	20-5=15	20

根据表 3-7 所示的最大后悔值，C 方案即购进关键设备，其余自己制造方

案的后悔值20万元,是最小的后悔值。所以,选择C方案为后悔值法的决策方案。

本章小结

决策是为了实现组织的某一目的,而从若干个可行方案中选择一个满意方案的分析判断过程。

在组织中,决策具有普遍性和多样性。根据不同的分类原则,可以把决策分成多种类型。按决策的重要程度划分为战略决策、战术决策和业务决策;按决策的主体分为集体决策和个体决策;按决策的层次分为高层决策、中层决策和基层决策;按决策的重复程度划分为程序化决策和非程序化决策;按决策问题的可控程度分为确定型决策、风险型决策和非确定型决策;按决策的起点分为初始决策与追踪决策。

决策的原则有信息准全原则、可行性原则、优选原则、系统性原则、利用"外脑"原则、追踪监控原则。

决策的理论有古典决策理论、行为决策理论和当代决策理论。

决策的方法分为定性决策法和定量决策法。定性决策分析法常用的有头脑风暴法、对演法、名义小组技术和德尔菲法;定量决策分析法中的确定型决策常采用线性规划法、盈亏平衡法,风险型决策常采用决策树法,非确定型决策常采用乐观法、悲观法和后悔值法等。

知识掌握题

1. 什么是决策?它有哪些基本类型?
2. 决策的原则有哪些?
3. 决策过程包括哪几个阶段的工作?
4. 决策的方法有哪些?
5. 确定型决策、风险型决策、非确定型决策有何区别?
6. 某印刷厂印刷教材,其总固定成本为200 000元,单位产品变动成本为10元,教材的销售价格为15元。

求:(1) 印刷该书的盈亏平衡点产量应为多少?

(2) 如果要实现利润20 000元,其印刷的量应为多少?

7. 某企业准备投产一种新产品,现有新建和改建两个方案,分别需要投资140万元和80万元。未来5年的销售情况预测是:畅销的概率为0.4,销售一般的概率为0.4,滞销的概率为0.2。各种自然状态下的年度销售利润如表3-8所示。试问企业应选择哪种方案?

表3-8　各方案在不同自然状态下年度销售利润表　　　万元

方案 \ 销售利润预测	畅销	一般	滞销
新建	120	50	-30
改建	100	30	10

8. 设某企业准备扩大生产，有三种方案，经过研究，这三个方案损益值估计如表3-9所示，请用乐观法、悲观法和后悔值法选择决策方案。

表3-9　各方案在不同自然状态下损益值估计表　　　万元

方案 \ 损益值	高需求	中需求	低需求
A. 新建	30	10	-5
B. 扩建	20	12	4
C. 改造	10	4	3

自 测 题

一、单项选择题

1. 下列（　　）不是对决策的正确理解。
   A. 明确决策的目标　　　　　　B. 有两个以上的方案
   C. 选择最优、最好的方案　　　D. 多阶段、多步骤的分析判断过程

2. 按决策问题的重要程度分类，可以把决策分为（　　）。
   A. 战略决策、战术决策、业务决策
   B. 程序化决策和非程序化决策
   C. 确定型决策、风险型决策和非确定型决策
   D. 高层决策、中层决策和基层决策

3. 有一种说法，认为"管理就是决策"，这实际上意味着（　　）。
   A. 对于管理者来说，只要善于决策就一定能够获得成功
   B. 管理的复杂性和挑战性都是由于决策的复杂性而导致的
   C. 决策能力对于管理的成功具有特别重要的作用
   D. 管理首先需要的就是面对复杂的环境做出决策

4. 决策过程的起点是（　　）。
   A. 确定目标　　　　　　　　　B. 发现问题

C. 寻求可行方案 D. 方案选择
5. 对新产品开发、组织结构调整等做出的决策属于（　　）。
A. 程序化决策 B. 非程序化决策
C. 确定型决策 D. 非确定型决策

二、多项选择题

1. 按决策问题的重要程度分类，可将决策分为（　　）。
A. 战略决策　　B. 战术决策　　C. 基层决策　　D. 业务决策
2. 以下属于高层决策的是（　　）。
A. 重大投资项目 B. 采购物资渠道
C. 日常工作任务安排 D. 组织结构调整
3. 定性决策的分析法有（　　）。
A. 盈亏平衡分析法 B. 决策树
C. 头脑风暴法 D. 德尔菲法
4. 决策树分析步骤是（　　）。
A. 剪枝 B. 计算期望值
C. 选择决策方案 D. 绘制决策图
5. 决策的程序一般包括（　　）。
A. 确定决策目标 B. 确定中心问题
C. 拟订备选方案 D. 评价备选方案

知识应用与课堂讨论题

协助某钢铁公司讨论决策问题

某管理顾问参加一家大型钢铁公司的年度计划会议。这次会议的主要内容是先确定公司的重大问题、安排先后次序并为制定详细的计划、规定、指导方针和政策提供依据。会议开始，几个职能部门的管理人员都奉命从自己部门角度来确定该公司所面临的唯一重大问题。公司负责综合管理的部门——企管部将根据每个职能部门人员提出的问题，拟出公司的一批问题，并把它们的次序排好，以提交给公司高层，作为制定年度计划的主要依据。

该公司的6个职能部门是生产部、人事部、销售部、财务部、法律顾问和工程部。每个职能部门都由一个下属单位组成，每个职能部都将根据计划会提出的年度计划展开活动。

提出供讨论的问题可归纳如下。

生产部：主要问题是机器设备更新太慢，产品质量达不到技术要求；老技术人员陆续退休，新录用工人学习技术热情不高，生产技术水平下降。

人事部：车间技术人员要求调离工作的太多，调离原因是技术人员不能充分发挥作用，而且待遇不高。据对一个车间的7名技术人员调查，只有1名解决住房，而其余6名仍然住在建厂初期的旧宿舍里。

销售部：产品销售市场发生疲软，而销售人员却由原来的17人减少到8人，市场信息不能全面及时收集。

财务部：由于"三角欠债"使公司的流动资金严重不平衡，库存产品增加，产品成本增加。

法律顾问部：该公司的噪声较大，周围居民根据新公布的环境保护法、向法院提出起诉。要增设消音设备需要一大笔费用。

工程部：最严重的问题是工程师大量外流或从事兼职工作。如果不能解决工程技术人员合理使用和报酬问题，外流人员还要增加。

本案例思考讨论题：

1. 你将如何来排列这些问题的先后次序？
2. 是否有任何基础能把这些问题相互联系起来？即它们是否是独立的、相互无关系的问题？

罗彻姆有限公司决策案例

罗德兹博士发火，"这应该是一项非常简单的决策，因为只有两种选择，我实在不明白它怎么会变成这么大的一个问题。我只是让你们去挑选一台机器而已。"管理委员会都面有愧色。约翰·罗德兹博士在13年前创办了罗彻姆有限公司，当时他还是一名年轻的化学家。

罗彻姆有限公司是最大的独立公司之一，它主要向仪器加工业供货。它在20世纪60年代末首次获得成功，这归功于一种食品防腐剂，它主要用于肉制品的保鲜，当时是用利兰太（LerentyI）的名字出售的，此后他们又开发了食品染色与食品包装方面的产品，目前，利兰太在公司销售总额中只占25%。

争论的发起与替换用于生产利兰太的一台加工机器有关。一共只有两台机器，它们都是由当地的切迈克斯（Chmex）公司出品的。其中较旧的一台机器发生了故障，频繁地停机，再加上质量水平的不稳定，使产出水平只能勉强达到要求。

现在的问题是，应当用新的切迈克斯机器替换旧的，还是购买市场上仅有的符合加工要求的一家德国产AFU机器？

首席化学家对两种机器进行了比较，如表3-10所示。

表3-10 两种机器比较

	切迈克斯设备	AFU设备
购置设备费用/英镑	590 00	880 000
按生产能力加工的单位成本/英镑	185	183

续表

	切迈克斯设备	AFU 设备
计划的生产能力/（千克·月$^{-1}$）	2 200	2 800
质量	98% 0.7% 纯度，手工测试	99.5% 0.2% 纯度，自动测试
保养	很充分，但需经常进行	不清楚，可能不错
售后服务	很好	不清楚，可能不太好
送货	三个月	立即

约翰·罗德兹最近宣布：问题由新成立的管理委员会主持解决。公司已经初具规模，从前所采用的专制的决策方式应该改变了。委员会由四名高级经理组成，他们是：首席化学家和营销经理，他们从公司创立起就在公司工作；还有生产部经理和会计师，他俩加入公司只有 6 个月之久。这是委员会的第二次会议，但罗德兹已经开始为由管理委员会来解决这个问题的决定后悔了。

下面列出的就是管理委员会各位成员提交的信息以及他们对决策的表态。

1. 营销经理

今年对这种防腐剂的市场需求已经达到了 2 000 万英镑的规模，其中罗彻姆公司占大约 48% 的份额。市场已经发生了明显的变化——特别是很多防腐剂用户现在能够买到与利兰太相似的产品，竞争的结果是市场对价格的反应敏感多了。

将来的市场走向有些不确定。很明显市场不会萎缩（从需求量看），最乐观的估计表明 4 年后市场规模将达到 2 400 万英镑。然而，有些业内人士认为，如果考虑到食品防腐的潜力，当前的市场只不过是冰山的一角罢了。

利兰太是根据顾客的专门要求以固体、粉末或液体形式出售的。然而，尽管比较复杂，价格仍与所使用的化学品的重量相关。例如，今年的平均市场价格大约是 200 英镑/千克。目前，我主要关心的是确保每个月利兰太的质量和数量，虽然生产部门从未让我失望过，但我担心除非我们迅速买到可靠的新机器，否则这样的事很快就会发生。德国的机器几周后就可正式投产，而且产品的质量会更好。如果需求增加，德国 AFU 机器可以提供额外的生产能力。

2. 首席化学家

首席化学家是罗德兹的一个老朋友，每种新产品的研制，大体上由他俩共同负责。目前，他的主要预算用于改进利兰太，它主要用于酸性丰富的食品，如水果。这并不容易，至今仍没有什么结果，但这位首席化学家仍保持乐观。

如果我们成功改进了利兰太，市场需求一夜之间就会翻番，我们就会需要额外的生产能力。我知道如果选用德国机器要承担风险，但公司就是把筹码押在了我们的研究成果之后才成长起来，我们必须继续表现出信心。

3. 生产部经理

利兰太部是一个独立的生产部门，实际上，它从实体上是分离的，位于离工厂其他部门几千米远的一幢建筑内，利兰太部有自己的原材料仓库和包装部门，只是产成品放在主楼的主仓库里。利兰太的生产需求目前稳定在每月4 150千克。为机器配备的四名技工是罗彻姆有限公司仅有的技术人员，他们主要负责机器的日常维修和质量控制，这主要是由于历史的原因，因为当企业刚开始运营时，产品是试验性的，需要合格的技工来维持工厂运营。这四名技工几乎是从一开始就在企业中工作了。

营销经理和首席化学家认为利兰太销售的大规模扩张没有什么不对，如果扩张没有发生，他们无需处理所有相关的问题。德国机器所需催化剂的成本几乎是切迈克斯公司机器的三倍。考虑一下，如果产量很低，这对预算的影响会有多大。根据我的了解，根本没有证据表明利兰太的需求会有大幅上升，不行，使用AFU机器的想法太冒险了。

不仅仅是因为存在风险，我认为大家并未全面了解使用AFU机器的后果，为了开动它，我们所需要的条件是原来的两倍。但真正使我担心的是工作人员的反应，作为非常合格的技术人员，他们视自己为企业的精英，如果我们使用AFU机器，所有他们感兴趣的工作，像检测和保养机器，会消失或大大下降，他们将不再是领取高薪的加工工人。

4. 会计师

公司最近的资本投资几乎全部来自于本身的留存收益，但今年将要申请短期贷款，这是几年来第一次。

我认为进行我们负担不起的投资是不明智的，它带来的额外生产能力目前并不需要。今年将是公司财务比较紧张的一年，为了改进其他产品和增加企业其他部门的投资，我们早已承诺增加大量的支出，罗德兹博士并不主张从企业外部过度融资。我同意对利兰太的需求可能会大幅增加的观点。但是，如果需求真的增加了，也不可能是今年，而且增加的幅度之大也不是AFU就能应付得了的，我们最好到那时再购买三台切迈克斯机器。

约翰·罗德兹对争论的调停：好吧！我知道我们的讨论还有些盲目性，但这个世界本来就不完美，我们永远也不会获得全部所需的信息。况且，我们在现阶段采取任何决策比放任自流要好。

本案例思考讨论题：

1. 叙述本案中的决策问题。
2. 该公司是如何解决的？
3. 你能应用学过的定量分析方法解决这些决策问题吗？

情景模拟题

航空公司的经营游戏

参与程序：

1. 随机选择五六个小组，每个组将分别代表一家航空公司在市场经营。
2. 市场经营的规则是：

如果维持在现有价格水平，所有航空公司的正常利润率一般维持在9%；

如果有三家以下的公司采取降价策略，降价的公司由于薄利多销，利润率可达12%，而没有采取降价策略的公司利润率则为6%；

如果有三家和三家以上的公司同时降价，则所有公司的利润都只有6%。

3. 每个小组先讨论本公司是否降价，5分钟时间。
4. 每个小组派代表在一起进行协商，并达成关于是否降价的意见。
5. 各小组代表初步协商之后回到小组，并将情况向小组成员汇报。
6. 小组成员经过集体讨论，在讨论5分钟之后，需要做出最终的决策：降还是不降？并将小组决定写在纸条上，同时交给老师。
7. 老师公布各小组该轮次经营决策的结果（见表3-11）。

表3-11　各小组决策结果统计

组名	1轮	2轮	3轮	4轮	5轮	平均
A						
B						
C						
D						
E						
F						

8. 各小组按照前面的五个步骤，进行下一个轮次的决策。以此循环五次，统计各小组最终利润率水平。

实践训练题

项目：走访企业决策者

1. 实训项目

访问某一个企业决策者。

2. 实训目的

通过访问某一个企业决策者，培养学生关注企业，了解企业的经营管理及决策模式,启发学生对企业中的管理问题进行积极思考,如何进行决策,解决出现的问题。

3. 实训内容

(1) 要求学生了解该企业的经营管理模式、决策模式。

(2) 向决策者了解他的职位、工作职能,曾经进行的决策案例及运用的方法。

4. 实训组织

(1) 把全班同学分成三大组。

(2) 第一组学生去访问企业高层。

(3) 第二组学生去访问中层决策者。

(4) 第三组学生去访问基层决策者。

5. 实训考核

(1) 要求每位学生写出访问报告或小结。

(2) 要求学生填写实训报告。其内容包括:

① 实训项目;

② 实训目的;

③ 实训内容;

④ 本人承担任务及完成情况;

⑤ 运用所学的决策知识分析访问的决策案例,提出自己的决策建议;

⑥ 实训小结。

(3) 教师评阅后写出实训评语,实训小组或全班交流。

课下补充参考资料

1. [美] 彼得·德鲁克. 有效的管理者 [M]. 屠端华,译. 北京:工人出版社,1989

2. [美] 彼德·圣吉. 第五项修炼 [M]. 郭进隆,译. 上海:上海三联书店,1998

3. [美] 斯蒂芬·罗宾斯. 管理学 [M]. 北京:中国人民大学出版社,2004

4. 周三多. 管理学 [M]. 北京:高等教育出版社,2005

5. 《企业管理》杂志

6. 中华企管网 http://www.wiseman.com.cn

7. 中国管理传播网 http://www.manage.org.cn

8. 中华营销网 http://www.chinam-net.com

第四章

计划

学习目的和要求

通过本章学习，要求达到：
知识目标：了解计划、目标的概念以及计划过程。
素质目标：熟悉企业管理与计划的关系。
技能目标：掌握制定计划的基本过程。
能力目标：能够运用所学计划概念对现实生活中的管理问题制定计划。

主要概念和原理

计划　计划的分类　计划技术　目标　目标管理

▶ 案例导入

沃尔玛的商圈辐射战略

　　沃尔玛标准化、规范化、程式化的经营管理，使它在13天左右就可以开一家店，有了这种复制能力，与其说它是在经营商品，不如说它是在生产商店。
　　开商店首先在于地利，沃尔玛也不例外。据悉，沃尔玛中国公司在北京的第一家店——石景山店，距离普尔斯玛特石景山店可能不到400米远。
　　我们可以拿沃尔玛在北京的第一店选址做范例，来考察它的选址策略。
　　在北京城区商圈，除去石景山、丰台、宣武和东城区的部分地方外，一般认为市区正在日益走向空心化。
　　沃尔玛在北京城西八角社区落下关键"进京赶考第一子"，可以说得了满分。因为在西二三环、西三四环、西四环外，成交结状兴起50多个新兴社区。可以看到西四环外的物业远远多于四环内的。而石景山八角地区的重要性在于，它位于最宽阔的两条干道阜石路和石景山路中间，接近五环路，在交通上就辐射北边的海淀区。在八角东街立住脚，海淀区就已经在身边了。另外，有了石景山游乐场的吸引（它的外部停车场可以停上百辆车），这也是潜在的顾客源。

五环路已在2002年9月10日通车，五环路和阜石路的交叉处也修建了一座立交桥，向西的引桥延伸至八角东街处正好结束，车流可从这里的出口进出。

沃尔玛石景山店的商圈辐射半径将达到多少呢？投资总额为2亿元的石景山店建筑面积达37 000多平方米，经营内容以日用品及食品为主，可辐射区内人口30多万。它的商圈辐射半径将达到10千米，甚至更远。实际上，沃尔玛选择石景山开首家店，并非作为一般门店运作，而是它未来在北京市内蚕食鲸吞本地零售业的华北总部所在据点，是其关键物流配送的第一个基地。

这就是地利为先的原则。

当初，在美国乡镇城市化发展的过程中，沃尔玛正是从避开大城市中心，而从接近大城市的乡镇社区及交通便利地点实现了快速低成本的开店布局。最终完成对大城市购买力的强大拉动和圈定。在地点上，采用以垄断当地市场后再向下一个邻近地区进攻的基本原则和在配送中心周围布下大约150个分店的策略。在数量上，沃尔玛更始终保持了极其理智的控制。在店铺数量上沃尔玛少于凯玛特，但却毫不妨碍其销售额上的优势和优先获利的能力。也许正是地利，造就了沃尔玛的成功和凯玛特的失败。试想沃尔玛在全美3 500多家店，都是其按照一贯的商业布局思想精挑细选的杰作，每一家店都是其巨大的商业棋盘上的一个金点。而凯玛特长期战略的不断变换和商圈布局的杂乱无章，这一原因直接导致了其日后竞争的落败。

选址对于零售企业来说是直接关乎企业成败的一个重要环节。企业后期经营战略的制定，以及应消费趋向变动所做的经营决策的调整，都与此息息相关。外资零售企业在这方面表现得极为慎重。在进入中国之前，都对中国市场进行了长达数年的深入细致的市场调查。欧美商业巨头与先前进入的日资、港台、东南亚的中小资本风格迥异，他们更重视企业在中国的长期性战略远景，更少点钻中国政府漏洞的投机性因素，而追求在中国投资的安全性、稳定性和发展性。在具体选址过程中，其往往综合未来业务模式的长期配套需求，当地商圈的交通、人口、竞争状况和市场发展格局等因素进行理性决策。

前几年，在外资网点布局还未成型阶段，曾有人说外资开店并没有什么特别的优势，几年过去了，外资开店可能并不可怕，但他的商圈战略却是我们始料不及的，他打造的是商圈辐射网，"金边银角"已开始初具雏形，其区域物流配送中心的核心目标都在50～100家店以上，可见其后发优势将越来越明显。前些年，外资活动在东、南部沿海地区，主要是对中国市场进行调研摸索，以及进行人力、物力上的准备，处于打基础或者说构筑桥头堡阶段，但现在情况是他们都已有了明确的全国商业发展版图，完成了在中国的战略部署，从今年开始将进入全面实施阶段，其快速扩张，甚至快速购并都将依据其战略部署展开。

资料来源：联商网 2008年8月

案例分析

企业对所处位置的选择，是企业决策工作的一部分。若要继续落实这一部分工作，就需进行计划，因此，计划工作是决策工作的延续，是企业所有管理活动的开始。它为企业一定时期内的工作提供了具体的依据，为经营目标的实现提供了保障。

第一节 计划的含义与分类

一、计划的含义

1. 计划的定义

哈罗德·孔茨认为，"计划工作是一座桥梁，它把我们所处的这岸和要去的彼岸连接起来，以克服这一天堑。"虽然我们很难预知确实的未来，很难去对那些超出我们控制的未来进行精确的干扰，但是，唯有计划能帮助我们在这种不确定的管理工作中减少我们的损失，并使我们的工作有条理、有逻辑，使我们更方便、更迅速地达到管理的目标。

很多管理学家对此都进行了探索，并给计划下了各种定义，但通观这些定义，我们可以从两方面进行归纳。

（1）广义上讲，计划是指对未来所要从事的事业的谋划、规划和打算。这里，计划包含两层意思。

① 从动态角度看，计划是指准备在未来从事某项工作时，预先确定行动的时间、方法、步骤、手段等过程，通常称为"计划工作"。包含确定组织的目标、制定企业的战略（既可以是企业的总体战略，也可以是职能战略）以实现目标，以及制定与目标相关的一组广泛的计划以整合和协调组织的工作。

"计划工作既关系到结果（做什么），也关系到手段（怎么做）。"

计划工作的任务可表述为：一个组织根据自身的能力和所处的环境，制定出组织在一定时期内的奋斗目标，并通过计划的编制、执行、检查、协调和合理安排组织中各方面的经营和管理活动，优化配置组织的各种资源，取得合理的经济效益和社会效益。

② 从静态角度看，指规划好的行动方案或蓝图。这里，计划仅是"计划工作"的结果，是关于行动方向、内容和方式安排的管理文件，它以文字和指示等形式进行表述。一般而言，我们常谈到的"计划"就是静态意义上的计划，如各种商业计划书、各种企划方案等。

（2）狭义上讲，计划指未来可望达到或实现的具体目标。这时，计划是指根据实际情况，通过科学、准确的预测，提出在未来一定时期内的目标及实现目标的方法。它包括明确组织的目标、考核的指标、实现目标的手段选择、进度的安排。

开学之初,老师一般都会要求学生制定学期学习计划,那么这些学习计划一般应包含哪些方面?它们是应从动态上来制定还是应从静态上来制定?

2. 计划的目的

(1) 计划建立了协调机制,给出了管理者和一般员工努力的方向。这里提到的"方向"就是组织未来发展的目标。当员工理解了组织的目标,并知道如何为达到这些目标做出贡献时,他们会自觉地调整他们的活动,互相合作,以及采取措施实现目标。

(2) 计划还可以通过迫使管理者采取各种预见方法来降低未来的不确定性。虽然"计划往往赶不上变化",但管理者可以应用各种先进的预测变化的手段、考虑各种可能出现的变化的冲击,并制定各种适当的应对措施来响应变化,达到实现组织目标的目的。

(3) 计划减少了组织活动的重复和浪费。当人们不按照计划从事工作时,就可能会出现几个人做相同的事情或重复做某件工作,各种工作无秩序进行等现象。而当组织工作围绕已经确立的计划进行时,时间、人力和各种其他资源的浪费就会被降低到最小的程度,那些低效率的工作或活动就会被减至最少。

(4) 计划成为可以用于控制职能的目标或标准。在计划工作中,我们制定组织目标和到达目标的手段,但为了实现这些目标需要应用控制职能,将实际的绩效与这些目标进行比较,发现存在的重要差异,并采取必要的纠正措施。这时,计划就成为控制职能的标准。

3. 计划的性质

(1) 给出行动的方向。计划工作的一个基本任务就是谋求组织的生存、发展,并充分利用机遇使组织风险降到最低,因此每一个计划都应有助于促使组织成员有意识地进行合作,实现组织的目标。

(2) 优先地位。计划职能相对于其他管理职能处于首位,是管理职能的首要职能。

(3) 普遍性。虽然各种计划的作用不同,但计划是全体组织成员的一项基本工作,上至董事长、总经理,下至第一线的基层管理人员和一般员工,都要制订工作计划。不然,组织的工作就不能得到落实,也谈不上实现组织目标了。

(4) 计划的效率。衡量一个计划的效率,要看这个计划对组织绩效的贡献。如果计划能够以合理的代价,给组织带来较高的资产回报率和较好的财务结果,那么这样的计划是有效率的。通常，计划工作的质量以及实现计划的措施比计划工作本身更重要，计划是否有效率是由它来决定的。

（5）计划的创造性。计划很多情况下都是在总结以往经验、预测未来变化的基础上，针对可能出现新问题、新变化、新机会而做出的，因此计划的过程是一个创造性的管理过程。

计划对企业绩效方面的贡献有哪些？它们的关系可能受到哪些因素的影响？

中华人民共和国国民经济和社会发展

第十二五年（2011—2015年）规划纲要

按照与应对国际金融危机冲击重大部署紧密衔接、与到2020年实现全面建设小康社会奋斗目标紧密衔接的要求，综合考虑未来发展趋势和条件，今后五年经济社会发展的主要目标是：

——经济平稳较快发展。国内生产总值年均增长7%，城镇新增就业4 500万人，城镇登记失业率控制在5%以内，价格总水平基本稳定，国际收支趋向基本平衡，经济增长质量和效益明显提高。

——结构调整取得重大进展。居民消费率上升。农业基础进一步巩固，工业结构继续优化，战略性新兴产业发展取得突破，服务业增加值占国内生产总值比重提高4个百分点。城镇化率提高4个百分点，城乡区域发展的协调性进一步增强。

——科技教育水平明显提升。九年义务教育质量显著提高，九年义务教育巩固率达到93%，高中阶段教育毛入学率提高到87%。研究与试验发展经费支出占国内生产总值比重达到2.2%，每万人口发明专利拥有量提高到3.3件。

——资源节约环境保护成效显著。耕地保有量保持在18.18亿亩。单位工业增加值用水量降低30%，农业灌溉用水有效利用系数提高到0.53。非化石能源占一次能源消费比重达到11.4%。单位国内生产总值能源消耗降低16%，单位国内生产总值二氧化碳排放降低17%。主要污染物排放总量显著减少，化学需氧量、二氧化硫排放分别减少8%，氨氮、氮氧化物排放分别减少10%。森林覆盖率提高到21.66%，森林蓄积量增加6亿立方米。

——人民生活持续改善。全国总人口控制在13.9亿人以内。人均预期寿命提高1岁，达到74.5岁。城镇居民人均可支配收入和农村居民人均纯收入分别年均增长7%以上。新型农村社会养老保险实现制度全覆盖，城镇参加基本养老保险人数达到3.57亿人，城乡三项基本医疗保险参保率提高3个百分点。城镇保障性安居工程建设3 600万套。贫困人口显著减少。

——社会建设明显加强。覆盖城乡居民的基本公共服务体系逐步完善。全民族思想道德素质、科学文化素质和健康素质不断提高。社会主义民主法制更加健全，人民权益得到切实保障。文化事业加快发展，文化产业占国民经济比重明显提高。社会管理制度趋于完善，社会更加和谐稳定。

——改革开放不断深化。财税金融、要素价格、垄断行业等重要领域和关键环节改革取得明显进展，政府职能加快转变，政府公信力和行政效率进一步提高。对外开放广度和深度不断拓展，互利共赢开放格局进一步形成。

资料来源：http：//www.gov.cn/2011lh/content_ 1825838_ 2.htm

二、计划的分类

仔细研究组织计划并总结以往各管理学著作后，我们可以发现对组织计划的描述最常见的有按照计划所覆盖的宽度、时间、特殊性、使用频率、职能部门以及管理层次进行划分的。表面上看，它们分别相互独立，但事实上，在组织中，一个战略性计划往往是长期的、具有方向性的、仅使用一次的而且是由高层管理者制定的。与此相对，一个运营性计划往往是短期的、可具体执行的、可多次使用的、可能是职能部门或基础管理者制定的。

计划的类型如表4-1所示。

表4-1 计划的类型

分类标准	类型
宽度	战略性计划 运营性计划
时间	长期计划 短期计划
特殊性	方向性计划 具体性计划
使用频率	一次性计划 持续性计划
职能部门	营销计划、人力资源计划、财务计划、生产计划、科学技术研发计划
管理层次	高层计划 中层计划 基层计划

1. 按计划所覆盖的宽度分

1）战略性计划

战略性计划是"应用于组织整体的计划，其任务在于建立组织的全局目标和寻求组织在环境中的定位。它趋向于覆盖较长的期间，覆盖较宽的领域，而且还包含目标的构建"。

2）运营性计划

运营性计划是"具体规定如何实现全局目标的细节的计划"。它要具体制定达到组织目标的手段和方法，并且往往覆盖较短的期间，是未来各个较短时期内的行动方案，如月度计划、年度计划。

战略性计划的制定为运营性计划提供了方向；运营性计划是战略性计划的具体落实。两者相辅相成，共同为实现组织目标提供指导。

2. 按计划执行的时间分

1）长期计划

在过去，定义长期计划往往是那些超过 5 年以上的计划。有的甚至时期的期限能达到 10 年以上。但是，在我国科学技术、经济水平提高如此之快的条件下，企业制定一个 5 年以上的计划，它的可操作性和指导性就可想而知。由于组织环境变得越来越不确定，因此长期计划的期限也应做相应的调整。

通常，组织的做法是定义 3~5 年的计划为长期计划。当然，也有特殊情况，有的企业因为所处行业的特点，它所制定的长期计划有时会达到 8 年以上，甚至更长时间。

长期计划描述了组织在较长时期的发展方向，规定了组织在这个较长时期内要达到的目标。

2）短期计划

一般地，组织定义 1 年或短于 1 年起的计划为短期计划。常见的短期计划有月度计划、周计划等。

短期计划具体规定了组织在较短时期内所应从事的活动，以及短期要达到的目标，因此它为各组织成员在近期内的行动提供了依据。

短期计划要在长期计划的指导下制定，要为实现长期目标做出贡献。

3. 按计划的特殊性分

1）具体性计划

具体性计划是具有明确定义的目标和没有其他解释余地的计划，它不存在模糊性，不存在理解上的歧义。例如，生产进度计划中会规定某种产品的零部件应在何时到达装配线开始总装，何时会出厂发货。

2）方向性计划

方向性计划是一种非常灵活的计划，它一般不明确规定组织的目标或明确规定在某个具体目标上采取某个具体的行动，但它会设立一般的指导原则，提供了未来努力的方向。例如，方向性计划不会详细地规定营销部门在未来6个月内增长4%的营业额，往往更多地是以利润在未来6个月将提高5%~10%的方式来表述。

相对于方向性计划而言，具体性计划更便于员工操作或执行、考核及控制，但它所要求的"清晰性和可预见性"往往并不容易具备。但是，当环境变化较大、不确定性较高，或者管理者需要保持较高的灵活性以响应不可预见的意外时，方向性计划更可取。

4. 按计划的使用频率分

1）一次性计划

一次性计划是指为"满足特定情况"而设计的、仅被使用一次的计划。如联想集团针对"以12.5亿美元收购IBM个人电脑事业部"这个项目所制定的计划。

2）持续性计划

持续性计划是提供针对重复进行的工作的持续指导，它包括政策、规则和程序。例如，对同种材料按定量订货法采购的订货计划。

相关链接 4-2

阿波罗计划（Apollo Project），又称阿波罗工程，是美国于1961—1972年从事的一系列载人登月飞行任务。

1969年7月16日，巨大的"土星5号"火箭载着"阿波罗11号"飞船从美国肯尼迪角发射场点火升空，开始了人类首次登月的太空征程。美国宇航员尼尔·阿姆斯特朗、埃德温·奥尔德林、迈克尔·科林斯驾驶着阿波罗11号宇宙飞船跨过38万千米的征程，承载着全人类的梦想踏上了月球表面。这确实是一个人的小小一步，但是整个人类的伟大一步。他们见证了从地球到月球梦想的实现，这一步跨过了5 000年的时光。

美国于20世纪60年代至20世纪70年代初组织实施的载人登月工程，或称"阿波罗"计划，是世界航天史上具有划时代意义的一项成就。工程开始于1961年5月，至1972年12月第6次登月成功结束，历时约11年，耗资255亿美元。在工程高峰时期，参加工程的有2万家企业、200多所大学和80多个科研机构，总人数超过30万人。

为登月飞行进行准备的4项辅助计划是：

① 徘徊者号探测器计划（1961—1965年）

② 勘测者号探测器计划（1966—1968年）

③ 月球轨道环行器计划（1966—1967年）

④ 双子星座号飞船计划（1965—1966年）

资料来源：http：//baike.baidu.com/view/1715.html？wtp=tt

5. 按制定计划的职能部门分

1）营销计划

营销计划，是指在对企业市场营销环境进行调研分析的基础上，制定企业及各业务单位的营销目标以及实现这一目标所应采取的策略、措施、步骤的明确规定和详细说明。

营销计划需要在仔细研究企业内、外部的环境条件下确定并预计顾客的需求，再通过一系列的研发、生产、销售、客户服务环节去满足客户的需求，以期达到保证企业营利的目的。它可以为市场营销管理人员提供重要的依据，并且使得营销管理人员进行逻辑的思考，形成行动方案，从而为企业的营销服务。

2）人力资源计划

所谓人力资源规划，是指根据企业的发展规划，通过诊断企业现有人力资源状况，结合企业经营发展战略，并考虑未来的人力资源的需要和供给状况的分析及估计，对职务编制、人员配置、教育培训、人力资源管理政策、招聘和选择等内容进行的人力资源部门的职能性规划。

人力资源计划需要研究如何保证组织未来发展所需成员的素质，考虑如何准备必要的管理者力量，如何将不同素质特点的员工安排在不同的岗位上并使他们学以致用等。

3）财务计划

财务计划研究如何为企业提供长期的资金保障，如何在资本的提供和利用上促进业务活动的顺利进行。

4）生产计划

生产计划是指根据国家、市场的需要和企业的技术、设备、人力、物资、动力等资源能力条件，合理地安排计划期内应当生产的品种、产量和出产进度，充分地满足社会和用户的需要。它是企业对生产任务做出的统筹安排，是企业组织生产运作活动的依据。

5）科学技术研发计划

这是技术开发部门为使企业更能适应企业间竞争，保持企业的核心竞争力而制定的，针对未来企业经营范围提供的新产品、新领域如何研制、开发的一种职能性计划。

6. 按制定计划的管理层次分

1）高层计划

高层计划是由企业高层管理者制定的计划。一般具有普遍指导性，是涉及企业未来长期目标的计划。

2）中层计划

中层计划是由中层管理者制定的计划。一般是下达有关基层负责并执行的计划，它影响企业的生产、经营和资源分配，是高层计划的具体化。

3）基层计划

基层计划是中层计划的细分或具体，是由基层管理者制定的计划。一般是可操作或可执行的作业计划，如班组工作计划等。

分析我国的"十五"计划，它属于哪种计划类型？

分析各计划类型的分类标准，各类型之间有什么联系？

第二节 计划工作的技术

上一节讨论了计划的含义，本节将介绍几种有助于管理者制订计划的技术，即评估环境的技术、资源分配技术、项目管理技术、滚动计划法。

一、评估环境的技术

1. 环境扫描

现在的管理者越来越认识到环境对企业的潜在重要性，因此无论是小型还是大型组织的管理者，都应运用环境扫描的技术收集大量的环境信息，以便预测和揭示环境正在发生的变化。

一种环境扫描的重要技术是竞争对手情报法。

所谓竞争对手情报法，就是组织借助合法手段或方式收集竞争对手的信息，试图得到如"谁是竞争对手"，"他们目前有什么新产品、新技术或新的战略计划"，"竞争对手的行动将对我们产生什么影响"等答案的一种方法。

竞争对手情报法并非是一种组织的间谍活动，广告、促销材料、新闻发布会、年度报告、报纸以及产业研究报告等，是企业收集情报的基本信息来源，而且管理者需要了解的竞争对手信息的80%可以从该企业的员工、供应商和顾客那里得到。

"环境评估技术"中"环境"一词，在企业经营中应包含哪些方面？请举例说明。

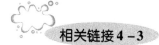
相关链接 4-3

蒋和平是北京富亚涂料的老板。认识他的人都习惯叫他老蒋。目前，北京奥运会有 7 大场馆都在使用富亚涂料，蒋和平告诉《中国新时代》记者，他们已经中标奥运会另一个著名建筑"水立方"的水下漆供应商。

富亚涂料与北京奥运会主会场"鸟巢"工程扯上关系，源自于蒋和平和原料商之间的一个"赌"。

2006 年 10 月的某一天，老蒋与合作已久的原料供应商又开始了争论价格的拉锯战。原料商建议老蒋换用其他原料，而老蒋却坚持采用等级高的原料，看着有些固执的老蒋，原料商好心地劝了起来："你又不是给鸟巢上色，不如降低原料档次，价格还便宜。"

这句话把好脾气的老蒋给惹急了——坚持用等级高的原料，一是对得起自己的品牌，二更是要对得起消费者，"我要是真给鸟巢上色呢？""你如果真的把涂料刷到主会场鸟巢上去，你用的原料免单，不要钱了。"

2007 年 1 月，心怀忐忑的老蒋走进了"鸟巢"竞标初选的答辩现场，果然，无论是世界级顶尖品牌，还是国内驰名品牌，各路英雄基本全都到齐。答辩一开始，各家企业便开始了唇枪舌剑，各说各的产品好，老蒋不作声坐在一旁，听了半天后，他乐了，原来外资品牌产品的优势不过如此。

老蒋清清嗓子，忙不迭地介绍起富亚涂料的优势，刚亮出富亚涂料的零 VOC 技术产品，现场各路涂料巨头立刻被老蒋的话震撼住了。

VOC 是涂料中的挥发性有机化合物的缩写，它是把涂料中一些有害物质综合在一起衡量的一个指标。美国水性涂料中 VOC 含量的标准是低于 150 g/L，欧盟的标准是 100 g/L。中国建筑装饰装修材料协会参照欧盟标准，制订的国家标准是 VOC 小于 100 g/L。北京奥运会涂料专家组对涂料中最难控制的 VOC 含量做出了严格规定，参与"鸟巢"竞标的标准苛刻到 VOC 小于 50 g/L。可以说各家涂料竞争主要集中在 VOC 含量上，VOC 的含量越低，制胜的机会越大。

答辩现场的矛头立刻指向了老蒋，除了质疑声之外，更有人逼着老蒋喝涂料。尽管各大涂料巨头对于老蒋的话存在质疑，但是他们也知道，在答辩现场，老蒋不可能、也没必要说假话。

以 VOC 含量接近于零的绝对优势，老蒋初选不战而胜，可以说刚一亮剑，对手已经败下阵去。国家有关部门为了保证鸟巢能做到真正的环保，也为了竞标的公正性，会不定期地跑到富亚涂料作抽检，更有一家德国涂料商私下买了富亚的涂料，拿到德国检测，结果果然是 VOC 接近于零。几轮下来，外界对于富亚零 VOC 的质疑不攻自破了。

2007 年 4 月，蒋和平如愿在中标书上签下了自己的名字。

资料来源：陈艳艳. 蒋和平给"鸟巢"上色. 中国新时代，2007（12）

2. 预测

第二种计划技术是预测。由于计划是对未来行为的规划，那么做好预测，有效地预测未来的事件，是组织计划工作的重要部分。

预测技术可分为定量预测和定性预测。定量预测，是运用数学规则，根据以往的数据来预测未来；定性预测，是运用判断，根据以往经验和熟悉情况的人员的意见来预测未来。

如果能够收集足够多的数据，那就应用定量预测技术；如果只能收集到有限的数据，那就应用定性预测技术。

表4-2列举了几种目前常用的预测技术。定量技术将数学的概念和理论应用于预测，使得组织对环境的了解更具体、更清晰、更直观，也使得收集到的信息得以科学的分析，使其能够更合理地应用于企业实践。定性技术往往应用于那些定量技术不足以应用的情况，这时需要利用专家或组织成员的经验、知识以及个人的素质，对收集到的有限信息进行评价和分析，使得组织对其环境的变化有一定程度的了解，为组织决策提供指导。

表4-2 常用的预测技术

预测技术	描　　述
定量预测技术	
时间序列分析	用数学方程拟合趋势曲线来预测未来
回归模型	根据已知的或假设的变量预测另一个变量
经济计量模型	采用回归模型模拟经济的某个部分
替代效应模型	采用数学模型预测某种新产品怎样、何时，以及在什么情况下将替代原有产品
定性预测技术	
评审小组意见	综合专家的意见
销售人员意见构成	综合销售人员的估计来确定顾客期望的购买意向
顾客评价	综合现有顾客购买情况所做的估计

即问即答4-6

定性预测与定量预测相比，哪一个更准确？分别适应于什么场合？

二、资源分配技术

组织的资源就是组织的资产，它包括财务资源（自有资金、贷款、权益以及其他金融资产）、物质资源（厂房、办公楼、设备、原材料等有形资产）、人力资源、无形资产（品牌、专利、版权等）等。如何有效地配置这些资源来实现组织的目标？在会计、财务、人力资源管理和生产管理等课程中都有各种资源分配的技术，如预算、盈亏平衡分析法、流量法和线性规划法等。这里仅介绍以下两种常用方法。

1. 甘特图

甘特图，也称为条状图（Bar chart）、横道图，是在1917年由亨利·劳伦斯·甘特发明的，他制定了一个完整地用条形图表进度的标志系统。其内在思想是，以图示的方式通过活动列表和时间刻度形象地表示出任何特定项目的活动顺序与持续时间。

甘特图是一张线条图，横轴表示时间，纵轴表示活动（项目、机器设备名称、操作人员和编号），线条表示在整个期间上计划和实际的活动完成情况。图表内以线条、数字、文字代号等来表示计划（实际）所需时间、计划（实际）产量、计划（实际）开工或完工时间等。

甘特图直观地表明任务计划在什么时候进行，及实际进展与计划要求的对比，显示项目、进度和其他相关系统进展的内在关系随着时间进展的情况。管理者由此极为便利地弄清一项任务（项目）还剩下哪些工作要做，并可评估工作是提前还是滞后，抑或正常进行。

甘特图和时间表是两种不同的任务表达方式。甘特图使用户可以直观地知道有哪些任务、这些任务在什么时间段要做；而时间表则提供更精确的时间段数据。

甘特图具有简单、醒目和便于编制等特点，在企业管理工作中被广泛应用。甘特图按反映的内容不同，可分为计划图表、负荷图表、机器闲置图表、人员闲置图表和进度表等五种形式。

1) 甘特图的优点

（1）图形化概要，通用技术，易于理解。

（2）中小型项目一般不超过30项活动。

（3）有专业软件支持，无须担心复杂计算和分析。

2) 甘特图的局限

（1）甘特图事实上仅仅部分地反映了项目管理的三重约束（时间、成本和范围），因为它主要关注进程管理（时间）。

（2）软件的不足。尽管能够通过项目管理软件描绘出项目活动的内在关系，但是如果关系过多，纷繁芜杂的线图必将增加甘特图的阅读难度。专门用于制作甘特图的软件如 Ganttproject、Gantt Designer 和 Microsoft Project 等。当然，还可以在 Microsoft Excel 中手动绘制。

（3）为了不至于转移阅读者的注意力，最好避免使用栅格。

下面使用一个例子来简单说明甘特图。如图4-1所示，时间以月为单位表示在图的下方，主要活动从上到下列在图的左边。计划需要确定书的出版包括哪些活动，这些活动的顺序，以及每项活动持续的时间。时间框里的实心黑线条表示计划的活动顺序，空白的线条表示活动的实际进度。甘特图作为一种理想的控制工具，帮助管理者发现实际进度偏离计划的情况。在本例中，除了打印长条校样以外，其他活动都是按计划完成的。

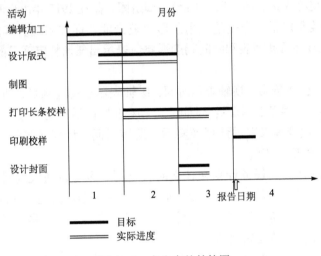

图 4-1 书生产的甘特图

2. 计划评审技术（PERT）

当活动的数量较少且相互独立时，甘特图是很有用的。但是，如果管理者要计划一个大型项目，如组织变革或重组、开发新产品，这样的计划要协调成百上千个活动，那么管理者应如何对这类项目进行计划呢？计划评审技术（the Program Evaluation and Review Technique，PERT）就是非常适应于复杂项目的进度计划。

计划评审技术起源于美国，是一种科学的计划管理方法，它借助于网络图的形式反映工程项目各项活动的先后顺序及相互关系，通过网络分析和计算网络时间值，找出影响全局的关键活动和关键路线，从而达到对项目进行统筹安排和调度的目的。其优点是，能缩短活动时间，降低成本，实现资源的优化配置，提高经济效益。

PERT 图的组成要素如下。

1）节点

节点也称为事件或事项，指一项活动开始或完成的瞬间，是一项活动与另一项活动的连接点，起承上启下的作用。它既不消耗资源，也不占用时间。

2）活动

活动也称为作业或工序，指在项目中需消耗资源并在一定时间内完成的独立工作。

3）线路

线路也称为路线，是指从网络图的始点开始，顺着箭线方向连续不断地到达网络图终点的一条通路。

在一张 PERT 图中，一般有许多条线路，每条线路长度是不一样的，其中线路长度最长的一条叫作关键线路。位于关键线路上的活动，称为关键活动，这些活动完成的快慢直接影响着整个计划的进度和工期。

4）松弛时间

松弛时间，是单个活动在不影响整个项目完工期的前提下可能被推迟完成的最大时间。关键线路上活动的松弛时间为零。

绝大多数 PERT 项目都是大量的复杂活动，这就要求管理者识别完成项目所需的所有关键活动，并按照发生的次序排列它们，估计每项活动的完成时间。

即问即答 4-7

在一张 PERT 图中，我们更应该关注哪条线路上的活动，才能达到实现计划目标的目的？

即问即答 4-8

甘特图与 PERT 图相比，哪个更适合应用于较复杂的项目计划？如三峡工程和青藏铁路的施工计划。

三、项目管理技术

项目管理（Project Management，PM）是第二次世界大战后期发展起来的重大的新管理技术之一，是美国最早的曼哈顿计划开始的名称。它主要是从生产大型、高费用、进度要求严的复杂系统的需要中发展起来的。20 世纪 60 年代，在美国只有航空、航天、国防和建筑工业才愿意采用项目管理。华罗庚教授于 20 世纪 50 年代将项目管理引进中国（由于历史原因被叫作统筹法和优选法），我国台湾将项目管理称为项目专案。

1. 项目的含义

工作总是以两类不同的方式来进行的，一类是持续和重复性的，另一类是独特和一次性的。而项目是一种一次性的工作，它是由一系列独特的、复杂的并相互关联的活动组成的，这些活动都有明确的目标，必须在特定的时间、预算和可利用的资源范围内，依据规范完成。项目需要运用多种学科的知识来解决问题，没有或很少有以往的经验可以借鉴。项目可以是一项水利工程（如三峡工程），可以是建造一栋大楼、一条铁路，也可以是研制一种新药、开发一个软件等。

2. 项目的特点

1）集合性

一个项目的完成可能涉及很多领域的人员，其人员可以来自于不同专业、不同职能单位，这样一个项目由多个部分组成，跨越多个组织，因此需要各部门合作才能完成。

2）一次性

项目通常是非常规性的活动，不是周而复始地反复工作。这个特点决定了项目不同于其他工作，做坏了可以重来，也不同于生产批量产品，一旦失败就永远失去了重新进行原项目的机会。

3）独特性

项目工作通常没有或很少有以往的经验可以借鉴，在完成过程中有许多未知因素。

4）明确性

每个项目都要有明确的目标，包括时间要求、技术要求、人员安排、资金占有情况以及质量要求等。

5）项目的产物保全或扩展通常由项目参加者以外的人员来完成

对项目管理人员而言，管理风险是较大的。如果计划不周，将使成本超出预算，浪费巨额资金；调度不当，就可能导致工期延误；严重的管理失误将导致企业破产。

3. 项目管理的含义

项目管理是基于被接受的管理原则的一套技术，这些技术或方法用于计划、评估、控制工作活动，以按时、按预算、依据规范达到理想的最终效果，它是"使项目活动按时间进行、不突破预算和符合规范的一种管理活动"。

为了应对越来越激烈的竞争，越来越多的企业开始运用项目管理的方法，以适应柔性和迅速响应市场机会的要求。

在典型的项目中，工作是由项目团队来完成的，项目成员来自组织的各个部门。在项目的整个过程中，团队的人数、成员、职责是可以变化的。当项目团队完成了项目后，团队就会解散，团队成员又转移到其他项目上或返回他们原来的工作领域。项目经理唯一的影响力是他的沟通技能和说服力，因为项目经理的一个重要任务，就是如何使项目成员把精力集中在他所管理的特定项目上。可以说，项目团队没有严格的边界，是临时性的、开放性的。这与传统企业的工作方式很不一样。

相关链接 4-4

项目管理工具（软件）

项目管理工具（一般指软件）是指为了使工作项目能够按照预定的成本、进度、质量顺利完成，而对人员（People）、产品（Product）、过程（Process）和项目（Project）进行分析和管理的一类软件。主要有建筑工程类项目管理软件和非（建筑）工程项目管理软件两大分类。

随着微型计算机的出现和运算速度的提高，20世纪80年代后项目管理技术也呈现出繁荣发展的趋势，涌现出大量的项目管理软件。

1. 项目管理软件主要分类

根据管理对象的不同，项目管理软件可分为：进度管理；合同管理；风险管理；投资管理等软件。根据提高管理效率、实现数据、信息共享等方面功能的实现层次不同，又可分为：① 实现一个或多个的项目管理手段，如进度管理、质量管理、合同管理、费用管理，或者它们的组合等；② 具备进度管理、费用管理、风险管理等方面的分析、预测以及预警功能；③ 实现了项目管理的网络化和虚拟化，实现基于 Web 的项目管理软件甚至企业级项目管理软件或信息系统，企业级项目管理信息系统便于项目管理的协同工作，数据/信息的实时动态管理，支持与企业/项目管理有关的各类信息库对项目管理工作的在线支持。

2. 国外项目管理工具软件

国外项目管理工具软件有：Primavera 公司的 P3、Artemis 公司 Artemis Viewer、NIKU 公司的 Open WorkBench、Welcom 公司的 OpenPlan 等软件，这些软件适合大型、复杂项目的项目管理工作；而 Sciforma 公司的 ProjectScheduler、Primavera 公司的 SureTrak、Microsoft 公司的 Project、IMSI 公司的 TurboProject 等则是适合中小型项目管理的软件。

3. 国内项目管理工具软件

国内项目管理工具软件有：普华科技（1992年）、同望科技（2003年）、新中大（1993年）、广联达（1998年）、广安科技（2001年）、邦永科技 PM2（2002年）、建文软件（2003年）、三峡工程管理系统 TGPMS、易建（2001年）工程项目管理软件等，基本上是在借鉴国外项目管理软件的基础上，按照我国标准或习惯实现上述功能，并增强了产品的易用性。非（建筑）工程项目管理软件功能比较完善且操作简便、适用的不多，比较知名的有深圳市捷为科技有限公司的 IMIS-PM 等少数几款软件，根据软件管理功能和分类的不同，各种项目管理软件价格的差异也较大，从几万元到几十万元不等。适于中小型项目的软件价格一般仅为几万元，适于大型、复杂项目的软件价格则为十几万到几百万元不等。

资料来源：http://baike.baidu.com/link? url = qmWcT34CPz89yugP7_sv6e1L7mSZ9QC9EOXWQ8ffq28O37X1FjeJUZY43uGOarvYBUq3FoAe1_6M8FAKjbm5t_

4. 项目管理的十大流程

广义而言，要掌控项目的发展，首先要关注十个关键的流程。

1）生命周期与方法论

项目生命周期通常由项目的阶段组成（包括开始、规划、执行/控制、完成），或由工作的重复周期构成。项目生命周期的细节一般都会随具体业务、项目、客户要求而改变。因此即使在同一个项目中，周期也会有多种可能的变化。

与生命周期类似，项目方法也因项目而易，细节关注程度高，且项目方法往往不是由项目团队自行确定，而由公司为所有项目设定。

2）项目定义

是否能够清晰地描述项目，决定了项目经理的项目控制能力，因为接下来所有工作都在描述范畴之内。不管如何并为何要进行描述，都要对项目进行书面定义，让项目各方和项目团队随时参考。

项目定义的形式和名称各式各样，包括项目章程、提案、项目数据表、工作报告书、项目细则。

清晰的项目定义包括：

（1）项目目标陈述。对项目交付成果、工期、预期成本或人力进行高层次的描述。

（2）项目回报，包括商业案例或投资分析的回报。

（3）使用中的信息或客户需求。

（4）对项目范围进行定义，列出所有预期的项目成果。

（5）成本和时间预算目标。

（6）重大困难和假设。

（7）描述该项目对其他项目的依赖。

（8）高风险、所需的新技术、项目中的重大问题。

努力将尽可能多的具体信息囊括在项目描述或章程中，并使其在项目主管方和相关方面获得认可，进而生效。

3）合同与采购管理

不管你在你的部门内有多大的影响力和权力，你对其他部门的项目成员的影响力会比较小。虽然不一定普遍适用，但你可以尽量不将工作外包，这是提高项目控制力的一个技巧。

建立成功的外包关系需要时间和精力，这些工作要及早着手。为了不误项目工期，要及时做到所有细节到位，所有规定要及时制定。项目定义信息一定要包括在规定之内，相关责任及早确定。和所有你考虑到的供应商讨论这些要求，这样你的项目期望才会在各方之间明晰。

4）项目规划、执行、跟踪

作为项目经理，通过制定有力的规划、跟踪、执行流程，你可以建立项目控制的基础。

让项目成员参与规划和跟踪活动，可以争取大家的支持并提高积极性。聪明的项目经理往往大范围地鼓励参与。当项目成员看到自己的努力以及对项目的贡献被肯定的时候，就会视项目工作为己任，项目控制就会简单得多。

5）变化管理

技术性项目中问题最集中的方面就是缺少对具体变化的管理控制。要解决这个问题，需要在项目的各方面启用有效的变化管理流程。

6）风险管理

风险管理的流程能让项目经理制定出全面的规划，找出潜在的麻烦，就风险问题的解决方法达成一致，根除严重的问题。

7）质量管理

质量管理提供了另一套搭建项目结构的流程，保证项目经理提出的工作要求都得到落实。此外，质量管理流程还能将项目要求与客户联系起来。市场调查、标杆分析、客户访谈都是评估和记录用户需求并确定项目要求价值的好工具。

8）问题管理

项目开展过程中问题的出现不可避免。在项目初期，在资源、工期、优先事项等其他方面为项目的问题管理确定流程。建立跟踪流程，记录当前问题。

问题记录信息包括问题描述、问题特征或表现、开始时间、责任人、目前状态和预计结束时间。

解决问题的流程包括列出新问题的流程、定期复查待解决的问题、处理老问题的方法。

9）决策

项目管理时时有决策，快速得当的决策对于项目控制至关重要。即使项目经理掌握了控制权，完善的集体决策流程仍然裨益颇多，因为共同决策能获得更多内部支持，效果自然会更好。但是，项目团队内纷繁复杂的观点让决策更加困难。因此，需尽早设立决策流程。

10）信息管理

项目信息是非常关键的资源，如何管理值得仔细思考。有的项目使用网站和网络服务器，或信息管理系统，进行项目重要信息的存储。有的项目则使用群件来维护项目文件，并提供电子邮件等服务。

不管用何种方式存储项目数据，要保证所有项目成员能随时获得所需信息。将最新的项目文件存储在方便查找的位置，进行清楚的标记，及时删除过时信息。

（摘自 Tom Kendrick 所著的 Results without Authority：Controlling A Project When the Team Doesn't Report to You 一书。该书由美国国际管理协会分支机构 AMACOM 出版，Calvert T. Kendrick 2006 年登记版权。艾芮译。）

即问即答 4-9

PERT 图可以和项目管理结合使用吗？请举例说明。

四、滚动计划法

滚动计划法也称滑动计划法，是按照"近细远粗"的原则制定一定时期内的计划，然后根据计划的执行情况和环境变化来调整和修订，并逐期向前推移，把短期计划和长期计划结合起来的一种计划方法。

滚动计划法是一种动态编制计划的方法，它不像静态计划方法那样，等一项计划全部执行完了之后再重新编制下一时期的计划，如我国的五年计划，而是在每次编制或调整计划时，均将计划按时间顺序向前推进一个计划期，即向前滚动一次。

具体用法是：在已编制出的计划的基础上，每经过一段固定的时期（例如一年或一个季度，这段固定的时期被称为滚动间隔期）便根据变化了的环境条件和计划的实际执行情况，从确保实现计划目标出发对原计划进行调整。每次调整时，保持原计划期限不变，而将计划期顺序向前推进一个滚动期。在编制计划时，近期计划部分较详细，远期计划部分较粗略。如图 4-2 所示，某企业在 2000 年年底制定了 2001—2005 年的五年计划，如采用滚动计划法，于 2001 年年底，根据当年计划完成的实际情况和客观条件的变化，对原订的五年计划进行必要的调整，在此基础上再编制 2002—2006 年的五年计划。其后依此类推。

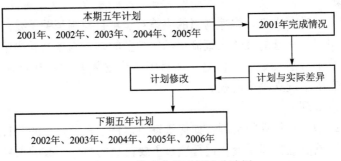

图 4-2　某企业的五年滚动计划

滚动计划法，既可用于编制长期计划，也可用于编制年度、季度生产计划和月度生产作业计划。不同计划的滚动期不一样,一般长期计划按年滚动;年度计划按季滚动;月度计划按旬滚动等。

需要指出的是,滚动间隔期的选择,要适应企业的具体情况。如果滚动间隔期偏短,则计划调整频繁,优点是有利于计划符合实际;缺点是降低了计划的严肃性。一般情况是,生产比较稳定的、大批量生产企业宜采用较长的滚动间隔期;生产不太稳定的、单件小批量生产企业则可考虑采用较短的滚动间隔期。

采用滚动计划法,可以根据环境条件变化和实际完成情况,定期地对计划进行修订,使组织始终有一个较为切合实际的长期计划作指导,并使长期计划能够始终与短期计划紧密地衔接在一起。

相关链接 4-5

滚动计划让 M 公司插上成功的翅膀

M 公司是中国东部地区一家知名企业,原有的计划管理水平低下,粗放管理特征显著,计划管理与公司实际运营情况长期脱节。为实现企业计划制定与计划执行的良性互动,在管理咨询公司顾问的参与下,M 公司逐步开始推行全面滚动计划管理。

首先,M 公司以全面协同量化指标为基础,将各年度分解为 4 个独立的、相对完整的季度计划,并将其与年度紧密衔接。在企业计划偏离和调整工作中,M 公司充分运用了动态管理的方法。

所谓动态管理,就是 M 公司年度计划执行过程中要对计划本身进行三次定期调整:第一季度的计划执行完毕后,就立即对该季度的计划执行情况与原计划进行比较分析,同时研究、判断企业近期内外环境的变化情况。根据统一得出的结论对后三个季度计划和全年计划进行相应调整;第二季度的计划执行完毕后,使用同样的方法对后两个季度的计划和全年计划执行相应调整;第三季度的计划执行完毕后,仍然采取同样方法对最后一个季度的计划和全年计划进行调整。

M 公司各季度计划的制定是根据近细远粗、依次滚动的原则开展的。这就是说,每年年初都要制定一套繁简不一的四季度计划:第一季度的计划率先做到完全量化,计划的执行者只要拿到计划文本就可以一一遵照执行,毫无困难或异议;第二季度的计划要至少做到 50% 的内容实现量化;第三季度的计划也要至少使 20% 的内容实现量化;第四季度的计划只要做到定性即可。同时,在计划的具体执行过程中对各季度计划进行定期滚动管理——第一季度的计划执行完毕后,将第二季度的计划滚动到原第一计划的位置,按原第一季度计划的标准细化到完全量化的水平;第三季度的计划则滚动到原第二季度计划的位置并细化到至少量化 50% 内容的水平,依次类推。第二季度或第三季度计划执行完毕时,按照相同原则将后续季度计划向前滚动一个阶段并予以相应细化。本年度4个季度计划全部都执行完毕后，下年度计划的周期即时开始，如此周而复始，循环往复。

其次，M公司以全面协同量化指标为基础建立了三年期的跨年度计划管理模式，并将其与年度计划紧密对接。

跨年度计划的执行和季度滚动计划的思路一致。S公司每年都要对计划本身进行一次定期调整，第一年度的计划执行完毕后，就立即对该年度的计划执行情况与原计划进行比较分析。同时研究、判断企业近期内外环境的变化情况，根据统一得出的结论对后三年的计划和整个跨年度计划进行相应调整；当第二年的计划执行完毕后，使用同样的方法对后三年的计划和整个跨年度计划进行相应调整，依次类推。

M公司立足于企业长期、稳定、健康地发展，将季度计划—年度计划—跨年度计划环环相扣，前后呼应，形成了独具特色的企业计划管理体系，极大地促进了企业计划制定和计划执行相辅相成的功效，明显提升了企业计划管理、分析预测和管理咨询的水平，为企业整体效益的提高奠定了坚实的基础。

资料来源：百度百科，http：//baike.baidu.com/view/1359753.htm#4

即问即答 4-10

结合上述案例，分析一下M公司是如何应用滚动计划法的？最好用图表示。

第三节　计划过程与目标管理

一、目标管理

1. 目标管理的含义

目标管理（Management by Objective，MBO）的概念是美国著名管理专家彼得·德鲁克于1954年在其著作《管理实践》中最先提出的，其后他又提出"目标管理和自我控制"的主张。乔治·奥迪奥恩1965年在其著作《目标管理》一书中进一步阐述。这一管理方法是以泰罗的科学管理和梅奥的行为科学理论（特别是其中的参与管理理论）为基础而形成的。

德鲁克认为，并不是有了工作才有目标，而是相反，有了目标才能确定每个人的工作。所以"企业的使命和任务，必须转化为目标"，如果一个领域没有目标，这个领域的工作必然被忽视。因此管理者应该通过目标对下级进行管理，当组织最高层管理者确定了组织目标后，必须对其进行有效分解，转变成各个部门以及各个人的分目标，管理者根据分目标的完成情况对下级进行考核、评价和奖惩。

目标管理方法提出来后，美国通用电气公司最先采用，并取得了明显效果。第二次世界大战后，西方经济由恢复转向迅速发展的时期，企业急需采用新的方法调动员工积极性以提高竞争能力，目标管理的出现可谓应运而生，遂被广泛应用，并很快为日本、西欧国家的企业所仿效，在世界管理界大行其道。我国20世纪80年代初开始在企业中推广，目前采取的干部任期目标制、企业层层承包等，都是目标管理方法的具体运用。

目标管理亦称成果管理，是让企业的管理人员和员工亲自参加目标的制定，在企业员工的积极参与下，自上而下地确定其工作目标，并在工作中实行"自我控制"，自下而上地保证目标实现的一种制度和方法。

目标管理是以目标为导向，以人为中心，以成果为标准，而使组织和个人取得最佳业绩的现代管理方法。目标管理的应用非常广泛，很多人将它作为一种计划和控制的手段，还有人将它当成一种激励员工或评价绩效的工具。它通过划分组织目标与个人目标的方法，将许多关键的管理活动结合起来，实现全面、有效的管理。

目标分解示意图如图4-3所示。

2. 目标管理的基本特点

目标管理的特点在于它既纠正了古典管理学派偏重以工作为中心、忽视人的一面，又纠正了行为科学学派偏重以人为中心，忽视同工作结合的一面，把工作和人的需要统一起来。它能使职工发现工作的兴趣和价值，在工作中实行自我

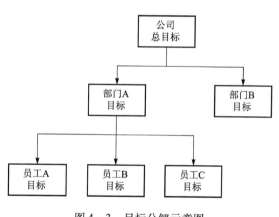

图4-3 目标分解示意图

控制，通过努力工作满足其自我实现的需要，组织的共同目标也因之实现。

1）重视人的因素

目标管理是一种参与的、民主的、自我控制的管理制度，也是一种把个人需求与组织目标结合起来的管理制度。在这一制度下，上级与下级的关系是平等、尊重、依赖、支持，下级在承诺目标和被授权之间是自觉、自主和自治的。这有利于发挥职工的主动性和创造性。

2）建立目标锁链与目标体系

目标管理通过专门设计的过程，将组织的整体目标逐级分解，转换为各单位、各员工的分目标。从组织目标到经营单位目标，再到部门目标，最后到个人目标。在目标分解过程中，权、责、利三者已经明确，而且相互对称。这些目标方向一致，环环相扣，相互配合，形成协调统一的目标体系。只有每个成员完成

了自己的分目标，整个企业的总目标才有完成的希望。组织目标、各级管理目标、个人目标密切结合，形成目标连锁以利于实现总体目标。

3) 重视成果

目标管理以制定目标为起点，以目标完成情况的考核为终结。根据预期目标规定个人的主要职责范围、应达到的成果，并作为评定、考核个人工作绩效的唯一标准，以利于调动职工的积极性。在目标管理制度下，监督的成分很少，而控制目标实现的能力很强。

3. 目标管理的实施步骤

1) 确定目标

首先根据企业的外部环境和内部条件，确定企业在一定时期（一般为一年）内总的经营目标（包括贡献目标、利益目标、市场目标、发展目标），然后自上而下地将总目标层层分解展开，确定各级的计划目标，形成一个上下左右项目之间协调平衡、相互衔接的计划目标体系。

共有五个步骤：① 准备；② 由组织的高层为领导制定战略性目标；③ 在各级管理阶层制定试探性的策略目标；④ 各级管理人员提出各种建议，相互进行讨论并修改；⑤ 就各项目标和评价标准达成协议。

2) 实施目标

这是决定性阶段。按照责权统一的原则，在一般监督下为实现目标进行过程管理。这主要是职工的自我管理和自我控制，上级只对例外发生的重大问题进行指导和控制。

3) 成果评价

这个阶段的目的有：一是掌握各级目标完成情况，为正确进行奖励或批评提供依据；二是为了认真总结经验教训，以便发扬成绩，克服缺点，进一步提高目标管理水平。进行成果评价的依据是目标的完成程度、目标的困难程度和为完成目标的努力程度。

成果评价的方法，一般采取自我评价和领导考核相结合，以自我评价为基础的方法。成果评价以后，应根据评价结果，奖惩兑现。对未完成目标者，帮助分析原因，制定措施，明确今后的努力方向。

图4-4中，员工和其部门经理共同制定他的工作目标，以及如何达到这些目标的计划。这些目标最好是可以量化的、任务量适当的、可用于考核的。目标和计划确定后，在员工的工作过程中，部门经理需对员工的表现进行考核，如若发现所制定的目标和实现方案与实际不符，那么就需对目标和计划做出调整。

要使目标管理方法成功，还必须注意下述一些条件：① 要由高层管理人员参加制定高级策略目标；② 下级人员要积极参加目标的制定和实现过程；③ 情报资料要充分；④ 管理者对实现目标的手段要有相应的控制权力；⑤ 对实行目标管理而带来的风险应予以激励；⑥ 对职工要有信心。同时，在运用目标管理

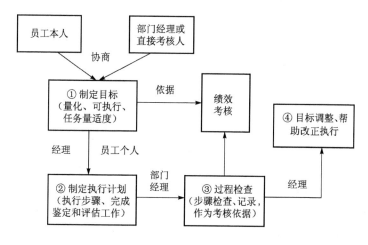

图 4-4 目标管理考核流程图

方法时,也要防止一些偏差出现。例如,不宜过分强调定量指标,忽视定性的内容,要根据多变的环境及时调整目标等。

4. 目标管理的优缺点

目标管理在全世界产生很大影响,但实施中也出现许多问题。因此必须客观分析其优劣势,才能扬长避短,收到实效。

1)目标管理的优点

(1)形成激励。当目标成为组织的每个层次、每个部门和每个成员自己未来时期内欲达到的一种结果,且实现的可能性相当大时,目标就成为组织成员们的内在激励。特别当这种结果实现时,组织还有相应的报酬时,目标的激励效用就更大。从目标成为激励因素来看,这种目标最好是组织每个层次、每个部门及组织每个成员自己制定的目标。

(2)有效管理。目标管理方式的实施可以切切实实地提高组织管理的效率。目标管理方式比计划管理方式在推进组织工作进展,保证组织最终目标完成方面更胜一筹。因为目标管理是一种结果式管理,不仅仅是一种计划的活动式工作。这种管理迫使组织的每一层次、每个部门及每个成员首先考虑目标的实现,尽力完成目标,因为这些目标是组织总目标的分解,故当组织的每个层次、每个部门及每个成员的目标完成时,也就是组织总目标的实现。在目标管理方式中,一旦分解目标确定,且不规定各个层次、各个部门及各个组织成员完成各自目标的方式、手段,反而给了大家在完成目标方面一个创新的空间,这就有效地提高了组织管理的效率。

(3)明确任务。目标管理使组织各级主管及成员都明确了组织的总目标、组织的结构体系、组织的分工与合作及各自的任务。目标管理对组织内易于度量和分解的目标会带来良好的绩效。

（4）自我管理。目标管理实际上也是一种自我管理的方式，或者说是一种引导组织成员自我管理的方式。在实施目标管理过程中，组织成员不再只是做工作，执行指示，等待指导和决策，组织成员此时已成为有明确规定目标的单位或个人。一方面，组织成员们已参与了目标的制定，并取得了组织的认可；另一方面，组织成员在努力工作实现自己的目标过程中，除目标已定以外，如何实现目标则是他们自己决定的事。目标管理启发了自觉，调动了职工的主动性、积极性、创造性，促进了意见交流和相互了解，改善了人际关系。

（5）控制有效。目标管理通过目标分解后的实现最终保证组织总目标实现的过程就是一种结果控制的方式。目标管理并不是目标分解下去便没有事了，事实上组织高层在目标管理过程中要经常检查、对比目标，进行评比，看谁做得好，如果有偏差就及时纠正。

2）目标管理的缺点

（1）强调短期目标。大多数的目标管理中的目标通常是一些短期的目标：年度的、季度的、月度的等。因此，在目标管理的实施中，组织似乎常常强调短期目标的实现而对长期目标不关心。这样一种概念若深入组织的各个方面、组织所有成员的脑海中和行为中，将对组织未来的发展不利。

（2）目标设置困难。真正可用于考核的目标很难设定，尤其组织实际上是产出联合体，它的产出是一种联合的不易分解出谁的贡献大小的产出，即目标的实现是大家共同合作的成果，这种合作中很难确定你已做多少，他应做多少，因此可度量的目标确定也就十分困难。一个组织的目标有时只能定性地描述，尽管我们希望目标可度量，但实际上定量是困难的，例如组织后勤部门有效服务于组织成员，虽然可以采取一些量化指标来度量，但完成了这些指标，可以肯定地说未必达成了"有效服务于组织成员"这一目标。

（3）无法权变。目标管理执行过程中目标的改变是不可以的，因为这样做会导致组织的混乱。事实上，目标一旦确定就不能轻易改变，也正是如此使得组织运作缺乏弹性，无法通过权变来适应变化多端的外部环境。

（4）目标商定可能增加管理成本。目标商定要上下沟通、统一思想是很费时间的；每个单位、个人都关注自身目标的完成，很可能忽略了相互协作和组织目标的实现，滋长本位主义、临时观点和急功近利倾向。

鉴于上述分析，在实际中推行目标管理时，除了掌握具体的方法以外，还要特别注意把握工作的性质，分析其分解和量化的可能；提高员工的职业道德水平，培养合作精神，建立健全各项规章制度，注意改进领导作风和工作方法，使目标管理的推行建立在一定的思想基础和科学管理基础上；要逐步推行，长期坚持，不断完善，从而使目标管理发挥预期的作用。

即问即答 4-11

目标管理的核心思想是什么？它和前面所学的"人际关系学说"的核心思想有哪些联系和区别？

相关链接 4-6

响尾蛇的目标管理

一条雄性响尾蛇钻出了洞穴，它的目标是寻找一条自愿交配的雌蛇。

它的爬行速度并不快，时速只有1.6千米。它的视觉和听觉都不敏锐，判定方向主要依赖其特殊感觉器官。但它选择沿着一条非常直的线路爬行，即便偶尔偏离线路滑到某片池塘或一块大石头周围，它也会很快地回到那条狭长的直线上来。

这种强迫性的痴迷行径有其根据所在：寻找啮齿类美餐的雌蛇倾向于散乱分布于栖息之地。雄蛇要想找到雌蛇，与其一会儿左爬，一会儿右爬，倒不如顺着直线往前爬，这样反倒会最大可能地碰到雌蛇。

响尾蛇给我们的启示：直击目标，线路越直，碰见"雌蛇"的机会就越大。

管理上的根本考核必须锁定在一个问题上：我们如何同时满足个人和组织的目的？在现实管理中的一个难题是：如果个人和组织的需求未能紧密配合，那么个人除了处理必须做的工作，完成已被明确界定的目标之外，还必须和组织进行奋战。

著名管理学者列文森建议：职员和老板就需要一同评估员工想去什么地方，组织走向何方，以及二者之间的差异有多大。如果个人和组织的方向非常不一致，双方就只有分道扬镳。

列文森认为，现在的目标管理擅自假设个人需求和渴望与公司目标完美结合，而且，如果不是这样，个别员工就应该离职。

一个解决方案是：

（1）评估激励方式。好的激励方式必须在员工和组织之间培养真诚的伙伴关系，而且每个人对于其他人都具有某些影响力。

（2）集体行动。每一个目标和评估计划都应该包括：集体设定目标，集体对个人和团体任务进行界定，集体评估成果，基于一些已达成的团体目标需要共享薪酬。

（3）评估"评估者"。这种将信息用于自我控制，而不是用于上级对下级评估的做法，会使员工产生对公司的信心和信任感。

资料来源：中国劳动咨询网，http://www.51labour.com/learn/show.asp?id=37020，2006-6-16

二、计划制订的过程

为了确保制订的计划合理，确保计划的可行性，计划的制订过程中必须采用科学的方法。

1. 组织环境分析

计划是对企业未来所要从事工作的规划和打算。既然是未来的工作，那就使企业面对诸多不确定因素。孙子兵法曰："知己知彼，百战不殆；知天知地，胜乃可全。"要制订一份合理的计划，第一步就是要对企业的内外部环境进行分析。

企业的外部环境包括所在国的政治、经济的状况，技术发展水平以及竞争者目前的状况；企业的内部环境包括本企业的现有产品和正在研发的新产品状况、所拥有的资源、人员状况等。这里，可以运用本章第二节中讲的"评估环境的技术"来全面调查、分析与制订计划有关的企业环境因素，获取、分析与本企业和本行业有关的信息情报。

调查和掌握的信息越多，信息分析的越准确，制订的计划就越能够指导企业实践，越具有可行性。

2. 确立组织目标

认清企业将要走向何方，那么确立目标是计划工作的重要组成部分。目标为组织的所有管理决策和行动指明了方向，为度量实际的工作成果提供了标准。组织内的每个成员都应朝着组织的共同目标努力。

目标的确立方法有传统的目标确立法和目标管理法。前一小节中，已经讨论了目标管理的方法。这里仅介绍传统的目标确立法。

传统设立目标的方法的核心思想是，首先设立组织的最高层目标，然后将其分解为每一个组织管理部门的子目标，并进而将其分解为员工的个人工作目标。这种观点成立的基础是假定最高管理者清楚"什么是企业最佳的目标和方式"。例如，某生产饮料的企业老总，认为该企业未来五年内能够在中国内地发展到三个省的经营区域，那么他就会告诉他的生产经理，未来五年生产成本、生产产量应达到什么水平；他会告诉他的营销经理，未来五年的销售应达到什么水平、广告费用应控制在什么标准。

这种方法存在的一个缺陷就是，如果最高层管理者制订的组织目标过于宽泛或模糊，如提高利润或使生产成本降低，那么这种模糊的目标在向下分解时，就会出现困难。这是因为只有把目标规定得更具体，员工在工作时才能够更清楚地知道要做什么。当组织的总目标被规定得很模糊时，每一个管理层次上的管理者在制订本部门的具体目标时，必须根据他们自己对组织目标的理解来制订，结果就可能导致目标失去清晰性和一致性。

3. 拟定多个可行性方案

由于实现计划目标的可行性方案往往不止一个，那么在拟订可行性行动方案时需要拟订尽可能多的方案以备选择。一般来说，可供选择的行动方案数量越多，被选定的方案的相对满意程度就会越高，也就越有利于实现所确立的目标。因此，在该阶段管理者应充分调动员工的积极性，鼓励他们积极参与、献计献策，同时也要充分利用组织内外的专家，多听取他们的意见和建议。

4. 评价各可行性方案，并选择最优方案

评价可行性方案要依据在第一个阶段掌握的企业的内、外部环境分析，并结合所确立的计划目标，分析各个可行性方案的优缺点，特别要注意各方案可能潜在的或间接的损失。通过科学的方法，评选最优方案。

5. 制订派生计划

上一阶段选出的仅是企业的总体规划方案，要想使其得以实现还需要各个部门和下属单位拟订更具体的计划，这些计划要更具有可执行性，如生产进度计划、销售计划和财务计划等。这些派生计划要在总体规划的指导下进行，并且能够使得总目标得以实现。

6. 用预算形式使计划数字化

在做出确定计划后，最后一步就是把计划转变成预算，使计划数字化。一项工作的进行必须有企业财务上的保证，另外，数字化了的计划可使计划的指标体系更加明确，使企业更易于对计划执行进行控制。因为定性的计划，往往在可比性、可控性方面相较于定量的计划较差。

本章小结

本章主要阐述了计划的含义和分类、几项常用的制定计划的技术、目标管理以及制定计划的一般过程。计划工作包含确定组织的目标、制定企业的战略以实现目标，以及制订与目标相关的一组广泛的计划以整合和协调组织的工作。计划既涉及结果也涉及手段。常用的计划技术有评估环境的技术、资源分配技术、项目管理和滚动计划技术等。计划的制订步骤一般包括组织环境分析、确立组织目标、拟定多个可行性方案、评价各可行性方案，并选择最优方案、制订派生计划和用预算形式使计划数字化。

知识掌握题

1. 计划的广义和狭义含义是什么？它在组织管理中起哪些作用？
2. 计划的类型有哪些？它们之间有什么联系吗？
3. 环境扫描技术是如何应用的？你能用该技术分析一下你目前的学习状

况吗？

4. 请搜集某企业的经营信息，用甘特图分析一下该企业各项活动进展的情况。

5. 你能够运用滚动计划技术制定一份你在新学期的学习计划吗？

6. 目标管理的含义是什么？它有哪些优缺点？考虑一下，它能否运用到你的日常生活中呢？

自 测 题

一、单项选择题

1. 企业经营环境变化速度的加快，使得企业中长期计划制定的难度不断加大，并且不断需要调整。鉴于此，有人提出以下几种意见，以应付不确定且经常出现重大突发事件的经营环境。请问，你最赞同其中哪一个建议？（　　）。
   A. 计划一旦制定就应保持其严肃性，可采取以不变应万变的做法
   B. 一旦环境发生变化，就应该主动放弃原计划而制定新计划
   C. 通过动态调整计划来适应环境变化，以保持中长期计划的灵活性
   D. 在保持原计划不变的同时，根据突变情况另外制定应急措施

2. （　　）是项目的特点。
   A. 一次性　　B. 重复　　C. 产出是标准的　　D. 风险小

3. 拟订和选择可行性行动计划不包括（　　）。
   A. 拟订可行性行动计划　　B. 评估计划
   C. 修改计划　　　　　　　D. 选定计划

4. 以下属于资源分配技术的是（　　）。
   A. 预测　　B. 环境扫描　　C. 线性规划法　　D. 目标管理

5. 下列属于派生计划的是（　　）。
   A. "十一五"国民经济发展规划　　B. 生产进度计划
   C. 沃尔玛中国未来五年发展规划　　D. 企业战略

二、多项选择题

1. 在PERT网络图中，关键线路是（　　）。
   A. 工序数量最多　　B. 作业时间之和最长
   C. 人员最多　　　　D. 费用最大
   E. 总时差等于零

2. 广义的计划工作包括（　　）。
   A. 制定计划　　B. 执行计划
   C. 检查计划　　D. 组织攻关
   E. 反馈结果

3. 竞争对手情报法，就是借助合法手段收集竞争对手的信息，试图得到（　　）。
   A. 谁是竞争对手
   B. 他们目前有什么新产品
   C. 竞争对手的行动将对我们产生什么影响
   D. 本企业与对方之间的差距有多大
   E. 他们有哪些优势和哪些劣势
4. 目标管理的基本特点在于（　　）。
   A. 它纠正了古典管理学派偏重以工作为中心、忽视人的一面
   B. 纠正了行为科学学派偏重以人为中心，忽视同工作结合的一面
   C. 使目标的实现更加容易
   D. 使目标的制定更加容易
5. 企业的外部环境包括（　　）。
   A. 所在国的政治、经济的状况和技术发展水平
   B. 竞争者目前的状况
   C. 本企业的现有产品和正在研发的新产品状况
   D. 本企业所拥有的资源

知识应用与课堂讨论题

西门子公司独特的企业培训计划

总部在德国慕尼黑的西门子公司实际已成为一家全球化经营的公司。西门子的业务几乎囊括了电子电气行业的主要领域，既生产助听器，又生产高速列车；既制造洗衣机，又提供发电站。到 1999 年 6 月 30 日，全公司 44 400 名员工中有 25 100 名在德国以外地区工作。1998—1999 年财政年度的前 9 个月，西门子公司 72% 的销售额来自德国以外地区。

作为一个历史悠久、技术先进的老牌跨国公司，全球化对其人事政策也提出了更高的要求。彼得·普里比拉，西门子最高董事会成员兼总部人力资源部总裁，认为人事工作具有超越部门界限、超越地区界限和社会界限的融合联络功能。因此，人事工作的最大艺术就在于把所有的基地联系成一个整体，引导它们向着使企业长期成功发展的方向行动。

从而西门子公司的人事政策的任务是：通过挑选人才、发展和提拔人才的措施，使每个工作位置有最合适的人选。同时，努力使西门子在世界各国成为最有吸引力的雇主，保证企业不断获得后备人才。

培训，是西门子人事政策中最有特色、最有成效的一部分。1995 年西门子总公司对西门子（中国）有限公司及其合资企业进行了专项培训需求调查。调

查显示，一个职位是否有吸引力，除了工资及社会福利外，培训的机会多少也是一个决定性因素。而在各种培训需求中，工作技能、销售、商务及对企业中高级管理层的培训又是重中之重。截至 1998 年 10 月，西门子在华员工已有近 1 000 人，其中具有大学以上学历的近 4 000 人，他们都在公司的重点培调对象之列。

为了体现公司对管理培训的重视，西门子决定将其在中国的培训机构命名为"西门子管理学院"。其特点是学习环境宽大、舒适，适合成人学习，并能实施小组讨论、网上学习及现代化的声像等现代化的教学手段。任务包括对公司管理层的培训、员工培训，特别针对西门子合资企业的职业教育和商务培训以及与中国高校的合作培养后备力量。此外，学院还要与中国有关机构的联络及合作培训。

"管理学习教程"是西门子管理学院培训活动的主线，主要面向的是西门子业务管理人员。该教程由五个级别组成，各级均以参加前一级所获得的技能为基础。内容是根据业务部门的实际需求制定的，业务部门也随业务的发展而参与教程的不断更新。

第五和第四级别（S5 和 S4）在中国进行。用中文教学，也包括英文的资料。S5 面向具有潜在管理才能的员工，目的是提高被培训者的自我管理和团队建设能力，内容包括企业文化、职业计划、自我管理、客户服务与协调技能。S4 面向高潜力的初级管理人员，目的是使被培训者具备初级管理的能力，内容包括质量与生产效率管理、金融管理、流程管理、组织建设及团队行为。

第三级别（S3）在亚太地区进行。用英文教学，面向负责核心流程或多项职能任务的管理人员，目的在于开发他们的企业家职能，内容包括业务拓展与市场发展战略、技术革新管理、改革技能、企业家行为及责任感。

第二和第一级别的教程（S2 和 S1）最高，均设在德国的西门子管理培训中心进行，用英文授课，面向担任重要职位的管理人员、负责全球性/地区性产品或服务的管理人员、负责两个以上职能部门的管理人员。目的在于提高他们的领导能力，内容包括企业价值、远景预见、高级战略管理、识别全球趋势、全球合作等。

每一教程按此顺序进行：启动研讨会阶段；预备自学阶段；研讨会第一阶段；项目工作阶段（公司实践），研讨会第二阶段；实现阶段（公司实践）。

每一阶段的任务分别为：

① 启动研讨会阶段：解释自学材料的特点，让学员理解实践学习的含义，同时传授自学的技巧。

② 预备自学阶段：学员通过自学获取一些基础知识。学员可以选择作为管理学习基础的适当项目，并主动向其上级请教适合的课题。

③ 研讨会第一阶段：所有参与者第一次进行个人接触，不仅有西门子管理学院的专职培训老师传授技巧与知识，还由学员之间交流经验，并由学员组成团

队进行具体项目的操作与管理。

④ 项目工作阶段：学员返回工作岗位，在团队中执行其选定的项目。

⑤ 研讨会第二阶段：与第一阶段类似，继续交流经验与进一步执行项目。

⑥ 实现阶段：参与者对项目进行总结，将结果提交给项目辅导员并制成文件输入公司内联网络。

对于普通员工，则有业务培训计划，也叫作员工再培训计划。旨在帮助他们在日新月异的商业环境中，不断提高日常工作的能力。再培训课程主要由两部分构成：一是与个人技能有关的课程，核心在于改进员工的个人竞争能力，如演讲技巧、沟通技巧、解决问题能力、团队建设能力等；另一部分是特定工作岗位所要求的专业知识与技巧，如市场营销部门包括谈判技巧、竞争销售技巧等课程。再培训课程还可按照客户特殊的、更为详尽的要求，提供企业内部培训及定制的培训。

对技术工人的培训，西门子引进的是德国的双轨制模式，因为技术工人的工作既要符合德国工商会及西门子公司的内部标准，又要适合中国的实际条件。技工培训为期3年，实践部分在西门子的合资工厂或西门子管理学院在北京和上海的西门子职业培训中心完成；理论部分在汉斯赛德尔基金会及德国技术合作公司倡办的职业培训机构进行。职业培训结束后，学员将获得由德国商会和中国劳动部认可的证书。

西门子公司不仅注重对在职员工的培训，也很注意对后备人才的选拔与培养。西门子在北京成立了"高校联络处"，隶属于西门子管理学院，已与20所中国名牌大学的教授、院系与学生建立了密切的联系。例如，西门子对一些大学提供教学材料，派遣西门子的技术专家去讲课。在上海同济大学的中德学院，西门子出资设立了两个教授位置。西门子公司的自动化和驱动技术部在中国的大学里建立了六个培训中心。每年还要从这些大学中甄选出杰出的50名大学生参加"西门子国际学生日"活动，他们有机会在特设的研讨班中接受工作技能的培训、与西门子的经理们进行研讨、了解新产品的信息等。

据公司主管人事的副总裁普里比拉教授说，该计划的目的在于在世界范围内寻找最优秀的自然科学人才，向他们传授杰出的专业能力，并培养他们超越各国文化界限合作工作的能力。西门子公司培养这些人才，当然希望他们能进入西门子德国公司或世界上其他的西门子公司，但并没有一些硬性规定。因为"就是那些以后不在西门子公司工作的人，也可能在其他地方成为客户单位中占有举足轻重地位的决策者"。

本案例思考讨论题：

1. 西门子公司培训计划的重点是什么？"管理学习教程"的最大特点是什么？

2. 你认为西门子公司在"管理学习教程"中倡导的自学、研讨及将所学用于实践项目的方法好不好?为什么?

3. 西门子公司对不同的员工是否实施了不同的培训?它们的区别在哪里?

资料来源:森涛培训网,http://www.stpxw.com/zsgx/200712/zsgx_2283.html

情景模拟题

一、情景介绍

A公司是一家乳制品公司,自2006年成立以来,发展良好,有一支良好的技术、管理和市场开拓员工队伍,公司主要客户是四川地区的乳制品消费者。近年来,随着业务的发展,为了扩大市场占有率,提升企业竞争实力,公司根据自身资源拥有情况和经营特点考虑,决定增加产品的品种和原产品的产量。公司现有产品的品种有液态鲜奶的塑料包装和纸质包装两种、盒装和瓶装酸奶。它们的产量分别为塑料包装的液态鲜奶10吨/年、纸质包装的液态鲜奶15吨/年、盒装酸奶8吨/年、瓶装酸奶5吨/年。

二、模拟训练

1. 同学们可自由组合或由指导老师组合成若干小组,分别承担公司生产部门、供应部门、营销部门和研发部门的计划工作,做出该部门在下一年的年度计划。

2. 每一小组推举1名代表上台扮演该部门经理,阐述该部门的年度计划,其中有的同学扮演公司经理、副经理或其他部门负责人在现场提问。每小组按所承担部门工作轮流进行阐述。表演结束后请全班同学分别给各小组评分。

实践训练题

项目:编制组织各主要部门的月计划

1. 实训项目

对组织各主要部门的工作编制月计划并考虑各部门计划之间的关系。

2. 实训目的

通过访问某一个组织或教师所提供的组织资料,培养学生对组织各部门计划的理解,掌握组织计划的内涵。

3. 实训内容

(1)要求学生了解该组织后,编制出组织的采购部门、生产部门和营销部门的月计划。

(2)通过总结,理解各部门计划的内涵和重要性及它们之间的关系。

4. 实训组织

(1)把全班同学分成4~6个小组,每个组确定1个负责人。

(2)每组学生分别走访某一个组织,考察其组织各主要部门及其计划制度(或从资料中提炼出组织各部门的计划制度)。

5. 实训考核

(1) 要求每位学生写出访问报告、小结,必要时用图表方式表达。

(2) 要求实训小组制作 PPT 在全班进行讲解交流,教师给出评语。

(3) 要求学生填写实训报告。其内容包括:① 实训项目;② 实训目的;③ 实训内容;④ 本人承担任务及完成情况;⑤ 实训小结。

课下补充参考资料

1. 斯蒂芬·P·罗宾斯,玛丽·库尔特. 管理学 [M]. 孙健敏,等,译. 北京:中国人民大学出版社,2004

2. 哈罗德·孔茨,海因茨·韦里克. 管理学 [M]. 赫国华,等,译. 北京:经济科学出版社,1998

3. 周三多,等. 管理学——原理与方法 [M]. 上海:复旦大学出版社,2006

4. 周三多,贾良定. 管理学习题与案例 [M]. 北京:高等教育出版社,2005

5. 杨文士,等. 管理学原理(第二版)[M]. 北京:中国人民大学出版社,1994

第五章

组织

学习目的和要求

通过本章学习，要求达到：
知识目标：了解组织的职能的基本内容和组织结构的构成。
素质目标：熟悉组织结构的设计与组织变革方法。
技能目标：掌握组织文化建设的方法。
能力目标：能够运用所学组织协调与变革技术分析现实组织管理问题。

主要概念和原理

组织 组织的结构 组织设计 组织文化 组织变革 人本原理 组织整合原理 组织文化建设

▶ 案例导入

冲突的解决

东方公司在20世纪80年代早期，从化学制药厂商转而生产制药业中的药品包装产品，如新的生物药剂所用的胶囊和糖衣。公司位于南京郊区，包括六个分部：营销部、研究部、开发部、生产部、行政部和人事部。1988年公司成功地研制出几种现代药品，把生产范围扩大到各种药丸、糖衣。公司研究部对生化技术有详细的了解，发明了很多有价值的产品。"生物多态糖衣"是公司的最近一项研究成果，对公司产生了深远影响。

随着生产规模的扩大，公司中的研究部和生产部的冲突越加明显，并严重影响到整个公司业绩。引起这种冲突的主要几个因素是：首先，新技术进入了公司，生产方法和产品经常变化，越来越复杂，同时要求制造人员知道为什么。公司从传统的化学反应制药法转为包括生物技术在内的高科技生产法。这导致了生产部面临的问题，因为该部的工作人员没有足够的教育程度来面对这些复杂的新技术。因而他们常对新技术持抵触态度。公司研究部主管杨同说道："现在需要更多的专业生产人员，他们应该有大学文凭并做过研究助理。但生产部没有足够的这类人，这在创新速度大大加快的今天就成了一个大问题了。"他还描绘了一下生产人员对新技术的不信任。研究人员不能从生产部得到预期的反应，他们自然要问：既然没人对我们的发明感兴趣，创新又有什么用？同时，当研究人员向生产人员解释为什么出了问题并试图帮助他们时，生产人员并不感激他们。

生产部负责人李瑞则说，由于生产人员没有足够的技术工艺背景，他们在准备发酵所产生的生物多态糖衣时就面临困难，而这是一个生物工艺。他们不喜欢研究人员插手他们的生产工作。生产人员总认为研究人员净挑他们工作的错误。然而，研究人员却认为生产人员总是拒绝他们的计划和想法，这导致更少的交流和生产部对新项目的更强烈的抵制。

两个部门都对对方有些成见。生产人员认为研究人员太理想化，脱离实际。反过来，研究人员则认为生产人员不尊重他们的工作并抵制任何创新和进步。

并且，两个部门职员的动机和看法也不一样。研究人员更注重成功而不是盈利，生产人员则相反。另一个不同是生产人员总想保证工艺无差错，而研究人员则想通过试错来更好地开展实验工作。

杨同认为在质量控制水平上也有问题，生产部下的质控部应提高效率。这些职员仍把新产品看成不足道的微生物质量监控问题。李瑞解释了这个部门的重要性，同时指出对于生物技术产品应正确处理，不然就会导致灾难性的后果。

由于质控部职员明显缺乏技术背景知识，他们不能适应工作的新思想。有时他们未和研究部商量就作分析并把结果送给客户。而公司的大多数客户有良好的技术背景知识，很容易看出错误。东方公司会因此而降低声誉。

杨同与李瑞对解决问题有了些想法。但不知道是否合理或者是否有其他解决方法。他们把这些想法交给公司管理顾问王飞，王飞分析后做出设计意见：

（1）应通过足够的培训，以对生物技术有较多的了解，来加强生产推动的作用。

（2）在产品取得市场成功时，应强调生产部所起的重要作用。

（3）研究人员应将工作扩展到生产部去，同时生产部也应涉及研究开发部的工作。建议高层管理成立一个工作组，让两个部门从项目一开始就讨论、合作。这样，生产人员就能知道研究人员的工作方式，而研究人员也能预见大规模生产时要碰到什么问题。

（4）质量控制部由成立的工作组直接领导，所有资料经审核后，统一向外发布信息。

（5）革新首先由研究部开始，研究部从事产品开发或程序改进，以满足营销部反馈的外部需求或自身的要求。产品或程序经测试分析后送到开发部,开发部估计一下新产品的用途并将之从实验品阶段提高到可生产阶段。然后生产部在研究部监督下生产,如果没什么差错,就转入大规模生产。产品在包装运输前送到质量控制部检验。

资料来源:李剑锋. 组织行为 [M]. 北京:中国人民大学出版社,2006年7月再版(注:经过改编)

案例分析

本案例组织中两个群体发生冲突是由于组织新任务建立后组织结构不适应和组织创新文化建立的不完善导致的。组织在变革中应注重员工的培训与指导,要设立较为合理的组织结构,在组织内部应有合理的分工。使组织协调发展的根本所在是应用管理思想引领组织变革。

第一节 组织与组织设计

一、组织的概念

组织就是按照既定目标而设置的多层次若干职责分明的岗位及相应的人员组成的功能结构,对各方面的人和事进行有效的组合,以协调运转,使职工都为完成总体目标努力。因此,任何组织都必须具有人员、职位、职责、关系、信息五大因素。此外,还必须具有目的性和协调性两大特点。实践证明:高明的人能够使任何组织发挥功效。因为许多事情必须通过人们的相互合作才能完成。所以组织的目的,就是让人们从事集体的工作,使人们能有效地共事。

组织是实现总体目标和计划的保证。因为,广大职工为了要共同完成总体目标和计划,若职工是一盘散沙,则将一事无成。所以,管理工作者要对所完成的总体任务进行了解和分析,进而将总体任务分解为一个个基本环节或要素,并明确分工落实到基层或个人,然后促使他们在分工的基础上密切合作,有效地进行工作。

即问即答 5-1

组织是管理的一项重要职能,它由三个基本要素构成,这三个基本要素是什么?

二、组织的职能

在我国,人们又将组织职能解释为:为了实现组织的共同任务和目标,对人们的生产经营活动进行合理的分工和协作,合理配置和使用组织的资源,正确处理人们相互关系的管理活动。或者说：组织是为了实现组织经营目标，把构成组织生产经营活动的基本因素，生产经营活动过程的主要环节，以有秩序的、有成效的方式组合起来的工作。这两种解释都是针对组织的组织职能而言，包括了组织的生产组织、劳动组织、管理组织等，类似于法约尔的物质组织与社会组织。不过，正如法约尔侧重研究社会组织一样，我们所讨论的组织职能将局限于管理组织工作，它适用于各类组织。

组织职能的含义是指：为有效实现组织目标，建立组织结构，配备人员，使组织协调运行的一系列活动。所以组织的职能就是要设计和维持一套职位系统，以便人们更好地分工合作。一个良好组织的职位体系，必须体现以下特点：目标切实可行；主要的任务与业务清楚；职权范围明确，使每个工作人员都知道自己该干什么，以及能随时随地得到工作所需的信息和手段。

从一个组织的组织来说，它的组织职能应包括以下几点。

（1）组织设计——设计并建立组织结构。选定合理的组织结构，确定相应的组织系统，规定各部门的职权和职责。

（2）组织联系——职权分配与授权。规定组织结构中各部门间的相互联系，规定命令下达和信息反馈的渠道，明确他们的协调原则和方法。

（3）组织运用——规定组织体系内各职能部门的工作顺序、业务运行的技巧，以及建立检查、报告制度等，进行组织协调与变革。

相关链接 5-1

从一个组织来看，光有高明的人还是不够的，还必须让组织内所有的人都能了解自己的任务和彼此之间的联系。所以，组织的职能就是要设计和维持一套职位系统，以便人们更好地分工合作。一个良好组织的职位体系，必须体现以下特点：目标切实可行；主要的任务与业务清楚；职权范围明确，使每个工作人员都知道自己该干什么，以及能随时随地得到工作所需的信息和手段。

资料来源：哈洛尔德·康茨，西里尔·奥登纳尔. 管理学精华. 北京：工人出版社，1985

三、组织结构

1. 组织结构的含义

组织结构是组织内的全体成员为实现组织目标，在管理工作中进行分工协作。通过职务、职责、职权及相互关系构成的结构体系。组织结构的本质是成员间的分工协作关系。组织结构的内涵是人们的职、责、权关系，因此，组织结构又可称权责结构。

2. 组织结构的内容

组织结构具体包括以下内容：

(1) 职能结构，即完成组织目标所得的各项业务工作及其比例和关系，如一个企业有经营、生产、技术、后勤、管理等不同的职能。各项工作任务都为实现企业的总体目标服务，但各部分的权责关系却不同。

(2) 层次结构，即各管理层次的构成，又称组织的纵向结构。例如，公司机构的纵向层次大致可分为董事会——总经理——各职能部门。而各部门下边又设基层部门，基层部门下边又设立班组。这样就形成了一个自上而下的纵向的组织结构层次。

(3) 部门结构，即各管理或业务部门的构成，又称组织的横向结构，如企业设置生产部、技术部、营销部、财务部、人事部等职能部门。

(4) 职权结构，即各层次、各部门在权力和责任方面的分工及相互关系。例如，董事会负责决策，经理负责执行与指挥；各职能层次、部门之间的协作关系、监督与被监督关系等。

从企业组织结构的定义中可以看出，组织结构的本质是责权利关系的划分吗？

四、组织设计

为了便于管理，实现组织的宗旨和目标，每个组织（极小的、极为简单的组织除外）都要分设若干管理层次和管理机构，明确它们各自的职责和权限，以及相互间的分工协作和信息沟通方式。这样组织起来的上下左右紧密结合的框架结构，就称为组织结构。

组织结构的设计要充分考虑下列诸因素。

1. 组织的性质和任务

政府机关、工商企业、学校、医院、群众团体等，在组织结构上、性质上自然有所不同。性质的不同导致完成组织的宗旨和目标服务的任务不同。

2. 组织的规模

例如同是工商企业，小型企业的组织结构显然不同于大型企业或企业集团，有些企业在创始时规模很小，业务简单，往往无正式的组织结构；随着规模的扩大，才建立正式组织结构并逐渐完善。

3. 组织的生产技术特点组织结构

例如同是工业企业，但分属于不同的部门行业，采用不同的生产技术，它们的组织结构就有差别。

4. 组织的人员素质

这里包括领导者和被领导者的素质，它对组织结构的各要素（体制、机构、权责、分工协作等）都有影响，从而带来组织结构的差异和变化。

5. 组织所处的环境

如传统产业的企业，外部环境较稳定，其机构设置、权责分工等就可以稳定些，规定细致些。如新兴产业的企业，外部环境多变，组织结构就不稳定，职责分工也不严格，重在临时协商和发挥职工主动性。

由此可见，组织结构设计应有权变观点。从实际出发，具体情况具体分析。适用于一切组织的最好的组织结构是不存在的。

6. 组织设计的任务

组织设计的任务主要有：确定与划分组织的不同部门，规定这些部门之间的相互关系；分析和确定组织的职能与分类；分解组织职能的具体任务和职责；对组织的各项职能按照一定的联系方式进行配置。

7. 组织结构设计的原则

组织设计应遵循以下原则：

（1）目标、任务原则，即组织结构的设计，必须从组织要实现的目标、任务出发，并为有效实现目标、任务服务。

（2）专业分工与协作的原则。要按照专业化的原则设计部门和确定归属，同时要有利于组织单元之间的协作。

（3）指挥统一原则，即在配合职权关系中，必须保证指挥的统一性，防止令出多门。

（4）有效管理畅度原则。每个管理畅度大小的设计，必须确保能实现有效控制。

（5）集权和分权相结合的原则。要将高层管理者的适度权力集中与放权于基层有机结合起来。

（6）责权利相结合原则。要使每一个组织单元或职位所拥有的责任、权力和利益相匹配。

（7）稳定性和适应性相结合原则。既要保证组织的相对稳定性，又要在目标或环境变化情况下能够适应或及时调整。

（8）决策执行和监督机构分设的原则。为了保证公正和制衡，决策执行机构和监督机构必须分别设置。

（9）精简高效原则。机构既要精简，又要有效率。

8. 组织结构设计时机的把握

组织结构设计主要针对三种情况：一是新建组织需进行组织结构设计；二是原有组织结构出现较大问题或组织目标发生变化；三是组织结构需进行局部的调整和完善。在三种不同的情况下，组织结构设计的基本程序是一致的。组织结的设计一般按下述程序进行。

(1) 确定目标,即按组织的性质和宗旨来提出设计的要求和原则,如公司一级的管理幅度是宽些还是窄些?是实行集权式管理还是实行分权式管理?等等。

(2) 收集和分析资料,包括调查研究同类组织的组织结构,结合上述目标分析它们的优缺点,为以下步骤的设计工作提供参考借鉴。

(3) 从组织自身的宗旨、目标和计划出发,将必须从事的工作和业务活动加以确认和分类归组,明确各类活动的范围和大概的工作量。

(4) 设计组织结构框架,即设计承担这些管理职能和业务的各个管理层次、部门、岗位及其权责。按照划分的各类活动,设置组织机构,形成层次化、部门化的结构,绘制出组织图。这是组织结构设计中的关键性步骤。

(5) 确定职务、岗位、职责和权限,即首先规定各层次、机构的职责,然后对机构内部的工作或业务进行分工,确定相应的职务、岗位和职责;最后按权责对等原则,规定各层次、机构、职务、岗位所拥有的权限。

(6) 设计联系方式,即设计纵向管理层次之间、横向管理部门之间的协调方式和控制手段。设计信息沟通和协作方式,如信息的发出者、接收者,信息传递的内容、方式、频率等。协作方面特别要处理好跨单位的工作,防止无人负责。

(7) 建立各项有关组织结构的规章制度,即设计管理规范,确定各项管理业务的管理工作程序、管理工作应达到的要求和管理人员应采用的管理方法等,以及部门和人员的考评制度、激励制度和培训制度等。

(8) 人员配备和管理训练,即为组织结构运行配备相应的管理人员和工作人员,并训练他们适应组织结构的各要素运作方式,使他们了解企业内的管理制度或掌握所需技术等。

(9) 评价和批准组织结构设计方案,然后付诸实施,或对现有结构进行调整,即要在组织运行过程中,根据出现的新问题、新情况,对原有组织结构设计适时进行修正,使其不断完善。

组织结构受到多种因素的影响,绝非一成不变。在影响因素发生重大变化时,必须对组织结构进行改革和创新。不过,对此应采取严肃态度和慎重步骤,有领导有计划地进行。

即问即答 5-3

组织设计是基于什么情况下进行的?

第二节 组织结构的基本类型和形式

一、组织结构的基本类型

组织结构形式是管理组织结构设置的具体模式，企业职能设计完成后，就可以进行组织结构框架设计，它包括纵向结构设计和横向结构设计两个方面。横向结构设计解决部门划分问题，建立分工协作关系；纵向结构设计解决层次划分问题，建立领导隶属关系。

1. 组织结构的管理幅度与管理层次

管理幅度亦称管理跨度，系指一名管理者直接管理的下级人员的数量。一般而言，上级直接管理的下级人员多，称为管理幅度大或跨度宽；反之，则称为管理幅度小或跨度窄。从形式上看，管理幅度仅仅表示了一名管理者直接管理的下级人员的人数；但由于这些下级人员都承担着某个部门或某个方面的管理业务，管理幅度的大小，实际上反映着上级管理者直接控制和协调的业务活动量的多少。因此，管理幅度的概念本身就表明，它既同人（包括管理者和下属）的状况有关，也同业务活动的特点有关。研究表明，高层领导中，通常一个主管可以有效地管理 4~8 人；在组织的低层，一个主管可以有效地管理 8~15 人。

管理层次亦称组织层次，是指社会组织内部从最高一级管理组织到最低一级管理组织的各个组织等级。管理层次从表面上看，只是组织结构的层次数量，但其实质上反映的是组织内部纵向分工关系，各个层次将担负不同的管理职能。因此，伴随层次分工，必然产生层次之间的联系与协调问题。

管理幅度与管理层次互相制约，之间存在着反比例的数量关系，其中起主导作用的是管理幅度。所谓起主导作用，就是管理幅度决定管理层次，即管理层次的多少取决于管理幅度的大小。这是由管理幅度的有限性所决定的。产生这种有限的原因在于：① 任何管理者的知识、经验和精力都是有限的。② 下级人员受其自身知识、专业、能力、思想等素质条件和岗位工作的负担、分工条件的局限影响。同时，也应看到管理层次对管理幅度也存在一定的制约作用。这是因为管理层次与管理幅度相比，具有较高的稳定性。这就要求管理幅度在一定程度上应服从既定的管理层次。

2. 管理幅度与管理层次设计

由于有效管理幅度是决定管理层次的基本因素，因此，在进行设计时，就需要首先根据企业的具体条件，正确规定管理幅度；然后，在这个数量界限内，再考虑影响管理层次的其他因素，提出管理层次的设计方案。

（1）管理幅度设计。管理幅度设计所应考虑的因素从理论上可以归结为上下级关系的复杂程度。直接影响上下级关系复杂程度的因素主要有管理工作性质、人员素质状况、下级人员职能状况、计划与控制的有效性、信息沟通效率、组织变革速度、下级组织和人员空间分布状况等方面。

管理幅度设计常用的方法主要有两种：① 经验统计法。即先对不同类型组织的管理幅度进行抽样调查，再以调查所得的统计数据为参照，结合本组织的具体情况去确定管理幅度。经验统计法简便易行，它的局限性是它缺少对影响特定组织管理幅度诸因素的具体分析，提出的管理幅度建议难免与特定组织的实际条件不符。② 变量测定法。它是指把影响管理幅度的各种因素作为变量，采用定性分析与定量分析相结合的方法来确定管理幅度的一种方法。与经验统计法比，由于全面考虑了影响特定组织管理幅度的主要因素，并进行了定量分析，因此，它所规定的管理幅度更为科学、合理。其缺点是，在选择主要变量和确定变量时仍受主观判断影响。

（2）管理层次设计。管理层次设计的制约因素主要有有效管理幅度、纵向职能分工以及组织效率等。管理层次设计的步骤主要是：① 根据纵向职能分工，确定基本的管理层次；② 按照有效管理幅度推算具体的管理层次；③ 按照提高组织效率的要求确定具体的管理层次；④ 按照组织的不同部分的特点，对管理层次作局部调整。

在组织设计中，可能产生两种典型的组织结构：一是高层结构形式，即管理层次较多，而管理幅度较小；二是扁平结构形式，管理层次较少，而管理幅度较大。

（1）高层结构。其优点：① 主管人员的管理幅度较小，能够对下属进行面对面的、深入的、具体的领导；② 由于主管人员的管理幅度较小，一般不需设副职或助手，有利于明确领导关系，建立严格的责任制；③ 主管人员和人数较少的下属所组成的集体规模较小；④ 因层次多，各级主管职务相应较多，能为下属提供晋升机会，促使其积极努力工作，提高自身素质。

高层结构的缺点：① 由于层次较多，需要配备较多的管理人员，彼此之间的协调工作也相应增加，造成管理费用大；② 信息的上传下达要经过多个层次，速度慢，并容易发生失真和误解；③ 计划和控制工作较为复杂；④ 最高领导层与基层人员相隔多个层次，不容易了解基层现状并及时处理问题。

（2）扁平结构。其优点：① 信息传递速度快、失真少；② 管理费用低；③ 便于高层领导了解基层情况；④ 主管人员与下属能够组成较大的集体，有利于解决较复杂的问题；⑤ 有利于现实授权，激发下属积极性，并培养下属管理能力。

扁平结构也存在缺点：① 上层管理人员的管理幅度大，负荷重，难以对下级进行深入具体的指导和监督；② 对领导人员的素质要求较高，有时需配备副职协助，这又可能引起职责不清与不协调的现象；③ 主管人员与下属组成较大的集体，不利于同级间的相互沟通联络和主管人员对信息的利用。

对于高层结构和扁平结构，关键是要根据企业的具体条件加以选用，扬其长而避其短，以取得良好效果。在现代企业管理中，注重采用扁平结构，这是一种趋势。

在组织中是否管理幅度越宽越好？管理层次越多越好？

二、组织结构的形式

通过机构、职位、职责、职权及它们之间的相互关系，实现纵横结合，组成不同类型的组织结构。

1. 直线制

直线制是一种最早的和最简单的组织形式，它最初产生于手工业作坊，当时老板和工场主都是实行"个人管理"，对生产、技术、销售、财务等各项事务都亲自处理。因此，这种组织形式没有职能机构，从最高管理层到最低管理层，实现直线垂直领导，如图5-1所示。

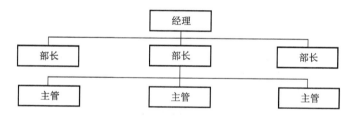

图5-1 直线制组织结构形式

直线制的优点是：① 机构简单，沟通迅速；② 权力集中，指挥统一；③ 垂直联系，责任明确。其缺点是没有职能机构，管理者负担过重，而且难以满足多种能力要求。因此，只适用于小规模企业。

2. 职能制

职能制是指设立若干职能部门，各职能部门在自己的业务范围内都有权向下级下达命令和指示，即各级负责人除了要服从上级直接领导的指挥以外，还要受上级各职能部门的领导，如图5-2所示。

职能制的优点是管理分工较细，利于工作深入，便于充分发挥职能机构的专业管理功能。但这种组织形式容易出现多头领导，政出多门，破坏了统一指挥原则。事实上，职能制也只是表明了一种强调职能管理专业化的意图，无法在现实中真正实行。

3. 直线—职能制

直线—职能制又称直线参谋职能制，或生产区域制。它吸取了直线制和职能

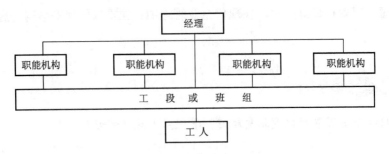

图 5-2 职能制组织结构形式

制的长处，也避免了它们的短处。它把直线指挥的统一化思想和职能分工的专业化思想相结合，在组织中设置纵向的直线指挥系统和横向的职能管理系统，即在各级领导者之下设置相应的职能部门分别从事专业管理，如图 5-3 所示。

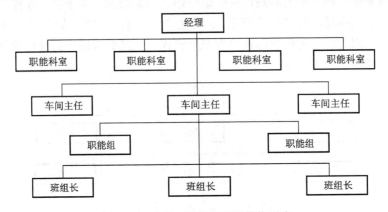

图 5-3 直线—职能制组织结构形式

这种组织形式的特点是以直线指挥系统为主体，同时利用职能部门的参谋作用。职能部门对下级部门无权直接指挥，只起业务指导作用。其在直线人员授权下可行使职能权。

直线—职能制既保证了组织的统一指挥，又有利于强化专业化管理，因此，这种组织形式普遍适用于各类组织。

直线—职能制也有不足：① 下级缺乏必要的自主权；② 各职能部门之间联系不紧，易于脱节或难以协调；③ 直线人员与参谋人员关系有时难以协调。

4. 事业部制

事业部制也叫联邦分权化，它是一种分权制的组织形式，是指在公司总部下增设一层相对独立经营的"事业部"，实行公司统一政策，事业部独立经营的一种体制，如图 5-4 所示。

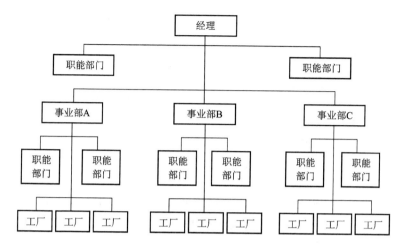

图 5-4 事业部制组织结构形式

事业部是分权化单位,它分割了一定的直线指挥权限,有进行采购、生产、销售的自主权;是实际的利益责任单位,具有利益生产、利益核算、利益管理三种职能,是在总公司控制下的利益中心。在总公司领导下,实行独立核算,自负盈亏;每一个事业部是一个责任中心,是产品责任单位或生产责任单位,有自己独立的市场。

事业部的划分可参照产品、地域、服务对象等标志。

事业部制的主要优点:① 对产品的生产和销售实行统一管理,自主经营,独立核算,有利于发挥各事业部的积极性、主动性,并能更好地适应市场;② 有利于最高层管理者摆脱日常事务,集中精力去考虑宏观战略;③ 有利于锻炼和培养综合管理人员。

事业部制的主要缺点:① 事业部制要求管理者精干得力,知识面广,经验丰富,如果管理者素质达不到该要求,则会造成事业部管理的困难;② 事业部制还存在着分权所带来的一些不足,如本位主义;指挥不灵,企业整体性差;职能机构重复设置,管理人员增多等。

事业部制主要适用于规模大、有不同市场面的多产品(服务)的现代大企业。

5. 矩阵制

矩阵制结构又叫规划—目标结构,它由纵横两套管理系统叠加在一起组成一个矩阵,其中纵向系统是按照职能划分的指挥系统,横向系统一般是按产品、工程项目或服务组成的管理系统,如图 5-5 所示。

这种形式的组织结构最初出现在 20 世纪 50 年代末,被用于完成某些特殊任务。例如,企业为了开发某项新产品,在研究、设计、试制、生产各个方面,要求有关职能部门派人参加,组成一个专门小组,小组里的成员既同原职能部门保

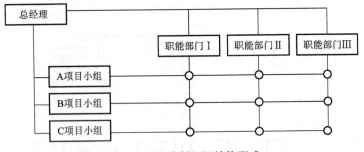

图 5-5 矩阵制组织结构形式

持组织上和业务上的联系,接受原部门主管的领导——主要是专业技术上的领导,又要对项目小组的主管负责,服从项目主管的管理——作为一个作业部门的领导者对其工作人员的全面管理。

矩阵制组织结构的优点是:① 使企业组织结构形成一种纵横结合的联系,加强了各职能部门之间的配合;② 对人员的使用富有弹性,有利于发挥专业人员的综合优势,有利于改善整体工作效率。

矩阵制组织结构的缺点是:① 由于组织成员必须接受双重领导,破坏了统一指挥原则,下属会感到无所适从;② 工作出现差错时,不易分清领导责任。

这种组织形式主要适用于变动性大的组织或临时性工作项目。

6. 委员会组织

委员会也是一种常见的组织形式,它是执行某方面管理职能并实行集体决策、集体领导的管理者群体。委员会在实践中被广泛采用,如董事会、监事会、职工委员会、学位评定委员会等。

组织中的委员会可以是临时的,它是为某一特定目的而组织的,完成特定任务后即行解散;委员会也可以是常设的,它促进协调沟通与合作,实施制定和执行重大决策的职能。按职能划分可分为两种类型:一种是直线形式的,如董事会,它的决策要求下级必须执行;另一种是参谋式的,它为直线人员提供咨询建议和方法等。

突出优点是集体领导和决策,有效避免了个人水平能力有限造成的各种失误;缺点是决策速度慢,不利于个人负责,责任人不清。

这种组织形式主要适用需要集体领导或专项职能的组织。

7. 多维组织

多维组织又称为立体组织,它是矩阵组织的进一步发展。多维组织结构是由美国道·科宁化学公司于1967年首先建立的,如图5-6所示。

这个组织结构由三方面的管理系统组成:

(1) 按产品划分的事业部,是产品利润中心。

(2) 按职能(市场研究、生产、调查、技术研究、管理)划分的专业参谋

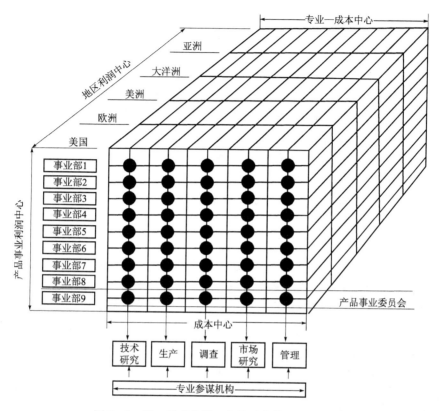

图 5-6　道·科宁化学工业公司多维组织结构图

机构，是专业成本中心。

（3）按地区划分的管理机构，是地区利润中心。

在这种管理组织形式下，事业部经理不能单独做出决定，而是由产品事业部经理、专业参谋部门和地区部门的代表，三方面共同组成产品事业委员会，对各类产品的产销进行决策。这样，就把产品事业部经理和地区经理以利润为中心的管理，与专业参谋部门以成本为中心的管理较好地结合起来，协调了产品事业部之间、地区部门之间的矛盾，有助于及时互通情报，集思广益，共同决策。这种组织形式适用于跨国公司规模巨大的跨地区公司。

上述介绍的各种组织形式，各有利弊，没有哪种是十全十美的。组织应依目标与实际情况进行灵活选择。必要时也可将几种形式结合起来，进行有机结合，以更有效地保证目标实现。

在跨国公司中实行哪种组织结构形式最好？

第三节　组织文化和组织变革

组织文化（Organizational Culture）是组织的灵魂，是推动组织发展的不竭动力。它包含着非常丰富的内容，其核心是组织的精神和价值观。这里的价值观不是泛指组织管理中的各种文化现象，而是组织或组织中的员工在从事商品生产与经营中所持有的价值观念。组织文化是一个组织由其价值观、信念、仪式、符号、处事方式等组成的其特有的文化形象。

一、组织文化定义分析

根据组织文化的定义，其内容是十分广泛的，但其中最主要的应包括如下几点。

1. 经营哲学

经营哲学也称组织哲学，是一个组织特有的从事生产经营和管理活动的方法论原则。它是指导组织行为的基础。一个组织在激烈的市场竞争环境中，面临着各种矛盾和多种选择，要求组织有一个科学的方法论来指导，有一套逻辑思维的程序来决定自己的行为，这就是经营哲学。例如，日本松下公司"讲求经济效益，重视生存的意志，事事谋求生存和发展"，这就是它的战略决策哲学。北京蓝岛商业大厦创办于1994年，它以"诚信为本，情义至上"的经营哲学为指导，"以情显义，以义取利，义利结合"，使之在创办三年的时间内营业额就翻了一番，跃居首都商界第4位。

2. 价值观念

所谓价值观念，是人们基于某种功利性或道义性的追求而对人们（个人、组织）本身的存在、行为和行为结果进行评价的基本观点。可以说，人生就是为了价值的追求，价值观念决定着人生追求行为。价值观不是人们在一时一事上的体现，而是在长期实践活动中形成的关于价值的观念体系。企业的价值观，是指企业职工对企业存在的意义、经营目的、经营宗旨的价值评价和为之追求的整体化、个异化的群体意识，是企业全体职工共同的价值准则。只有在共同的价值准则基础上才能产生企业正确的价值目标。有了正确的价值目标才会有奋力追求价值目标的行为，企业才有希望。因此，企业价值观决定着职工行为的取向，关系企业的生死存亡。只顾企业自身经济效益的价值观，则会偏离社会主义方向，不仅会损害国家和人民的利益，还会影响企业形象；只顾眼前利益的价值观，则会急功近利，搞短期行为，使企业失去后劲，导致灭亡。我国老一代的民族企业家卢作孚（民生轮船公司的创始人）提倡"个人为事业服务，事业为社会服务，个人的服务是超报酬的，事业的服务是超经济的。"从而树立起"服务社会，便利人群，开发产业，富强国家"的价值观念，这一为民为国的价值观念促进了民生公司的发展。北京西单商场的价值观念以求实为核心，即"实实在在的商品、实实在在的价格、实实在在的服务。"在经营过程中,严把商品进货关,保证商品质量;控制进货成本,提高商品附加值;提倡"需要理解的总是顾客,需要改进的总是自己"的观念,提高服务档次,促进了企业的发展。

3. 企业精神

企业精神是指企业基于自身特定的性质、任务、宗旨、时代要求和发展方向,并经过精心培养而形成的企业成员群体的精神风貌。

企业精神要通过企业全体职工有意识的实践活动体现出来。因此,它又是组织内职工观念意识和进取心理的外化。

企业精神是组织文化的核心,在整个组织文化中起着支配的地位。组织精神以价值观念为基础,以价值目标为动力,对组织经营哲学、管理制度、道德风尚、团体意识和组织形象起着决定性的作用。可以说,组织精神是组织的灵魂。

组织精神通常用一些既富于哲理,又简洁明快的语言予以表达,便于职工铭记在心,时刻用于激励自己;也便于对外宣传,容易在人们脑海里形成印象,从而在社会上形成个性鲜明的组织形象。如王府井百货大楼的"一团火"精神,就是用大楼人的光和热去照亮、温暖每一颗心,其实质就是奉献服务;西单商场的"求实、奋进"精神,体现了以求实为核心的价值观念和真诚守信、开拓奋进的经营作风。

4. 组织道德

组织道德是指调整本组织与其他组织之间、组织与顾客之间、组织内部职工之间关系的行为规范的总和。它是从伦理关系的角度,以善与恶、公与私、荣与辱、诚实与虚伪等道德范畴为标准来评价和规范组织。

组织道德与法律规范和制度规范不同,不具有那样的强制性和约束力,但具有积极的示范效应和强烈的感染力,当被人们认可和接受后具有自我约束的力量。因此,它具有更广泛的适应性,是约束组织和职工行为的重要手段。中国老字号同仁堂药店之所以三百多年长盛不衰,在于它把中华民族优秀的传统美德融于组织的生产经营过程之中,形成了具有行业特色的职业道德,即"济世养身、精益求精、童叟无欺、一视同仁"。

5. 团体意识

团体即组织,团体意识是指组织成员的集体观念。团体意识是组织内部凝聚力形成的重要心理因素。组织团体意识的形成使组织的每个职工把自己的工作和行为都看成是实现组织目标的一个组成部分,使他们对自己作为组织的成员而感到自豪,对组织的成就产生荣誉感,从而把组织看成是自己利益的共同体和归属。因此,他们就会为实现组织的目标而努力奋斗,自觉地克服与实现组织目标不一致的行为。

6. 组织形象

组织形象是组织通过外部特征和经营实力表现出来的,被消费者和公众所认同的组织总体印象。由外部特征表现出来的组织的形象称表层形象，如招牌、门面、徽标、广告、商标、服饰、营业环境等，这些都给人以直观的感觉，容易形成印象；通过经营实力表现出来的形象称深层形象，它是组织内部要素的集中体现，如人员素质、生产经营能力、管理水平、资本实力、产品质量等。表层形象是以深层形象为基础，没有深层形象这个基础，表层形象就是虚假的，也不能长久地保持。流通组织由于主要是经营商品和提供服务，与顾客接触较多，所以表层形象显得格外重要，但这绝不是说深层形象可以放在次要的位置。北京西单商场以"诚实待人、诚心感人、诚信送人、诚恳让人"来树立全心全意为顾客服务的组织形象，而这种服务是建立在优美的购物环境、可靠的商品质量、实实在在的价格基础上的，即以强大的物质基础和经营实力作为优质服务的保证，达到表层形象和深层形象的结合，赢得了广大顾客的信任。

7. 组织制度

组织制度是在生产经营实践活动中所形成的，对人的行为带有强制性，并能保障一定权利的各种规定。从组织文化的层次结构看，组织制度属中间层次，它是精神文化的表现形式，是物质文化实现的保证。组织制度作为职工行为规范的模式，使个人的活动得以合理进行，内外人际关系得以协调，员工的共同利益受到保护，从而使组织有序地组织起来为实现组织目标而努力。

二、组织文化建设

建设一个组织的文化，好比塑造一个人的性格，不能急于求成。组织好比人，组织的命运好比人的命运，是由性格所决定的。要改变组织的命运就必须先改变组织的性格，要改变组织的性格就必须先改变组织的习惯，要改变组织的习惯就必须先改变组织的行为，要改变组织的行为就必须先改变组织的观念。而完成这一系列的改变，就是建设组织文化的过程。所以，一切从改变观念入手。

1. 组织形象设计

组织形象包含物质形象和精神形象。就是为塑造新的组织形象而进行全面构思与计划。

1）理念系统的形象化设计

不同的组织，理念是不同的，理念系统的设计内容也是不一样的。它包含组织的上述的价值观念、组织精神、组织道德、团体意识，不同的理念系统不仅决定着组织的个性特征，而且决定着组织形象的档次高低。因此，高水准的理念系统设计特别重视理念系统的形象化，因为它直接关系着理念能否很好地渗透人的心智，是组织形象获得成功的关键。理念系统的形象化设计过程大体包括四个步骤。

（1）理念要素的确立。在有目的的调查基础上，汇集各方面意见，把可能构成组织理念的要素加以界定，明确凝聚着组织的历程、特色、发展方向的初步含义之后进行整理；在整理的基础上确立理念所要反映的基本要素。组织理念表现形式多种多样,诸如组校训、厂训、办厂方针、经营思想等。

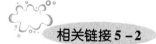
相关链接 5-2

中国政府机关:"全心全意为人民服务。"
白求恩医院:"救死扶伤、实行革命人道主义。"
集美航海学校:"诚、毅。"
茅台酒厂:"以质求存,以人为本,继承创新,永保金牌。"
重庆钢铁集团:"综合发展,共创效益,立足国内,跨国竞争。"
福日公司:"求实,自强,奉献。"
中国广告联合总公司:"客户至上,信誉第一。"
民生轮船公司:"服务社会,便利人群,开发产业,富强国家。"
康佳集团:"康佳宗旨——质量第一,信誉为本;康佳目标——领先国内,赶超世界;康佳精神——团结开拓,求实创新。"
IBM(国际商用机器公司):"尊重每一个人;尽善尽美的服务;卓越无比的业绩。"
三菱重工:"顾客第一;奉献社会;诚为本,和为贵,公私分明;管理创新,技术开发,享誉世界。"
2008北京奥运会志愿者服务的宗旨:"奉献、友爱、互助、进步。"
资料来源:经济日报,成都商报,天府热线网摘编

(2) 理念系统的语言文字设计制作。理念要素确定之后,就是语言文字的形象表达设计问题。它要求:第一要准确,要使选定的语言能准确地代表理念要素所要表现的全部意义;第二要简练,要力求达到"增一字不可、减一字不能"的水准;第三对人要有亲和力,使人易读、易记,让人喜读、喜记;第四要有高尚的文化意蕴,如富含哲理,引人思索;第五要生动形象,动人以情。

(3) 理念系统的内部传达渗透设计。要使企业理念在组织内部深入人心,就必须围绕理念的内部贯彻问题开展一系列活动,运用各种不同的方式对员工施加影响,为此,也就必须有这种理念的传达渗透设计,如设计标语、口号、海报;制定各种会风活泼的会议计划;设计以理念沟通为核心的各种文化娱乐活动等。

(4) 理念系统的对外传播设计。组织理念战略的基本目标是要通过组织形象塑造而影响组织关系者的心智,以追求有利于组织发展的后果。所以,组织理念的设定,并非专以组织员工为对象,其根本的目的在于与社会、与组织关系者达成共识,得到社会的理解与支持,从而获得一个有利于组织生产经营发展的好环境。因此,如何把理念形象地传播于社会,与组织的关系者沟通,这是理念系

统设计需要特别注意的重要环节，理念系统设计除了理念广告、理念宣传设计外，亦可以设计理念传播的各种社会活动，文体娱乐、休闲活动等。理念传播活动的设计在许多时候是把理念和组织行为系统、感觉识别系统结合在一起来考虑的。巧妙的理念传播设计，在实际作业中的影响力、渗透力都很强，能够使人在不知不觉中打开心智之门，和组织采取同一立场。

2) 行为系统的外部情感设计

组织的外部活动，也就是组织的对外行为，主要是营销活动和公共关系活动。从向组织外部关系者传递感情，更好地塑造组织形象的角度来对行为进行系统的设计，需要把握好以下几个方面。

(1) 立足感情述达。在组织中的情感，有人说就是人情学。概括起来，就是"人"和"情"。没有人就没有组织，没有情就没有动人的组织良好形象。社会是人的集合，没有人情的社会不是人的社会。人是感情的动物。社会的形成源于人类共有的感情，没有感情就没有作为社会人的人类形象。作为人的组织体的构成，要想在社会上塑造自己的形象，就必须把感情因素摆在首要地位来考虑。形象塑造成功的组织，往往就是那些感情述达，或者说感情表达优秀的组织。这里的感情述达是讲的行为述达，也就是说在行为设计的时候，要有计划安排，选择那些最能表达企业感情而不被误解的举动。例如，在5.12汶川地震之际，一家饮料公司，开业就遇上这次大地震。地震造成了灾区水源的大破坏，缺水给灾民们的生命带来严重威胁。面对此种情况，公司召开了紧急会议并做出决定：将公司生产的第一批饮料全部免费提供给灾民饮用。这样做很可能导致刚开张的公司破产，这种结果是公司考虑过的。为什么还要这样做？很显然这就是情感因素上升到了第一位。"危难见真情"，这就是该公司做出决定的行为意义。公司的行为就是对灾民、对社会的感情述达。像这样的公司哪怕是倒闭了，在灾民心中，在社会上它为自己塑造的形象也是不可磨灭的。企业的形象设计能够有这样的思想水准，企业领导能够有这样的胆识，除了不可克服的障碍，谁也阻挡不了他们的成功。

相关链接5-3

爱心的奉献关键在真诚，行为要体现真心诚意。形象战略所谓的行为设计、行为策划，注重的是心理准备，是把握机遇。也就是说，企业要善于抓住机会向社会、向企业关系者表达自己的感情。心理准备充分，能抓住机遇奉献爱心的企业，在社会上都能建立起美好的形象。

富豪矿泉壶就是一个很好的榜样。这家企业的名声原来在全国并不响亮，在社会上形象并不突出。但是，这家企业以一颗爱心关注着社会。北京市修建三环路时，烈日炎炎，挺立在立交桥钢筋水泥构架上的工人们格外焦渴。就在这时候

6只盛满矿泉水的矿泉壶送到了工人们手上,犹如引来了山泉瀑布,顿时驱走了炙人的酷暑。矿泉壶在工人们手中传递,企业的名声却由此传遍了北京,传向大江南北。1993年5月9日"母亲节"这天,机遇又被富豪矿泉壶抓住了。企业推出了"富豪矿泉壶母亲节献爱心活动",为北京30余家医院中当天第一个产出小宝宝的母亲送去了矿泉壶、鲜花和贺卡。随着礼仪小姐甜美的声音在各家医院回响,对富豪矿泉壶的赞誉也就在年轻的妈妈们口中,在医院员工的口中传扬。"富豪"的形象不仅深入了这些人的心,就是对这些人的关系者也产生了广泛影响。

资料来源:阮志孝,雷晓明.CI与企业形象策划[M].成都:成都科技大学出版社,1995

(2)突出组织的社会责任感。企业组织是一个经济组织,作为社会的经济细胞,它也是社会的组成部分,对社会的发展安危有着不可推卸的责任。组织的行为是否对社会负责,在很大程度上影响着组织形象。组织行为系统的设计要想获得成功,要想能够很好地表达组织对社会的亲爱之情,就必须把突出组织的社会责任感作为行为的重要目标指向之一。

20世纪60年代末期至20世纪70年代中期,日本环境不断地出现问题,作为日本最大的汽车制造组织丰田汽车公司,为减少有害气体的排放,一方面加大排气净化装置的研发,另一方面又做出决定丰田汽车公司每生产一辆汽车就在街上种植一棵树,社会舆论纷纷赞扬企业具有社会责任感。企业形象普遍受到很大提升。

香港的中华电力公司就十分重视企业行为对社会的影响,为维持公众利益而努力尽到自己的责任。水污染问题是不少电力企业都解决得不好的问题,而该企业就特别重视,认真加以解决。同时,公司还在所属青山发电厂附近后海湾岬端沿海养蚝,用来监察水质。养蚝的行为事实上产生了一箭双雕的效果:一方面为防治水污染设立了可靠的报警系统;另一方面也突出了企业高度的社会责任感,因而获得了广大市民的信任。在此基础上,公司还开展一系列的保护环境活动,如规劝市民保护树木、维护生态平衡等。中华电力公司从自己做起到推进市民参与环保工作,在社会上产生了很好的反响。它成功地向社会表达了一个以环保为己任的电力公司的情感,获得了社会的理解与广泛支持,为自己塑造了一个高品位的企业形象。

突出组织的社会责任感,事实上也是突出组织的爱心。组织爱社会,必然得到社会的爱。为社会所爱的组织,其形象必然在人们心中因爱而升华,而爱的回报和形象升华的基础就是组织富于社会责任感的自觉行为。排斥这种行为,不考虑这种行为,都不可能取得形象战略的成功;如果反其道而行,那么更是自毁形象,自取失败。

(3) 力争为人所未为。要突出企业的形象，引起社会的重视，在行为表情上要考虑行为的刺激性，要给人以新鲜感。无论是生产经营活动还是公关活动，追随和模仿的设计都不是上策。善于发现开发社会的新需求，敢为人先，能为人所未为，这才是使众人瞩目，为社会青睐的捷径。众多的组织热衷于新科技，开发新产品，大量的投入，并不是想到一开始就要赚大钱，而是基于对发现、开发社会新需求，对率先进入人的心智，获得情感认同，塑造"第一个"的先进形象的战略意义的深刻认识。组织的公共关系活动之所以多种多样，丰富多彩，从设计者来看，也多是基于上述敢为人先的心理。但是，真正的先行者必定是少数，真正有创造性的产品和富含创造性思维的创意活动并不多，大量是仿制、改造、模拟，甚至"东施效颦"。究其原因，除了机遇之外，就因为欠缺为人所未为的胆识。北京奥运会期间，众多组织围着赛场转，都想借奥运之光照亮自己，使人们能看见本组织含情的美目。结果，在赛场外的眼光和镜头中，可口可乐作为饮料的老牌巨头，给了我们不少借鉴。可口可乐奥运行为设计的定位不是在运动员和赛事本身，它的宗旨是让普通的消费者来分享奥运会。为此它设计的行为指向将与消费者分享的奥运成果奉为天理。从奥运火炬手的选拔、奥运中国行的路演到迷你奥运会的街头活动等都成功地载入名为《金钥匙》的手册上。这本手册介绍了27个奥运会比赛场地、赛程与每场比赛的票价。对一般的市民来说，这本手册体现不了多大的价值。但是，送到观摩奥运的来宾、观光者以及各国采访记者手中却被视为珍宝。在奥运会尚未开场之前，就大做文章，为可口可乐作了不少免费广告。在奥运会上可以说竞争对手众多。为什么它能出尽风头，诀窍就在它想到了、做了别人没有想到、没有去做的事情。

　　"为人所未为"就有如兵家所谓的"出奇以制胜"，掌握得好，可以使企业后来居上，显身扬名，情溢四海。

　　(4) 至诚传情。交友最恶虚伪者，购物最恨推销伪劣产品的奸商。为什么"恶"？为什么"恨"？因为缺乏真诚，只有欺骗。企业要想有一流的形象，就必须对顾客、对社会表白真情。真情来源于哪里？来源于至诚，也就是处事对人态度要坦诚，行为要光明磊落。如果组织在从事某一活动和处理社会关系时，都能以至诚为所作所为的衡量标准，那么，即使出现什么问题，也不难与关系者、与社会沟通和交流。这就是至诚传情。

　　亨利·霍金斯是美国亨利食品加工工业公司的总经理。一次，他从化验报告单上发现企业用以生产食品的添加剂有毒，长期食用对人有害。面前摆着两种选择：将情况公诸于众，会遭到同行的攻击；如自己不使用此种添加剂，又影响食品保鲜，竞争中将处于劣势。对采取何种行动，他作了反复的思考，最后抉择是选择了前者。为此，企业遭受了重创，受到同行们的联合抵制与打击，公司濒临倒闭的边缘。他与同行的斗争持续了四年，随着处境的日益艰难，他的名声和企业的声望却越来越高，到他几乎破产之时，已家喻户晓了。他终于赢得了社会公众和政府的支持：订购亨利食品加工工业公司的产品的订单如雪片般飞来。巨大的销量挽救了公司，并且把公司一举推上了美国食品加工工业第一把交椅的宝座。

亨利·霍金斯以至诚的行为向社会公众表达了真情，在他和企业危难之时，社会公众也以至诚的行动给予了真情的回报。亨利·霍金斯和他的企业以至诚感动"上帝"的故事的确值得我们不少企业在抉择行为之前深思。

3) 组织环境形象系统设计

以组织活动为原点来认识组织环境，可以把环境划分为人的环境、物的环境及技术环境。人的环境指的是由组织员工构成的群体，它包括经营管理者和一般员工；物的环境指的是组织活动的内外场所；技术环境则指的是组织技术实力、技术条件及设备。组织环境形象的设计按以上分类则可按三分法来进行。

（1）组织员工群体形象设计。组织员工形象设计的观点不在个人而在群体。所以，组织员工的形象设计对象是员工群体。在群体中，经营管理者和一般员工在生产销售等组织活动中所处的地位和担负的职责不同，在形象设计上就存在着差别，因而需要分别设计。

首先是经营管理者形象设计。经营管理者形象设计由四大要素构成，即品格形象要素、知识形象要素、技能形象要素、精神形象要素。经营管理者形象设计可以由两方面来完成：一是组织设计；二是自我设计。

组织设计由组织部门和执行委员会共同负责。其主要的工作有四项：① 按四大要素（品格形象、知识形象、技能形象、精神形象）考察经营管理干部；② 依据考察情况做出形象鉴定；③ 制定新形象设计方案；④ 经委员会审查批准后组织实施，如撤换形象不佳者或针对不足之处加以教育培训，提升形象。

自我设计就是自我考察，反观自我形象；自我鉴定，以求自知；自制革新形象方案，用于弥补自我形象的缺损、不足。

要解决"三自"问题，需要形象借鉴，以下四个方面可供参考。

① 品格形象。要有良好的品格形象，应有以下品质：廉洁；公正；开明；严谨；心胸开阔；博闻强识；机智；敏锐；镇定；善决断；勇于承担责任等。同时，应遵守以下诸戒：戒贪赃爱财；戒好色酗酒；戒党同伐异；戒独断专行；戒自夸自吹；戒拒纳忠言；戒优柔寡断；戒轻信谗言；戒媚上欺下；戒文过饰非等。

② 知识形象。要想有一个好的知识形象，应有良好的知识结构。它包括自然、社会文化历史知识；专业技术知识；有关经营管理的系统知识。特别是后者应功力深厚：对经济学、管理学、法学、心理学、行为科学、社会学、信息学、传播学、伦理学等都应该有系统的了解，与自己的管理工作有直接联系和关系紧密的学科更应该有深入的研究。总之，要博而专，要精通本职而知识全面。

③ 技能形象。技能，对于组织管理者来说指的是一整套管理技能。它包括：

调研技能；决策技能；组织技能；用人技能；协调技能；监控技能；规划技能；革新技能；领导指挥技能；应变技能；社交技能等。技能形象与知识形象结合较为紧密。知识形象除了在实践中运用知识能够表现出来之外，文凭、谈吐还可以展示。而技能形象则主要要依靠管理者在管理过程中的调研、计划、决策、组织、指挥、协调、监控等具体言行来体现。空谈或纸上谈兵对形象无多大帮助。考察技能形象应以实践为重，业绩为主。

④ 精神形象。组织管理者的精神形象应该是精神领袖的形象。这种形象要求管理者除了在社会公众面前保持一种精力充沛，奋发图强，善于竞争，勇于开拓的体现组织精神的精神风貌之外，还要求组织管理者在员工心目中具有一种精神楷模的形象。这种形象主要体现在：敢于驱邪扶正；坚持原则；勇于进取；无私奉献；关心下属；情趣高雅；热心公益；关注社会发展。作为组织的精神领袖，总而言之：要有威慑力、感召力，要有影响人、感染人、激发人的道德力量。

组织管理者的自我形象设计，事实上就是自我形象定位。组织管理者并非仅指组织首脑，还包括各级管理干部。所谓精神领袖，也是就所管理的部门而言。因而，自我形象定位不是都要考虑组织元首的形象，而是应该根据自己所处的实际地位和希求目标进行现实的规范设计和对未来的规划设计，以保证在现有位置上的成功和为将来的成功打好基础。

因此，除组织首脑对自己的形象应有较为完美的要求之外，一般不宜过于求善。就是组织首脑在自我形象设计时也不宜追求面面俱佳。正确的设计战略应全面革新，突出专长，注重形象设计的整体效用。

再者进行一般员工形象设计。作为社会成员的一般员工，因个性的不同，形象必然表现为多种多样。但是，作为企业成员，应该有一个体现企业精神面貌的反映群体素质的形象。这就是我们所说的企业员工的群体形象，或者说整体形象。这种形象无论是对于作为企业成员的管理人员，还是对于一般员工来说都是必须具备的形象。员工的群体形象主要包括：

① 精神状态；
② 服饰；
③ 生产（工作）技术（技巧）；
④ 服务态度；
⑤ 工作作风；
⑥ 文化程度；
⑦ 文明教养程度等。

员工的群体形象设计可以从两方面入手：一是基础设计；二是战略设计。

所谓基础设计，就是对以上所列员工群体形象的主要内容进行全面规划，统一制定标准和达标计划、措施，全面提升员工群体形象。

所谓战略设计，则是在基础设计的基础上，根据组织的行业特点和行业竞争态势或区域竞争态势设计具有竞争优势的区别于其他组织的员工形象，或者突出本组织员工形象的优势方面，以谋取形象战略的成功。例如宾馆一类的服务行业，员工言行举止的文明程度、待人接物的服务态度在员工形象中就占着十分重要的地位，因此，"一流的服务"就应该提到战略设计的高度上来。又如，竞争激烈的电子生产行业，战略设计就应该着重在员工高超的生产技术和装配技巧上。我国消费者普遍偏爱进口高档产品而对国产品不够信任的原因在哪里，就在于国产品的技术形象太差。因此，一见是国人生产，多数人就捏紧自己的钱袋投不信任票。而事实上，在电子行业，不少组织员工的生产技术已经达到世界一流企业的员工水准。他们输在哪里？就输在形象不佳上。如果员工形象设计战略运用得好，无疑是有利于组织的竞争。

（2）组织内外环境形象设计。组织的内外环境是组织的物质环境的组成部分，物质环境形象是影响人的心理的重要因素。充分利用这一因素对人的影响作用，强化组织形象是组织内外环境形象设计的根本指导思想。内外环境形象设计的内容主要有三个方面。

① 环境结构形象设计。环境结构形象设计又可分外部环境结构形象设计和内部环境结构形象设计。外部环境形象主要指的是组织周围，即由左邻右舍构成的社区环境形象。如果是新建组织的外部环境形象设计，则需要对选址进行形象考察，弄清周围有无组织，建筑外观如何，在生产什么；是否造成环境污染等。如果是定址组织，就要对环境形象进行核查。考察或核查外部环境形象，目的是在调查了解有无影响组织形象的外部因素存在。此后，则应提出应对策略，即设计方略。例如，提出迁址方案或改善环境形象计划及具体设计，制定与左邻右舍协调、改善组织外观、共同治理污染等办法、措施。内部环境形象结构主要指的是组织内部的车间、工段或店堂布局。对于不利于或影响组织形象的布局结构应提出新的设计，和车间、工段或者店堂有关部门合作加以落实。

② 建筑形象设计。实施外在形象设计的组织，不管是新建组织还是革新组织，对建筑物都要进行形象设计。新建筑的建设必须按照 CI 战略规划在感觉形象上统一设计。老建筑则存在形象改造问题。无论新老建筑，凡是涉及建筑工程，应由建筑专家或专门的施工设计单位进行设计。而组织负责人则应与形象设计人员进行合议，以确保建筑形象能准确地体现组织形象设计意图。

③ 内外装饰形象设计。内外装饰形象设计也是环境形象设计的重要组成部分。它包括内外装潢（如艺术品配置、吉祥物的摆设、门面装修）、灯光设计、色彩设计等。内外装饰形象设计对于组织环境形象的塑造往往能产生特殊的影响。按照优秀的哪怕是很简单的设计装饰的组织环境形象对组织关系者的审美心理都能产生强烈的刺激作用，而且能获得意想不到的情感述达效果。例如，美国人亨利在闹市区开了一家餐馆，服务无可挑剔，价廉物美，但生意却不好，"门

前冷落车马稀"。请一位心理学专家对室内的装饰色彩进行了重新设计：将红色墙壁改为绿色；白色餐桌变为红色。仅此一变，一反常态，顾客就川流不息。由此可见装饰形象设计的奇妙功能，以及它在环境形象设计中的重要性。

2. 组织制度设计

制度是组织目标在工作规范上的具体体现，组织制定、完善各项制度，引导职工日常工作规范，约束职工个体工作行为，明确职工遵守或者违反规定的奖励惩罚措施，保障组织各项措施执行的政令畅通，对组织发展起着决定性的作用。但制度只是提供了一个工作规范的平台，制度的作用发挥更依赖于制度规定能够被有效地贯彻执行。作为制度规定的执行者，职工是真正制约制度作用的关键因素，是制度作用发挥的核心。因此，制度化管理还须和人性化管理结合起来才能发挥其真正的作用，在制度建设中考虑人性管理的因素，制度上体现一定的措施约定来调动职工的情绪资本，才有可能真正提高广大职工的积极性，才有可能由监督机制朝管理机制转变——机制上由监督朝管理的转变，是组织领导层重视职工个体主动性的体现，是职工个体心理由被动工作向主动思考的转变，是制度被真正有效执行的前提，是组织文化建设的一个重要组成内容。

1) 制度建设要符合行业形式发展的需要

组织在控制权的进一步集中的过程中，意味着组织、技术、人才、利益的进一步组合，组织的制度建设只有以发展、壮大组织为根本出发点，综合平衡处理培育行业中的生产厂家的利益分配策略、人才流动通道、技术交流办法等措施，才有可能促进组织的生产竞争力不断增强，才能创造更富有竞争力的行为，适应大市场的需要。组织制度建设要讲规范，以质量保证体系作为网络建设的质量检验标准；要讲效率，以是否能够迅速反馈市场信息，配合组织品牌培育为重点；要讲服务，以市场覆盖率、品牌影响力、客户满意率为检验网络建设的质量标准。

2) 制度建设要适应组织文化融合的要求

产业改革加快了组织的相互整合、重组的步伐，不同组织有不同的组织文化内涵和竞争性诉求，在组织整合重组过程中要特别注意对不同组织文化融合的制度要求，根据整合重组后的组织竞争定位和宏观外部环境要求，在制度上明确整合重组后的组织文化诉求，体现组织的竞争性经营策略；在制度上体现对不同文化融合后组织职工的管理要求，打造统一的职工意识形态认识，增强组织文化影响力。

3) 制度建设要体现人才自主管理的原则

制度建设是为了促进组织的科学、快速、稳定发展，"以人为本"的管理措施是组织制度建设的前提，在制度建设方面要体现人本管理的基本内容，体现公平竞争的监督约束机制、能者尽其才的管理办法、发挥职工主观能动性的精神氛围，明确"以人为本"中标杆职工的工作风貌，在职工中树立"标准职工"的组织认同，在制度上鼓励职工发挥个人特长对工作的积极影响，在保证共性的同时尊重个性。

4）组织制度建设中要注重对员工行为规范的设计

（1）合乎法理性。员工行为规范的每一条款都必须符合国家法律、社会公德，即其存在要合法合理。研究一些组织的员工行为规范，常常可以看到个别条款或要求显得非常牵强，很难想象员工们是怎么会用这样的条款来约束自己的。坚持合乎法理性原则，就是要对规范的内容进行认真审核，尽量避免那些看起来很重要但不合法理的要求。

（2）设计一致性。第一，员工行为规范必须与组织理念要素保持高度一致并充分反映组织理念，成为组织理念的有机载体；第二，行为规范要与组织已有的各项规章制度充分保持一致，对员工行为的具体要求不得与组织制度相抵触；第三，行为规范自身的各项要求应该和谐一致，不可出现自相矛盾之处。坚持一致性原则，是员工行为规范存在价值的根本体现，在这一原则指导下制定的规范性要求容易被员工认同和自觉遵守，有利于形成组织文化的合力。

（3）要有针对性。这是指员工行为规范的各项内容及其要求的程度，必须从组织实际，特别是员工的行为实际出发，以便能够对良好的行为习惯产生激励和正强化作用，对不良的行为习惯产生约束作用和进行负强化，使得实施员工行为规范的结果能够达到组织预期的强化或改造员工行为习惯的目的。没有针对性、"放之四海而皆准"的员工行为规范，即使能够对员工的行为产生一定的约束，也必然是十分空泛无力的。

（4）上下一致性。上至总经理，下至一线普通工人，无一例外都是组织的员工。因此，员工行为规范的适用对象不但包括普通员工，而且包括组织各级管理人员，当然也包括组织最高领导，其适用范围应该具有最大的普遍性。设计员工行为规范时，还要注意，规范中最好不要有只针对少数员工的条款；规范要求人人遵守，其内容必须是组织领导和各级管理人员也应该做到的，对于管理人员由于工作需要或客观原因很难做到的条款，尽量避免写入；或者在同一条款中用并列句"管理人员应……，普遍员工应……"来体现各自相应的具体要求。

（5）可操作性。行为规范要便于全体员工遵守和对照执行，其规定应力求详细具体，这就是所谓的可操作性原则。如果不注意坚持这一原则，规范要求中含有不少空洞的、泛泛的提倡或原则甚至口号，不仅无法遵照执行或者在执行过程中走样，而且也会影响整个规范的严肃性，最终导致整个规范成为一纸空文。

（6）文本的简洁性。尽管对员工行为习惯的要求很多，可以列入规范的内容也很多，但每一个组织在制定员工行为规范时都不应该面面俱到，而要选择最主要的、最有针对性的内容，做到整个规范特点鲜明、文字简洁，便于员工学习、理解和对照执行。如果一味追求"大而全"，连篇累牍，洋洋洒洒，反而不具使用价值。同时，在拟订文字的时候，也要用尽可能简短的语句来表达。

相关链接 5-4

元宝山发电厂是国家电力公司东北公司直管最大的火力发电组织,坐落在内蒙古赤峰市元宝山区境内。"元电"从建厂到今天已经历经了 27 个春秋。面对新世纪的到来,随着电力体制改革的不断深入,元电人面临着诸多严峻的挑战。

经过考察、研究和探索,在国家电力公司东北公司统一领导下,"元电"确立了绿色价值倍增战略:以提升组织自我生长能力和核心竞争能力为标志,以实施学习型组织战略、成本领先战略、差别化战略、形象创新战略为重要支撑,全面构筑发电生产与多种产业既相互呼应又彼此独立的多元化发展平台,最终把"元电"建设成为具有强大核心能力和可持续发展能力的国际一流企业组织。

在此基础上,元电人确立了组织文化建设中的核心文化,即"元电"理念和价值观体系。如"动力报国,精彩世界"的元电理念,抒发了元电人立志电力报国、奉献社会的伟大抱负,激励着全体员工为创建国际一流组织而努力奋斗;"与时俱进,不断超越"的元电精神,指引着元电人与时代同步前进,在自我否定中不断创新;"诚心为本,以德铸魂"的组织道德等。这些组织与员工共同遵守的基本信念、价值标准、职业道德,是"元电"文化的灵魂,是形成制度层文化和物质层文化的基础和动因。

元电的领导班子为了实现组织文化建设的目标,采取了一系列制度建设以促进文化形成。以建立学习型组织为核心,通过切实有效的工作,营造"学习工作化、工作学习化"的氛围和机制,提升员工的思维层次,形成团队精神和系统思维。如在组织中开展"大学习、大讨论"活动,建立《职工学习制度》,全方位、多层次开展培训教育,加大人力资源开发力度。一般职工根据不同工种每月组织一次技能培训,每季度进行一次考试;一般管理人员侧重于微机应用和管理业务知识的培训,参加季度考评;中层以上干部坚持实施"走出去"和"请进来"相结合的培训原则,每年脱产轮训一次。

在规范管理方面,组织编制了《组织法典》,包括基本制度、150 多项规章制度、机组运行规程、机组检修工艺规程和工作标准,坚持目标管理和过程管理的统一。组织还引入了末位管理机制,通过《差距悬殊末位离岗学习制度》、《中层干部 ABCD 动态考核方法》和《三相线管理制度》,真正形成了竞争上岗的氛围。加强民主管理,建立《事务公开实施细则》和《事务公开监督检查考核方法》。

通过一系列的制度建设,元电人在制度的硬约束中不断渗进文化的软管理,逐步培育组织文化,使文化管理成为"元电"发展的深层推动力。

资料来源:http://www.jkyx.com.cn/html/company/nmg/20070531/4290.html (2007 年 5 月 31 日)

三、组织变革

组织的变革是指组织结构、组织关系、职权层次、指挥和信息系统所进行的调整与改变。组织建立起来，是为实现管理目标服务的，当管理目标发生变化时，组织也需要通过变革自身来适应这种新的变化的要求。即使管理目标没有发生变化，但影响组织的外部环境和内部环境如果发生了变化，那么组织也必须对自身进行变革，才能保证管理目标的实现。因此，组织不是僵硬的、一成不变的。管理目标的变化，或者影响组织存在和管理目标实现的各种因素的变化，必然会带来组织模式、组织结构、组织关系等的相应变化，否则，就无法使管理目标得到实现。

一般来说，组织模式应力求相对稳定，频繁而不必要的变动对于实现管理目标是不利的。但任何组织都处于动态的社会变动中，由于环境的变化，影响管理目标的各种因素的变化，组织也会通过变革而发生某些变化，一成不变的组织是不存在的。因为，不变革的组织是没有生命力的，是必然要走向衰亡的。所以，组织的变革是绝对的，而组织的稳定是相对的。

组织变革时可以对组织加以改造、改组和重建吗？

在组织的稳定与变革之间，管理者会不会陷入无所适从的状况？因为，管理者如果极力维护组织的稳定，就有可能导致组织的僵化，如果积极推进组织的变革，又有可能造成组织不稳定和人心涣散。而且，管理者盲目地推行变革也同样会使组织消亡，甚至会使组织消亡得更快。这就要求管理者在推动组织变革时，要非常谨慎，必须首先确定组织的变革已经是非常必要的，才能展开变革的进程。在组织的变革中，还需要有正确理论的指导，有计划、有步骤地进行。也就是说，必须根据未来发展可能出现的趋势，在科学预测的基础上，有计划、有步骤地对组织进行变革。只有这样，才能使组织的变革获得成功，才能使组织得到生存和发展，反之，则会使组织倒退或消亡。

1. 组织变革的原因

对于管理者来说，应当在何种情况下维护组织的稳定和在何种情况下促进组织的变革，这是一个非常重要的问题。但是，组织变革大都不是突发性的，是有先兆可循的，如果在管理中发生如下几种情况，就必须认真思考组织的变革问题。

1）频繁的决策失误

表面看来，决策失误是由各种原因造成的，而实际上决策失误的根源是组织问题。例如，可能会发生由于信息不灵而造成决策失误，信息不灵可能是组织自身的原因，也可能是环境的原因。但是，既然某一信息对管理决策有着重大意义，那么环境的障碍能够成为托词吗？所以，归根到底还是组织自身的问题。再如，决策失误可能是由主管人员的主观原因造成的，但组织为什么没有在结构上、体制上给予决策以客观保证呢？在这种意义上，一切决策失误都是由于组织的原因，组织结构的不合理、职权委任不合适、职责含糊、命令链混乱等，都会造成频繁的决策失误。但是，偶然的决策失误并不是变革组织的理由，因为，应当首先在变革的成本、组织目前的效率和决策失误的后果之间做出权衡，然后才能做出是否进行组织变革的决定。

2）组织成员间沟通不灵

组织作为一个有机体，是依赖于成员间的沟通的，有效的沟通可以使成员间的分工与协作都处在高效的状态，使纵向的上下级关系和横向的同级关系都处在高度协调的状态。但是，组织成员间的沟通是取决于组织的状况的，例如，命令链或信息链混乱，或者所采用的传递信息手段不合适，就会造成沟通不灵；管理宽度过大，主管人员与下属之间就不可能存在有效的沟通，管理层次过多，就增加了命令和信息失真的可能性。这样一来，就不能形成成员间主动的协调和配合，反而会产生一些不必要的冲突、摩擦和误会。

3）管理业绩长期不理想

结构合理、职责分明、行动有序、信息通畅的组织，必然意味着较好的管理效益，如果一个管理系统中长期存在着士气不高、经营不善、业绩不理想，以至于管理目标总不能得到实现，那么就必须考虑对组织进行变革；组织业绩不理想的问题，在企业管理中是最容易发现的。例如，一个企业的生产部门的进度太慢、成本过高、质量不符合要求，销售部门的顾客减少或销售增长未能如期实现，财务部门的资金周转不灵，人事部门因为在职责、职权或报酬、待遇的安排上不当引起纠纷，等等。这些问题只要有一个存在，而且比较严重，就有理由对组织进行变革前的全面审查。

4）缺乏创新

即使一个管理系统处在正常的运营状况下，如果长期没有创新，也需要进行变革。例如，一个企业虽然尚未遇到严重的困难，但在产品的品种、质量和数量方面，却长期保持在一个水平上，那就表明这个企业很快就会面临困境。因为，任何一个管理系统都不是孤立的，都处在与环境的互动关系中，环境是一个不断变化着的因素，如果在变动的环境面前保持不动，很快就会僵化、萎缩和丧失生命力，一个组织只有不断地拥有突破性的战略预见、超前性的行动措施和创造性的新成果，才能有旺盛的生命力，否则，就会滞后于环境，因而不得不进行变革。

也许上述几种情况都已经很严重了，但人们还没有意识到变革的必要性。不过，人们往往对于组织中存在的一些不良氛围会很敏感。组织内部官僚主义盛行、组织纪律涣散、组织成员情绪低落、缺乏工作热情、工作效率低；人浮于事严重、奖惩不明或奖惩得不到执行、职能部门频频出现问题（例如，人事部门任人唯亲，财务部门违反财经纪律，生产部门总是出现产品质量问题）等现象，就是最明确的变革先兆。所以，一旦存在着这些变革的先兆，组织的主管人员就应当考虑是否需要采取措施，进行组织变革。

2. 组织变革的过程

组织的变革，虽然从动因上看有主动性变革和被动性变革。但就变革的过程而言，都贯穿着管理者的自觉性和主动性，因为任何一项变革，都是通过管理者承担起来的，没有管理者的变革计划和变革方案，就不可能存在着变革的行动。

组织变革的方案是在发现了组织存在着的问题之后制定的对组织加以改造、改组和重建的计划。因为，组织为了主动地适应环境的变化和新的形势，就必须进行有计划的改革或变革，只有主动的、有计划的变革，才能使变革的成功概率提高。一般来说，变革的方案有如下几种。

（1）打破原状，抛弃旧的一套，断然采取全新的办法。

（2）采取逐步改革的办法，即在原有框框内作一些小的改革。

（3）采取系统发展、统筹解决的办法，即由组织的领导或组织变革专家事先设想一个最佳变革方案，经有关人员共同研究，分析修改，建立变革的系统模型，确定解决问题的具体措施，以便进一步地实施，最终达到组织高效化，有效地完成组织的各种任务。

总结组织变革的经验和教训，可以发现：在上述三种变革方案中，渐进性变革不能触及组织内根本性的问题，而时间缓慢，显得是零敲碎打，收效不大。第一种革命性的变革要彻底推翻现状，会产生很大的振荡，因而阻力也会很大。只有第三种系统发展的计划性变革，才能把领导和成员的聪明才智唤发出来，组织起来，共同有系统地研究问题和制定改革方案，从而能在广大组织成员谅解、支持的基础上，朝着预定的目标顺利地推行组织的变革。

一般来说，每一个人作为个人，他的本性都是积极进取的。但是个人被组织起来之后，形成组织之后，组织却往往会形成一种运行惯性，成为一切变革的阻力。所以，组织变革就是一个不断地消除阻力的过程。在这个过程中，要特别注意变革的策略，它们包括以下方面。

（1）选择好时机。组织变革前要重视舆论工作，做好各方面的准备。有的成员思想抵触较大时，要加强工作、促使条件成熟，切不可武断行事，最好是避开工作和任务特别繁忙的季节，以免过多影响任务的完成。

（2）明确从何处着手。组织的变革必须来自上层，自上而下才能推行，即使不是从最高层开始变革，也需要在获得上层的许可的条件下，从中层或从基层的某一点发动。

（3）弄清变革的范围和深度。组织变革准备涉及多大的范围，准备进行几个阶段，每个阶段达到什么样的深度，解决哪些重点问题等，都要心中有数。

（4）始终把握组织变革的目标。组织变革的最终目标在于使组织与其所处的环境相适应，不断提高组织效力，同时要改造成员的行为方式，激励成员的积极性，使组织充满活力。

（5）注重组织精神构塑。在组织领导者的倡导下，根据组织的特点、任务和发展走向，使建立在组织价值观念基础上的内在的信念和追求，通过组织群体行为和外部表象而外化，形成组织的精神状态。

相关链接 5-5

流通组织精神构塑，一是要根据商品流通的行业特点，确定和强化组织的个性与经营优势，通过这种确定和强化唤起职工的认同感，增强职工奋发向上的信心和决心，形成组织的向心力、凝聚力和发展动力；二是以营销服务为中心，引导和培育组织职工创名牌、争一流、上水平的意识和顾客第一、服务至上的经营风尚，使组织在市场竞争中立于不败之地；三是大力提倡团结协作精神，使组织形成一个精诚合作的群体，建立和谐的人际关系；四是发扬民主，贯彻以人为本，造就尊重人、关心人、理解人的文化氛围，激励职工参与意识，使他们把自己与组织视为一体，积极为组织的兴旺发达献计献策；五是提炼升华，将组织精神归纳为简练明确、富有感召力的文字表达，便于职工理解和铭记在心，对外形成特色加强印象。组织精神的形成具有人为性，这就需要组织的领导者根据组织的厂情、任务、发展走向有意识地倡导，亲手培育而成。在构塑组织精神的过程中，特别应将个别的、分散的好人好事从整体上进行概括、提炼、推广和培育，使之形成具有代表性的组织精神。北京王府井百货大楼的"一团火"精神就是以普通售货员张秉贵的事迹为代表概括、提炼而成。

资料来源：http：//www.wwgf.com.cn/ReadNews.asp？NewsID=627

当然，最为关键的问题还是思想问题。因为，如果组织中的每一个成员都积极支持变革和踊跃要求变革，那么所有的变革策略都会变得多余了。所以，在组织变革的过程中，首先要了解组织成员的思想状况，看一看他们有什么顾虑，然后加以解决。大致来说，组织成员抵制变革是由于这样几个方面的思想问题造成的：第一，不确定感，无法预计变革对自己带来的影响；第二，缺乏理解和信任，因为尚未认识到变革的必要性，对变革目标抱怀疑态度；第三，害怕失去既得利益；第四，对变革的内容、方式等有不同看法。这就要求组织变革的领导者及时解决这些问题。

此外，我们常常在组织变革的概念中包含着组织发展的内涵。因为，组织的任何变革都是自觉的，是有目的、有计划的主动变革，这种变革必然意味着推动组织的发展。再者，组织变革不是偶然的、一次性完成的，而是长期地和不断地进行着的，这就意味着在连续的变革中包含发展的方向性。所以，变革本身就是发展，变革和发展是对同一事件的两种称谓。当然，人们一般是把发展看作一个过程，而把变革看作发展中的一个个环节，每一次变革都是发展中的一个关节点，每一次变革都推动了组织的发展，从而促使组织结构和组织关系的改进，促使组织中个人的发展和管理水平的提高。在这种意义上，组织的发展意味着能够取得积极成果的组织变革。也就是说，组织的发展是在组织变革中实现的。

因此，为了推动组织的发展，组织变革应当力求做到：第一，实事求是，从实际出发进行变革和寻求变革的途径，因为任何脱离现实的变革，其结果都会适得其反；第二，变革要有计划、有步骤，要把变革的愿望和理想与现实结合起来，以求使变革的代价较少而收获较大。

即问即答 5-7

海尔集团于1995年收购青岛红星电厂后，没有投入资金，却救活了这条"休克鱼"，就是应用了海尔的组织文化。这说明了什么？

第四节 人员配置

在确定了组织内的文化和职位后，就可以通过选拔、招聘、安置和提升来配备所需的管理者。要根据组织的实际要求和受聘者应具备的素质和能力进行选聘。

一、人员选聘

人员选聘就是通过招聘等手段去选择职位需要的组织成员的过程。具体地说，人员选聘是指在职位分类和定编定员基础上，选择和配备合适的人员去充实组织中的各项职务，通过培训上岗，以保证组织活动的正常进行，进而实现管理目标。选聘是竞选和聘用的总称，也就是通过各种信息途径寻找和确定组织成员候选人，从候选人中挑选最有可能有效胜任工作的组织成员的过程。通过人员选聘，组织可以根据发展的需要，去吸收新成长起来的劳动力、技术人员和管理人员等组织所需要的人员。

作为组织工作的基本内容之一，人员选聘对于组织的存在与发展有着极其重要的意义。

（1）人员选聘满足了组织发展对人员的需求。组织在发展的任何时期都会需要不同类型、数量的人员，即使在组织生命的成熟期或衰退期，也要不断地调整各类人员的结构和比例，使人力和物力达到最佳结合的状态。人员选聘正是满足了这种要求，依据组织所处的发展阶段来确定所需人员的类型、数量。

(2) 人员选聘是确保组织人员具备较高素质的基础。在人员选聘的过程中，本着严格选择的原则，进行层层选拔，最后被录用的人员一般都是组织认为最合适的人员，他们的知识、技能往往是符合组织的需要的。最起码，通过选聘，组织可以保证自己的队伍处于目前所拥有的人力资源水平上。

(3) 人员选聘能在一定程度上保证组织的稳定。在变幻莫测的当今社会，组织成员具有很大的变动性，人员流动是难以避免的，在利益、价值观等因素驱动下，人员流动呈现出日益加快的趋势。一般来说，任何一个组织都不希望自己的成员变更过于频繁，特别忌讳组织成员的变更给组织带来的损失。所以，在人员招聘这个环节上就需要对此问题给予注意，即注意审查应聘者的背景和经历，以断定他们是否会很快离开而给组织带来损失，从而消除不稳定因素。

(4) 人员选聘的过程也是组织树立自身形象的过程。选聘需要准备材料，这些材料中必然会包括关于组织的基本情况介绍、发展方向、方针政策等，通过广告形式扩散出去。对此，除了应聘者外，其他许多人也会注意到这些内容，有意无意地使人们对组织情况有一定的了解，从而有利于组织在公众中树立自身的形象。所以，这是组织对外宣传的一个极好机会。

当然，人员选聘应依据一定的标准来进行，而这些标准正是组织需求的一种反映。每一职位都有自身的要求，人员选聘就是要选出最适合某一职位要求的人员，根据人力资源所包含的体力、智力、知识、技能四方面内容进行选聘。所以，在人员选聘中，依据特定的职位制定相应的标准，是顺利开展选聘工作的基础。

二、选聘的途径

人员选聘有两种途径：一种途径是从组织内部选聘；另一种途径是从组织外部选聘。两种选聘途径各有自己的适用范围和优劣，选聘者应将工作中的成功因素与人员选聘途径相联系，判定高素质人员来源的途径，从而根据组织发展的需求来选择适当的人员，实现预期目标。

1. 内部选聘

内部选聘是从组织内部挑选适合的人员加以聘用。具体包括内部提升、内部调动、内部招标三种方法。内部选聘途径是组织管理人员选聘的根本立足点，几乎所有的组织都乐于从组织内部选拔合适的人员。当一个职位空缺时，选聘者首先想到的是从内部进行选聘。因为，内部选聘费用较低，手续简便，人员熟悉，组织对准备选聘的人员可以做长期细致的考察，掌握其能力和素质、优点和缺点，从而决定其最适合的工作。另一方面，从内部选聘的人员，由于已对组织的基本情况有所了解，能够比较快地进入角色。而且，内部提升给组织成员提供了更具挑战性的发展机会；内部调动也有助于增加成员的工作经验和新鲜感，而内部招标则提供了组织内公平竞争的机会，有利于调动成员的积极性。但是，从组织内部选聘所需人员也有一些缺陷，例如，容易造成自我封闭，不易吸收组织外优秀人才,以至于使组织缺乏活力,影响组织成员的积极性。

可见,内部选聘是人员选聘的主要途径。这种选聘能够从组织内部选出适合的人员安置到相应的职位上,也说明了组织前一阶段的人员选聘工作是成功的。但是组织的发展、所处环境的变化都会带来许多不可预测的不稳定因素,要求人员选聘能够始终完美无缺是不太现实的,特别是那些对组织生存与发展有着重要影响的管理岗位,对人员的能力和素质要求较高,如果组织内部没有合适人选,绝不应当勉强在组织内部选拔,而应考虑从组织外部选聘。

2. 外部选聘

外部选聘主要包括组织内的职工介绍推荐、利用职业介绍机构、从大学和院校选聘、通过广告公开选聘四种方法。实践证明,组织内的员工介绍推荐,被选聘的人员一旦进入组织之后,流动的愿望就不会太强烈,较为可靠,值得信赖,但这种方法的缺点是易形成裙带关系。因此,要在组织成员推荐的基础上,认真审查和鉴别,严格把关,不要碍于人情或权力而勉强接受推荐,以至于影响到组织未来的发展。职业介绍机构比较公正、公平,但这些机构往往鱼龙混杂,许多应聘者素质不高,不易选聘到合适的人员,而且,这种方法需要一定费用。所以,一旦决定求助于职业介绍机构,就要选择信誉较高的机构,以确保其提供的信息准确、充分,并在此基础上对应聘者作出自己的再一次测试,以决定是否聘用。从大学和院校的毕业生中选聘,是人员选聘的最好途径,尤其是当组织需要专门人才时,可以在短期内选聘到大批受过一定训练、素质较好的人员。不足之处是这些人员往往缺乏必要的工作经验,因而,在选聘后应提供相应的培训,使其满足组织的需求。通过广告公开选聘是一种被广泛使用的方法,可以很容易地吸引大批量的各类人才,精心制作的广告可以让应聘者了解组织的基本情况及应聘要求,同时可以改善组织形象。但是广告费用往往较高,所产生的效果也会随着广告媒体的选择和形式的不同而有很大的差别,因而,要根据成本和收益,以及拟选聘人员对组织的重要程度而慎重选择。

外部选聘扩大了选择的范围,有利于获得组织所需人员。同时,外部选聘实质是吸收异质因素来克服组织停滞、僵化的危险,因为这些来自组织外部的人员常常能够带来一些新的观点和新的方法,能够为组织发展注入新的活力。但是,从外部选聘人员从事某一工作,对组织内部那些希望得到这一工作的人来说,则是一个较为沉重的打击,会影响士气。所以,现代组织往往把内部选聘和外部选聘结合起来,也就是为了进行内部选聘把外部选聘提前,这是人力资源管理中的前瞻性行为。因为,这种人员选聘方式具有良好的连续性,由于选聘者把从外部选聘人员的工作提前到若干年前进行,把可以培养的人员选聘进来加以培训,而使组织在需要的时候能够通过内部调动、内部提升等方式,把他安置到相应的职位,使外部选聘成为内部选聘的准备,保证管理活动有条不紊地进行。

三、人员选聘步骤

选聘过程和步骤，其顺序安排可视具体情况而定，同时要参照所设立的选聘标准和选聘方法。一般来说，选拔的步骤是按初次面试—审查申报表—录用面试—测试—综合评价（人才测评）这一程序来进行的。

（1）初次面试。初次面试多半是根据招聘的一些标准与条件来进行筛选，决定对哪些人进行进一步考核，淘汰掉明显不符合职务要求的应聘者。在这一阶段，招聘者所提的问题大多直截了当。例如，受过什么教育，接受过哪些培训等。初次面试可大大减少进一步选拔的工作量和费用，使选拔工作得以顺利进行。

（2）审查申请表。申请表是普遍使用的选拔手段，目的是帮助招聘人员对应聘者有具体了解，并根据其条件，决定是否有必要对其进行进一步考核。申请表的内容依不同组织、不同招聘职务而定。一般来说，申请表的内容包括姓名、年龄、性别、家庭情况、受教育情况、特长、简历等。在申请表的具体编排上，应依据企业及职务的要求而定，尽量做到与职务密切相关。同时，在用词上也应做到清晰明了，应使招聘者通过申请人所填的具体内容即可做出有效的初步判断。

（3）录用面试。录用面试是最常用的一个选拔步骤，有些企业可能不对应聘者进行选择测试，但几乎所有的企业在录用某人之前，都要经过面试这一程序。面试的目的是进一步获取应聘者的信息，在初次面试和审查申请表的基础上，加深对应聘者的认识，有助于对应聘者合格与否做出判断。同时，计划得当的面试还可以达到使应聘者了解企业和宣传企业形象的目的。

（4）测试。测试是运用系统的统一的标准及科学的规范化的工具，对不同人员的各种素质加以公正而客观的评价。它是选聘过程中重要的辅助手段，特别是对于那些其他手段无法确定的个人素质，如能力、个性特征、实际技能等。测验法是不可或缺的补充手段，因而逐渐被企业关注和应用。最常用的测验包括智力测验、知识测验、个性测验和兴趣测验等。

（5）人才评价。人才评价是让候选人参加一系列管理情景模拟活动，让评价人员观察和分析受试者在一个典型的管理环境中如何工作，以考察其实际管理技能。这些活动除了上面介绍的常规的笔试、面试和心理测试之外，大都是工作情景模拟测试，如"公文处理模拟测试"、"无领导小组讨论"和"企业决策模拟竞赛"等。参加评估的人员通常是评估专家和经过培训的企业高层领导者，通常可由待选聘岗位的顶头上司参与最后结论评估，并由评估小组集体讨论做出，作为上级审批人员聘任的依据。

（6）对新员工进行上岗教育。上岗教育包括向新员工介绍企业、企业的职能、任务和人员等情况。常规教育一般由人事部门来执行，但是对新管理人员进行上岗教育的责任，应是他们的顶头上司的任务。上岗教育的另一个或许更为重要方面是，如何使新管理人员适应工作。有组织地使新员工适应工作的上岗教育主要有三个方面：学习工作所需要的知识和能力；执行任务采取的合适态度；

适应本单位的准则和价值观念。

即问即答 5-8

为什么要进行人员选聘？人员选聘的途径有哪些？

本章小结

本章主要讲述了组织及其职能的概念，对组织的结构进行了类型阐述；并提出组织结构设计的原则和程序；对组织构成的价值观、信念、符号、处事方式等特有的文化形象进行了诠释；在此基础上提出组织文化建设的内涵与方法；组织在千变万化的环境中会产生组织的变革，变革的因素有多种，提出了组织变革的技术；在组织目标发生变化时进行人员的选拔方式与步骤。

知识掌握题

1. 什么是组织？你能否分别从动词的组织和名词的组织去理解组织的含义？
2. 组织的职能是什么？
3. 从企业组织结构的定义中可以看出，组织结构的本质是责、权、利关系的划分吗？
4. 是否存在着正式组织和非正式组织？
5. "以人为本"的管理措施是组织制度建设的前提，在制度建设方面是否要体现人本管理的基本内容？
6. 组织在什么情况下可以进行组织变革？
7. 组织的文化建设有什么作用？在组织变革中怎样重树组织文化？
8. 在组织文化建设中制度建设能起到什么作用？

自 测 题

一、单项选择题

1. 组织是管理的基本职能之一，从其定义中可以看出，它由（　　）三个基本要素构成。
   A. 目标、原则和结构　　　　　B. 目标、部门和效率
   C. 目标、部门和关系　　　　　D. 目标、结构和效率
2. 管理幅度是指一个主管能够直接有效地指挥下属成员的数目。经研究发现，高层管理人员的管理幅度通常以（　　）人较为合适。
   A. 4~8　　　　B. 8~15　　　　C. 15~20　　　　D. 20~25
3. 由两套组织部门联合构成的双重组织结构，其中一套是在组织职能基础

上形成的部门,另一套是在组织特定业务基础上形成的部门,这两个部门在组织中以纵横两个方向设置所构成的状态称为(　　)。

  A. 事业部制组织结构　　　　　B. 职能制组织结构
  C. 部门直线组织结构　　　　　D. 矩阵制组织结构

  4. 企业要正常运转,必须根据企业经营目标,对各生产要素进行统筹安排和全面调度,确定合理结构,使各要素间能够有效、均衡配置,使职工都为完成总体目标努力。这就是管理的(　　)职能。

  A. 组织　　　　B. 协调　　　　C. 控制　　　　D. 领导

  5. 组织理论上把管理层次多而管理幅度小的结构称为(　　)。

  A. 直式结构　　B. 扁平结构　　C. 直线结构　　D. 矩形结构

  6. 人员配备的工作包括(　　)。

  A. 制定工作规范,选配、培训组织成员
  B. 确定人员需用量、选配、培训组织成员
  C. 确定人员结构、选配、培训组织成员
  D. 确定人员需用量、选配、考核、晋升组织成员

二、多项选择题

  1. 组织文化具有(　　)含义。

  A. 使组织具有明确的价值取向
  B. 组织文化可以形成组织的凝聚力
  C. 组织文化对组织成员有约束作用
  D. 组织文化可以使组织外部特征和经营实力表现出来的,被消费者和公众所认同的形象

  2. 组织设计的任务主要有(　　)。

  A. 确定与划分组织的不同部门,规定这些部门之间的相互关系
  B. 分析和确定组织的职能与分类
  C. 分解组织职能的具体任务和职责
  D. 对组织的各项职能按照一定的联系方式进行配置

  3. 组织结构设计主要针对的三种情况是(　　)。

  A. 新建组织需进行组织结构设计
  B. 原有组织结构出现较大问题或组织目标发生变化
  C. 组织的负责人变化
  D. 组织结构需进行局部的调整和完善

  4. 从组织外部招聘管理人员可以带来"外来优势"是指被聘干部(　　)。

  A. 能克服组织停滞、僵化的危险　　B. 能为组织带来新鲜空气
  C. 可以迅速开展工作　　　　　　　D. 具有广告效应

  5. 从组织内部挑选适合的人员加以聘用的优点(　　)。

A. 为组织发展注入活力 B. 手续简便
C. 给组织带来新观点 D. 比较快地进入角色
E. 费用较低

6. 内外环境形象设计的内容主要有（　　）。
A. 环境结构形象设计 B. 建筑形象设计
C. 内外装饰形象设计 D. 员工内涵设计

7. 组织变革的原因包括（　　）。
A. 频繁的决策失误 B. 组织成员间沟通不灵
C. 管理业绩长期不理想 D. 缺乏创新

知识应用与课堂讨论题

企业文化在组织变革中涅槃

青岛啤酒百年基业，其文化沉淀厚重精深，特别是少帅金志国走马上任后"激情成就梦想"，在全国范围内快速掀起了新一轮的跑马圈地运动，拉开了青岛啤酒发展的新纪元。

1999 年，青岛啤酒兼并 X 城啤酒厂，青岛啤酒（X 城）有限公司挂牌成立。2000 年，青岛啤酒淮海事业部正式成立，青啤 X 城公司划归淮海事业部管理。因为青啤实行产销分离的经营管理体制，产销分离的经营体制使得 X 城公司成为青岛啤酒淮海事业部下的一个啤酒生产型企业，作为啤酒生产单位的 X 城公司只能根据事业部下发的订单组织生产而不能直接干涉市场，在这种情况下，原来的市场部归并生产部，人员分流其他部门，全力服务一线，埋头组织生产。淮北地区啤酒市场的竞争是非常激烈的，三孔、无名牢牢地把持着一定的低档酒份额，银麦与 X 城啤酒平分秋色，距 X 城啤酒 50 千米以内还有两家青啤的生产厂——TZ 公司和 TEZ 公司，距淮海事业部所在地的徐州也不过 80 千米，徐州当地也有两家青啤生产厂——徐州公司和彭城公司，产能都在 10 万吨以上。此外还有济南的趵突泉，燕京，蓝带，安徽的无名，重庆的天目泉，还有若干品牌假酒的冲击，整个淮海地区的啤酒市场竞争可谓惨烈。X 城啤酒即使想垄断当地市场几乎是不可能的，根深蒂固的地区保护主义也限制着公司大范围进攻外围市场，在这种情况下，青啤淮海事业部统筹规划，按各公司啤酒的市场占有率来分配生产任务。因此，X 城公司分得的生产任务与其产能相差甚远，旺季时尚能维持温饱，等到了淡季几乎是全线停产，员工全部放假回家，这使得具有 12 万吨产能的 X 城公司几乎有一半以上的资源处在闲置状态，企业连年亏损。

青啤公司为了改善这一现状，在 2001—2004 年的 3 年时间里，先后派去了 5 届领导，每一届领导到任后都不约而同大刀阔斧地对组织机构进行了调整。于是，部门间分分合合，岗位设置频繁更替，一次又一次地裁员，一次又一次地竞岗，导致公司风气日益恶化，员工怨声载道，青啤文化也受到了前所未有的抵制，加之市场萎缩，人心涣散，企业形象受到严重影响，这个因青啤入驻而一度激情澎湃、焕发勃勃生机的当地支柱性企业又处在倒闭的边缘。青啤文化在 X 城公司频繁的组织变革中无奈地叹息，这种情况直至第 5 任的 Y 经理时期才所有改观。第 5 任的 Y 经理到任后，也抵制住一些压力进行了大幅度的调整，内部实行服务链管理，按生产流程确定部门之间的权责关系，倡导"上级服务下级、部门服务一线"的管理理念，并明确提出"创建青啤在鲁西南地区的精益加工基地"企业使命，公司发展状况日渐好转。

本案例思考讨论题：
1. 从青岛啤酒 X 城公司案例中分析企业文化与组织变革关系。
2. 组织变革过程中会遇到无数阻力，其最大阻力来自于什么？

资料来源：http：//www.qywytraining.com（闽南企业管理网）

情景模拟题

一、情景介绍

卓越物流公司是一家第三方物流公司，自 2006 年成立以来，发展良好，有一支良好的技术和管理、市场开拓员工队伍，公司主要客户是西南地区的企事业单位的物资配送服务。近年来，随着业务的发展，为了扩大市场占有率，提升企业竞争实力，公司根据自身资源拥有情况和经营特点考虑，决定开设电子商务网站，并在网上开展订单上传及货物运输查询业务。公司决定成立信息管理中心，并对外招聘中心主任。

二、模拟训练

1. 同学们可自由组合或由指导老师组合成若干小组，分别做出公司组织结构中信息管理中心的隶属关系图、公司形象标志图。并组成对外招聘小组，筹办招聘会。

2. 每一小组推行 1 名代表上台扮演应聘人员，发表应聘演讲，其他小组抽签分别组成人力资源部、行政部等部门进行招聘会策划，其中有的同学扮演公司经理、副经理或部门负责人等具体在现场提问。

3. 每小组轮流主持对外招聘会，表演结束后请全班同学分别给各小组评分（见表 5-1）。

表 5-1 记分表

得分\项目	优（90~100分）	良（80~89分）	中（70~79分）	及格（60~69分）	不及格（60分以下）
公司形象标志					
会场组织程序					

续表

项目＼得分	优 (90~100分)	良 (80~89分)	中 (70~79分)	及格 (60~69分)	不及格 (60分以下)
演讲水平					
提问技巧					
组织严密					
效果					

4. 最后由指导老师进行点评和总结。

实践训练题

项目一：设置组织机构及组织文化。

1. 实训项目

对组织的结构进行设置并提出该组织的文化建设概要方案（组织形象设计和制度建设）。

2. 实训目的

通过访问某一个组织或教师所提供的组织资料，培养学生对组织结构的理解，掌握组织文化建设的内涵。

3. 实训内容

（1）要求学生了解该组织后，设计出组织结构图，分析它的利弊。

（2）通过总结、提炼组织文化的内涵，对组织形象提升和管理行为的规范提出可借鉴的方案。

4. 实训组织

（1）把全班同学分成4~6个小组，每个组确定1个负责人。

（2）每组学生分别走访某一个组织，考察其组织机构和管理机制。（或从资料中提炼出组织机构设置）

（3）每组学生走访某组织或者阅读资料后，观察其人的环境、物的环境及技术环境，进行组织理念、员工群体形象设计、组织内外环境形象设计。

5. 实训考核

（1）要求每位学生写出访问报告、小结，必要时用图表方式表达。

（2）要求实训小组制作PPT在全班进行讲解交流，教师做出评语。

（3）要求学生填写实训报告。其内容包括：① 实训项目；② 实训目的；③ 实训内容；④ 本人承担任务及完成情况；⑤ 实训小结。

项目二：人员的选聘。

1. 实训项目

结合本章前面"案例导入"中"冲突的解决"的案例资料，对组织的变革后进行内部人员的选聘。

2. 实训目的

通过所提供的案例资料招聘工作的再现，培养学生对组织选聘工作的了解，掌握选聘的程序与方法，从而提高未来职场的竞争能力。

3. 实训内容

(1) 对新技术引入的组织变革而成立的"工作组"这一机构的负责人的内部招聘。

(2) 被招聘人的述职和对其考评。

4. 实训组织

(1) 把全班同学分成4个小组，每两个组分别设为招聘团队和应聘者。

(2) 要求学生阅读资料后，设计出内部选聘人员时扮演的角色数量和场景设计。

(3) 每组的招聘团队对成立的工作组这一机构，提出负责人任职条件。

(4) 设计招聘程序和准备的相应表格资料。

(5) 对招聘会的组织。

5. 实训考核

(1) 要求每位学生写出招聘程序。

(2) 要求学生填写实训报告。其内容包括：① 实训项目；② 实训目的；③ 实训内容；④ 本人承担任务及完成情况；⑤ 实训小结。

课下补充参考资料

1. 刘熙瑞，张康之. 现代管理学 [M]. 北京：高等教育出版社，2000
2. 周三多. 管理学原理与方法 [M]. 上海：复旦大学出版社，1998
3. 宋景奇，丁连科. 管理学案例 [M]. 大连：东北财经大学出版社，1998
4. 阮志孝，雷晓明. CI与企业形象策划 [M]. 成都：成都科技大学出版社，1995

第六章
领导

学习目的和要求

通过本章学习，要求达到：

知识目标：了解领导的概念、职能、作用。

素质目标：熟悉领导的影响力，理解领导方式理论。

技能目标：掌握有效的领导艺术。

能力目标：能够运用所学掌握运用支配权力的能力和有效沟通的技能。

主要概念和原理

领导　领导艺术　法定权力　个人影响力　沟通

▶ 案例导入

刘厂长的无奈

苏南某化工厂是一个拥有职工 2 000 多人、年产值 5 000 万元的中型企业。厂长刘强虽然年过半百，但办事仍风风火火，厂里的大小事无事不包。人们每天可见他穿梭于厂里厂外。因为这样他在厂里的威信很高。不过，刘厂长的生活的确过得很累，可他认为：他作为一厂之长，职工的事就是自己的事，他不能坐视不管。刘厂长是这么说的也是这么做的。为了把工厂办好，刘厂长一心扑在工作上。

在厂里，刘厂长事必躬亲，大事小事都要过问，能亲自办的事绝不交给别人；可办可不办的事也一定自己去办；交给下属的工作，总担心下属办不好，常常插手过问。有一次，厂里小吴夫妻闹别扭，闹到了厂长那里，当时刘厂长正忙着开会，让工会主席去处理。工会主席在了解情况后，做了双方的思想工作，事情很快就解决了。可刘厂长开完会后又跑来重新了解情况，结果本来平息了的风波又闹起来了。像这样的例子在厂里时有发生。

虽然刘厂长的事业心令人钦佩，可刘厂长的苦劳并没有得到上天的赏赐。随着市场环境的变化，厂里的生产经营状况每况愈下，效益不断下滑。不久刘厂长在厂里推行成本管理，厉行节约。但职工并不认真执行，考核成了一种毫无实际意义的表面形式。刘厂长常感叹职工没有长远的眼光，却总拿不出有力的监管措施。最后，厂里决定与一家外国公司合作，如果合作成功，厂里就能摆脱困境，因此大家都对此充满信心。经多方努力，合作的各项准备工作已基本就绪，就等双方领导举行签字仪式。

举行签字的前一天，刘厂长亲自在医院陪生病住院的职工。第二天，几乎一夜未合眼的刘厂长又到工厂查看生产进度，秘书几次提醒他晚上有重要会议，劝他休息一下，但他执意不肯。晚上，刘厂长带病出席仪式，但最终没能支撑下去，被送进了医院。对方在了解了情况后，对刘厂长的能力产生了怀疑，决定推迟合作事宜。

资料来源：张炜. 新编管理学原理 [M]. 苏州：苏州大学出版社，2007

案例分析

一个合格的领导者，一定要懂得信任、懂得放权、懂得珍惜，能团结比自己强大的力量来提升自己的身价。相反有些能力非常强的人却因为过于完美主义，事必躬亲，认为什么人都不如自己，最后只能做最好的公关人员、销售代表，成不了优秀的领导人。

第一节 领 导 概 述

一、领导的概念

领导在汉语中可以作为名词用，即领导者的简称，同时也可以作为动词用，即"领导者"的一种行为过程。管理学所指的是后者，是作为管理的一种职能来理解的。在《中国企业管理百科全书》中，领导的定义是"率先和引导任何组织在一定条件下实现一定目标的行为过程"。

从管理学意义上讲，领导的定义可概括为：领导就是领导者在一定的组织或群体内，为实现组织预定目标，运用其法定权利和自身影响力，指挥、带领、引导和鼓励被领导者或追随者实现组织目标的活动和艺术。此定义包括以下几个方面。

（1）领导是一种管理活动过程。领导工作包括三个必不可少的要素：领导者、被领导者、客观环境。领导者就是在一定的组织体系中处在组织、决策、指挥、协调和控制地位的个人和集体。在领导活动中，他们处于主导的重要地位。被领导者就是按照领导者的决策和意图，为实现领导目标，从事具体实践活动的个人和集团。他构成领导活动的主体,是实现预期目标的基本力量。一般来说,领导者和被领导者的关系,就是权威和服从的关系。环境是指独立于领导之外的客观存在,是对领导活动的产生影响的各种因素的总和。领导者只有正确认识环境,适应环境,利用和改造环境,才能实现自己的预定目标。

(2) 领导的目的是推动组织目标的实现。领导就是要能使一切活动植根于组织之上,并通过领导来保证组织活动的顺利进行,保证组织目标的实现。

(3) 领导是一种影响力,这种影响力包括正式的权利和个人魅力。

相关链接 6-1

中国古代四大名著之一的《西游记》讲的是唐三藏西天取经的故事。唐三藏受到唐王李世民的委托,这是正式的授权,且是如来钦定了的,是一种身份;同时唐三藏是一个修行的好人,这是他的道德基础和品质;再加上他有一个法宝,就是唐三藏会念紧箍咒,孙悟空不听话的时候他就可以念,这就是强制力。从这种身份、道德、授权和强制力当中,我们可以看到权利的最初来源。

资料来源:郑健壮. 管理学原理 [M]. 北京:清华大学出版社,2007

二、领导的作用

领导是任何组织都不可缺少的,贯穿于组织管理活动的全过程。

1) 指挥作用

指挥作用是指在人们的集体活动中,领导者需要头脑清醒、胸怀全局、高瞻远瞩、运筹帷幄,帮助部下认清所处的环境,指明活动的目标和达到目标的途径。领导者只有站在群众的前面,身先士卒,用自己的行动带领人们为实现企业的目标而努力,才能真正起到指挥作用。

2) 协调作用

在组织系统中,即使有了明确的目标,由于组织成员个人的理解能力、工作态度、进取精神、性格、地位等不同,人们对事物的认识会产生各种分歧,行动上出现偏离目标的现象是不可避免的。协调作用就是指领导者需要在各种因素的干扰下,协调部下之间的关系和活动,把大家团结起来朝着组织的目标前进。

3) 激励作用

在现代组织中,大多数员工都具有积极工作的热情和愿望,但要长期地保持就需要有通情达理、关心群众的领导者来为他们排忧解难,激发和鼓励他们的斗志,发掘、充实和加强他们积极进取的动力。激励作用就是领导者通过为部下主动创造能力发展空间和职业发展生涯等行为,影响部下的内在需求和动机,引导和强化部下为组织目标而努力的行为活动。

即问即答 6-1

在领导活动的全过程中,主要有哪些构成要素?

三、领导与管理

领导与管理两者有着本质的区别。

(1) 从共性上看,两者都是一种在组织内部通过影响他人的活动来实现组织目标的过程;两者基本的权利都来自于组织的岗位设置。

(2) 从差异性上看,领导是管理的一个方面,属于管理活动的范畴;管理的权利是建立在合法的、强制性权利基础上的,而领导的权利既可以是建立在合法的、强制性基础上,也可以建立于个人的影响力和专家权利等基础上。

因此,领导者不一定是管理者,管理者也并不一定是领导者。两者既可以是合二为一的,也可以是相互分离的。有的管理者可以运用职权迫使人们去从事某一工作,但不能影响他人去工作,他并不是领导者;有的人并没有正式职权,却能以个人的影响力去影响他人,如非正式组织中的首脑,他是一位领导者。为了使组织更有效,应该选取领导者来从事管理工作,也应该把管理者都培养成好的领导者。

相关链接 6-2

领导与管理

换了 12 任厂长也没能摆脱亏损的一家国有企业,在王义堂手里起死回生了。1994 年 5 月,当王义堂接手河南某县水泥厂时,该厂亏损 123 万元。到这年年底,王义堂却使该厂赢利 80 万元。第二年实现利税 525 万元。

当年水泥厂多年亏损,任命谁为厂长呢?有人说:让王义堂试试吧!这提议让大家一愣,他是水泥厂所在地的农民,他怎么能当国有企业的厂长呢?可再一想,王义堂确实有本事,他与人合伙开办的公司个个赢利。于是县里与王义堂签订了委托经营协议。王义堂交 10 万元抵押金,企业亏损,抵押金没收;企业赢利,退还抵押金本息,还可按 30% 的比例得到奖励。

谈起当时厂里的情况,王义堂至今记忆犹新:厂里 413 名职工,其中行政管理人员 113 人,厂长一正八副,各自为政。一个科室有五六个人,天天没事干。来一两个客人,要一两桌相陪,20 个月吃掉 30 多万元。

上任后,王义堂把原来的 9 个正副厂长免掉,但对原来的规章制度没有改变，只是不让原来的制度成为挂在墙上的空口号。他规定职工犯错误只允许三次，第四次就开除。不过他最终也没能开除一个人，倒是有二三十个"光棍"主动调走了，因为实行计件工资后，这些人再也不能像以前一样光拿钱不干活了。于是，企业每小时水泥的产量从过去的五六吨提高到十多吨。

针对王义堂现象，一位经济学家评论说，这是一个有普遍意义的典型个案。厂长、经理个人的道德境界在相当程度上决定着整个企业的生死兴衰。这不是经济学所能研究和解决的问题。

资料来源：董义才. 管理学 [M]. 北京：北京师范大学出版社，2007

四、领导与权利

领导的本质就是一种对他人的影响力，即管理者对下属及组织行为的影响力。这种影响力能改变或推动下属或组织的心理与行为，为实现组织目标服务。

领导与权利是有差别的：权利只需要依赖性，并不要求构成权利关系的双方有着一致的目标。领导则要求领导者与被领导者有着相互一致的方向，否则领导工作就失去了意义。

但是，权利对于领导工作是极为重要的。首先，领导过程中影响他人的基础是权利，任何领导者的影响力都是依赖于正式权利或非正式权利来实现的。其次，组织中权利的配置决定了领导工作的方式。管理制度中权利的集中与分散是造成集权式领导者与民主式领导者的重要原因。最后，正确地对待权利是领导工作成功的保证。

领导者在组织中的影响力来自于两个方面：法定权利（又称制度权利）和个人影响力（又称个人权利）。

1. 法定权利

法定权利是组织赋予领导者的岗位权利，是各领导职位所固有的、合法的正式权利，他通过强制决定权来施加影响。法定权利存在于命令服从关系中，以服从为前提，具有明显的强制性。法定权利从职务的授予开始，随职务的免除而终止。它既受法律、规章制度的保护，又受法律、规章制度的制约，在领导者的权利构成中居主导地位，是领导者开展领导活动的前提和基础。法定权利包括决策权、组织权、指挥权、人事权、奖惩权。

（1）决策权。领导过程就是制定和实施决策的过程，决策正确与否是领导者成功的关键因素之一。

（2）组织权。组织是领导的重要职能，如何设计合理的组织机构，规定必要的组织纪律，确定适宜的人员编制和配备适当的人员等。它是领导意图得以实现的组织保证。

（3）指挥权。指挥权是领导者实施领导决策或规划、计划等的必要保障，如果没有这种保障，领导者便无法完成其使命。

(4) 人事权。人事权是领导者对工作人员的挑选录用、培养、调配、任免等权利。如果人事问题不与主管领导发生直接关系，必然会削弱领导者的权利基础。

(5) 奖惩权。奖惩权是领导者根据下属的功过表现进行奖励或惩罚的权利。

为了使领导工作有效，领导者下的命令应该符合哪些基本条件？

领导责任

所谓领导责任，顾名思义，是指领导者对某项工作或某一事件所担负的责任。一般而言，领导者的主要职责是决策、用人和检查、落实，因而领导责任就具有间接性的特点。但是，领导责任不是一句空话，不能成为搪塞责任、逃避处罚的挡箭牌，而必须认真、严肃地予以落实。

领导责任分为主要领导责任和重要领导责任。直接责任者是指在职责范围内，不履行或不正确履行自己的职责，对造成的损失起决定性作用的人员。主要领导责任者是指在职责范围内，对直接主管的工作不负责任、不履行或不正确履行职责，对造成的损失负直接领导责任的人员。重要领导责任者是指在职责范围内，对应管的工作或参与决定的工作不履行或不正确履行职责，对造成的损失负次要领导责任的人员。

众所周知，权力与责任，是一对互相依存的矛盾，相随相伴，不可分离。从来就没有无权力的责任，也没有无责任的权力。如果抛开责任，孤立地对待权力，那么权力就会成为伤人害己的"双刃剑"，危害无穷。不受制约的权力必然产生腐败。现代管理科学的一个重要内容，就是强调权力与责任的有机融合和相互制约，尤其重视责任对于权力的影响和制约。

领导责任不是一句空话，还有另一层重要的意思，就是当工作中出现了问题和失误的时候，领导干部要勇于承担责任。世界上任何事情都不可能是一帆风顺的，从这个意义上讲，工作中出现一些问题和失误，也是正常的，但这绝不能成为推卸责任的借口。领导对自己工作中出现的问题和失误，必须实事求是地弄清其产生的原因，主动自觉地查找自己在主观意识和工作方式、方法上的责任，不推不拖，不遮不掩，诚心诚意地接受群众的监督，不断总结经验教训，改进工作，这才是责任意识强的表现，才有助于达到改进和推动工作的目的。

资料来源：http://baike.baidu.com/link?url=yxgCWePPV1kFaIUciEspYjoA027fC7dGfj1LeNZVEbxxbECHQAktTDS9R17P9OpK_oVIdELW39C8A0_ed0rKuK

2. 个人影响力

个人影响力是领导者以自身的威望影响或改变被领导者的心理和行为的力量。它不是组织所赋予的，不具有法定性质。构成这一影响力的因素包括品德、知识、才能和情感。

（1）品德。品德是一个人的本质表现，它反映在人的一切言行之中。优秀的品格会给领导者带来巨大的影响力，使人产生敬爱感，而且能吸引人、诱导人模仿。对于领导者来说，"其身正，不令则行，其身不正，虽令不行"。这句古谚告诉我们，领导者的品格对他人的重要影响作用。因此，优秀的品格修养不仅是领导者必须具备的素质要求，也是领导影响力的重要组成部分。

（2）知识。知识是一个人的宝贵财富。它本身就是一种力量，是科学赋予的力量。知识素养是发挥领导功能的重要条件。特别是领导者拥有了本行业的技术和专业知识，就能得到下属的尊敬和信任，并且与下属会有更多的共同语言，有利于加强沟通。

（3）才能。它是决定领导影响力大小的主要因素，是指一个人运用自己的知识、经验去分析和解决实际问题的综合能力。它不仅反映在领导者能否胜任自己的工作上，更重要的是反映在工作结果是否成功上。才能是通过实践来表现的，一位有才能的领导者，会给组织带来成功，使人们对其产生敬佩感，并能吸引人们自觉地去接受其影响。

（4）情感。情感是人的一种心理现象，它是人对客观事物好恶倾向的内在反映。人与人之间建立了良好的情感关系，就能加大彼此的吸引力和影响力。作为领导者如果能体贴、关怀下属，与下属的关系融洽，影响力就往往比较大。反之，会形成负面的影响力。

由品德、知识、才能、情感等因素构成的个人影响力，是由领导者自身的素质与行为造成的。在领导者从事管理工作时，能增强领导者的影响力。在不担任管理职务时，它仍能对人们产生较大的影响。

在实际工作中，领导者要正确运用权力就必须掌握以下原则。

首先，慎重用权，不可滥用权力。领导者一旦滥用权力，不但会阻碍组织目标的实现，还会导致人际关系恶化、组织凝聚力下降，最终会导致领导者权力的丧失。

其次，客观公正用权。领导者运用权力最重要的原则是廉明，客观一致地使用权力。即运用权力时不徇私情、不谋私利，按照组织条例规定办事。

最后，例外处理。规章制度是组织成员应当共同遵守的行为准则，领导者必须维护规章制度的严肃性，按照规章制度的要求来正确使用手中的权力。但在特殊情况下，应当有权对特殊事物特殊处理。例外处理不是为了破坏规章制度，而恰恰是为了使规章制度在执行过程中表现得更加合理，更加符合实际情况。

相关链接 6-4

刘备、宋江的"无能"之能

《三国演义》中的刘备、《水浒》中的宋江，文才武略都不如别人，更没有什么英雄气概，但能让别人都追随他们，得到他们想要的东西，这不能不说他们还是很有本事的，这个本事就是领导才能。先说刘备，他从一个卖草席的破落皇族起家，先后依附刘焉、卢植、刘表等人，在此期间不断网罗了关羽、张飞、赵云、诸葛亮等武将谋士，最后时机一到，玩了个空手道，骗取了天府之地。

再看宋江，他广交天下英雄积累了雄厚的人际关系，后因为浔阳江头题写了反诗，在法场上被众兄弟救起，终于，决心上了梁山。此时，追随他的新人已超过晁盖的旧有人马。

为什么那么多有本事的人愿意死心塌地地跟着这两个没什么本事的人冒险呢？是因为他们具备一定的政治资源。刘备、宋江讲义气，够朋友，这在封建社会是很有号召力的。同时，他们都披上了合法的外衣：刘备是皇室之后，他曾多次亮出这一身份；宋江有童谣："耗国因家木，刀兵点水工。纵横三十六，播乱在山东"。这些都使得追随他们的人心里有底，相信跟着他们将来会有好的前途。

资料来源：崔伟国．管理学故事会［M］．北京：中华工商联合出版社，2005

第二节 领导理论

为了解决有效领导的问题，西方许多管理学家和心理学家进行了长期的调查，从不同角度进行了研究，提出了各种理论。这些理论大体可分为三大类，即领导特性理论、领导行为理论和权变理论。

一、领导特性理论

特性理论侧重于研究领导者的性格、品质方面的特征，作为预测其领导成效的标准。研究的目的是区分领导者与一般人的不同特点，以此来解释他们成为领导者的原因，并作为选拔领导者和预测其领导有效性的依据。实际上就是研究什么样的人才能成为良好的、有效的领导者。

传统的特性理论认为，领导者的品质是与生俱来的，生来不具有这种品质的人就不能当领导。显然，这种理论带有唯心主义色彩。现代的特性理论强调领导者品质并非与生俱来，而是在领导活动中形成的，即可以通过训练和培养加以造就。

相关链接 6-5

日本企业界要求领导者应具有以下品德和能力，十项品德：使命感、责任感、信赖感、积极性、忠诚老实、进取心、忍耐性、公平、热情和勇气；十项能力：思维决策能力、规划能力、判断能力、创造能力、洞察能力、劝说能力、对人理解能力、解决问题能力、培养下级能力、调动积极性能力。

资料来源：和丕禅. 管理学原理 [M]. 北京：中国农业出版社，2003

二、领导行为理论

领导者的领导才能和领导艺术都是以领导方式为基础的，领导者个人的特性难以说明其与领导有效性之间的关系。所以，后来许多学者在研究领导艺术时，从研究领导者的内在特征转移到外在行为上，即对领导者的各种领导行为进行研究，以找出何种领导行为、领导方式最为有效，这就是领导行为理论。行为理论成果众多，这里仅介绍以下几种。

1. X—Y 理论

麦格雷戈认为，领导方式取决于领导对人性的基本认识。管理史上，对人性的假设有两种，即 X 假设和 Y 假设。

1）X 假设

人天生懒惰，总是千方百计地逃避工作；

大多数人的个人目标与组织的目标都是相矛盾的，为了实现组织目标，必须用强制和惩罚的方法严格管制；

大多数人没有什么雄心壮志，也不喜欢负责任，而甘愿服从别人的领导；

大多数人缺乏理智，难以克制自己，易受别人的影响。

基于上述认识，持有 X 假设观点的领导者采取集权式领导方式，通常是"胡萝卜加大棒"的领导方式，即一方面用金钱收买和刺激员工，另一方面靠严密的监控和惩罚来迫使员工为组织效力。

麦格雷戈认为，在现代工业的实践过程中，这种 X 理论曾经是企业领导人中非常普遍的一种信念，对美国的企业管理工作有过重大影响。以 X 理论为指导思想，管理人员把人和物等同，忽视人的自身特征和多种需要，只注意人的生理需要和安全需要，常常以金钱作为管理工具，对不符合要求的行为则采取惩罚手段。显然，在这种人性假设基础之上的管理方法对本属于"社会人"的人们来说，是难以激发其工作热情的。

2) Y假设

工作中体力和脑力的消耗就像游戏和休息一样自然，厌恶工作并不是人的本性；

外在的控制和惩罚并不是使人努力达到组织目标的唯一手段，而且通常也不是最好的手段，人们愿意实行自我管理和控制来完成自己应当完成的目标；

人是有责任心的，人们在适当的条件下，不但愿意接受和承担一定的责任，而且还可能会追求责任，逃避责任、缺乏雄心壮志通常是经验的结果，而不是人的本质；

人们在解决组织的各种问题时，有着较高的想象力和创造力；

在现代社会中，人们的智力和潜能仅得到了部分的发挥。

基于上述认识，持有Y假设观点的领导者倾向于采取员工自我控制和自我指挥的领导方式，通常给员工创造一个和谐的指导性工作环境，让员工担任富有挑战性的工作，便于员工自主管理和发挥潜能，提高员工的参与度和积极性。

Y理论给管理人员提供了一种对于人的乐观主义的看法，而这种乐观主义的看法是争取员工的协作和热情支持所必需的。有人指出，Y理论有些过于理想化了。所谓自我指导和自我控制，并非人人都能做到。人固然不能说生来就是懒惰而不愿负责任的，但是，在实际生活中也的确有些人是这样的，而且坚决不愿改变。对于这些人，采用Y理论进行管理难免会失败。

2. 勒温（K. Lewin）的领导风格理论

勒温，德国的心理学家。他以权利定位为基本变量，把领导者在领导过程中表现出来的极端工作作风分为三种类型：独裁专断型、民主参与型和自由放任型。

独裁专断型领导是指领导者个人决定一切，布置下属执行。这种领导者要求下属绝对服从，并认为决策是自己一个人的事。

民主参与型是指领导者发动下属讨论、共同商量、集思广益，然后决策。这种领导者要求上下关系融洽，能合作一致进行工作。

自由放任型领导是指领导者撒手不管，下属愿意怎样做就怎样做，完全自由。领导者的职责仅仅是为下属提供信息并与企业外部进行联系，以便下属开展工作。

勒温于1939年对这三种不同的领导类型的群体影响进行了研究，结果表明：自由放任型工作效率最低，所领导的员工在工作中只达到了社交目标，而没有达到工作目标，产品的数量和质量都很差；民主参与型领导工作效率较高，所领导的员工在工作中不仅达到了社交目标，也达到了工作目标，工作积极主动，显示出较主动的创造性；独裁专断型领导借助于严格的控制，达到了工作目标，但人际关系紧张，员工的消极态度和对抗情绪在不断增长，缺乏主动性。

3. 密执安大学的研究

密执安大学的研究由R·利克特（Rensis Likert）及其同事在1947年开始进

行，试图比较群体效率如何随领导者的行为变化而变化。这项研究的目的，是确定领导者的行为特点与满意水平和工作绩效的关系。研究小组的研究结果发现了两种不同的领导方式。

一种是工作（生产）导向型的领导行为。这种领导方式关心工作的过程和结果，并用密切监督和施加压力的办法来获得良好绩效、满意的工作期限和结果评估。对这种领导者而言，下属是实现目标或任务绩效的工具，而不是和他们一样有着情感和需要的人，群体任务的完成情况是领导行为的中心。

另一种领导方式是员工导向型领导行为。这种领导方式表现为关心员工，即重视人际关系。员工导向型领导者不是把他们的行为集中在对人员的监督上，而是对生产的提高上。他们关心员工的需要、晋级和职业生涯的发展。

密执安大学的研究人员发现，在领导方式"员工导向型"的组织中，生产的数量要高于领导方式"工作导向型"组织的生产数量。另外，这两种群体的态度和行为也根本不同。在"员工导向型"的生产单位中，员工的满意度高，离职率和缺勤率都较低。在"工作导向型"的生产单位中，产量虽然不低，但员工的满意度低，离职率和缺勤率都较高。

在这种经验观察的基础上，密执安大学领导行为方式研究的结论是："员工导向型"的领导者与高的群体生产率和高满意度成正相关，而"工作导向型"的领导者则与低的群体生产率和低满意度成正相关。

4. 俄亥俄州立大学的研究

大约在密执安大学对领导方式展开研究的同一时期，美国俄亥俄州立大学的研究人员弗莱西曼（E. A. Fleishman）和他的同事们也在进行关于领导方式的比较研究。他们的研究结果本来罗列了十种不同的领导方式，但最后，他们把这十种类型进一步分为两个维度，即领导方式的"关怀维度"和"定规维度"。

"关怀维度"代表领导者对员工之间，以及领导者与追随者之间的关系、相互信任、尊重和友谊，即领导者信任和尊重下属的程度。"定规维度"代表领导者构建任务、明察群体之间的关系和明晰沟通渠道的倾向。

该项研究说明：领导者的行为和在每种维度中的位置，通过对两种维度的问卷调查，可以分为四种基本类型，即高关怀高定规、高关怀低定规、低关怀高定规和低关怀低定规，如图 6-1 所示。

俄亥俄州立大学的这项研究发现，在两个维度方面皆高的领导者，一般更能使下属达到高绩效和高满意度。不过高—高型风格并不总是产生积极效果；而其他三种维度组

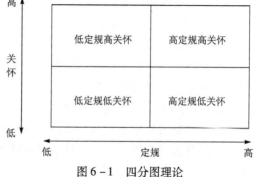

图 6-1 四分图理论

合类型的领导者行为，普遍与较多的缺勤、事故、抱怨以及离职有关系。

5. 管理方格理论

密执安大学和俄亥俄州立大学的研究结果发表以后，引起了对理想的领导方式广泛的讨论。一般的看法是，理想的领导行为既要是绩效型又要是关怀型的。对这种理想的领导方式加以综合的重要成果，是美国德克萨斯大学的布莱克（Blake）和穆顿（Mouton）提出的关于培养领导方式的管理方格理论。这一理论充分概括了上述两项研究所提炼的员工导向和生产导向维度。在这种领导理论中，首先把管理人员按他们的绩效导向行为（称为对生产的关心）和维护导向行为（称为对人员的关心）进行评估，给出等级分值。然后以此为基础，把分值标注在两个维度坐标界面上，并在这两个维度坐标轴上分别划出9个等级，从而生成81种不同的领导类型。

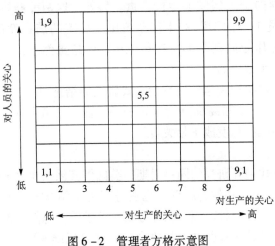

图6-2 管理者方格示意图

如图6-2所示，代表性的领导方式为（1，9）型，又称为乡村俱乐部型管理，表示领导者只注重支持和关怀下属而不关心任务和效率；（1，1）型，又称为贫乏型管理，表示领导者付出最小的努力完成工作；（5，5）型，又称为中庸之道型管理，表示领导者维持足够的任务效率和令人满意的士气；（9，1）型，又称为任务型管理，表示领导者只重视任务效果而不重视下属的发展和士气；以及（9，9）型，又称为团队型管理，表示领导者通过协调和综合工作相关活动而提高任务效率与士气。他们认为，（9，9）方式的管理者工作是最佳的领导方式，并提出，原则上达不到（9，9）等级的管理人员，要接受如何成为一个（9，9）领导人的培训。

20世纪60年代，管理者方格培训受到美国工商界的普遍推崇。但在后来，这一理论逐步受到批评，因为它仅仅讨论一种直观而且是最佳的领导方式。而且，管理方格论并未对如何培养管理者提供答案，只是为领导方式的概念化提供了框架。另外，也没有实质性证据支持在所有情况下，（9，9）领导方式都是最有效的方式。例如，在不同的社会、经济、文化和政治背景中，管理者领导方式的优劣，并不是简单地通过中性或平衡的（9，9）分布能够陈述的。这说明，领导方式的行为理论并不是对某种领导方式的最佳选择，领导方式的研究应是多角度的。

三、权变理论

1. 菲德勒权变理论

权变理论认为不存在一种一成不变的、普遍适用的、最好的管理理论和管理方法。领导方式和领导工作强烈地受到领导者所处的客观环境的影响。因此,管理必须随着所处的内外环境的变化而随机应变。领导者应做什么以及怎样做,要取决于当时的具体情况。或者说,领导和领导者是某种既定环境的产物。

菲德勒的领导权变理论是比较有代表性的一种权变理论。该理论认为各种领导方式都可能在一定环境内有效,这种环境是多种外部与内部因素的综合作用体。

菲德勒提出了一个全面的领导权变模型。菲德勒认为,良好的群体绩效只能通过如下两种途径取得:要么使管理者与管理环境相匹配;要么使工作环境与管理者相匹配。菲德勒模型是将确定领导者风格的评估与情景分类联系在一起,并将领导效果作为二者的函数进行预测。

1)确定领导者风格

菲德勒设计了 LPC 问卷,即最难共事者问卷,来测试领导者个体基础的行为风格。菲德勒让答卷者回想一下自己共事过的同事,找出一个最难共事者,用 16 组形容词中 1~8 等级对他进行评估,从最消极的评价到最积极的评价,得分依次增高。

最难共事者量表

➢ 令人愉快的	8	7	6	5	4	3	2	1	令人不愉快的
➢ 友好的	8	7	6	5	4	3	2	1	不友好的
➢ 随和的	8	7	6	5	4	3	2	1	不随和的
➢ 乐于助人的	8	7	6	5	4	3	2	1	使人泄气的
➢ 热情的	8	7	6	5	4	3	2	1	冷淡的
➢ 轻松的	8	7	6	5	4	3	2	1	紧张的
➢ 密切的	8	7	6	5	4	3	2	1	疏远的
➢ 温暖人心的	8	7	6	5	4	3	2	1	冷若冰霜的
➢ 易合作的	8	7	6	5	4	3	2	1	不好合作的
➢ 支持的	8	7	6	5	4	3	2	1	敌意的
➢ 有趣的	8	7	6	5	4	3	2	1	讨厌的
➢ 和谐的	8	7	6	5	4	3	2	1	爱争执的
➢ 自信的	8	7	6	5	4	3	2	1	优柔寡断的
➢ 效率高的	8	7	6	5	4	3	2	1	效率低的
➢ 兴高采烈的	8	7	6	5	4	3	2	1	低沉阴郁的
➢ 开诚布公的	8	7	6	5	4	3	2	1	怀有戒心的

菲德勒相信,在 LPC 问卷回答的基础上可以判断他们的最基本的领导风格,如果以相对积极的词汇描述最难共事者,LPC 得分不低于 64 分,回答者很乐于与同事形成良好的人际关系。也就是说,如果你把最难共事的同事描述得比较积

极,菲德勒称你为关系取向型。相反,如果得分低于57分,就说明你主要感兴趣的是工作,为任务取向型。另外,大约有16%的回答者分数处于58~63分,属于中间水平,很难被划入任务取向型或关系取向型中进行测试,因而下面的讨论就是只针对其余的84%进行的。

2) 确定情景

在LPC问卷的基础上,菲德勒列出评价领导有效性的关键要素,即职位权力、任务结构和上下级关系。

所谓职位权力,是指领导者所处的职位具有的权威和权力的大小,或者说领导的法定权、强制权、奖励权的大小。权力越大,群体成员遵从指导的程度越高,领导的环境也就越好,反之,则越差。

所谓任务结构,是指任务的明确程度和部下对这些任务的负责程度。如果这些任务越明确,而且部下责任心越强,则领导环境越好;反之,则越差。

所谓上下级关系,是指下属乐于追随的程度。如果下级对上级越尊重,并且乐于追随,则上下级关系越好,领导环境也越好;反之,则越差。

3) 领导者与情景的匹配

菲德勒根据情景中的三个变量组合成八种不同的环境条件。根据关于领导情景的八种分类和关于领导类型的两种分类(高LPC值的领导和低LPC值的领导),对1 200多个团体进行了抽样调查,得出以下结论:领导环境决定了领导的方式。菲德勒认为环境的好坏对领导的目标有重大影响。对低LPC型领导来说,比较重视工作任务的完成。如果环境较差,他将首先保证完成任务;当环境较好时,任务能够完成,这时他的目标将是搞好人际关系。对高LPC型领导来说,比较重视人际关系。如果环境较差,他首先将人际关系放在首位;当环境较好时,人际关系也比较融洽,这时他将追求完成工作任务。如图6-3所示。

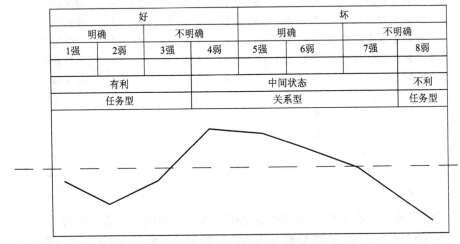

图6-3 菲德勒权变领导模型

在环境较好的 1、2、3 和环境较差的 7、8 情况下,采用低 LPC 领导方式,即工作任务型的领导方式比较有效。在环境中等的 4、5、6 情况下,采用高 LPC 领导方式比较有效,即人际关系型的领导方式比较有效。

4) 菲德勒模型的发展

菲德勒和乔·葛西亚在原来的模型基础上进一步提出了认知资源理论。这一理论基于两个假设:第一,睿智而有才干的领导者比德才平庸的领导者能制定更有效的计划、决策和活动策略;第二,领导者通过指导行为传达他们的计划、决策和策略。在此基础上,菲德勒和葛西亚阐述了压力和认知资源(如经验、奖励、智力活动)对领导有效性的重要影响。结论如下:第一,在支持性、无压力的领导环境下,指导性行为只有与高智力结合起来,才能导致高绩效水平;第二,工作经验与工作绩效之间成正相关;第三,在领导者感到无压力的情景中,领导者的智力水平与群体绩效成正相关。

相关链接 6-6

权变的领导——弗雷德·菲德勒

弗雷德·菲德勒,美国华盛顿大学心理学与管理学教授,兼任荷兰阿姆斯特丹大学和比利时卢万大学客座教授。菲德勒早年就读于芝加哥大学,获博士学位,毕业后留校任教。1951 年移居伊利诺伊州大学,任心理学教授和群体效能研究实验室主任,直至 1969 年前往华盛顿。

菲德勒是美国当代著名心理学和管理学家。他的研究开创了西方领导学理论的一个新阶段,使以往盛行的领导形态学理论研究转向了领导动态学研究的新轨道。菲德勒的理论对之后领导学和管理学的发展产生了重要的影响,主要著作有《一个领导效能理论》、《权变模式——领导效用的新方式》等。

弗雷德·菲德勒的权变领导思想主要是改变环境以改变领导的思想。一个组织的成功与失败在很大程度上取决于它的管理人员的素质,即取决于领导。如果寻求最佳的管理人员即领导者,是一个十分重要的问题,但更现实、更重要的问题是如何改变现有环境以更好地发挥现有管理人员的才能。

资料来源:张炜. 新编管理学原理 [M]. 苏州:苏州大学出版社,2007

即问即答 6-3

权变理论中的"随机应变"指的是什么?

2. 路径—目标理论

路径—目标理论是罗伯特·豪斯（Robert House）发展的一种领导权变理论。该理论认为，领导者的工作是帮助下属达到他们的目标，并提供必要的指导和支持，以确保各自的目标与群体或组织的总体目标一致。"路径—目标"的概念来自于这样的观念，即有效领导者能够明确指明实现工作目标的方式来帮助下属，并为他们清除各种障碍和危险，从而使下属的相关工作容易进行。

根据路径—目标理论，领导者的行为被下属接受的程度，取决于下属是将这种行为视为获得当前满足的源泉，还是作为未来满足的手段。领导者行为的激励作用在于：① 使下属的需要、满足取决于有效的工作绩效；② 提供有效绩效所必需的辅导、指导、支持和奖励。为考察这些陈述，豪斯确定了四种领导行为：指导型领导者让下属知道他对他们的期望是什么，以及他们完成工作的时间安排，并对如何完成任务给予具体指导，这种领导类型与俄亥俄州立大学的规定维度相似；支持型领导十分友善，表现出对下属需要的关怀，它与俄亥俄州立大学的关怀维度相似；参与型领导则与下属共同磋商，并在决策之前充分考虑他们的建议；成就导向型的领导设定富有挑战性的目标，并期望下属发挥出自己的最佳水平。与菲德勒的领导方式学说不同的是，豪斯认为领导者是灵活的，同一领导者可以根据不同的情景表现出任何一种领导风格。

路径—目标理论提出了两类情景变量作为领导行为：结果关系的中间变量，即环境因素（任务结构、正式权力系统和工作群体）和下属的个人特点（控制点、经验和知觉能力）。控制点是指个体对环境变化影响自身行为的认识程度。根据这种认识程度的大小，控制点分为内向控制点和外向控制点两种。内向控制点是说明个体充分相信自我行为主导未来而不是环境控制未来的观念，外向控制点则是说明个体把自我行为的结果归于环境影响的观念。依此，下属分为内向控制点（internal locus of control）和外向控制点（external locus of control）两种类型。环境因素和下属个人特点决定着领导行为类型的选择。这一理论指出，当环境因素与领导者行为相比重复或领导者行为与下属特点不一致时，效果皆不佳。

以下是路径—目标理论引申出的一些假设范例：

（1）相对于具有高度结构化和安排完好的任务来说，当任务不明或压力过大时，指导型领导产生更高的满意度。

（2）当下属执行结构化任务时，支持型领导导致员工高绩效和高满意度。

（3）指导型领导不太适于知觉能力强或经验丰富的下属。

（4）组织中的正式权力关系越明确、越层级化，领导者越应表现出支持行为，降低指导型行为。

（5）内向性控制点的下属，比较满意于指导型风格。

（6）当任务结构不清时，成就导向型领导将会提高下属的努力水平，从而达到高绩效的预期。

3. 领导生命周期理论

另外一种领导情景理论,是由美国管理学者保罗·赫塞(Paul Hersey)和肯尼斯·布兰查德(Kenneth Blanchard)提出的。他们补充了另外一种因素,即领导行为在确定是任务绩效还是维持行为更重要之前应当考虑的因素:成熟度(maturity)并以此发展为领导方式生命周期理论。这一理论把下属的成熟度作为关键的情景因素,认为依据下属的成熟度水平选择正确的领导方式,决定着领导者的成功。

赫塞和布兰查德把成熟度定义为:个体对自己的直接行为负责任的能力和意愿。它包括工作成熟度(job maturity)和心理成熟度(psychological maturity)。工作成熟度是下属完成任务时具有的相关技能和技术知识水平。拥有高工作成熟度的员工可以独立完成其工作任务而不需要别人的指导。心理成熟度是下属的自信心和自尊心。心理成熟度高的人不需要太多的外在鼓励,他们主要是靠自我实现的动机。高成熟度的下属既有能力又有信心做好某件工作。

生命周期理论提出任务行为和关系行为这两种领导维度,并且将每种维度进行了细化,从而组合成四种具体的领导方式:①指导型(telling)领导(高任务低关系),领导者定义角色,告诉下属应该做什么、怎样做以及在何时何地做;②推销型(selling)领导(高任务高关系),领导者同时提供指导行为与支持行为;③参与型(participating)领导(低任务高关系),领导者与下属共同决策,领导者的主要角色是提供便利条件和沟通;④授权型(delegating)领导(低任务低关系),领导者提供不多的指导或支持。

在此基础上,领导方式和任务成熟度之间的关系如图6-4所示。

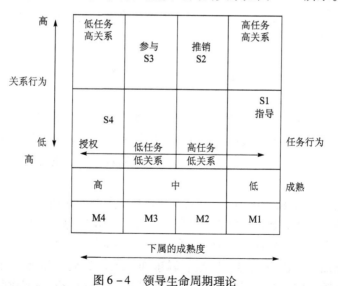

图6-4 领导生命周期理论

图 6-4 中，S 代表四种领导方式，分别是授权、参与、推销和指导，它们依赖于下属的成熟度 M，M1 表示低成熟度，M4 代表高成熟度。

这样一来，赫塞和布兰查德就把领导方式和员工的行为关系通过成熟度联系起来，形成一种周期性的领导方式。当下属的成熟度水平不断提高时，领导者不但可以减少对活动的控制，而且还可以不断减少关系行为。

(1) 指导型领导方式 S1，是对低成熟度的下属而言的，管理者采用任务导向的领导风格最为合适。管理者要告诉下属组织的规则和运行程序，指导他们怎样进行工作。在此阶段，管理者如果不能及时地发出命令，则会带来组织的混乱，其他的领导风格和高度重视人际关系等在此阶段是不适当的。

(2) 推销型领导方式 S2，是高任务高关系行为，试图使下属在心理上领悟领导者的意图，希望激发起他们更大程度的努力，管理者要加强对员工的信任与支持，加强关系导向的领导行为。

(3) 参与型领导方式 S3，表示可以运用支持性、非指导性的参与风格有效激励下属，不再需要管理者像开始那样直接指挥了，他们开始产生更高的成就动机，开始积极寻求承担更大的责任。领导者应该积极地转变角色，过多的指挥会引起他们的不满，领导者要与下属共同决策，主要任务是提供便利条件。

(4) 授权型领导方式 S4，它是对高成熟度的下属而言的，表示下属既有意愿又有能力完成任务。下属越来越希望按自己的意愿行事，领导者可以降低支持与鼓励的比重，领导者的任务就是授权，不需要做太多事情。

和菲德勒的权变理论相比，领导方式生命周期理论更容易理解和直观。但它只针对了下属的特征，而没有包括领导行为的其他情景特征。因此，这种领导方式的情景理论算不上完善，但它对于深化领导者和下属之间的研究，具有重要的基础作用。

第三节 领导艺术

领导艺术是富有创造性的领导方法的体现。在履行领导职能的过程中，科学是与艺术相互结合、彼此交织在一起的。领导者要具备灵活运用各种领导方法和原则的能力与技巧，才能率领和引导人们克服前进道路上的障碍，顺利实现预定的目标。

领导艺术是指建立在一定的知识、经验基础上的，非规范的，有创造性的领导技能，是领导者的智慧、学识、才能、胆略、经验的综合反映。

领导艺术具有随机性、经验性、特殊性、多样性、灵活性及创造性等特点。同时，它是因人、因事而异，因地、因事而变的。因此，领导者必须从实际出发，具体问题具体分析，随机应变、灵活运用，才能适应不断变化的形式。领导艺术归结起来，有以下几种。

一、领导的决策艺术

决策是领导的基本职能,是领导活动的灵魂,它是领导者众多活动中最频繁、最主要同时也是影响最大的一种活动。著名经济学家赫伯特·西蒙指出:"决策是管理的心脏;管理是由一系列决策组成的;管理就是决策。"如何才能做到正确和科学的决策,应遵循以下几点。

(1) 获取、加工和利用信息的艺术。决策的艺术性和各种方案的可行性,在很大程度上取决于信息是否及时、准确和完善。因此,要善于获取、加工和利用信息,而这需要有高超的艺术。

(2) 对不同的决策问题采取不同的决策方法,本身就需要良好的艺术和技巧。正如管理学家杜拉克所说的:"决策的一条基本原则是在有不同意见的情况下做出决策。"如果人人赞成,你就根本不用讲清楚做出的决策是什么,也许完全没必要决策了。所以要听取不同意见。

(3) 程序化决策艺术。决策是按照事物发展的客观要求分阶段进行的,有科学的程序。决策的程序一般是按"提出问题——确定决策目标——设计决策方案——优选决策方案——方案的实施与反馈"的步骤顺序进行的。

相关链接 6-7

寓言故事:青蛙柏拉图的飞行训练

有一名叫程梦千的人,养了一只青蛙叫柏拉图。程梦千虽然生活无忧,但是他总梦想着有朝一日自己能够暴富起来。一天,程梦千对柏拉图说:"我们就要发财了,我将教会你飞!""等一等,我不会飞啊!我是一只青蛙,而不是一只麻雀!"程梦千非常失望:"你这种消极态度确实是一个大问题。我要为你报一个培训班。"

于是柏拉图上了三天培训班,它学习了战略制定、时间管理以及高效沟通等课程,但关于飞行方面却什么也没有学。第一天飞行训练,程梦千非常兴奋,但是柏拉图却很害怕。程梦千解释说,他们住的公寓一共有15层,柏拉图从第一层开始,从窗口往外跳,每天加一层,最终达到15层。在第一次跳完之后,柏拉图要总结经验,找出最有效的飞行技术,然后把这些技术运用到下一次训练中。等到达最高层的时候,柏拉图就学会飞了。可怜的柏拉图请求程梦千考虑一下自己的性命,但是程梦千根本听不进去:"这只青蛙根本就不理解青蛙会飞的意义,他更看不到我的宏图大略。"因此程梦千毫不犹豫地打开第一层楼的窗户,把柏拉图扔了出去。

第二天,在准备第二次飞行训练的时候,柏拉图再次恳求程梦千不要把自己扔出去。程梦千拿出了一本《高绩效管理》,然后向柏拉图解释,当人们面对一个全新的、创造性的项目时,抵制的情绪会多么严重。接下来,只听见"啪"的一声,柏拉图又被扔了出去。

不能说柏拉图没有尽其所能。例如,第五天它给自己的脚上加上了副翼,试图变成鸟;第六天它在自己脖子上戴了红色的斗篷,试图把自己变成"超人"。但这一切都是徒劳。到了第七天,柏拉图只好听天由命,它不再乞求程梦千的仁慈,只是直直地看着程梦千说:"你知道你在杀死我吗?"程梦千则指出,柏拉图的表现完全没有达到自己为它制定的目标。结果柏拉图被摔得像一片叶子一样瘪。

程梦千对柏拉图极其失望。飞行计划完全失败了,柏拉图没有学会如何飞,它丝毫没有听从程梦千的建议,"聪明地飞,而不是猛烈地下降。"

分析:成功与否不在于有多少宏伟的蓝图,而在于你是否选择了正确的方向。方向错了,你的计划再严密、员工再努力、远景再美好也是枉然。

资料来源:张炜. 新编管理学原理 [M]. 苏州:苏州大学出版社,2007

二、领导的用人艺术

领导者要善于发现和掌握部属的优点和长处,在工作中用其所长,并发扬光大。用人时,不应求全责备。人无完人,金无足赤,德、才、智、信、义的理想人物在现实中是不可能存在的。"尺有所短,寸有所长"讲的就是这个道理。

相关链接 6-8

他们都是出类拔萃的人

在一次工商界的聚会上,几个老板大谈自己的经营心得,其中一个说:"我有三个不成才的员工,我准备找机会将他们炒掉。"另一个老板问:"他们为什么不成才?""一个整天嫌这嫌那的,专门吹毛求疵;一个杞人忧天,老是害怕工厂有事;一个整天在外面闲荡鬼混。"有一个老板听后想了想说:"既然这样,你就把这三个人让给我吧。"三个人第二天到新公司报到,新老板给他们分配工作:喜欢吹毛求疵的人负责质量管理;害怕出事的人负责安全保卫;整天在外面闲逛的负责产品宣传和推销。三个人大为高兴。过了一段时间,两个老板又遇到了一起。前面的老板问:"这三个人是不是也让你头痛了?"新老板回答说:"哪里,他们都是出类拔萃的人。"

知人善任应该是一个管理者最重要的素养。知人就是要了解人才的特长;善任就是为人才安排最适当的工作。只有知人,才能善任;也只有善任,知人才有意义。

资料来源:崔伟国. 管理学故事会 [M]. 北京:中华工商联合出版社,2005

即问即答 6-4

中国企业在用人方式上应吸取怎样的经验教训？

三、授权的艺术

授权是指给下属指派职责，授予下属相应职权，激发下级尽职尽责的义务感。授权是一种领导艺术，不同的领导者其授权效果各不一样。要做到科学授权，必须遵循以下原则。

（1）因事择人原则。这是领导授权最基本的一条原则，即一切以被授权者的才能大小和工作水平的高低为依据。

（2）明确权责原则。授权必须明确交代所授权力的性质、目的、范围、限度、责任以及完成任务的时间和质量，不可含糊其辞，模棱两可。

（3）适度授权原则。领导者在授权时要掌握好"度"，做到凡是下级职责范围内的权利，都需要下放给下级；对于自己工作范围内的，但下级也能办好的事情要授权给下级；凡是涉及有关全局的，如组织发展的方向、目标，干部任命和变动等问题就不可轻易放权，应由领导集体讨论决定。

（4）有效控制原则。对于授权者来说既不可过多地干涉，也不可放任自由，要健全控制制度，指定工作标准和考核办法，加强监督、检查，发现问题及时指导、及时纠正。

相关链接 6-9

英国为什么能够在马岛海战获胜

在1982年英国与阿根廷之间的马岛海战之中，撒切尔夫人使用了"委托式领导法"。这一方法在这次战争中得到了层层贯彻。

当舰队司令员伍德沃德从撒切尔夫人那里取得"除了进攻阿根廷本土以外的一切权力"之后，为了争取主动完成夺回马岛的战略目标，彻底重创阿根廷的海军力量，伍德沃德没有经任何请示，断然下令将阿军在200海里禁区外的一艘巡洋舰击沉。特遣舰队到达马岛后，当伍德沃德命令突击部队司令官穆尔少将登陆时，问道："你还需要什么？"穆尔少将答道："权力。真正指挥突击队的权力。你不要干涉我在岛上的行动，那里只有胜利！"出发时，撒切尔夫人授权伍德沃德，战场上伍德沃德又授权穆尔将军。当穆尔将军带领登陆部队在向纵深推进时，他发现阿军出人意料地不堪一击，他立即改变伍德沃德要求采取的"逐步推进，稳扎稳打"的战术，转而采取"蛙跃式"战术，高速交替向前推进。当时参谋人员询问是否要请示伍德沃德，穆尔斩钉截铁地回答："不用，我自己做主。"然而，当他命令威尔逊旅长攻打鹅湾时，威尔逊在途中发现阿军已经撤离，于是，他未经请示就下令迅速占领了这个战略港口。

马岛主权之战争，对于英国方需要远涉重洋，孤军海外作战，这些不利条件不仅没有影响特遣舰队战略目标的完成，反而特遣舰队以意想不到的速度顺利达到军事目的，其原因就在于整个战争中得到层层贯彻的委托式领导。这与撒切尔夫人灵巧的领导艺术是密切联系的。

资料来源：林祖华. 现代管理学 [M]. 北京：中国时代经济出版社，2004

四、正确处理人际关系的艺术

讲求人际关系的艺术是强化管理和激发员工积极性的重要内容。由于人际关系的复杂性和微妙性，处理的方法也是多种多样的，没有一套能适用于不同素质的员工和不同环境的通用方法，而应当因人而异，随机应变。

（1）组织与员工目标的处理。组织内每位员工都是为了实现具体的目标而组合起来的，如何用企业发展的总目标把所有的员工组织起来，是一种重要的技巧。目标既是员工共同努力的方向，又是有效协调人际关系的出发点。

（2）建立制度规则。这是指建立健全组织内部各种生产服务标准、流程和经营管理制度，使领导和员工、员工和员工之间都能依照规章制度进行自我约束、自我调整，以减少摩擦和冲突。

（3）注意员工的心理状态。尽管目标、制度对处理员工之间的关系有重要的作用，但员工之间的心理冲突对人际关系的影响往往是看不见、摸不着的，它的潜在性较强，又不容易很快消除。因此，必须注意员工的心理状态。

（4）注重处事的技巧。作为领导者如果能积极稳妥地处理问题，就有利于搞好领导者与员工之间的关系。在技巧的运用上可以采用转移法、换位法、缓冲法、模糊法、糊涂法等。

相关链接 6-10

在某企业，有一天刚就任员工关系部副总经理的杨跃，邀请全体部门员工共进午餐。这是一个彼此熟悉的好机会，大家都很高兴。绩效组主任王坤也应邀一起参加了。开始点饮料时，杨跃点了一杯酒，其余的人都只点了饮料。因为公司有规定，严禁在午餐时饮酒。

平时，公司里有违反规定的事发生，都是由员工关系部负责处理，所以，作为这个部的成员，大家一向很重视遵守这个规定。午餐结束后，大家对杨跃点酒的事议论纷纷，后来，几位员工一起去找王坤。王坤也认为应该和杨跃讨论讨论此事。因为她身为主任,平时又擅长与人沟通,所以大家认为她是传达众人信息的最佳人选。

王坤等到杨跃空闲时才走到他办公室,站在门口说:"杨总,你现在有空吗?我想有些事你大概还不清楚,如果有机会谈,对今后的工作会有帮助的。"杨跃表示很有兴趣。王坤稍稍停顿了一下,继续说:"你知道公司有关酒精性饮料的规定吗?"杨跃说:"不知道。"王坤接着说明了她的来意,让杨跃知道公司的有关规定,员工关系部在处理违反规定事件中所担任的角色,以及同事们今天的反应。谈话结束时,杨跃真诚地向王坤道谢。

资料来源:周朝霞. 人际关系与公共礼仪 [M]. 杭州:浙江大学出版社,2004

五、科学利用时间的艺术

1. 科学分配时间的艺术

做任何事情都需要占用时间和精力。"时间就是金钱,时间就是生命。"这是一条实实在在的真理。领导者要想珍惜自己的时间做时间的主人,就要科学地组织管理工作,合理地分层授权,把大量的工作分给副手、助手、下属去做,以摆脱烦琐事务的纠缠,腾出时间来做应该由自己做的事;按制度时间的规定,科学合理地给各个部门单位分配定额,并要求他们在执行中严格按计划进行,做到按时、按质、按量完成。

就领导者个人来讲,分配时间的艺术可以有以下几种。

(1) 重点管理法。它指领导必须从众多的任务中抓住重要的事情,集中时间和精力把它做好,把有限的时间分配给最重要的工作。

(2) 最佳时间法。它指领导应该把最重要的工作安排在一天中效率最高的时间段去完成。

(3) 可控措施法。它指领导者如何把自己不可控的时间转化为可控时间,以提高管理效率。

2. 合理节约时间的艺术

领导者要成为自己时间的主人,就要做好以下几点。

1) 要养成记录自己时间消耗情况的习惯

为了把有限的时间用在自己应该做的领导工作上,就要养成记录时间消耗情况的习惯。每做一件事就记一笔账,写明几点到几点办什么事。每隔一两周对自己的时间消耗情况进行一次分析。这时,就会发现自己在时间的利用上有许多惊人的不合理之处,从而找到合理利用时间的措施。

2) 学会合理地利用时间

时间的合理使用因人而异,取决于组织的特点、管理体制和基本架构,领导者的分工以及各人的职责和习惯。因此很难有统一的标准。下面根据我国一些优秀的企业家的经验列出时间表，如表 6-1 所示。

表 6-1　领导者每周工作时间的分配

工作内容	每周小时数	时间使用方式
了解情况，检查工作	6	每天 1 小时
研究业务，进行决策	12	每天 2~4 小时
与主要业务骨干交谈，做人的工作	4	每天 0.5~1 小时
参加社会活动（接待、开会等）	8	每天 0.5~2 小时
处理组织与外部的重大业务关系	8	每天 0.5~2 小时
处理内部各部门的重大业务关系	8	每天 0.5~3 小时
学习与思考	4	集中进行一次

一般来说，这样的时间分配是较为合理的。

资料来源：周三多. 管理学原理与方法［M］. 上海：复旦大学出版社，1999

"闲可钓鱼"与"无暇吃鱼"

天津新港船厂厂长很有一番雄心壮志，他在琢磨，为什么国外一些成功的企业家常常有时间去钓鱼？

天津新港船厂是个有 6 000 多职工的大厂。原领导班子有 13 人，新班子上任后减为 7 人，实行管理改革，被评为全国 10 个企业管理先进单位之一。新厂长按时上下班，由于实行分权而治、分级管理，据说归他直接管理的只有 9 人。

相比之下，浙江省一家仅有 600 多职工的衬衫厂，原厂长步鑫生喜吃鱼却忙得连吃鱼的时间也没有。

资料来源：张炜. 新编管理学原理［M］. 苏州：苏州大学出版社，2007

管理者要高效合理地利用时间，要做的第一步是什么？

六、提高领导艺术的途径

提高领导艺术的途径主要有以下几个方面。

1）提高领导者的综合素质

提高领导者的综合素质，是提高领导者领导艺术的必由之路。一个领导者要有强烈的事业心、高瞻远瞩的思想境界、辩证思维的头脑，才能在领导活动中有灵活机动的战略、战术和运用自如的技巧。领导者在领导艺术中表现出来的智慧，往往是他思想水平的集中表现。

掌握客观规律是提高领导艺术的一条基本线索。不掌握客观事物的发展规律和领导活动的规律，是驾驭不了扬帆远航的领导之舟的。提高领导艺术，就要在认识事物客观规律的基础上，充分发挥主观能动性，使领导活动按照客观规律办事，取得最佳的领导效果。

加强领导者的素质修养是提高领导艺术的前提。领导艺术是知识、智慧和才能的结晶，只有具备一定文化素质和修养的领导者，才能表现出一定的领导艺术。领导者运用领导艺术的过程，也是综合表现领导个人知识水平和发挥才能的过程。一个有聪明才智、知识渊博、经验丰富、风格高尚和素质优良的领导者，在领导工作中就会显示出非凡的领导艺术。

不断总结经验是提高领导艺术的基础。领导艺术不是人们生来就有的，而是从经验中得来的。因此，领导者要提高领导艺术水平，就要不断总结自己的经验，特别是学习领导经验时要消化运用，以求达到一个新的艺术境界。

2）培养社会实践能力

社会实践能力不仅是对领导者的素质的基本要求，也是培养领导者的创新能力的重要条件。因为人的创新能力不可能仅仅依靠书本知识获得，更需要通过实践学习获得。

3）增强团队意识

团队意识是指通过人际沟通、群体活动、参与管理和智力开发等多种形式和手段，为员工创造良好的工作氛围，使群体产生巨大的凝聚力、向心力进而激发出无限创造力。对企业领导者来说，具有善于培养团队意识的能力十分重要。一个具有魅力和威望的领导，会自然成为团队的核心与灵魂，全体成员会自觉地团结在其周围；否则就会人心涣散。领导核心能否形成，就要看领导者的素质、品格和思想作风。一个合格的领导者必须有较高的业务水平、民主的工作作风、无私的人格魅力。

第四节 沟 通

一、沟通概述

1. 沟通的概念

沟通是指信息从发送者到接收者的传递和理解的过程。"千金易得，知音难求"就说明了人们对理解的渴望。但理解的前提是进行沟通，没有彼此间的沟通就很难获得对方的理解，甚至带来许多麻烦。因此，我们说沟通是协调各成员、各要素，使组织成为一个有机整体的凝聚剂；是领导激励下属，实现领导职能的基本途径；是企业与外部环境之间建立联系的桥梁。

即问即答 6-6

人际沟通的意义是什么？

2. 沟通的过程

在沟通中，发送者制作信息并传递信息给接收者，接收者收到信息后，立即将信息加以破解，然后再采取行动。如果他的行动符合信息发送者的原意，沟通就是成功的。如图 6-5 所示。

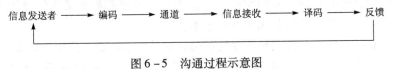

图 6-5　沟通过程示意图

3. 沟通的分类

按照不同的标准，可将沟通分为不同的类别。

1) 按照信息传递的方法划分

沟通可分为口头沟通、书面沟通、非语言沟通、电子媒介沟通等，这是组织中使用最为普遍的方式。如表 6-2 所示。

表 6-2　沟通方式

沟通方式	举　例	优　点	缺　点
口头沟通	交谈、讲座、讨论会	快速传递、快速反馈、信息量大	传递中经过层次越多，信息失真越严重，核实越困难
书面沟通	报告、备忘录、信件、文件、内部期刊	持久、有形且可以核实	效率低、缺乏反馈
非语言沟通	声、光信号、体态、语调	信息意义明确、内涵丰富、含义隐含灵活	传递距离有限、界限模糊，只能意会不能言传
电子媒介沟通	传真、闭路电视、计算机网络、电子邮件	快速传递，信息容量大、廉价	信息交流对技术、网络依赖较强

2）按照组织系统划分

正式沟通是通过组织明文规定的渠道所进行的信息传递与交流。正式沟通畅通无阻，组织的各项活动才能井然有序；正式沟通具有正规、权威性强、沟通效果好，参与沟通的人员具有较强的责任心和义务感，从而易保持所沟通的信息准确性和保密性。

非正式沟通是指在正式沟通渠道以外信息的自由传递与交流。这类沟通主要是通过个人之间的接触来进行的，非正式沟通不受组织监督，是由组织成员自行选择沟通途径，如员工中的人情交流、生日聚会、各种文艺活动走访等。非正式沟通能表露人们的真实想法和动机，还能提供组织没有预料的或难以得到的信息。与正式沟通相比，非正式沟通具有信息交流速度快、信息较准确、沟通效率较高、满足员工的需要等特点。

即问即答 6-7

非正式沟通产生的原因有哪些？

3）按照信息传递的方向划分

下行沟通是指信息自上而下的沟通，如上级的战略目标、管理制度、政策、命令等传达给下属。下行沟通可以帮助下级明确工作任务、目标和要求，增强其责任感和归属感，加强上下级之间的联系。

上行沟通是指自下而上的沟通。例如，下级向上级反映意见，汇报工作情况，提出意见和要求等。上行沟通，能使各级管理人员及时了解工作进展的真实情况，了解员工的需要和要求，体察员工的不满和怨言，了解工作中存在的问题，从而有针对性地做出相应的决策。

平行沟通是指组织内部平行机构之间或同一层级人员之间的信息交流，如组织内部各职能部门之间、员工之间的信息交流。平行沟通是加强各部门之间的联系、了解、协作与团结，减少各部门之间的矛盾和冲突，改善人际关系的重要手段。

斜向沟通是指处于不同层次的、没有直接隶属关系的人员之间的沟通。这种沟通方式有利于加速信息的流动，促进理解，并为实现组织的目标而协调各方面的工作。

4）按照是否进行反馈划分

单项沟通是指在沟通过程中，信息发送者与接收者之间的地位不变，一方主动发送信息，另一方主动接收信息，如广播电视信息、报告等。

双项沟通是指在沟通过程中，发送者和接收者的地位不断变化，信息在双方间反复流动，直到双方对信息有了共同理解为止，如讨论、谈话、协商、谈判等。

相关链接 6-12

沟通时代的来临

在美国举办的玉山科技协会第13周年的年会上，有一位非常有名的企业家认为，当时的企业比以往任何一个时期都更需要沟通，对企业来讲，可谓沟通时代的来临。

从2001年开始，美国企业进入了泡沫化时代，再加上世界通信和安达通信等企业诚信危机的爆发，企业竞争的环境更加恶劣，在硅谷很多高科技企业面临业绩下降或者人员流失等问题。由此CCO（首席咨询官）应运而生，把原来公司对外发言人的地位提升成为公司的总裁，担任公司的沟通者。

有两个数字可以很直观地反映沟通在企业中的重要性，就是两个70%。

第一个70%，是指企业的管理者，实际上70%的时间用在沟通上。开会、谈判、谈话、做报告是最常见的沟通方式，撰写报告实际上是一种书面沟通的方式，对外各种拜访、约见也都是沟通的表现形式，管理者大约有70%的时间是花在此类沟通上。

第二个70%，是指企业中问题是由于沟通障碍引起的。例如，企业常见的效率低下的问题，往往是由于有了问题后，大家没有沟通或者不懂得沟通所引起的。另外，企业中执行力差、领导力不强的问题，归根结底，都与沟通能力的欠缺有关。比如说，经理们在绩效管理的问题上，经常对下属"恨铁不成钢"，年初设立的目标没有达到，工作过程中的一些期望也没有达到等。为什么下属达不到目标的情况经常会出现？在很多调研中都发现，下属对领导的目的或者期望事先并不清楚，当然无法使经理满意，也导致员工对年度绩效的评估不能接受，这无论是领导表达的问题，还是员工倾听领会的问题，都是沟通造成的问题。

资料来源：摘自 http://szmmc.blogcn.com

二、沟通中的障碍

1) 发送者的障碍

在沟通过程中，信息发送者的情绪、倾向、个人感受、表达能力、判断能力等都会影响信息的完整传递。它主要表现为：表达能力不佳；信息传送不全；信息传递不及时或不适时；知识经验的局限；对信息的过滤等。

2) 接收者的障碍

从信息接收者的角度，影响信息沟通的因素主要有：信息译码不准确；对信息的筛选，造成信息的不完整或失真；对信息的承受力不同；心理上的障碍，歪曲或拒绝接收信息；过早地评价信息，不利于了解信息所包含的真实意义；在情绪激动时进行沟通，不利于信息的接收。

3）沟通通道的障碍

沟通通道的障碍主要表现在：选择沟通媒介不当；几种媒介相互冲突；沟通渠道过长；外部的干扰等。

三、实现有效沟通的技巧

组织中的每一个人都有大量的时间用于沟通，而沟通必须讲求技巧才能更为有效。

1. 沟通必须目的明确、思路清晰、以诚相待

在信息交流之前，信息发送者应考虑好自己将要表达的意图，抓住中心思想。在沟通过程中要使用双方都理解的用语和表现形式，措辞要清晰、明确，力求准确使对方能有效接收到传递的信息。

信息发送者要心怀坦诚，言而可信，向对方传递真实、可靠的信息，同时要以自己的实际行动维护信息的说服力。真诚是说话最有效的心灵钥匙，但坦率真诚并不可以百无禁忌，在说话时应尽量避免提及对方忌讳的事。如莫罗阿所说，真诚不在于说出自己全部的思想，而在于表达的时刻，永远表达当时所应该说的。

2. 沟通要选择有利的时机，采取适宜的方式

沟通效果不仅取于信息的内容，还要受环境条件的制约。影响沟通的环境因素很多，如组织氛围、沟通双方的关系、社会风气和习惯做法等。在不同的情况下要采取不同的沟通方式，要注意沟通的有利时机。

相关链接 6-13

鲁迅先生曾讲过这样一个故事：一户人家生了一个男孩，全家高兴透顶了，满月的时候，抱出来给客人看——自然是想得到一点好兆头。

一个说："这孩子将来要发财的。"于是他得到一番感谢。

一个说："这孩子将来要做官的。"于是他收回几句恭维。

一个说："这孩子将来是要死的。"于是他得到一顿痛打。

很明显前两个客人说的是假话，最后这个客人说的是客观事实，但为什么待遇不同呢？因为最后这个客人说话不注意场合，在人家欢庆时说出不吉利的话。所以，说话时无论是话题的选择、内容的安排，还是言语形式的采用，都应该根据特定场合采用不同的表达方式。

资料来源：周朝霞. 人际关系与公共礼仪 [M]. 杭州：浙江大学出版社，2004

3. 沟通要注重"说"的技巧

西班牙作家塞万提斯说过:"说话不考虑等于射击不瞄准。"那么,如何做说话前的准备呢?古人云:"知己知彼,百战不殆。"在说话时要注意以下几点。

1) 因人而异

人际交往中,由于语言交流的对象在年龄、性格、思想、习惯、爱好等方面都有很大的差异,因此"因人而异"地进行沟通才能达到预期的目的,即"见什么人说什么话",就其积极意义而言,与他人对话时,事先要把握对方的个性,随机应变地采用不同的说话方法,以达到良好的沟通目的。

相关链接 6-14

有一次,孔子的学生子路问孔子:"听到了是不是马上见之于行动?"孔子回答说:"有父亲、哥哥在,怎么能不向他们请示就贸然行事呢?"过了一些天,冉有也向孔子问同样的问题,孔子回答说:"听到了当然要马上行动!"公西华对此十分迷惑,不明白为什么同一个问题老师却有不同的回答。孔子解释道:"冉有办事畏缩、犹豫,所以我鼓励他办事果断一些,叫他看准了马上就去办;而子路好勇过人,性子急躁,所以我得约束他一下,叫他凡事三思而行,征求父兄的意见。"公西华恍然大悟。孔子正是看到了子路和冉有具有不同的性格,才有针对性地选择了不同的方式。

资料来源:周朝霞. 人际关系与公共礼仪 [M]. 杭州:浙江大学出版社,2004

2) 寻找共同点

众所周知,让听话者感兴趣的不仅是你本身,更重要的是话题。与人进行沟通时,可以先利用一些常见的话题,打开沟通的局面后,发现一个共同的话题。

相关链接 6-15

1980 年,意大利著名女记者奥琳亚娜·法拉奇采访邓小平时,一见面就向他祝贺生日。这是法拉奇从邓小平的传记中了解到的,采访的第二天是他的生日。邓小平说:"我从来不记得什么时候是我的生日。就算明天是我的生日,你也不应当祝贺我啊!我已经 76 岁了,76 岁是衰退的年龄了!"法拉奇马上说:"邓小平先生,我的父亲也是 76 岁。如果我对他说那是一个衰退的年龄,他会给我一巴掌的!"邓小平笑着说:"你不会这样对你父亲说话的,是吗?"

法拉奇巧妙地运用"年龄"这一共同点,把邓小平和自己的父亲联系起来,通过亲切、风趣的谈话,迅速地拉近双方的距离,为下面的采访打下了良好的基础。

资料来源:潘彦维. 公共关系 [M]. 北京:北京师范大学出版社,2007

3）诙谐幽默

在日常的沟通中,人们不可避免地会碰到一些难题、尴尬事等,此时运用诙谐幽默的话语避开锋芒,就能化解尴尬气氛。

相关链接6-16

在第二次世界大战时期,英国首相丘吉尔到美国会见美国总统罗斯福,要求共同打击德国法西斯。一天,美国总统罗斯福去看他,事先没有通报。总统进入内室,正逢丘吉尔一丝不挂在洗澡。罗斯福大感困惑,进退两难。丘吉尔见状,咧嘴一笑,拍着肚皮说:"总统先生,您看,大英帝国在阁下面前可什么也没有隐瞒啊!"一句话说得罗斯福也乐了。后来双方谈判很成功,英国得到了美国的援助。

资料来源:沈杰,方四平. 公共关系与礼仪 [M]. 北京:清华大学出版社,2006

4. 沟通要讲求"听"的技巧

人常说:"善言,能赢得听众;善听,才会赢得朋友。"善于言辞是一门艺术,善于聆听更能体现一个人的修养。善于聆听的人不仅能得到朋友的信任,而且较易受到领导的器重。在聆听时要做到以下几点。

1）神态要专注

人们在沟通时,总是不由自主地用目光表达各种思想和感情。如果听者很认真地看着说话者,这不仅有利于听者集中注意力,而且也表明听者对所讲内容感兴趣,这会引起对方的谈话兴趣。而凝视或斜视往往会使说话者对听话者产生不良印象。

2）积极呼应和配合

聆听要保持坦然直率的姿势,手臂不要交叉,不要僵硬不动;要随着说话人的话做出反应,如当说话者所讲的内容与自己的观点一致时,轻轻地点头以示赞同;坐着的时候,要面向说话人,身体略向前倾。

3）不要中途打断对方,让对方把话说完

当对方说话时,随意打断对方或随便插入其他话题都是很不礼貌的,如因特殊原因必须打断的,要适时示意,并致歉后再插话。

4）不急于做出评价或判断

由于人的思维速度远远快于说话的速度，因此，我们要听清对方所要表达的全部内容，就要求我们随时保持精力集中，用全部的精神去听清全部内容。

5）善于捕捉要点

捕捉到有用的信息，是听话的基本目的之一。当自己还不能摸透对方意图时，切不可随意附和赞同，最好能得到对方的确认。如你可以问"我理解你的意思是……"与此同时，还要善于从说话人的语气、手势变化中捕捉信息，如说话人会通过放慢语速、提高声调、突然停顿等方式来强调某些重点。

6）学会恰当鼓励

倾听时，仅仅投入是不够的，我们经常需要鼓励说话者表达或进一步说下去。正确的启发和提问可以达到这个目的。

5. 注重非语言沟通技巧

非语言沟通是指通过某些媒介而非语言或文字来传递的信息。在沟通过程中，人们常常通过面部表情、手部动作等身体姿态来传达各种情绪或意图。例如，在你很忙碌的时候，有人与你聊天，你内心非常希望停止交谈，可是出于礼貌你又只能专注地听着，这时你往往会通过不停地变换姿势，来暗示这位交谈者"该离开了"。

沟通者的服饰往往也扮演着信息发送源的角色。人们习惯认为，身着西装是工作严谨、庄重的表示。如果一位领导穿着运动服训斥下属，那么他说话的权威性将大大降低。

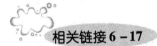

相关链接 6-17

郑林是一家大型国有企业的总经理。一次，他获悉有一家著名的德国企业董事长在本市访问，并有寻求合作伙伴的意向。于是想尽办法，请有关部门为双方牵线搭桥。让郑总欣喜的是，对方也有兴趣同他的企业合作，而且希望尽快会面。到了双方会面那天，郑总对自己的形象刻意地进行了一番修饰。他根据自己对时尚的理解，上穿夹克衫，下穿牛仔裤，头戴棒球帽，足蹬旅游鞋，希望自己能给对方留下精明强干、时尚、新潮的印象。

然而事与愿违，郑总自我感觉良好的这一身时髦的"行头"，却偏偏坏了大事。他的德国同行竟就此认为：此人着装随意，个人形象不合常规，给人的感觉是过于前卫，尚欠沉稳，与之合作之事再作他议。

资料来源：沈杰，方四平. 公共关系与礼仪 [M]. 北京：清华大学出版社，2006

据有关资料显示，在面对面的沟通过程中，来自语言文字的沟通不超过

35%，而65%是以非语言方式进行沟通的。

在非语言沟通中，表情是最常用的一种非语言符号。表情中眼神和微笑又是最常见的交际符号。① 眼神。注视的时候要掌握好长短。对于不太熟悉的人，注视时间要短；对于谈得来的人，可适当延长注视时间。交谈中，目光应投放在额头至两眼之间。② 微笑。微笑的基本特点是不发声、不露齿，肌肉放松，嘴角两端向上略微翘起，最重要的是要出自内心，发自肺腑。

保持合理的空间距离。亲密的距离与对方只有一臂之遥，这种距离只有较亲密的人在进行较敏感的沟通时才适合。

在沟通时要保持一种优雅的态势。例如，在正式场合站着说话时，身体要伸直，挺胸、收腹，重心放在两腿之间，两臂自然下垂，形成一种优美挺拔的体态，使对方感觉到你的有力和潇洒，留下良好的印象。坐着说话时，上身要保持垂直，可轻靠在椅背上，以自然、舒适、端正为原则；双手可以放在腿上。

相关链接 6-18

沟通延伸至员工家庭

阿斯利康公司注意到中国人有较强的家庭理念和家庭意识，因而把企业作为一个大家庭来塑造。既然是大家庭，除了员工本人之外，还包括他的家人。因此，阿斯利康公司把管理和沟通延伸到员工家庭。比如，员工过生日时，阿斯利康公司不仅会送上贺卡、蛋糕，而且送出的贺卡上面还有同事、上司的贺言。公司还邀请员工家属到工厂参观，让他们全面了解、真切感受公司的具体情况。另外，阿斯利康公司定期举办丰富多彩的欢乐家庭日活动，活动包括儿童绘画、欢乐家庭游戏、智力答题和各类体育比赛等。这些富有亲和力的做法，增强了企业员工们的凝聚力。

资料来源：张炜. 新编管理学原理 [M]. 苏州：苏州大学出版社，2007

本章小结

领导就是领导者在一定的组织或群体内，为实现组织预定目标，运用其法定权利和自身影响力，指挥、带领、引导和鼓励被领导者或追随者实现组织目标的活动和艺术。领导的作用有指挥、协调、激励。

领导与管理不同，管理是建立在合法的、有报酬的和强制性权力的基础上对下属命令的行为；而领导更多的是建立在个人影响力以及模范作用的基础上。

领导者对个人和组织的影响力来自两个方面：法定权力和个人影响力。法定权力有决策权、组织权、指挥权、人事权、奖惩权；个人影响力有品德、知识、才能、情感。

领导理论的产生与发展经历了三个阶段：特性理论、行为理论和权变理论。领导特性理论着重于研究领导者的个人特性对领导有效性的影响。行为理论重要研究领导者的行为及其对下属的影响，以期寻求最佳的领导行为。它包括 X—Y 理论、勒温（K. Lewin）的领导方式理论、"工作中心"与"员工中心"理论、四分图理论、领导方格理论。领导权变理论集中研究特定情景中最有效的领导行为，它包括菲德勒权变理论、路径—目标理论、领导生命周期理论。

领导者的工作效率和效果在很大程度上取决于他们的领导艺术，它包括领导的决策艺术、领导的授权艺术、领导的用人艺术、正确处理人际关系艺术和利用时间艺术。

沟通是指信息从发送者到接收者的传递和理解过程。按照方法划分，沟通可分为口头沟通、书面沟通、非语言沟通、电子媒介沟通等，这是组织中使用最普遍的沟通方式。按照组织系统划分，沟通可分为正式沟通和非正式沟通。按照信息传递的方向划分，沟通可分为下行、上行、平行和斜向沟通。按照是否进行反馈，沟通可分为单向沟通和双向沟通。沟通障碍主要来自于三个方面：发送者的障碍、接收者的障碍、信息传播通道的障碍。

知识掌握题

1. 领导的含义和作用是什么？权力与领导的关系是什么？
2. 影响领导者个人权力发挥的因素是什么？
3. 领导方格理论的内容是什么？
4. 领导权变理论的要点是什么？
5. 领导生命周期理论的含义是什么？
6. 影响沟通的障碍有哪些？

自 测 题

一、单项选择题

1. 领导和非领导的差异在于领导具有一些可被确认的领导特性。持这种观点的理论被称为（   ）。

   A. 权变理论　　　　　　　　B. 领导方格理论
   C. 领导特性理论　　　　　　D. 归因理论

2. 以员工为中心的领导行为最关心的是（   ）。

   A. 职工的成长与参与　　　　B. 下属的执行情况
   C. 职权与奖励权力　　　　　D. 对工作过程的集中控制

3. 下列各种具有独裁式、指示性领导风格的是（   ）。

   A. 民主型领导者　　　　　　B. 关心型领导者

C. 以职工为中心的领导者 　　　　D. X 理论领导者

4. 生命周期理论中的低任务低关系的领导方式是（　　）。

A. 推销型领导　　B. 指导型领导　　C. 授权型领导　　D. 参与型领导

5. 情景理论将下属的成熟程度作为领导选择正确领导风格的重要依据，领导者同时提供指导行为与支持行为的领导风格被称为（　　）。

A. 推销（高任务高关系）　　　　B. 指示（高任务低关系）

C. 参与（低任务高关系）　　　　D. 授权（低任务低关系）

二、多项选择题

1. 菲德勒在领导方式测评的基础上，将领导工作所面临的环境具体分解为以下情景因素（　　）。

A. 制度现状　　　　B. 职位权力　　　　C. 任务构成

D. 下属素质　　　　E. 上下级关系

2. 领导工作必须包含的要素是（　　）。

A. 领导者　　　　B. 被领导者　　　　C. 组织目标

D. 环境　　　　　E. 管理的制度

3. 俄亥俄州立大学的研究根据领导方式的（　　）将领导者分为不同的类型。

A. 绩效　　　　B. 关怀维度　　　　C. 定规维度　　　　D. 满意程度

4. 下列关于领导与管理，说法错误的有（　　）。

A. 领导就是管理　　　　　　　B. 领导包括管理

C. 领导是管理的一项职能　　　D. 所有的领导都是管理

5. 权力就是影响别人行为的能力，这种能力包括（　　）。

A. 个人的专长权　　　　　　　B. 个人影响力

C. 个人往高职位爬的能力　　　D. 管理岗位所赋予的管理制度权力

知识应用与课堂讨论题

一次重大的人事任免

某钢铁公司领导班子会议正在研究一项重大的人事任免案。总经理提议免去公司所属的、有 2 000 名职工的炼钢一厂厂长姚成的厂长职务，改任公司副总工程师，主抓公司的节能降耗工作；提名炼钢二厂党委书记林征为炼钢一厂厂长。姚、林二人都是公司的老同志了，从年轻时就在厂里工作，大家对他们的情况可以说是了如指掌。

姚成，男，48 岁，中共党员，高级工程师。20 世纪 60 年代从南方某冶金学院毕业后分配到炼钢厂工作，一直搞设备管理和节能技术工作，勤于钻研，曾参与主持了几项较大的节能技术改造，成绩卓著，在公司内引起较大震动。1983

年他晋升为工程师,先被任命为一厂副总工程师,后又任生产副厂长,1986年起任厂长至今,去年被聘为高级工程师。该同志属技术专家型领导,对炼钢厂的生产情况极为熟悉,上任后对促使炼钢一厂能源消耗指标的降低起了巨大的推动作用。他工作勤勤恳恳,炼钢转炉的每次大修理他都亲临督阵,有时半夜入厂抽查夜班工人的劳动纪律,白天花很多时间到生产现场巡视,看到有工人在工作时间闲聊或乱扔烟头总是当面提出批评,事后通知违纪人所在单位按规定扣发奖金。但群众普遍反映,姚厂长一贯不苟言笑,没听姚厂长和他们谈过工作以外的任何事情,更不用说和下属开玩笑了。他到哪个科室谈工作,一进办公室大家的神情便都严肃起来,犹如"一鸟入林,百鸟压音",大家都不愿和他接近。对他自己特别在行的业务,有时甚至不事先征求该厂总工程师的意见,直接找下属布置工作,总工对此已习以为常了。姚厂长手下几位很能干的"大将"却都没有发挥多大的作用。据他们私下说,在姚手下工作,从来没受过什么激励,特别是当他们个人生活有困难需要厂里帮助时,姚厂长一般不予过问。用工人的话说是"缺少人情味"。久而久之,姚厂长手下的骨干都没有什么积极性了,只是推推动动,维持现有局面而已。

林征:男,50岁,中共党员,高中毕业。在基层工作多年,前几天才转为正式干部,任车间党支部书记。该同志脑子灵活,点子多,宣传、鼓动能力强,具有较突出的工作协调能力。1984年出任炼钢二厂厂办主任,1986年调任公司行政处副处长,主抓生活服务,局面很快被打开。1988年炼钢二厂党委书记离休,林征又回炼钢二厂任党委书记。林征长于做人的工作,善于激励部下,据说对行为科学很有研究。他对下属非常关心,周围的同志遇到什么难处都愿意和他说,只要是厂里该办的,他总是很痛快地给予解决。民主作风好,工作也讲究方式方法,该他做主的事从不推三阻四。由于他会团结人(用他周围同志的说法是"会笼络人"),工作能力强,因此在群众中享有一定的威望。他的不足之处是学历低,工作性质几经变化,没有什么专业技术职称(有人说他是"万金油"),对工程技术理论知之不多,也没有独立指挥生产的经历。

姚、林二人的任免事关炼钢一厂的全局工作,这怎么能不引起司领导们的关注?公司领导们心里在反复掂量,考虑着对炼钢厂厂长这一重大人事变动提议应如何表态。

本案例思考讨论题

1. 根据姚成的性格特点和技术专长,你认为对他的这次任免是否合适?
2. 你认为在工作中,厂长应具备怎样的领导素质和领导风格?林征会成为一名合格的厂长吗?

情景模拟题

一、情景介绍

哪种领导类型最有效——ABC公司的领导调查

ABC公司是一家中等规模的汽车配件生产集团。最近，对该公司的三个重要部门经理进行了一次有关领导类型的调查。

1. 安西尔

安西尔对他本部门的产出感到自豪。他总是强调对生产过程、出产量控制的必要性，坚持下属人员必须很好地理解生产指令以得到迅速、完整、准确的反馈。安西尔遇到小问题时，会放手交给下级去处理，当问题很严重时，他则委派几个有能力的下属人员去解决问题。通常情况下，他只是大致规定下属人员的工作方针、怎样完成报告及完成期限。安西尔认为，只有这样才能使大家更好地合作，避免重复工作。

安西尔认为，对下属人员采取敬而远之的态度对一个经理来说是最好的行为方式。所谓的"亲密无间"会松懈纪律。他不主张公开谴责或表扬某个员工，相信他的每一个下属人员都有自知之明。按安西尔说管理中的最大问题是下级不愿意接受责任。他讲到，他的下属人员可以有机会做许多事情，但他们并不是很努力地去做。他表示不能理解的是以前他的下属人员如何能与一个毫无能力的前任经理相处。他说，他的上司对他们现在的工作运转情况非常满意。

2. 鲍勃

鲍勃认为，每个员工都有人权。他偏重于管理者有义务和责任去满足员工需要的学说。他说，他常为他的员工做一些小事，如给员工两张下月的艺术展览入场券。他认为，每张门票才15美元，但对员工和他的妻子来说其价值却远远超过15美元。通过这种方式，也是对员工过去几个月工作的肯定。鲍勃说，他每天都要到工场去一趟，与至少25%的员工交谈。鲍勃不愿意为难别人。他认为安西尔的管理方式过于死板，安西尔的员工也许并不那么满意，但除了忍耐别无他法。鲍勃说，他已经意识到在管理中有不利因素，但大多是由于生产压力造成的。他的想法是以一个友好的、粗线条的管理方式对待员工。他承认，尽管在生产率上不如其他单位，但他相信他的雇员有高度的忠诚与士气，并坚信他们会因他的开明领导而努力工作。

3. 查里

查里说，他面临的基本问题是与其他部门的职责分工不清。他认为，不论是否属于他的任务都安排在他的部门，似乎上级并不清楚这些工作应该谁做。查里承认，他没有提出异议。他说，这样做会使部门的经理产生反感。他们把查里看成是朋友，而查里却不这样认为。

查里说，过去在不平等的分工会议上，他感到很窘迫，但现在适应了，其他部门的领导也不以为然了。

查里认为，纪律就是使每个员工不停地工作，预测各种问题的发生。他认为，作为一个好的管理者，没有时间像鲍勃那样握紧每一个员工的手，告诉他们正在从事一项伟大的工作。他相信，如果一个经理声称，为了决定将来的提薪与晋级而对员工的工作进行考核，那么，员工则会更加地考虑他们自己，由此而产生很多问题。他主张，一旦给一个员工分配了工作，就让他以自己的方式去做，取消工作检查。他相信，大多数员工知道自己把工作做的怎么样。如果说存在问题，那就是他的工作范围和职责在生产过程中发生的混淆。查里的确想过，希望公司领导叫他到办公室听听他对某些工作的意见。然而，他不能保证这样做不会引起风波而使情况有所变化。他说，他正在考虑这些问题。

二、模拟训练

1. 把全班同学分成三个大组，并分组对以上各位的领导思想和领导风格进行分析讨论。

2. 每组推行1名代表上台扮演部门负责人，发表演讲，表明领导思想和领导风格，其他同学可以对其进行提问。

3. 表演结束后请全班同学分别给各小组评分（见表6-3）。

表6-3 记分表

项目 \ 得分	优 （90~100分）	良 （80~89分）	中 （70~79分）	及格 （60~69分）	不及格 （60分以下）
回答内容					
演讲水平					
回答技巧					
效果					

4. 最后由指导老师进行点评和总结。

实践训练题

项目：走访企业管理者。

1. 实训项目

访问某一个企业的2~3位管理者，并对他们所采取的领导方式进行分析。试预测它们各自将产生什么结果。

2. 实训目的

学会运用所学领导理论，通过分析增强对领导思想与风格的感性认识，培养对领导风格的分析能力。

3. 实训内容

（1）要求学生访问该企业的几位管理人员。

（2）向管理者了解他的职位、工作职能、管理的方法、手段等的情况。

4. 实训组织

把全班同学分成三个大组，分别对企业的管理者进行访问，并认真进行访问记录。

5. 实训考核

（1）要小组写出书面分析报告。

（2）在班级组织一次交流与讨论。

（3）由教师根据分析报告与讨论表现写出实训评语。

课下补充参考资料

1. H·法约尔. 工业管理和一般管理 [M]. 北京：中国社会科学出版社，1982

2. 哈罗德·孔茨，海因茨·韦里克. 管理学 [M]. 北京：经济科学出版社，1998

3. 周三多. 管理学 [M]. 北京：高等教育出版社，2000

4. 周朝霞. 人际关系与公共礼仪 [M]. 杭州：浙江大学出版社，2004

5. 沈杰，方四平. 公共关系与礼仪 [M]. 北京：清华大学出版社，2006

6. 张炜. 新编管理学原理 [M]. 苏州：苏州大学出版社，2007

7. 和丕禅. 管理学原理 [M]. 北京：中国农业出版社，2003

8. 郑健壮. 管理学原理 [M]. 北京：清华大学出版社，2007

第七章

激励

学习目的和要求

通过本章学习，要求达到：
知识目标：了解激励的实质和原则。
素质目标：熟悉马斯洛的需求层次理论及激励中的知识素质要求。
技能目标：掌握双因素理论、期望理论和强化理论在管理中的作用。
能力目标：能够运用所学的激励理论和知识，分析企业激励问题的能力；具备有效利用激励手段的能力。

主要概念和原理

激励　激励的心理机制　需要　需要层次理论　双因素理论　成就激励理论
公平理论　期望理论　行为改造理论　强化理论及原理

▶ 案例导入

有效激励

广州某公司为开拓东北市场，派一名市场开拓人员前往。半年后该市场开发，销售量猛增，迅速扩大企业产销量，公司决定予以7万元奖励。

年终之际，公司总经理在表彰大会上给予他5万元奖金，市场开拓者很感谢，表示今后要更好地工作。总经理然后问道："你家里有些什么人？"他回答说："妻子、五岁的女儿和瘫痪卧床的老母。"总经理又问："半年多你回过广州几次？"他回答说："一次，是到东北忙两个月后进行了市场调查，做出市场开拓方案，回公司汇报，第二天离开。"总经理感慨地说："明天我和你一起去看望他们，感谢他们对你工作的支持，并代表公司送给他们2万元钱感谢他们对公司的支持。"市场开拓者控制着自己的感情,哽咽着对总经理说:"多谢公司对我的奖励和总经理对我家庭的关爱,我今后要加倍努力地工作。"在场的所有员工都深受感动。

资料来源:张红阳《2006年珠江三角洲企业用工情况调查报告》

案例分析

1. 企业用7万元奖金的激励,就能调动市场开拓者的积极性并很好地为企业工作。

2. 企业用5万元奖金奖励市场开拓者及领导上门看望市场开拓者家人并送2万元慰问金感谢市场开拓者家人对其工作的支持。同样7万元,企业总经理如直接将7万元发给市场开拓者或部分发放方式+情感,两种不同的发放方式其结果是不同的,后一种发放方式除能够极大地调动市场开拓者及家属的积极性外,还能使企业全体员工都受感动,激发他们的内在动力。

3. 激励的方式不同,激励的效果会产生巨大的差异,美国通用食品公司前总裁弗朗克斯曾说:"你可以买到一个人的时间,你可以雇佣一个人到指定岗位去工作,你甚至可以买到按时或按日计算的技术操作,但你买不到热情,你买不到主动性,你买不到全身心的投入,而你又不得不设法去争取这些。"组织的目标达成,取决于有效的激励。

第一节 激励概述

一、激励的内涵

1. 激励的含义

心理学家曾经做过一个有关激励的"警觉性实验",实验是将被观察人员分成A、B、C、D四个人数相等的组,分别来辨别指光源的发光强度变化,若认为有变化就向实验者报告。对A组不给予任何奖励的暗示;对B组每正确辨别一次奖励5分钱,每报错一次罚款1角钱;对C组实行个人竞赛,比谁的察觉力最强;对D组实行集体竞赛,说明是与别的组比赛,比哪一组觉察能力最强。实验结果是:未实行激励的A组绩效明显低于其他施行激励的三个组,个人竞赛组绩效最好。

从实验结果可以看出,有激励比没有激励强,不同的激励方式对结果的影响程度不同,那么,到底什么是激励呢?

激励,就是激发鼓励的意思,美国著名的学者斯蒂芬·罗宾斯提出:"激励就是解决个体在实现目标过程中努力的强度、方向与持续期的过程,从管理的角度而言,激励就是主体通过运用某些手段或方式引导并促进工作群体或个人产生有利于实现组织目标的行为过程,激励的目的是调动组织成员工作积极性,激发他们工作的主动性和创造性,以提高组织的效率。"

管理心理学家在对激励的研究中积累了大量资料，认为在激发员工行为动机方面存在着很大的潜力，威廉·詹姆士教授认为，一般员工仅能发挥20%～30%的能力，如果受到充分激励，则可发挥80%～90%的能力，可见组织的绩效与员工的受激励程度密切相关。一个人的工作绩效可用下面数学函数式表示为：

$$人的工作绩效 = F(能力 + 激励)$$

由此可见，人的工作绩效是受其能力和激励水平影响的。当能力一定时，激励因素越强，工作绩效越大。同时，激励也是通过个人努力达到绩效的，它决定着个人努力程度、方向及持续时间。

2. 激励的心理机制

激励是一种心理过程，从某种角度说，也就是根据人的需要进行良性刺激使其产生某种需要的动机和行为的过程，一个人有无积极性是个人的一种行为，在这种行为背后，支配这种行为的是动机，一个人之所以有这种或那种动机，是个人最初的需要产生的，因此，认识到人的需要、动机和行为是研究激励观的前提。

1）需要

人的需要是产生行为动机的前提，需要是个体缺乏某种东西时产生的一种主观姿态，也是人对某个目标产生的欲望。

需要是指当个体生存和发展所必须具备的内在需求或外在条件得不到满足时，其大脑神经中枢所感知的生理失衡或心理紧张状态。需要是人类与生俱来的，只要存在，就离不开需要，人的一切活动最终都是为了满足自己的某种需要。需要是人们行动的出发点，管理者的关键任务是调动人们的积极性，那么就必须了解员工的需要，进而根据不同需要采取相应的激励措施，从而调动工作积极性。

（1）需要的特征。

① 目标性：需要总是指一定的目标，不存在无指向物的需要。

② 无限性与不满足性：人的需要是多种多样、丰富多彩的，个体总是处于需求状态之中，永远不会停止需要。

③ 共同性与个体性：人都需要空气、金钱、尊重，这通通体现了需要的共同性，在这种共同性之下，每个人的需要又各不相同，对同种东西每个人的需要程度也不同。

（2）需要的分类。

① 按需要的性质不同，可分为天然需要与社会需要。天然需要是人与生俱来的，如衣、食、住、行，它反映了人对延续和发展自己生命所必需的客观条件的需要量，在社会生产与交往过程中，人在天然性需要的基础上形成了人类所特有的社会需要，如对知识的需要、对尊重的需要、对追求理想的需要等。

② 按照需要的对象不同,也可分为物质需要和精神需要。物质需要主要包括前述的天然性需要和社会需要及物质文化用品的需要;精神需要是人对智力、道德、审美等发展需要的反映,如对地位、成就、归属的需要量,属于观念对象的需要。

③ 按照需要的满足方式不同,可分为外在性需要和内在性需要。外在性需要由外界环境所支配,即靠组织所提供的资源来满足,如工资、奖金、表扬、尊重、友谊等。内在性需要不能靠外部资源来直接满足,它包括个人自身对工作兴趣、对组织目标的认同、责任心和工作挑战性等。

2) 动机

动机是指个体试图通过某种行为为满足其需要的直接动力,是一个人产生某种行为的直接原因,动机是在需要的基础上产生的,同时需要外部的诱导刺激动机是行为的直接原因。没有需要便不会产生动机,但需要一般并不直接引起行为,只有当需要转化为动机后,才能引起和维持行为。

(1) 动机的特点。

① 动机是一种内在的力量,具有内隐性。我们无法直接了解别人的动机,而只能通过观察其行为来判断一个人的动机。

② 动机是高度个性化的,同样的行为,不同的人可能是有不同的动机,因为不同的需要可以通过同样的行为来得到满足。

③ 动机是受目标控制的,人之所以愿意做某事,是因为做件事本身能满足其个人的某种需求,或完成这件事能给他带来某种需要的满足。

(2) 动机的功能。

动机在人类活动中有唤起、维持、强化人行为这些大的功能。

① 动机能唤起人的行动,人的行为总是由一定的动机引起的,动机可驱使一个人产生某种行为。

② 动机能维持人的行为趋向一定的目标,动机不仅能唤起行为,而且能使人的行为具有稳固和完整的内容,沿着一定的方向前进。

③ 动机能巩固或修正行为,动机因为良好的行为结果使行为重复出现,从而使行为得到加强,动机也会因不好的行为结果,而使这种行为减少以至于不再出现。

3) 行为

行为是人类在日常生活中所表现的一切动作总称。人的行为主要取决于两个因素;内因和外因。当然内因是根本,起决定作用;外因是条件,对行为起着加速作用。心理学家认为,当人受到某种刺激后产生一定需要,而动机和行为则受个体的内在因素和所处的客观条件影响,甚至个体对客观条件的认识等。同样的需要,产生的行为可能截然不同。例如,每个人对物质都有需要,但社会上人们追求满足这些需要采取的行为却有很大的差异。

4）需要、动机、行为之间的关系

一般来说，当人们产生某种需要而未能得到满足时，则会产生坐立不安和紧张的状态，在遇到能满足需要的目标时，这种紧张心理状态就转化为动机，推动人们去从事某种活动，实现目标，人们的目标实现后，紧张心理消除，需要得到满足，这时人又会产生新的需要，转为新的动机，产生新的行为等。这样不断循环往复，推动人类向新目标前进。如图7-1所示。

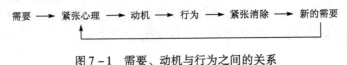

图7-1　需要、动机与行为之间的关系

二、激励的过程

激励的过程，也就是动机的激发过程，激励就是要把内驱、需要、目标这三个相互影响、相互依存的要素衔接起来，构成动机激发的整个过程，从而最终影响人们的行为，是一个由需要开始，到需要得到满足为止的连锁反应。如前所述，人未得到满足的需要是产生激励的起点，因此人就会产生心理和生理上的反应，并有一种改变现状的欲望和动机。进而会思考能满足需要的途径，确定实现的目标，在动机的驱动下采取行为向目标努力，之后人的行为结果有两种可能：其一，目标实现，需要得到满足；其二，目标未得到实现，遭受挫折，人在遭受挫折时，不同生活态度的人，采取的行为有所不同。积极态度生活者会主动调整目标和行为努力实现获得需要的满足，并确定更高目标自觉追求；消极态度生活者老是放弃努力，甚至产生绝望，进而在行为上不思进取。激励不仅在刺激动机产生行为的各环节促进人们积极努力，而且对人们遭受挫折时的消极态度也有防御作用，避免减少消极行为。

构成激励的主要因素有：① 激励主体，指施加激励的组织或个人；② 激励客体，指激励的对象；③ 激励目标，指激励主体期望激励客体的行为所实现的成果；④ 激励手段或称激励诱导物，指那些能导致激励客体去进行工作的东西，可以是物质的，也可以是精神的，反映人的不同的欲望；⑤ 激励环境，指激励过程所处的环境因素，它会影响激励的效果。

激励的实质就是通过设计一定的机制，对组织成员的需要和动机施加影响，从而强化引导或改变人的行为，使个人与组织目标实现最大限度的一致，激励可以看作是这样一种过程，即以满足人的多层次、多元化"需要"出发，针对不同个体设定绩效标准和奖酬值以最大限度地激发组织成员的工作"动机"和热情，调动个人的精神动力，使他们按照组织所要求的"行为"方式去积极、能动和创造性地运用其人力资源，从而最大化地实现组织的预期目标。

三、激励的作用

管理学主要关注的是与组织工作相关的行为，当组织成员的行为和努力的方向与组织目标一致时，其行为结果对组织才有利。在管理实践中，管理者就是要围绕组织目标，对成员进行激发和鼓励那些符合组织整体利益的动机行为，激励在组织管理中起积极促进作用，主要表现在以下方面。

（1）有利于充分调动员工的工作积极性。通过激励，一方面可以把那些有才能的、组织需要的人吸引过来为组织工作；另一方面，可以把员工的懒惰消极情绪转为积极努力的工作。

只要有激励是否任何消极因素都会转化为积极因素？

（2）有助于将员工的个人目标与组织目标相统一，从而达到个人目标与组织整体目标的共同实现。个人目标及利益是员工行为的源动力，激励的功能就是在于满足个人利益和需要的同时，诱导员工把个人目标统一于组织的整体目标中，激发员工为完成工作任务做出贡献。

（3）有助于加强组织的凝聚力，促进组织内部各部门、层次的协调统一，组织能够有效协调运行，一方面要建立科学合理的组织结构和严格规范的规章制度；另一方面还需了解员工的不同需要，运用激励的方法满足需要，进而增强组织的凝聚力向心力。

第二节　激　励　理　论

激励问题已经成为管理者的重要内容之一，众多学者也致力于这问题的研究，他们从各个角度去分析个人在工作、生活中会有哪些需要，为了满足这些需要，他会如何萌发动机，进而采取何种行动，需要满足了会怎样，没有被满足又会怎样，为了获得组织所需的个人行为，管理者又应采取哪些方式，去帮助员工缩短这个转变过程。西方管理学家围绕人的需要实现及其不同特点，提出了不同类型的激励理论，主要包括：① 内容型激励理论，着重探讨决定激励效果的各种基本要素，研究人的需要的复杂性及其构成，包括需要层次理论、双因素理论、成就激励理论等；② 过程型激励理论，侧重于研究激励实现的基本过程和机制，包括期望理论、公平理论等；③ 行为改造型激励理论，对一个人行为评价所产生的激励作用，包括强化理论、挫折理论和归因理论。

社会中的每一个成员是否都需要激励？

一、内容型激励理论

1. 需要层次理论

美国心理学家亚伯罕·马斯洛在 1943 年所著的《人的动机理论记》中,首先提出了需求层次理论,其后,受到许多行为学家和管理学家认可,并被广泛应用于管理实践中,他认为人们的需要是多样的,并且从低级到高级依次为生理需要、安全需要、社会需要、尊重需要和自我实现需要。如图 7-2 所示。

工作之外需求的满足	需求层次	工作之内需求的满足
教育、宗教、习惯和个人成长	自我实现需要	培训机会、个人进步与发展、创造力
家庭成员、朋友和社会的承认	尊重需要	被承认、身份和地位提高,承担更多的责任
有家庭、朋友和自己的生活圈子	归属需要	处理好与工作小组、客户、同事和管理者的关系
远离战争、污染和暴力	安全需要	工作安全、奖金和额外福利、工作稳定
食品、水和性	生理需要	温暖、空气和基本的工资水平

图 7-2 马斯洛的需求层次论

(1) 生理需要:生理需要是维持人类生存的最基本的、最原始的需要,包括食物、水、住、睡眠、行动等,这些需要如不能得到满足,人类就存在生存危机了,从这个意义上说,生理需要是推动人们行动的源动力。如马斯洛所说:"如果所有的需要都不能得到满足,这个人就会被生理需要所支配,而其他的需要都要退到隐蔽的地位。"在组织中,管理者要关注员工的生理需要,满足其最基本的需要,同时,马斯洛更强调:"当人的生理需要得到满足后,这个人将被其他更高级的需要所支配。"

相关链接 7-1

工人心目中的好雇主

根据笔者对广东珠江三角洲的工厂的调查,工人心目中的一个好雇主的很多特征与是否能够满足工人的基本生理需要有关。比方说,工人普遍反映说,按时发工资的老板是个好老板,因应对近年来的"民工荒",位于广东省东莞市的某家民营工厂在其客户某跨国公司和非政府组织(NGO)的督促下,在管理上做出了如下六个方面的改变:① 为工人购买工伤保险和养老保险,并在工厂内设立了医务室;② 取消所有的押金;③ 减少加班时间,每月至少为工人提供两天休息;④改善食堂设施和伙食,在厂内兴建篮球场;⑤增加厂房的通风和照明;⑥为在厂内一起上班的夫妇提供7平方米左右的夫妻房。

资料来源:张红阳《2006年珠江三角洲企业用工情况调查报告》

(2)安全需要:它是指对人身和财产安全、工作和生活环境安全的追求及规避各种社会性、经济性损害的倾向。当一个人的生理需要得到解决满足后,他的安全需要就变得强烈起来。人们开始关注自己的人身安全、职业保障、稳定等问题,他们要求摆脱失业威胁,要求将来生病或养老有保障,要求避免职业的侵袭,希望解除严厉监督的威胁等。

相关链接7-2

日立公司的危机激励

危机激励是企业经营管理者有意识创造"危机"激发员工的某种安全需要,从而使他们加强努力工作。日本日立公司是世界最大的电器制造企业之一,其产品销售遍布世界各地,在世界电器器材市场上以其高质量而著称。但日立公司在一帆风顺中,仍然认为制造逆境来保持企业的危机感的必要。1974年,该公司宣布因"经营状况不好",有22 000多名员工需要减薪,20%的员工回家待业一个月,发给97%~98%的工资,这样做对公司来说,虽然节约不了多少经营费,但它使员工有种危机压力。1975年1月,又对其4 000多名管理人员实行创业后第一次全面减薪,以加深他们的危机感。1975年4月,又将新录用的近千名员工报到日期推后20天,使新员工一开始就产生紧迫感。这些危机激励措施,将员工置于险境,使员工能最大限度地发挥各自的作用,日立公司的产品增长不但没有下降,而且由于产品创新,增长速度遥遥领先于对手东芝和松下电器器材公司。

资料来源:陈国海.管理心理学[M].北京:清华大学出版社,2005

(3)社会需要:这包括爱、规避接纳和友谊的需要。人是社会人,社交需要主要产生于人的社会性。马斯洛认为,人的社会需要有两方面内容:其一是爱的需要,即人都希望同事之间、伙伴之间的关系融洽,保持友谊和真诚,希望爱或被爱;其二是归属的需要,每个人都有一种归属感,都希望归属一个集体或群体,成为其中一员且能互相关心、照顾,相互之间建立友谊,否则他会感到被弃或孤独。

因缺乏社交归属需要而损坏机器

在对一个工厂调查时,管理心理学家发现原来机器的损坏是由于有一些技工在操作上故意捣乱造成的。这些技工是5个人在同一台机器上操作的。当这台机器被修理时,这些技工就可以从事他们自己的社会活动,但机器一旦开动起来,他们的交流就无法进行了,主要是噪声太大,而且他们操作时的位置也不利于交谈。

资料来源:刘治江.管理学[M].北京:经济管理出版社,2008

(4) 尊重需要:这是一种来自自尊和受尊重的心理需要,包括自尊、受尊重、被关注的、认可、地位和成就。人在社会上都希望自己有一稳定的地位,个人能力、成就被认可,受到别人尊重等。尊重需要得到满足,可导致自信的情感,因而对社会充满热情,使人感觉自己在社会上存在有价值。然而,一旦这种需要未被满足,则会产生自卑、软弱无能之感,对生活失去基本信心。

员工生日贺卡和蛋糕

广州某民营企业的员工在生日的那天,会得到本部门所有员工的口头祝贺,得到由主管和部门其他员工签名的贺卡,并得到50元人民币和一个生日蛋糕,当天中午获得公司餐厅为他/她特地制作的精美食物一份,他/她所在的部门可能还会在下班后聚餐、唱卡拉OK为他/她庆祝生日。对于资深和杰出的员工,还将得到一张由总裁亲自签名的贺卡,感谢他/她多年来对公司所做出的贡献。

资料来源:陈国海.管理心理学[M].北京:清华大学出版社,2005

(5) 自我实现需要:这是一种随着个人不断成长、发展、开发自己潜力和创造性的心理需要,是最大限度地发挥自己潜能,实现个人理想、抱负的需要。属于最高层次的需要,自我实现需要是一种追求个人能力极限的内驱力。这种需要一般表现在两个方面:一是胜任感方面,有这种需要的人力图控制事物或环境,不是等待事物被动地产生与发展,而是希望事物在自己的控制下进行;二是成就感方面,对有这种需要的人来说,工作的乐趣在于成果和成功,他们需要知道自己工作的结果,成功后的喜悦比其他任何报酬更重要。但是,当一个人满足了自我实现的最高层次需要时,对行为激励是无限,任何人都不可能完全的自我实现。

相关链接 7-5

日本富士公司的内部创业制度

日本富士公司从1988年就开始实施"关于事业风险投资与挑战者的纲领计划"。如果公司员工的新事业构思被公司采纳，则公司和提出人就共同出资创建新公司，并保证三年工作。假如失败了，仍可以回公司工作。对于新创立的公司，不但给予资金的支持，还给予经营与财务等必需的人才支持。

资料来源：陈国海. 管理心理学 [M]. 北京：清华大学出版社，2005

马斯洛还将这五种需要分为高级和低级两种需要，生理需要与安全需要称为较低级的需要，而社交需要、尊重需要与自我实现需要称为较高级的需要，低级需要主要从外部使人得到满足，高级需要则从内部使人得到满足。

马斯洛需要层次理论的主要观点包括：第一，人是有需要的动物，其需要取决于他已经得到了什么，还缺什么，只有尚未满足的需要才能够影响其行为，即已得到满足的需要不能起到激励作用；第二，人的需要有轻重层次之分，在特定时刻，人的一切需要如果都未得到满足，那么满足最主要的需要就比满足其他需要更迫切，只有排在前面的那些属低级的需要得到满足，才能产生更高一级的需要。

需要层次理论还认为，当一种需要得到满足后，另一种更高层次的需要就会占据主导地位。从激励的角度来看，没有一种需要会得到完全满足，但只要其得到部分的满足，个体就会转向追求其他方面的需要了。按照马斯洛的观点，如果希望激励某个人，就必须了解这个人目前所处的需要层次，然后着重满足他在这一层次上的需要。

马斯洛的"需要层次理论"，易于理解，给管理领域带来了重大影响，从管理理论上说，它为行为科学激励理论的发展打下了坚实的基础；从管理实践上说，它为管理者如何针对不同需要来调动下级员工的积极性提供了依据，促进了"民主参与或管理方式"的兴起。

随着时代的发展，世界范围内企业员工的需要层次普遍提高，戴维斯根据马斯洛的需要层次论，对美国工人优先需要变化的估计如表7-1所示。

表7-1 对美国工人优先需要变化的估计

年份/年 \ 需要种类	生理需要/%	安全需要/%	社会需要/%	尊重需要/%	自我实现需要/%
1935	35	45	10	7	3
1995	5	15	24	30	26

资料来源：傅夏仙. 管理学 [M]. 杭州：浙江大学出版社，2006

2. 双因素理论

双因素理论又称保健—激励理论，由美国心理学家弗雷德里克·赫兹伯格于1959年提出的，对9个企业中的203名工程师和会计师进行调查，征询发现，对工作感到满意的因素与不满意的因素是有明显分别的。当调查者对工作满意时，他们倾向于认可与工作内在有关的因素，诸如富有成就感，工作成绩得到认可，工作本身具有挑战性，负有重大责任，充满晋升机会，成长发展前景等；而当感到不满意时，他们则倾向于抱怨那些属于外在条件方面的因素。如公司政策不合理，监督管理不当，与主管关系不协调和工作条件有问题等。根据调查结果，赫兹伯格提出了该理论，其主要观点如下。

（1）"满意"的对立面是"没有满意"，"不满意"的对立面是"没不满意"。赫兹伯格打破了传统观念的认为满意的对立面就是不满意，认为满意与不满意是质的差别。他把影响工作动机的种种因素分为两类，能够使员工感到满意的因素称为激励因素，会使员工感到不满意的因素称为保健因素，激励因素多是与工作本身性质有关的因素，多与工作内容联系在一起，包括成就感，得到认可和赞赏，工作本身的挑战性和趣味性，个人的成长与发展、责任、晋升等。保健因素是指防止人们产生不满的因素，多与工作环境和工作条件相关，包括公司政策、上司监督、薪金、人际关系、工作条件等，这类因素若不改善，就会导致员工不满。但满足了员工这方面的需要，就会消除不满。

（2）激励的确要以满足需要为前提，但并不是满足需要就一定能产生激励作用，给予赞赏、责任和发展机会（有激励因素），员工感到满意；不表扬、不授权（无激励因素），员工也不会感到不满意，而且只是没有满意感。工作报酬（有保健因素），员工不会感到满意，而只是没有不满意感，但若光让干活却无报酬（不具备保健因素），员工就会不满意。由此可见，保健因素的满足只能防止人们产生不满情绪，消除了工作中的"不满意"因素，并不必然带来工作"满意"。

（3）激励因素的满足，才能真正激发人的积极性，激励因素是以人对工作本身的要求为核心的，如果通过激励因素的改善使工作本身富有吸引力，那么往往应能给职工以很大程度的激励。因此，只有强化成就感、认可、敬业精神、责任心和晋升机会等，这样令人"满意"的"激励因素"才能发挥有效的激励作用。

双因素理论对企业管理具有多方面的启示：① 管理者要调动和维持员工的工作积极性，首先要注意保健因素，以防止不满情绪的产生。但更重要的是利用激励因素去激发员工的工作热情，因为只有激励因素才会增加员工的工作满意感。② 激励因素可以由工作本身产生，工作对员工的吸引力才是主要的激励因素，管理者应从工作本身来调动员工的内在积极性，当员工受到很大激励时，对外部因素引起的不满意感受具有很强的耐受力。相反，当员工经常处于保健状态时，则会对周围事物感到极大的不满意，所以，员工从事具有潜在激励因素的工作本身就有激励作用。③ 要调动人的积极性，不仅要注意物质利益和工作条件等外部因素，更为重要的是要注意工作的安排，注意对人进行精神激励，给予表扬和认可，给人以成长、发展和晋升的机会，这样的内在激励作用更大，维持的时间更长。

斯伦贝谢国际石油公司的工作轮换制

著名的斯伦贝谢国际石油公司有一条明文规定，一个国家或地区的经理，一般任期为两年，最多五年，期满后必须轮换其他岗位，即使干得再好也要轮换。他们认为，岗位轮换可以使人才始终保持开拓进取，不容懈怠的最佳工作状态，通过企业内部人才流动，先进的技术和管理也跟着流动和交流，通过专业流动、地区流动和岗位轮换，可以让企业核心人才不断接受新的责任，可以使其眼光放大，观念开放，有利于提高他们的工作能力和水平。

资料来源：刘冠庆. 增进你的管理能力 [M]. 保定：河北大学出版社，2005

凯尔玛工作的工作丰富化

根据瑞典沃尔沃汽车公司凯尔玛工厂报道，该厂因为采用高度自动化流水作业线生产，工人对工作厌倦，导致缺勤和流动率很高。为解决这一问题，该厂把传统的汽车装配线组织改为15~27人的装配小组，分工负责一种零配件或一道工序，所有物质供应、产量、质量均由小组负责，结果该厂工人流动率降低，质量提高，不合格零配件减少。

资料来源：刘冠庆. 增进你的管理能力. 保定：河北大学出版社，2005

3. 成就激励理论

成就激励理论是美国哈佛大学心理学家大卫·麦克利兰提出的。麦克利兰对生理需要基本得到满足的人们进行需要状况调查后，提出了这一理论。他认为，有三种需要推动着人们从事工作：权力需要、归属需要和成就需要。

（1）权力需要：权力需要是指影响或控制他人且不受他人控制的欲望。对那些具有较高权力欲望的人,往往希望得到更大的权力,希望发挥影响力,控制别人。这类人重视地位与威望,总是追求领导者的地位。他们常喜欢争辩、健谈、乐于讲演,直率而头脑冷静,善于提问题和要求,喜欢教训别人。

（2）归属需要：归属需要是指建立友好和亲密的人际关系的需要。具有较高层次的人都有寻求友谊的渴望,他们喜欢与别人保持一种融洽的关系,享受亲密无间和相互谅解的乐趣,从充满友爱、情谊的社交中得到欢乐和满足,随时准备安慰和帮助危难中的伙伴。

（3）成就需要：成就需要是指达到标准,追求卓越,争取成功的需要。高成就需要者主要有3个主要特征：① 喜欢能够发挥独立解决问题能力的工作环境。他们喜欢独自面对挑战性问题,如果某一问题不是他们能独立解决的,他们就不会有成就感。只有当问题是靠他们自己的努力解决的,他们才会感到满足。因此,高成就需要的人愿意对其行动承担责任,在工作中相信自己的能力,敢于做出个人决断。② 喜欢设置自己的目标,追求个人成就,喜欢具有挑战性的工作。他们不满足于漫无目的地随波逐流和随遇而安,而总是想有所作为。他们精心选择自己的目标,很少自动地接受别人为其选定目标。除了请教能提供所需技术的专家外,他们不喜欢寻求别人的帮助或忠告。他喜欢研究、解决问题,而不愿意依靠机会或他人取得成果。同时设定目标时会回避选择难度极大的目标,他们是理性而又实际的人,愿意接受挑战,勇于承担责任,但是,他们喜欢中等难度的目标,会考虑可能实现的程度。③ 高成就需要者希望得到对他们工作业绩的不断反馈。目标对他们非常重要,希望尽快知道结果,如果能够从上级那里得到嘉奖或表扬,他们就会感到莫大的满足。

成就激励理论对组织掌握管理人员的高层次需要具有一定的积极作用。

二、过程型激励理论

过程型激励理论侧重从组织目标与个人目标相关联的角度,研究从动机的产生到采取行动的心理过程中的激励因素,了解员工怎样选择其行为以满足他们的需要,从而决定他们的选择是否成功。过程型激励理论主要包括公平理论、期望理论和目标管理等理论。

1. 公平理论

公平理论是由美国心理学家亚当斯在1965年发表的《社会交换中的不公平》一书中提出的,亚当斯把激励过程与社会比较结合起来,故也称社会比较理论。他侧重于研究工资报酬分配的合理性、公平性及其对职工生产积极性的影响。公平理论的主要内容是,人是社会人,一个人的工作动机和劳动积极性不仅受其所得报酬绝对值的影响,更重要的是还受到相对报酬多少的影响。人们都有一种自己的投入和所得与他人的投入和所得相比较的倾向。其中投入主要包括工龄、性别、所受的教育和训练、经验和技能、资历、对工作态度等方面。而所得主要包括薪酬水平、机会、奖励、表扬、提升、地位及其他报酬。每个人都会把自己所得的报酬与付出的劳动之间的比率同其他人的比率进行比较，也会把自己现在的投入－所得比率同过去的投入－所得比率进行历史比较，并且将根据比较的结果决定今后的行为。

所谓"公平"，就是当员工把自己的工作绩效和所得报酬，拿来与他人的工作绩效及所得报酬进行主观比较时，由此产生的一种积极的心理平衡状态；相反，"不公平"是指比较时所产生的一种消极的、不平衡心理状态。因此公平感的实质是一种主观价值判断，在不同的社会文化背景和意识形态下，其标准有很大的差别。员工评价自己是否得到公平的评价，在一般情况下是以同事、同行、亲友、邻居或自己以前的情况等作为参考依据的。当他们把自己的投入产出比与别人的或自己以前的投入产出比进行比较时，若发现比率相同，心里就比较平静，认为自己得了公平的待遇；当发现比率不相同时，内心就会感到紧张不安，从而会被激励去采取行动以消除或减少引起心理紧张不安的差异。

即问即答 7–3

社会发展过程中有没有绝对的公平？

假如当事人 A 以 B 参考进行比较，其过程如下：
（1）OA—自己对所获报酬的感觉。
（2）OB—自己对他人所获报酬的感觉。
（3）IA—自己对个人所作投入的感觉。
（4）IB—自己对他人所作投入的感觉。

第一种情形：

$$\frac{OA}{IA} < \frac{OB}{IB} \rightarrow 不公平感 \rightarrow 行为改变$$

说明此人认为自己与他人相比付出的多，收获的少，因而会产生不公平感。他可能会要求报酬，或者自动地减少投入（消极怠工）以便达到心理上的平衡，甚至是离职。

第二种情形：

$$\frac{OA}{IA} < \frac{OB}{IB} \rightarrow 公平感 \rightarrow 不改变行为$$

说明此人认为自己的所得与付出之比和别人相当，员工会有公平感，他可能会为此而保持工作的积极性和努力程度。

第三种情形：

$$\frac{OA}{IA} < \frac{OB}{IB} \rightarrow 不公平感 \rightarrow 行为改变$$

说明此人认为自己与他人相比得到的多，付出的少，在这种情况下，员工也会产生不公平感。一般来说，他不会要求减少报酬，而会自觉地增加投入量，但过一段时间，他就会因重新高估自己的投入而对高报酬心安理得，于是其产出又会恢复原先的水平。

如上所述，员工除了会进行横向比较外，还自然而然地进行纵向比较。员工在进行纵向比较时，对结果的态度和反映与横向比较时基本相似，但是有一点不同，如果在员工现在的所得与付出之比高于过去，他可能会认为是自己的经验积累和能力提高的结果，因此，员工的积极性不会有明显的提高。

公平理论指出，在管理激励的过程中，管理者必须对员工的贡献（投入）给予恰如其分的承认，否则员工就会产生不公平感受。感受到"不公平感受"的不同当事人就可能会产生逆向的或消极的行为，以消除由此而产生的紧张不安，如"怠工"、"拆台"、"窝里斗"或干脆"走人"等。公平理论为企业管理者带来很多重要启示，主要有以下几个方面。

（1）管理者应考虑员工进行公平性比较时的参照对象，了解其他可比人员的报酬状况。

（2）企业的报酬分配政策应公平合理，执行过程要公开，以确保报酬分配的客观公平。

（3）公平性与主观判断有关，大多数人会倾向于过高地估计自己的付出，而过低地估计自己的所得，对别人的投入量以及所得报酬的估计则与此相反。因而，管理者应帮助员工树立正确的公平观。

公平理论说明，公平感是人们行为倾向和激励强度的一个极为重要的社会因素，在管理激励的过程中必须给予高度重视。

某大学管理学院院长带领其他五位老师为某企业做咨询项目，赚了30 000元，就按每人5 000元分了下去，结果分发报酬的当天晚上，有一位老师跑到院长家，说自己工作做得比较少，不能拿那么多钱，自己拿2 000元就够了，要退回3 000元，如果您作为院长，该怎么办？

2. 期望理论

激励的期望理论是美国著名心理学家和行为科学家弗洛姆1964年在其《工作与激励》一书中提出来的，该理论的基本观点如下。

（1）人是理性的，一个人决定采取何种行为与这种行为能够带来什么结果以及这种结果对他来说是否重要紧密相关。个人从事某项工作的动机强度是由其对完成该项工作的可能性获取相应的外在报酬的可能性（期望值）的估计和这种报酬的重要程度（效价）来决定的，即人的努力与其期待的最终奖酬有关。

（2）激励效应取决于个人通过努力达到组织期望的工作绩效（组织目标）与由此而得到的满足个人需要的奖酬（个人目标）相一致、相关联的程度。一致程度或关联性大，则激励效应就大，否则就小。

（3）激励是一个动态的过程，当一个人对期望值、效价的估计发生变化时，其积极性也将随之变化。一个人从事某项活动的动力（激励力）的大小，取决于"某项活动成果的吸引力的大小"和"获得预期成果的可能性（概率）的大小"这两个因素，用公式表示如下：

$$激励力(M) = 期望值(E) \times 效价(V)$$

式中，激励力是指个人所受到激励的程度；期望值是指通过特定的活动所达到组织预期成果的概率；效价是指个人对组织设立的奖励或工作成果的偏程度。

期望理论揭示出了在个人努力、个人绩效、组织奖赏以及个人目标四者之间存在三种联系，简化的期望模式如图 7-3 所示。

图 7-3 简化的期望模式

① 努力——绩效联系，即我必须付出多大努力才能达到组织所要求的某一业绩水平？我真的可以达到这一业绩水平吗？

② 绩效——奖赏联系，即当我达到某一业绩水平后会有什么奖赏？这种奖赏能够及时兑现吗？

③ 奖赏——目标联系，即这种奖赏对我有多大吸引力？它是否有助于实现我的个人目标。

即问即答 7-5

高目标高激励是否就必然带来高激励性？

期望理论的关键在于弄清以上三种联系。要准确地理解和运用期望理论来指导企业的管理实践，还应注意以下几个方面。

（1）企业设定的工作目标难度应适宜。目标过低，工作本身缺乏激励性；目标太高，根据期望理论，可能会使员工的期望值降低，从而缺少激励性。

（2）企业设立的奖赏应该很好地满足员工的个人需要。管理者应注意了解员工的个人需要，将组织目标与个人目标进行有效的融合。

（3）没有一种普遍适用的激励手段，因为，员工的个体需要是因人而异的，就同一个体而言，在不同的情况下其需要也是复杂多变的。

（4）员工的工作结果应该是可以被衡量的，管理者也应让员工知道企业将如何评价他们的工作效果。

（5）无论是就期望值还是就效价而言，都是员工主观评价的结果，因此，期望理论关心的是人的知觉，而人的知觉可能与客观实际情况存在很大差异。管理者应通过广泛沟通来影响员工的主观感受，从而提高目标的激励性。

相关链接 7-8

晋升作为激励的手段

位于广东省江门市的富桥实业有限公司是一家生产不锈钢家具为主的家族企业，近来开始冲破家族式企业藩篱，越来越重视培养和启用外来员工。2003年前，管理层几乎没有一个外来员工，到2004年，公司已从外来员工中晋升副主任、主任助理、班长、组长达45人之多。随着公司的扩大再生产，这样的晋升机会还会更多。外来员工真正感觉到，在富桥"机会"对每位员工来讲是公平、公开、公正的，没有歧视，自己不再是一个"过路客"。公司得到的回报是：老员工的离职率下降到3%以下，新员工的离职率也逐月下降。另一方面，员工主动出谋献策，提出各方面的合理化建议，自觉爱护和维护工厂环境，体现了员工对企业的关心。

资料来源：张红阳《2006年珠江三角洲企业用工情况调查报告》

三、行为改造型激励理论

行为改造型激励理论是从另一方面对激励行为进行有益的探讨和研究。这类理论具有代表性的主要有强化理论、挫折理论和归因理论。

1. 强化理论

强化理论又称为修正理论，是美国心理学家、行为科学家斯金纳提出的。斯金纳研究了动物和人的行为后发现，人或动物为了达到某个目的，会采取一定的行为，当这种行为的结果对其自身有利时，这种行为就会重复；当这种行为的结果对其自身不利时，这种行为就会减弱或消失。由此产生了强化理论。

强化理论认为，人的行为重复出现的概率取决于人们对以往行为结果价值的主观认识——有利还是有弊。人的行为具有有意识条件反射的特点，即可以对环境起作用，促进其产生变化。环境的变化，又反过来对行为发生影响。对他有利，则这种行为就会重复出现；若对他不利，则这种行为就会减弱直至消失。但这种认识是可以改变的，例如，当一个人的某种行为受到领导及同事的称赞、奖励时，他会感到他的行为很有价值，值得再干，尽管原来并不这样认为，而当行为结果受到别人指责、惩罚时，他也可能会认为这种行为是不好的，以后不能再干了，尽管可能没认识到这一点，它至少在一定程度上决定这种行为在今后是否重复发生。能影响行为后果的刺激物均称为强化物，如奖酬、表扬、处罚等。

强化的具体方式包括正强化、负强化、惩罚和忽视四种。

（1）正强化：所谓正强化，就是奖励那些符合组织目标的行为，以便使这些行为得到进一步加强，从而有利于组织目标的实现，正强化刺激物既应有物质方面刺激，也应有表扬、提升、安排担任挑战性工作等精神方面的刺激。为了使强化能达到预期的效果，可以实施不同的正强化方式。一种是连续的、固定的正强化，如每次符合组织目标的行为都给予一定数量的强化。尽管这种强化有及时刺激、立竿见影的效果，但久而久之，人们就会对这种正强化有越来越高的期望，或者认为这种正强化是理所当然的。管理者需要不断地加强这种正强化，否则其作用会减弱甚至不再起到刺激行为的作用。另一种是间断的、时间和数量都不固定的正强化，即管理者根据组织的需要和个人行为在工作中的反应，不定期、不定量地实施强化，使每一次强化能起到较大的效果。实践证明，后一种正强化更有利于组织目标的实现。

（2）负强化：所谓负强化，就是惩罚那些不符合组织目标的行为，以使这些行为削弱直至消失，从而保证组织目标的实现不受干扰。负强化包含给予行为当事人某些他不喜欢的东西或者取消他所喜欢的东西，如减少奖酬或罚款、批评、降级、解聘等。实际上不进行正强化也是一种负强化，如过去对某种行为进行正强化，现在不再需要这种行为了，但基于这种行为并不妨碍组织目标的实现，这时就可以取消正强化，使行为较少或不再重复出现。实施负强化的方式与正强化有所差异，应以连续负强化为主，即对每一次不符合组织需要的行为都应及时予以负强化，消除人们的侥幸心理，减少直至完全避免这种行为重复出现的可能性。

（3）惩罚：惩罚是指对那些不符合组织目标的行为予以惩处，如批评、斥责、调换员工不喜欢的工作、解雇等。管理者在实施惩罚时，要根据公司的政策、规章制度以及员工的情绪和场合来进行处理。

（4）忽视：忽视是指对不符合组织要求的行为进行"冷处理"以达到"无为而治"的效果。其目的是使动机弱化、行为减退或消除。因为这种弱化过程不需要管理的干预，故称自然消退。

在实践中运用强化理论时，必须注意以下几个方面的问题。

① 必须针对行为的结果给予及时的强化。不管是表扬、奖励，还是批评、惩罚都不能事隔太久进行。

② 必须针对行为给予明确的强化信息，应该明确针对某行为不能因人而异，不管谁这样做都会得到奖励或处罚。

③ 强化的频率不能太高，经常表扬或批评都会降低强化的力度和效果，间断性的强化会更加有效。

④ 正强化比负强化的激励效果更大，要多用正强化，慎用负强化。正强化

给人以愉快的刺激，使人们产生一种强大的进取效应。负强化给人以不愉快的刺激，人们对不愉快的刺激具有一种抑制情绪。例如，给予同一个人过多的负强化，他往往不从自身找原因，反而认为管理者故意跟他过不去，或形成"逆反心理"，偏偏和管理者对着干。所以，管理者在必须进行负强化时，要特别注意技巧。

强化理论在管理实践中的运用主要体现在如何有效地运用奖惩对员工进行激励。强化理论揭示了行为塑造与修正的客观规律，但过多强调外在激励的作用，而忽视了内在激励的作用。

相关链接7-9

日本一家公司对员工强化激励方法与效果曾做过分析，如表7-2所示，可见对员工的表扬奖励，采取公开的方式效果较好，变好的要占87%，变差的只占1%。对员工的指责批评，采取个别的方式效果较好，变好的66%，变差的只占11%。采取公开的方式对员工体罚效果明显不好。在提倡人性化管理的今天，企业宜逐步改变过去动辄惩罚、少奖励的局面，而代之以多奖励、适当惩罚的做法。

表7-2 员工强化激励方法及其效果分析

激励方法 \ 效果	行动变化的比重/%		
	变好	没有变	变差
公开表扬	87	12	1
个别指责	66	23	11
公开指责	35	27	38
个别体罚	28	28	44
公开体罚	12	23	65

资料来源：李清华. 管理学原理 [M]. 北京：化学工业出版社，2006

2. 挫折理论

挫折理论是有关挫折行为研究的理论。所谓挫折是指人类个体在从事有目的的活动过程中，指向目标的行为受到障碍或干扰，致使其动机不能实现，需要无法满足时所产生的情绪状态。挫折理论主要就是揭示人的动机行为受阻而未能满足需要时的心理状态，并由此而导致的行为表现，力求采取措施将消极性行为转化为积极性、建设性行为。

挫折对人的影响具有两面性：其一，挫折可增加个体的心理承受能力，使人吸取教训，改变目标或策略，从逆境中重新奋起；其二，挫折也会使人们处于不良的心理状态中，出现负向情绪反应，并采取消极的防卫方式来对付挫折情绪，从而导致不安全的行为反应，如不安、焦虑、愤怒、攻击、幻想、偏执等。人受到挫折后还可产生一些远期影响，如丧失自尊心、自信心、自暴自弃、精神颓废、一蹶不振等。面对挫折时的行为反应如表7-3所示。

表7-3 面对挫折时的行为反应

面对挫折时的行为反应表现	防卫性适应方式	自我解脱 逃避现实 压抑欲望 转移替代 反向行为
	不良适应方式	攻击 固执 冷淡 退化

挫折是一种普遍存在的心理现象，在管理中，组织应正确对待人的挫折行为。通过改变环境，分清是非，心理咨询等各种方法引导员工行为，避免消极甚至对抗行为发生。

3. 归因理论

归因理论是社会心理学中有关人们如何解释推测他人或自己行为的过程和原因的理论。所谓归因，就是人们对他人或自己的所作所为进行分析，指出性质或推断原因的过程，在管理过程中，管理者可以利用归因理论来改变人的认识，达到改变人的行为的激励效果。

归因理论认为，人们的行为获得成功或遭到失败主要归因于四个方面的因素：努力、能力、任务难度和机遇。这四个因素可以按内外因、稳定性和可控性三个难度来划分。从内外因方面来看，努力和能力属于内部因素，而任务难度和机遇属于外部因素；从稳定性来看，能力和任务属于稳定性因素，努力和机遇属于不稳定性因素；从可控性来看，努力是可控制因素，任务难度和机遇则不以人的意志为转移。人们把成功和失败归功于何种因素，对以后工作积极性有很大影响。也就是说，如果把失败的原因归结为相对稳定的因素、可控的因素或者内部因素，就很容易使人动摇信心，而不坚持努力行为；相反，如果把失败的原因归结为相对而言不稳定的因素、不可控制因素或外部因素，则人们比较容易继续保持努力行为。因此，归因理论可以给管理者很好的启示，它揭示了，当员工在工作中遭到失败时，如何帮助他们寻找正确的原因，引导他保持信心，继续努力，调动工作积极性，以争取下一次行动的成功。

第三节 激励实务

前述的各种激励理论都只是针对一般人的现象特征研究的，但是，随着社会的不断进步发展，人的思维也在不断变化发展。每个员工都存在个性特征，他们的需求、期望、目标各不相同。所以，在管理实战中，管理者不应孤立、片面地使用某种理论，而应根据企业所处的社会、文化、经济背景以及自身的实际情况、特征，采用不同的激励方式与方法。

一、激励的原则

1. 组织目标与个人目标相结合的原则

目标设置是激励的一个重要环节，设置的目标必须与组织目标相符，否则员工的工作结果将偏离组织目标。同时，组织目标的实现还必须能够满足员工个人的需要，有助于员工个人目标的实现，否则无法提高员工的目标效能，也就达不到理想的激励程度。只有将组织目标与个人目标有效地结合，才有可能收到良好的激励效果。

2. 物质激励与精神激励相结合的原则

每个员工都有物质需要和精神需要两个方面的需要，企业所提供的激励措施和手段也应以满足员工这两方面的需要为原则。物质激励是基础，在此基础上，随着人们生活水平的提高和人员素质的提升，作为管理者还应关注员工社会交往、自尊以及自我实现这些较高层次的需要，注意精神方面的需要。

3. 外在激励与内在激励相结合的原则

外在激励主要是指来自工作本身以外的激励，如收入增加、工作环境改善等；内在激励主要是指来自工作本身的激励，如提供晋升和发展的机会，增加工作的自主性等。实战中，管理者往往重视外在激励相关因素的改善和提高，而容易忽视对员工的内在激励。实际上，相对于外在激励而言，内在激励对员工更有激励性，如工作发挥员工的兴趣，工作具有挑战性和新鲜感，工作本身具有重大意义，工作能够发挥员工的个人潜力，实现了自我价值等。这些因素都能够激励员工努力工作，提高其工作积极性。因此，管理者应重视内在激励的重要作用。

4. 正强化与负强化相结合的原则

管理实战中，正强化和负强化都是必要而有效的。通过树立正面的榜样和负面的典型奖优罚劣，扶正去邪，有助于提高组织绩效，形成良好的企业文化。但由于负强化有一定的消极作用，容易使员工产生挫折心理和负面行为，因此，管理者应把正强化和负强化巧妙地结合起来，一般以正强化为主要手段，以负强化为辅助手段。

5. 按需激励的原则

有效的激励应以满足员工的需要为前提，但是员工的需要存在着个体差异和动态性，因人而异、因时而异。并且，员工在同一时间也会有多种需要，只有满足最迫切的需要，其效值才高，激励强度才大。因此，对员工进行激励不能过分依赖经验和惯例。激励不存在一劳永逸的解决方案，深入调查研究，不断了解员工变化了的需要，从而采取有针对性的激励措施。

6. 客观公正的原则

每个员工心里都有一杆秤，企业管理者应该让员工感到自己的付出和所得是对等的。如果不能做到奖罚分明，出现奖不当奖、罚不当罚的情况，就不可能收到真正意义上的激励效果，反而会适得其反，产生消极作用，挫伤员工的工作积极性，甚至造成更严重的后果。因此，管理者在判定激励措施的时候，一定要做到认真、科学、严谨，在执行激励方案的时候，一定要做到客观、公平、公正。

即问即答 7-6

在任何情况下，物质激励是否都比精神激励更重要？

二、激励的方式

在组织管理实战中，激励的方式有很多，这里讲述常用的几种方式。

1. 物质激励与精神激励

根据激励手段的内需不同，激励方式分为物质激励与精神激励。

物质激励是管理者以物质财富作为激励手段，激发员工行为和工作热情的激励方式。它包括工资、住房、保险等。

精神激励是管理者运用精神奖励或惩罚，影响和改变员工工作行为，激发其工作动机的激励方式，如表扬、批评、记功、颁发荣誉奖章等。其中，学术声望的给予以及专业同行的认可也是重要的精神激励方式。

2. 外部激励与内部激励

根据激励方式的导向分为外部激励与内部激励。外部激励通过改变外部影响因素来激发员工的工作动机，强化员工劳动和工作结果，进一步强化其劳动与工作行为。属于外部激励的方式很多，包括各种形式的物质激励和部分精神激励，如认可、表扬、通报等。

内部激励则是通过改变个体内在心理和知识水平或倾向来激发员工的工作动机，即通过提高员工的综合素质，使其业务水平、职业兴趣、心理水平得以提升，从而达到激励目的，如组织有计划地进行员工技能培训、职业道德培训等。比较而言，外部激励在提高员工绩效上具有明显的短期效应，而内部激励则具隐性特点，需要较长时间才能提高绩效，并具有持续性。

3. 正激励与负激励

根据激励方式的性质分为正激励和负激励。所谓正激励，就是一种正强化。

组织通过各种激励方法使员工有利于组织的行为动机态度得到巩固和深化。所谓负激励,就是一种负强化。通过惩罚性的措施,使员工的那些不利于组织行为动机态度得以遏制、削弱、减少,甚至消除。

相关链接 7-10

松下激励的方式

松下公司的电器产品在世界市场上早就闻名遐迩,被海内外企业界誉为"经营之神"的公司创始人松下幸之助,也因畅销书《松下的秘密》而名扬全球。现在,松下电器公司已被列入世界50家最大公司的排名之中,由此可见它的实力之雄厚、企业王国之庞大。1990年由日本1 500多名专家组织评选的该年度日本"综合经营管理最佳"的15个公司,其中松下电器公司名列榜首。人们对该公司经营管理水平和社会形象予以高度评价,而作为诸公司最高顾问的松下幸之助更是倍受推崇。

松下电器公司建立的"提案奖金制度"也是很有特色的。公司不仅积极鼓励职工随时向公司提建议,而且由职工选举成立了一个推动提供建议的委员会,在公司职员中广为号召,收到了良好的效果。仅1985年1—10月,公司下属的技术茨厂仅有1 500名职工,而提案多达7.5万多个,平均每人50多个。1986年,全公司职工一共提出了663 475个提案建议,其中被采纳的多达61 299个,约占全部提案的10%。公司对每一项提案都予以认真地对待,及时、全面、公正地组织专家进行评审,视其价值大小、可行性与否,给予不同形式的奖励。即使有些提案不被采纳,公司仍然要给以适当的奖赏。仅1986年一年,松下电器公司用于奖励职员提案的奖金就高达30多万美元。当然,这一年中合理化提案所产生的效益则远远不止30万美元。正如松下电器公司劳工关系处处长阿苏津所说:"即使我们不公开提倡,各类提案仍会源源而来,我们的职工随时随地在家里、在火车上,甚至在厕所里都在思索提案。"

松下幸之助经过常年观察研究后发现:按时计酬的职员仅能发挥其工作效能的20%~30%,如果受到充分激励则可发挥至80%~90%。于是松下先生十分强调"人情味"管理,学会合理的"感情投资"和"感情激励",即拍肩膀、送红包、请吃饭。

——拍肩膀。车间里、机器旁,当一个员工兢兢业业、一丝不苟地操作时,常常会被前来巡视的经理、领班们发现。他们先是拿起零件仔细瞧瞧,然后会对着你的肩膀轻轻拍几下,并说上几句"不错"、"很好"之类的赏识话。

——送红包。当你完成一项重大技术革新,当你的一条建议为企业带来重大效益的时候,老板会不惜代价地重赏你。他们习惯于用信封装上钱款,个别而不是当众送给你。对员工来说,这样做可以避免别人,尤其是一些"多事之徒"不必要的斤斤计较,减少因奖金多寡而滋事的可能。

——请吃饭。凡是逢年过节,或是厂庆,或是职工婚嫁,厂长经理们都会慷慨解囊,请员工赴宴或上门贺喜、慰问。在餐桌上,上级和下属可尽情唠家常、谈时事、提建议,气氛和睦融洽,它的效果远比站在讲台上向员工发号施令好得多。

更令人叫绝的是,为了消除内耗,减轻员工的精神压力,松下公司公共关系部还专门开辟了一间"出气室"。里面摆着公司大大小小行政人员与管理人员的橡皮塑像,旁边还放上几根木棒、铁棍,假如哪位职工对自己某位主管不满,心有怨气,可以随时来这里,对着该主管的塑像拳脚相加或棒打一顿,以解心中积郁的闷气。过后,有关人员还会找员工谈心聊天,沟通思想,给员工解惑指南。久而久之,在松下公司就形成了上下一心、和谐相容的"家庭式"氛围。在与国内外同行竞争中,松下公司的电器产品总是格外受人青睐。

资料来源:http://xz7.2000y.com/mb/1/ReadNews.asp?NewsID=382815

即问即答 7-7

请问拍肩膀、送红包、请吃饭分别属于什么激励?

三、激励措施

1. 合理设计、分配工作

根据激励理论,一个人的投入产出取决于其所从事工作是否与其所拥有的能力、动机相适应。通过合理设计和分配工作,能极大地激发员工内在的工作热情,提高其工作业绩。这就要求在设计和分配工作时,做到分配给员工的工作与其能力相一致,所设计的工作内容符合员工的兴趣,所提出的工作目标富有挑战性。

2. 内容要考虑员工的特长和爱好

每个人都是一个不同于他人的独特的个体,其所拥有的文化水平和工作能力各不相同,而且不同的工作对于人的知识和能力的要求也各不相同,要做到人尽其才,就必须根据个人不同的知识和能力来设计和安排工作,把人与工作有机地结合起来。这就要求管理者在设计和安排工作前,要事先对每个员工的才能结构有一个比较清楚的认识,这是合理安排人力资源的前提。为此,管理者在平时要注意观察个人的工作情况,通过工作轮换,从实践中了解第一个员工的才能结构。与此同时,在设计和分配工作时,要从最大限度地发挥员工的才能结构出发来考虑问题。每一个都有其特定的优势和劣势,这是因为一方面人的精力有限,一般人只能把自己有限的精力集中于一个或少数几个领域,因此,水平再高的人也总有自己的不足之处；另一方面水平再低的人也总有些独到之处。况且，由于分工的不同，工作对人的要求也是不尽一致的。合理地使用人力资源，扬长避短，使每一个人都从事其最擅长的工作，是一个管理者的基本任务。

由于一个人的工作业绩与其动机强度有关，因此设计和分配工作时，还要求在条件允许的情况下，尽可能地把一个人所从事的工作与其兴趣爱好结合起来。当一个人对某项工作真正感兴趣，并爱上此项工作时，他便会千方百计地去钻研、去努力克服困难、努力把这项工作做好。

3. 工作目标应具有一定的挑战性

设计和分配工作，不仅要使工作的性质和内容符合员工的特点和兴趣，而且要使工作的目标和要求具有一定的挑战性，这样才能真正激发员工奋发向上的精神。根据"成就激励论"，人们的成就需要只有完成了具有一定难度的任务时才会得到满足，如果管理者为了保险起见，把一项任务交给一位能力远高于任务要求的员工去做，这位员工凭实力可马上开展工作。但当他了解到任务的实质，他就会感到自己的潜力没有得到充分的发挥，随着时间的推移，他会对该项工作越来越不感兴趣，越来越不满意，工作积极性也随之下降。

与此相反，管理者或许从迅速提高员工的技术水平和工作能力出发，把这项任务交给一位工作能力远远低于该项工作要求的员工去做。那么，根据期望理论，这位员工也许一开始就觉得自己不可能完成这项任务而放弃一切努力；即使这位员工在管理者的鼓励下，开始努力做，也会在经过几次努力而未获得成果后，灰心丧气，不愿再做新的尝试。

正确的方法是：把这项任务交给一个能力略低于工作要求的员工，或者说，应该对一位员工提出略高于其实际能力的工作要求与目标。如果这位员工努力，那么，这项工作就有可能完成，目标就有可能实现。这样，不仅能在工作中提高员工的工作能力，而且能使员工获得一种成就感，从而能较好地激发出员工的内在工作热情。

4. 薪酬的设计，调动积极性

狭义的薪酬概念，仅指货币类报酬。薪酬是一个组织对其成员进行激励的最基本手段之一。薪酬对员工极为重要，它不仅是员工的一种谋生手段，而且能满足员工的价值感。因此，薪酬在很大程度上影响着一个人的情绪、积极性和能力的发挥，它本身是非常重要的激励因素和手段。当一名员工处于较低的岗位（薪酬）时，他会积极表现努力工作，一方面提高自己的岗位绩效，另一方面争取更高岗位级别。在这个过程中，他会体验到由于晋升和加薪所带来的价值实现感和被尊重的喜悦，从而更加努力工作。因此，合理有效的薪酬体系，对于组织成员会产生巨大的激励作用，直接影响其积极性的发挥。

薪酬体系设计是整个组织激励制度安排中至关重要的组成部分，明确的薪酬体系能够为组织内外部利益相关者提供有效的信息，薪酬的分配和发放可以有力地说明每一个组织成员的价值及对公司的重要性，由此产生巨大的激励作用，并最终促成预期的经营绩效。另外，组织在进行薪酬体系设计时必须考虑多种因素，才能发挥薪酬的激励效应，使薪酬与绩效之间紧密关联。

1) 绩效工资制

绩效工资制是指在绩效测量的基础上支付员工工资的一种薪酬制度。绩效工资制度的前身是计件工资，但它不是简单意义上的工资与产品数量挂钩的工资形式，而是建立在科学的工资标准和管理程序基础上的工资体系。它的基本特征是将员工的薪酬收入与个人业绩挂钩。业绩是一个综合的概念，比产品的数量和质量内涵更为宽泛，它不仅包括产品数量和质量，还包括员工对企业的其他贡献。企业支付给员工的业绩工资虽然也包括基本工资、奖金和福利等几项主要内容，但相互之间不是独立的，而是有机地结合在一起。

即问即答 7-8

是否企业每一个岗位都应实行绩效工资才是最好的薪酬形式？

与传统工资制相比，绩效工资制的主要特点如下。

（1）有利于雇员工资与可量化的业绩挂钩，将激励机制融于企业目标和个人业绩的联系之中。

（2）有利于工资向业绩优秀者倾斜，提高企业效率和节省工资成本。

（3）有利于突出团队精神和企业形象，增大激励力度和员工的凝聚力。

绩效工资的实施需要具备一些条件，这些条件主要包括以下几点。

① 工资范围足够大，各档次之间拉开距离。

② 业绩标准要制定得科学、客观，业绩衡量要公正有效，衡量结果与工资结构挂钩。

③ 有浓厚的企业文化氛围支持业绩评估系统的实施和运作，使之达到奖励先进、约束后进的目的。

④ 将业绩评估过程与组织目标实施过程相结合，将工资体系运作纳入整个企业的生产和经营系统之中。

绩效工资体系的不完善之处和负面影响主要是：容易导致对绩优者奖励有方，对绩劣者的约束欠缺的现象，而且在对绩优者奖励幅度过大的情况下，容易造成一些员工瞒报业绩的行为，因此，对员工业绩的准确评估和有效监督是绩效工资实施的关键。

绩效工资制的应用已经越来越普及。罗宾在其所著的《管理学》第七版中提到，"20世纪90年代，72%的美国大型企业或多或少的非管理层员工采用绩效工资方案。而且这种方案也日益在其他国家盛行起来，如加拿大和日本，目前

35%的加拿大公司以及21%的日本公司在整个公司范围内使用绩效工资方案。"

目前，绩效工资制在我国的应用也非常普遍，虽然还没有准确的统计数据，但事实上，绝大多数企业已经全部或部分地采用了绩效工资制。绩效工资制不但在企业中得以广泛应用，甚至国家相关主管部门在事业单位中也开始推行绩效工资制。

2）基于能力的薪酬制

以能力为基础的薪酬是奖励员工获得与工作相关的能力、知识或技术，而不是奖励他们成功的工作绩效。通常是指两种最基本的以人为本的薪酬方案，即知识薪酬和技能薪酬。有时以能力为基础的薪酬方案同时包括了这两种分别奖励员工成功获得的知识和技术的以人为本的薪酬制度。有时，公司是根据雇员展示其能力的工作表现增加他们的薪酬，从而以能力为基础的薪酬方案和传统的业绩薪酬方案相结合。

知识薪酬计划用于奖励成功学习了某些课程的管理、服务或专业人员。我国许多企业在薪酬设计时，同样职位员工，由于学历水平的不同，薪酬的等级不同，努力让职工获得更高的学历，提高员工的知识水平。又如，联邦快递公司的知识薪酬方案，就是奖励那些学会计算运费和处理从美国发往国外的包裹文件的员工。技能薪酬大多用于从事体力劳动的员工，在他们掌握了新技术以后，增加他们的薪酬。例如，工会和承包商对木匠都采取技能薪酬方案。只要木匠掌握了更多高级的木工技术，如做橱柜的技术，就可以赚到更多的工资。

技能和知识薪酬方案都是用来奖励员工可以应用到工作中提高生产力的技术和知识的范围、深度和种类，这一特征体现了知识薪酬和绩效薪酬的差别，绩效薪酬是奖励员工的工作绩效。换句话说，知识薪酬是奖励员工做出工作贡献的潜能。根据美国薪酬协会的统计，知识薪酬方案是目前美国发展最快的人力资源管理项目之一。从1990年起，在《财富》500强企业中，包括通用电器公司，戴姆勒—克莱斯勒公司半数的企业都在一部分员工中实行了知识薪酬或技能薪酬方案。

3）灵活的福利机制

福利也是激发员工积极性的一种手段。广义的福利包括工资以外的所有实物和非实物补贴，西方一些国家的福利与工资的比例，目前已接近1∶1。我国的比例也逐年增大，在1~2之间。如何使这部分庞大的支出产生更大的激励的效果？既要使之与员工绩效挂钩，又要使其满足员工的不同需要，实行弹性自助福利计划不失为一种解决方式。

即问即答7-9

职工福利不属于激励范畴，是企业必须给予职工享受的待遇。

源于生活中的自助餐形式，在西方许多企业中出现了一种"自助餐式"的福利体系，即由企业给予员工一份可选择的福利项目清单，根据自己的绩效选择感兴趣的项目及相应的福利总金额。"自助餐式"的福利体系不仅得出了任何激励方式要与员工的表现绩效相关这一激励原则，同时也一改传统福利项目的刚性，提供的是一种灵活的、个性化的、满足员工需要的方式。传统福利体系是不管什么人，一律面对同样的福利形式，这样就失去了与员工需要的吻合，也就失了激励的动力。不仅如此，由于员工觉得福利是免费的，所以当得到的东西不是自己所需要时，还会产生一种是企业浪费的抱怨心理。

如何为员工制定一份可供选择的福利"菜单"呢？企业可以在调查了解员工实际需要的基础上，结合企业自身的实际情况以及国家法律法规，设计出有针对性的福利项目，以备员工进行个性的选择。常见的福利项目如下。

（1）经济性福利。经济性福利包括：① 住房性福利：以优惠价向员工出售住房、承担房租补贴等。② 交通性福利：免费班车、免费月票、通勤补贴等。③ 饮食性福利：免费午餐、午餐补贴、员工食堂、伙食补贴等。④ 教育性福利：脱产进修、特别培训、学费补贴等。⑤ 保健性福利：免费体检、打预防针、特别疗养等。⑥ 文化性福利：生日礼物、旅游、赠送体育锻炼设施、健身补贴等。⑦ 金融性福利：低息贷款、各项保险等。⑧ 时间性福利：加班费、带薪休假、有资事假、恋爱婚假、探亲假等。⑨ 生活性福利：困难补贴、红白事慰问金、抚恤金、服装津贴、节日津贴、优惠券赠送、实物赠送等。

（2）非经济性福利。非经济性福利包括：① 咨询性服务：免费为员工提供法律、投资、心理健康等咨询。② 保护性服务：免费帮助解决员工私人问题，提供种族、性别、年龄等平等援助。③ 工作性服务：弹性工作时间、参与民主化管理、有奖建议等。

常见的自助福利有三种类型：附加型，即在现有福利计划之外再提供其他不同的福利项目以供选择；核心型，即核心福利是每个员工享有的基本福利，此外还要附加一些项目供任意选择；套餐型，即推出不同项目组成的多种搭配，员工可根据需要选择其中某一套。

企业推出福利措施取决于本身的经济实力，由激励系统原理可知，如企业效益好，应该多拿出一部分回馈给员工，以利于员工有更高的积极性投入到工作中去；企业福利如何，同时也应服从于该组织文化的特色，福利项目的形式可以为组织文化建设服务。

福利作为一种丰富而具有柔性的薪酬成分，需要考虑如下一些做法作为改善的方向。

① 提高"保健性"常规福利的质量，大多数人不至于抱怨不满意。

② 根据员工需要增设新型福利，这种创新符合新形势的变化，有利于吸引人心，留住人才。

③ 增加教育培训福利的项目,这能适应市场竞争不断激烈的需要。

④ 关注对关键人才的福利吸引,这需要建立在对人才需求充分调查的基础上。

⑤ 在福利项目推出上加强与员工的沟通,这是企业组织文化建设的一种重要手段。更能导致高绩效,但是,难度过大,根本无法达到的目标比容易达到的目标所产生的绩效还低,只有"跳一跳够得着"的目标,激励作用才最强。

⑥ 目标应该是清晰和具体的。我们知道,明确的目标比笼统、模糊的目标更能导致更高的绩效。所谓明确,是指目标应该能够用具体数字表示,或者即使不能用数额表示,但也是可以衡量的。而不应只是用"更好"、"更高"、"尽量"等模糊的词语来描述和界定目标。

⑦ 目标要使人愿意接受。可以通过员工在完成不同难度的任务时所表现出来的自信心来把握其接受程度。同时,可以让员工参与目标的制定,并对目标做出承诺,这样可能比上级分派指定的目标更容易让员工接受。

⑧ 注意工作反馈。反馈有助于个人将已完成任务的进度与所期望的目标进行对比,通过不断的自我纠偏,顺利达到目标。

5. 股权激励

股权作为一种薪酬设计安排,一些公司推行了股权激励机制。按照基本权利和义务关系的不同,股权激励可分为三种类型:现股激励、期股激励、期权激励。所谓现股激励,就是通过公司奖励或参照股权当前市场价值使经理人即时地直接获得股权的方式。同时规定经理人在一定时期内必须持有股票,不得出售;所谓期股激励,是公司和经理人约定在将来某一时期内以一定价格购买一定数量的股权,购股价格一般参照股权的当前价格确定,同时对经理在购股后再出售股票的期限做出规定;所谓期权激励,是公司给予经理人将来某一时期内以一定价格购买一定数量股权的权利,经理人到期可以行使或放弃这个权利,购股价格一般参照股权的当前价格确定。同时对经理人在购股后再出售股票的期限做出规定。不同股权激励方式对受激励的经理来说,权利和义务不同,其价值也不同。对不同股权激励进行比较,可以看出,现股和期股激励的基本特征是"权益共享,风险共担",即经理人在获得股权增值收益的同时,也承担了股权贬值的风险,因此这种激励方式将引导经理人努力工作,并以较为稳健的方式管理企业,避免过度冒险。由于经理人承担风险能力和实际投资能力有限制,这种股权激励形式下股权的数量不可能很大,相应地也可能会影响激励的效果。在股票期权激励方式中,经理人承担风险,因此,期权数量的设计不受其风险承担能力的限制,通过增加期权的数量,可以产生很大的杠杆激励作用,这种激励方式一方面将鼓励经理人"创新和冒险",另一方面也可能使经理人过度冒险。

股权激励的最大优点是将企业价值作为经营个人收入的一个变量,从而作为一个长期激励约束机制，实现了所有制与经营者利益的一致性，股权激励对于明确人力资本价值具有非常重要的意义，是解决企业经营者激励约束机制的重要方式。

6. 员工持股激励

西方国家实行的职工持股制度，是为改善劳资对立关系的大背景下提出，并被逐渐实施，获得成功。1952年，美国辉瑞公司第一个推出面向所有雇员的职工持股计划。近年职工持股计划风行市场经济的国家。

许多企业推行的职工持股具体做法主要有两种：一种是由公司出一部分股份或拿出资金，提交给职工信托基金会，该基金会购买本公司的股票，然后根据职工工资水平分配这些股票，这种分配相当于公司给职工劳动股的投资凭证，职工以自己的劳动获得这种投资凭证，并根据这种凭证获得公司利润；另一种是公司担保从银行借款购买本公司股票以分到个人名下，这两种方案都不需要职工自己掏腰包，员工持股的主要作用表现在以下几个方面。

1）有利于实施低成本激励在职员工

持股计划实施以后，职工的收入不再是传统的工资加奖金，而是工资加股权收入，这就将公司对职工的激励由间接奖金变成了直接方式的股权收入。如果公司经营较好，在职工工资不变的情况下，不仅由于股利增加可以使其收入增加，而且股票业绩较好，可使公司股票价格上涨，从而使职工受益。后者的变动往往比业绩利股利的改动更大。运用职工持股方式并没有增加公司的支出，就可以使职工更具有工作积极性，从而实现了低成本激励。

2）有利于降低管理费用，减少管理环节

由于实施职工持股计划后，职工的收入与公司经营业绩更加紧密地联系起来了，他们将更加自觉地工作，使一些管理部门的作用逐渐减小，以致有些部门失去存在的意义而可以撤销。所以实施职工持股计划有利于精简机构，减少管理的中间环节，从而降低管理费用，提高经营业绩。

3）促使职工参加公司日常管理，监督经理人员经营业绩

由于实施职工持股计划后，公司经营好坏与职工收入更加紧密相关，职工不仅将更有积极性参加公司的日常管理，为公司发展出谋划策，而且公司内部人员对公司情况更加熟悉。这种监督的力度与效率都比外部监督更高，从而有利于管理绩效的提高，使企业经营效率得到改善。

4）提高职工的工作效益，创新精神，避免短期行为

与传统激励方法相比，实行职工持股计划可以使广大员工更富有创新精神，工作更有效率，能够有效克服其短期行为。因为职工的工作效益提高创新行为，如果产生效益，将使其股价提高更快，其自身获利更多；同时，损害企业长远利益而提高短期行益的行为，对职工持股来说也是不经济的。

可见，实施职工持股方式不仅能解决企业普遍员工的激励问题，使他们的利

益与公司利益更紧密结合起来,提高其工作效益与积极性,而且还可以有效解决对公司经理人员的监督问题,有利于企业效益提高,也有利于企业改革的顺利进行。

即问即答 7-10

关于股权或员工持股激励与发给现金激励,你选择哪一种?为什么?

相关链接 7-11

亚马逊公司的利润分享制度:低工资+一个承诺

亚马逊网上书店员工的收入比市场标准还要低,甚至连短期奖金也没有,并且要自己掏腰包负担大部分医疗保险费。可是为什么一批优秀的人才心甘情愿地留在亚马逊呢?这个诱惑就是股票!1997年5月亚马逊股票上市,以每股9元的价格开盘,1998年年底最高峰时突破300元!每个员工的认股权是公司对他们的一个美好承诺。只要公司一开始赢利,立即会创造出一大批富翁来,这就是亚马逊的未来利润分享制。和其他公司的利润分享制不同的是,亚马逊的所有员工,包括仓库员工、公司职员以及最高主管、行政经理,全部纳入公司的该项计划。在亚马逊,人人能感觉到自己的责任、自己的重要性。总裁贝索斯宣称,公司是大家的,是每一个人的,甚至这个信念连打扫卫生的老太婆也深深铭记在心。

资料来源:李艳华. 管理心理学[M]. 北京:清华大学出版社,2006

本章小结

激励即鼓励,是调动人的积极性向期望的目标前进的心理过程。心理学研究表明,未满足的需要是行为人产生行为动机的根本原因。激励理论主要包括内容型激励理论、过程型激励理论和行为改进型激励理论。内容型激励理论侧重于研究用什么样的激励因素调动人的积极性,比较典型的理论有需要层次理论、双因素理论以及成就激励理论。过程型激励理论是研究激励过程的理论,主要包括期望理论、公平理论和目标管理理论。具有代表性的行为改造型激励理论主要包括强化理论、挫折理论和归因理论。在激励实务中,应该遵循正确的激励原则,即物质激励与精神激励并重的原则;强调以激励为主的原则;注重内外激励相结合的原则。正确运用激励的方法,调动职工的主观能动性。

知识掌握题

1. 简述激励的含义与过程。
2. 激励有哪些作用?
3. 简要说明公平理论,公平理论结合实际给管理者提出了什么新问题?
4. 结合实际谈一谈对各种激励理论的解释。
5. 根据身边的某一事例,描述一下激励的全过程。

自 测 题

一、单项选择题

1. 小红上班总迟到,老板扣了他的奖金,这种激励是（　　）。
   A. 正强化　　　B. 负强化　　　C. 自然消退　　　D. 惩罚
2. 在马斯洛的需要层次理论中最基本的需要是（　　）。
   A. 生理需要　　B. 安全需要　　C. 社交需要　　　D. 尊重需要
3. 双因素理论认为（　　）不能直接起到激励作用,但能防止人们产生不满情绪。
   A. 保健因素　　B. 激励因素　　C. 成就因素　　　D. 需要因素
4. 高成就需要者设置目标时（　　）。
   A. 喜欢高难度目标　　　　　　B. 喜欢中等难度目标
   C. 喜欢低难度目标　　　　　　D. 不喜欢设置目标
5. 员工产生公平的心理是由（　　）引起的。
   A. 认为自己比他人付出的多,收获的少
   B. 认为自己所得与付出和别人相当
   C. 认为自己现在付出比以前多,收入没变
   D. B+C

二、多项选择题

1. 人们受挫折后的行为表现为（　　）。
   A. 发牢骚　　　B. 争吵　　　　C. 焦虑　　　　　D. 偏执
2. 行为改造激励理论包括（　　）。
   A. 双因素理论　B. 强化理论　　C. 期望理论　　　D. 归因理论
   E. 公平理论
3. 对普通员工一般采用激励的形式有（　　）。
   A. 金钱　　　　B. 带薪休假　　C. 股权　　　　　D. 惩罚
   E. 表扬
4. 对员工的非经济福利包括（　　）。

A. 免费午餐 B. 弹性工作时间
C. 探亲假 D. 有奖建议
E. 提供投资和心理健康咨询

5. 能调动积极性的"保健因素"有（　　）。
A. 公司政策　　B. 上司监督　　C. 工作条件　　D. 人际关系
E. 个人成长发展

知识应用与课堂讨论题

摩托罗拉的激励策略

1. 提供福利待遇

摩托罗拉公司在每年的薪资福利调整前，都对市场价格因素及相关的、有代表性企业的薪资福利状况进行比较调查，以便使公司在制定薪资福利政策时，与其他企业相比能保持优势和具有竞争力。摩托罗拉员工享受政府规定的医疗、养老、失业等保障。在中国，摩托罗拉公司为员工提供免费午餐、班车，并成为向员工提供住房的外资企业之一。

2. 建立公正评估制度

摩托罗拉公司制定薪资报酬时遵循"论功行赏"原则，员工有机会通过不断提高业绩水平、为公司多做贡献而获得加薪。摩托罗拉业绩报告表参照美国国家质量标准制定，员工根据报告表制定自己的目标。个人评估一个月进行一次，部门评估一年进行一次，根据业绩报告表的情况，公司在年底决定员工的薪水涨幅及晋升情况。

3. 尊重个人人格

在摩托罗拉，人的尊严被定义为实质性的工作、了解成功的条件、有充分的培训并能胜任工作、在公司有明确的个人前途、及时中肯的反馈、无偏见的工作环境。每个季度员工的直接主管会与其进行单独面谈，就以上6个方面或在更广阔的范围进行探讨，谈话中发现的问题将通过正式渠道加以解决。此外，员工享有充分隐私权，员工的机密档案，包括病例、心理咨询记录等都与员工的一般档案分开保存。公司内部能接触到员工所有档案的仅限于"有必要知道"的相关人员。

4. 实现开放沟通

员工可以通过参加"总经理座谈会"、业绩报告会或在《大家庭》报、公司互联网页上畅所欲言等形式反映个人问题，进行投诉或提出合理化建议，也可以与管理层进行直接沟通。管理层也可以根据存在的问题及时处理员工事务，不断促进员工关系，创造良好的工作氛围。

5. 提供发展机会

摩托罗拉的经理级别为初级经理、部门经理、区域经理（总监）、副总裁（兼总监或总经理）、资深副总裁。中国公司的经理中，72%的是中国员工，比5年前上升了60多个百分点。目前，女经理人数已占到经理总数的23%。

该公司亚太总部还制定了一项新规定，即女性管理者要占所有管理者总数的40%。而且今后在中层领导招聘中每三个面试者中至少要有一个女性。在现代社会中，除极个别的行业外，绝大多数职位男女都可以胜任。在男女员工的使用上，摩托罗拉一视同仁。

在摩托罗拉，技术人员可以搞管理，管理人员也有做技术的，做技术的和做管理的在工资上具有可比性。许多公司看重职业经理人的位置，是因为拿钱多。而在摩托罗拉，做技术和做管理完全可以拿一样多的工资。

本案例思考讨论题

1. 摩托罗拉的激励策略有何特点？
2. 应用激励理论谈谈"尊重个人人格"对调动职工积极性有何作用。
3. 简略评价摩托罗拉的激励策略。

情景模拟题

一、情景介绍

一家位于交通不便、地理位置较偏僻的生产摩托车配件的民营企业，企业员工除少数技术人员和管理者来自外面，其余都是本地文化知识不是很高的农民工。自企业开工以来，产销量一直不高，虽然也开展了一些如传统的大小会议表扬的奖励活动，但收效不大，企业经营一直处于亏损状态。经调查分析发现，造成产销量不高的原因有三个：一是企业的产品质量不是很高；二是在该企业周围半径两千米范围内，有几家规模相当的生产相同产品的工厂，同行业竞争激烈；三是在企业中缺少行之有效的激励机制，没有能极大地调动员工的积极性。如果继续经营，前景不明，如果撤出，几百万元的投资会付诸东流，企业经营者陷入进退两难的境地。

摩托车配件的生产属于传统的机械加工行业，产品方面的创新余地不大，内部环境也大同小异，企业经营较好的除依赖良好的地理优势、产品质量外，就是要有一套激励机制。那么，用什么方法能让企业摆脱经营困境而盈利呢？

二、模拟训练

1. 同学们可按四个小组进行划分，每小组一组长，其余的为组员，大家共同来进行分析，提出一种自己认为最好的激励方案。
2. 每一小组由组长来介绍其方案，其他组的组员扮演员工，而其他组的组长扮演该企业的管理者，组长介绍完该组的方案后，负责回答员工和管理者的有关提问。
3. 结束后请全班同学分别给各小组的方案评分（见表7-4）。

表7-4 记分表

得分 项目	优 (90~100分)	良 (80~89分)	中 (70~79分)	及格 (60~69分)	不及格 (60分以下)
绩效工资					
股权激励					
精神鼓励					
职务晋升					

4. 最后由指导老师进行点评和总结。

实践训练题

1. 实训项目

走访企业对激励方法应用进行调查分析

2. 实训目的

(1) 通过访问企业，了解激励的重要性。

(2) 感受激励方法在管理中的实际应用。

3. 实训内容

(1) 要求学生了解激励的基本方法。

(2) 调查激励在企业经营过程中的作用。

4. 实训组织

(1) 把学生分成两个小组，第一组访问企业，第二组了解企业管理者。

(2) 第一组学生访问某一企业。

(3) 第二组走访某一企业的管理者。

5. 实训考核

(1) 要求每个学生提交一份调查报告或小结。

(2) 要求学生填写实训报告。其内容包括：① 实训项目；② 实训目的；③ 实训内容；④ 本人承担的任务及完成情况；⑤ 实训小结。

(3) 老师对每一报告写出评语，实训小组或全班进行交流。

课下补充参考资料

1. 岳晋平. 员工激励十大工程 [M]. 北京：北京大学出版社，2005

2. 刘韬. 整体薪酬方案设计与员工激励 [M]. 北京：经济出版社，2003

3. 徐成德，陈达. 员工激励手册 [M]. 北京：中信出版社，2005

第八章

控制

学习目的和要求

通过本章学习,要求达到:
知识目标:理解控制的概念和基本原理。
素质目标:熟悉构建有效控制系统的基本工作。
技能目标:掌握控制的类型、过程、技术和方法。
能力目标:能够运用所学控制方法与技术分析现实控制管理问题。

主要概念和原理

控制　控制基本原理　控制类型　控制过程　控制方法　有效控制系统

▶ 案例导入

哈勃望远镜的研制

经过长达15年的精心准备,耗资超过15亿美元的哈勃(Hubble)太空望远镜最后在1990年4月发射升空。但是,美国国家航天管理局(NASA)仍然发现望远镜的主镜片存在缺陷。由于直径达94.5英寸的主镜片的中心过于平坦,导致成像模糊。因此望远镜对遥远的星体无法像预期的那样清晰地聚焦,结果造成一半以上的实验和许多观察项目无法进行。

更让人觉得可悲的是,如果有一点更好的控制,这些是完全可以避免的。镜片的生产商是Perkings-Elmer公司,使用了一个有缺陷的光学模板来生产如此精密的镜片。具体原因是,在镜片生产过程中,进行检验的一种无反射校正装置没有设置好。校正装置上的1.3毫米的误差导致镜片研磨、抛光成了错误的形状。但是没有人发现这个错误。具有讽刺意义的是,与许多NASA项目所不同的是,这次并没有时间上的压力，而是有足够充足的时间来发现望远镜上的错误。实际上，镜片的粗磨在1978年就开始了，直到1981年才抛光完毕，此后，由于"挑战者号"航天飞机的失事，完工后的望远镜又在地上待了2年。

美国国家航天管理局（NASA）中负责哈勃项目的官员，对望远镜制造过程中的细节没有严格的监控。事后航天管理局中一个由6人组成的调查委员会的负责人说："至少3次有明显的证据说明问题的存在，但这3次机会都失去了。"

资料来源：朱秀文.管理学教程［M］.天津：天津大学电子出版社，2006：125~157（注：经过改编）

案例分析

一件事情，无论计划做得多么完善，如果没有令人满意的控制系统，在实施过程中仍然会出问题。因此，对于有效的管理，必须考虑设置良好的控制系统。

第一节 控制的概念和基本原理

一、控制的必要性

控制是管理过程中重要的组成部分，是企业各级管理人员的一项重要工作任务。但企业管理的理想状态与企业管理的现实存在巨大的差距。无论计划制定得如何周密，由于各种各样的原因，人们在执行计划的活动中总是会出现与计划不一致的现象。管理控制的必要性主要是由下述原因决定的。

1. 环境因素

企业面对的是一个动态多变的环境，其中各个影响企业活动的因素每时每刻都在发生变化，如市场供求、产业结构、技术水平等，这些变化必然要求企业对原先制定的计划和经营的内容作相应的调整。

2. 管理权力因素

任何企业的管理权限都制度化或非制度化地分散在各个管理部门。企业分权程度越高，控制就越有必要。如果没有控制，没有为此而建立相应的控制系统，管理人员就不能检查下级的工作情况，即使出现权力不负责的滥用或活动不符合计划要求等情况，管理人员也无法发现，更无法采取及时的纠正行动。

3. 工作能力因素

由于各成员是在不同时空进行工作的，他们的认识能力不同，对计划要求的理解可能发生差异；即使每个员工都能完全正确地理解计划的要求，但由于工作能力的差异，他们的实际工作结果也可能在质和量上与计划要求不符。因此，加强对各环节员工的工作控制是非常必要的。

二、控制的概念

企业在开展生产经营活动中，由于受外部环境和内部条件变化的影响，实际执行结果与预期目标不完全一致的情况是时常发生的。对管理者来讲，重要的问题不是工作有无偏差，或者是否可能出现偏差，而在于能否及时发现已出现的偏差或预见到潜在的偏差，采取措施予以预防和纠正，以确保组织的各项活动能够正常进行，组织预定的目标能够顺利实现。

控制是管理的一项基本职能。所有的管理者都应当承担控制的职责。所谓控制，从其最传统的意义方面说，就是按照计划标准来衡量所取得的成果并纠正所发生的偏差，以确保计划目标的实现。斯蒂芬·罗宾斯曾对控制的定义是："控制是保证企业计划与实际作业动态相适应的管理职能。控制就是监视各项活动以保证它们按组织计划进行并纠正各种重要偏差的过程。"

即问即答 8-1

控制是管理的一项重要职能，它是按照计划标准来衡量所取得的成果并纠正所发生的偏差，那么，控制是如何确保计划目标的实现呢？

相关链接 8-1

由管理人员作为一项重要的管理职能开展的控制工作，通常称为"管理控制"，以与物理、机械、生物及其他领域的控制相区别。

在现代管理活动中，管理控制的目标主要有两个。

1. 限制偏差的累积

一般来说，工作中出现偏差是不可避免的。虽然小的偏差和失误不会立即给组织带来严重的损害，但在组织运行一段时间后，随着这些小差错的积少成多和积累放大，最终就可能威胁到计划目标的实现，甚至造成灾难性后果。因此管理控制应当能够及时地获取偏差信息，防微杜渐，及时采取有效的矫正措施，防止误差累积影响组织目标的实现。

2. 适应环境的变化

如果管理者能够在建立目标后立即将其实现，那么就不需要控制了。事实上，组织计划和目标制定出来总要经过一段时间的实施才能够实现。在这段时间中，组织内部的条件和外部环境可能会发生一些变化，如组织内部人员和结构的变化、政府可能出台新的政策法规等，这些变化的内外环境不仅会妨碍计划的实现，甚至可能影响计划本身的科学性和现实性。因此，任何组织都需要构建有效的控制系统，帮助管理人员预测和把握这些变化，并对上述因素带来的机会和威胁做出有力和正确的反应。

无论是着眼于"纠偏"还是适应环境变化，管理控制都是紧紧围绕组织的目标进行的，具有明确的目的性特征。换言之，管理控制并不是管理者主观任意的行为，它总是受到一定的目标指引，服务于组织目标的需要。在组织的动态发展中，目标既是控制活动的起点和依据，也是控制过程循环发展的终点，目标贯串于整个管理控制过程的始终。管理控制的意义在于：通过"纠偏"和"适应"，保证组织根本目标的实现。此外，管理控制还具有其以下特点。

(1) 管理控制具有整体性。这包含两层含义：一是管理控制是组织全体成员的职责，完成计划是组织全体成员共同的责任，参与控制是全体成员的共同任务；二是控制的对象是组织的各方面。确保组织各部门和单位彼此在工作上的均衡与协调是管理工作的一项重要任务，为此，需了解掌握各部门和单位的工作情况并予以控制。

(2) 管理控制具有动态性。管理工作中的控制不同于电冰箱的温度调控，后者的控制是高度程序化的，具有稳定的特征；而组织不是静态的，其外部环境及内部条件随时都在发生着变化，从而决定了控制标准和方法不可能固定不变。管理控制应具有动态的特征，这样可以提高控制的适应性和有效性。

(3) 人性。管理控制本质上是对人的行为和行为后果进行控制而又由人来执行的一种控制。管理控制的主体和客体都离不开人，控制的有效性与人的因素密切相关。这就决定了与物理、机械、生物等方面的控制有很大的不同，管理控制中的人性因素不可忽视。管理控制不仅仅是监督，更重要的是指导和帮助。管理者可以制定偏差纠正计划，但这种计划要靠职工去实施，只有当职工认识到纠正偏差的必要性并具备纠正能力时，偏差才会真正被纠正。通过控制工作，管理者可以帮助职工分析偏差产生的原因，端正职工的工作态度，指导他们采取纠正措施。这样，既能达到控制目的，又能提高职工的工作和自我控制能力。

资料来源：清华大学．管理学（电子版）［M］．北京：清华大学出版社，2004（电子课件，作者不详）

1. 控制与计划

控制与计划既互相区别，又相互联系。即如果只编制计划，不对其执行情况进行控制，计划目标就很难得到圆满实现。控制与计划两职能之间的关系不仅体现在计划提供控制标准，而控制确保计划实现这一"前提"与"手段"的关系上。

2. 控制与组织

控制的目的是给管理者提供一个能够激励下属朝着实现组织目标方向努力的手段，并给管理者提供有关组织及其成员如何适当完成任务的反馈。

3. 控制的目的与作用

首先是检验作用，它检验各项工作是否按预定计划进行，同时也检验计划的正确性和合理性；其次是调节作用，在计划的执行过程中，对原计划进行修改，并调整管理过程。

三、控制的基本原理

控制理论中有下列几个基本原理。

1. 控制理论的研究对象

任何系统都是由因果关系链联结在一起的元素集合。元素之间的这种关系就是耦合关系。控制论的研究对象就是耦合运行系统的控制和调节。

2. 控制论运行前提

为了控制耦合系统的运行，必须确定系统的控制标准 Z。控制标准 Z 的值是不断变化的某个参数 S 的函数，即 $Z = f(S)$。例如，为了控制轮船的航行，必须确定航线，轮船在航线上的位置 S 的值是不断变化的，所以控制标准 Z 的值也必然是不断变化的。

3. 控制论的应用

可以通过对系统的调节来纠正系统输出与标准值 Z 之间的偏差，从而实现对系统的控制。企业也是一个耦合运行系统。企业生产经营活动的全过程就是由严密的因果关系链联结起来的。无论是整个过程或其中某个环节，在得到一定成果的过程中，可以通过控制投入的人、财、物、力及管理和技术信息，来控制企业生产经营活动的产出。

控制的基本原理如何应用？

第二节　控制的类型与过程

一、控制的类型

1. 控制的基本类型

控制系统按照考核输入—转换—输出三个阶段对控制工作进行分类，形成三种基本的控制类型（见图 8-1、图 8-2）。

1）输入阶段的预先控制

预先控制，也称事前控制或前馈控制（Feed-forward Control），是在问题发生前做出预测，防止问题在随后的转换中出现。预先控制主要注意进入组织的各种资源或工作的投入。

因此，这种控制需要及时和标准的信息并进行仔细和反复预测，把预测和预期目标相比较，并促进计划的修订。为了保证经营过程的顺利进行，管理人员必须在经营开始以前就检查企业是否已经或能够筹措到在质和量上符合计划要求的各类经营资源。如果预先检查的结果是资源的数量和（或）质量无法得到保证，

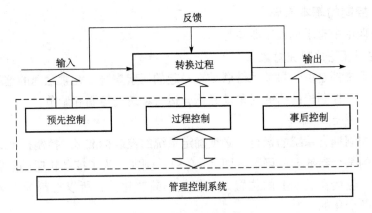

图 8-1 控制的基本类型

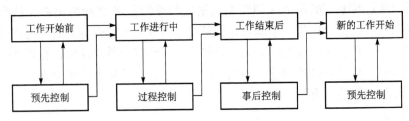

图 8-2 控制循环示意图

那么就必须修改企业的活动计划和目标，改变企业产品加工的方式或内容。事先预测的另一个内容是检查已经或将能筹措到的经营资源经过加工转换后是否符合需要。如果预测的结果符合企业需要，那么企业活动就可以按原定的程序进行；如果不符合，则需要改变企业经营的运行过程及其投入。

2）转换阶段的过程控制

过程控制，也称事中控制、现场控制或同步控制。在运行到转换过程中，即现实中应用在企业生产或经营的过程中，对活动中的人和事进行指导和监督，以便管理者在问题出现时及时采取纠正措施。

3）输出阶段的事后控制

事后控制，也称反馈控制（Feed-back Control），这是常见的控制类型。当系统最后阶段输出产品或服务时，来自系统内部对产生结果的总结和系统外部顾客与市场的反应，都是在计划完成后进行的，具有滞后性的特点，但可为未来计划的制定和活动的安排，以及系统持续的运作提供借鉴。

反馈控制主要包括财务分析、成本分析、质量分析以及职工成绩评定等内容。财务分析的目的是通过分析反映资金运动过程的各种财务资料，了解本期资金占用和利用的结果，弄清企业的盈利能力、偿债能力等，以指导企业在下期活动中调整产品结构和生产方向，决定缩小或扩大某种产品的生产。成本分析是通过比较标准成本（预定成本）和实际成本，了解成本计划的完成情况，通过分析成本结构和各成本要素的情况，了解材料、设备、人力等资源的消耗与利用对成本计划执行结果的影响程度，以找出降低成本、提高经济效益的潜力。质量分析是通过研究质量控制系统收集的统计数据，判断企业产品的平均等级系数，了解产品质量水平与其费用要求的关系，找出企业质量工作的薄弱环节，为组织下期生产过程中的质量管理和确定关键的质量控制点提供依据。职工成绩评定是通过检查企业员工在本期的工作表现，分析他们的行动是否符合预定要求，判断每个职工对企业提供的劳动数量和质量贡献。这种评价要求以对职工表现的客观认识和组织对每个人的工作要求，以计划任务或职务说明书为依据。

2. 其他控制类型

（1）根据控制源不同，可将控制工作分为正式组织控制、群体控制和自我控制三种类型。

① 正式组织控制是指依据组织明文规定的政策、程序并通过正式的组织机构进行控制。

② 群体控制是指不通过正式控制过程进行的控制。它基于非正式组织的价值观念和行为准则，由员工组成、参与并采取的控制行动。

③ 自我控制是指个人有意识地去按某一行为规范进行活动。

（2）根据问题的重要性和影响程度的不同，可划分为任务控制、管理控制和战略控制。

① 任务控制亦称运营控制，主要是针对基层生产作业和其他业务活动进行的。其控制的主要任务是确保按质、按量、按期和按成本完成工作任务。

② 管理控制是一种财务控制，即利用财务数据来观测企业的经营活动状况，以此考评各责任中心的工作成绩，控制其经营行为，管理控制通称为责任预算控制。

③ 战略控制是对战略计划实现程度的控制。

相关链接 8-2

管 理 控 制

管理控制是指管理者影响组织中其他成员以实现组织战略的过程。管理控制涉及一系列活动，该活动包括：计划组织的行动；协调组织中各部分的活动；交流信息；评价信息；决定采取的行动；影响人们去改变其行为。管理控制的目的是使战略被执行，从而使组织的目标得以实现。因此管理控制强调的是战略执行。管理控制是管理者执行战略、实现目标的工具之一。

1. 管理控制的特点

(1) 管理控制具有整体性：所有管理人员、组织的各个方面（人员士气与作风、工作程序、产品质量、资金成本、物料消耗、工作或学习业绩……）。

(2) 管理控制具有动态性。

(3) 管理控制是对人的控制并由人来执行。

(4) 管理控制是提高员工管理能力、业务能力、自我控制能力等的重要手段。

2. 管理控制与一般控制的异同

(1) 管理控制与一般控制的共同之处。

① 同是一个信息反馈过程。通过信息反馈，发现管理活动中存在的不足，促进系统进行不断的调整和改革，使其逐渐趋于稳定、完善，直至达到优化状态。

② 管理控制也有两个前提条件：即计划指标在控制工作中转化为控制标准；有相应的监督机构和人员。

③ 管理控制也包含三个基本步骤：拟订标准、衡量成效和纠正偏差。

④ 管理控制也是一个有组织的系统。

(2) 管理控制与一般控制的不同之处。

① 一般控制所面对的往往是非社会系统，如机械系统。其衡量成效和纠正偏差过程往往可以按照给定程序而自动进行。其纠正措施往往是在接收到反馈信息后即刻就付诸实施的。而在管理控制中，主管人员面临的是一个社会系统，其信息反馈、识别偏差原因、制定和纠正措施的过程比较复杂。

② 一般控制的目的在于使系统运行的偏差不超出允许范围，维持系统活动在某一平衡点上。管理控制活动不仅要维持系统活动的平衡，而且还力求使组织活动有所前进、有所创新，使组织活动达到新的高度和状态，或者实现更高的目标。

资料来源：http://baike.baidu.com/link?url=ucnr44sHDrPWee8k6gGPe8a_keLmIp BE4IBHBl7Nvv2smNzEnYnUO1AUryXXq9Fz8IqhSltTIYdBva7nAlTey_

二、控制的过程

控制过程的基本工作可分为三个阶段：建立控制标准；衡量实际绩效；分析偏差并采取纠正措施。

1. 建立控制标准

所谓标准，即是一种作为模式或规范而建立起来的衡量单位或具体尺度。控制标准的制定是控制能否有效实施的关键。对照标准，管理人员可以判断绩效和成果，标准是控制的基础。制定控制标准是一个过程。这一过程的展开，首先要选择好控制点，然后再确定具体的标准。并从时间、实力、质量和成本等方面制定科学的控制标准。

1）确定控制对象

标准的具体内容涉及需要控制的对象。那么，企业经营与管理中哪些事或物需要加以控制呢？这是在建立标准之前首先要加以分析的。要保证企业取得预期的结果，必须在成果最终形成以前进行控制，纠正与预期成果的要求不相符的活动。因此，需要分析影响企业经营结果的各种因素，并把它们列为需要控制的对象。影响企业在一定时期经营成果的主要因素如下。

（1）关于环境特点及其发展趋势的假设。组织在特定时期的管理活动是根据决策者对经营环境的认识和预测来计划和安排的。如果预期的市场环境变化没有出现，或者企业外部环境发生了某种无法预料和无力抗拒的变化，那原来计划的活动就可能无法继续进行，从而使组织难以达到预期的结果。因此，制定计划时所依据的对经营环境的认识、把握的各种因素应作为控制对象，列出"正常"与"非正常"环境的具体指标。

（2）资源投入。组织经营成果是通过对一定资源的加工转换得到的。投入的资源，不仅会在数量和质量上影响经营活动按期、按质、按量、按要求地进行，从而影响最终产品的正常实现，而且获取资源的费用也会影响活动的成本，从而影响组织的经营效果。因此，必须对资源投入进行控制，使之在数量、质量以及价格等方面符合预期经营成果的要求。

（3）组织的活动。输入到生产经营中的各种资源不可能自然形成产品。组织的经营成果是组织活动转化的结果。是通过全体员工在不同时间和空间上利用一定技术和设备对不同资源进行不同内容的加工劳动而最终得到的。企业员工的工作质量和数量是决定经营成果的重要因素，因此，必须使企业员工的活动符合计划和预期结果的要求。为此，必须建立员工的工作规范，明确各部门和各员工在各个时期的阶段成果的标准，以便对他们的活动进行控制。

2）选择控制重点

控制对象确定后，还必须选定控制的关键点。如在酿造啤酒的过程中，啤酒质量是控制的重点对象。影响啤酒质量的因素很多，但只要抓住了水的质量、酿造温度和酿造时间，就能保证啤酒的质量。因此，就可以对这些关键控制点制定出明确的控制标准。在任何组织活动中都存在着此类关键点，只要对这些主要的关键点进行控制，就可以控制组织活动的整体状况。

对关键点的选择，具体应统筹考虑以下三个方面。

（1）对整个工作运行过程有重要影响的操作和事项。

（2）能在重大损失出现之前显示出差异的事项。这就是说，并非所有的重要问题都作为控制的关键点。通常情况下，应选择那些易检测出偏差的环节进行控制，以便对问题作出及时、灵敏的反应。

（3）若干能反映组织主要绩效水平的时间与空间分布均衡的控制点。这就是说，关键控制点数量的选择应足以使管理者对组织总体状况形成一个比较全面的把握。

企业只能在影响经营成果的众多因素中选择若干关键环节作为重点控制对象。美国通用公司关于关键绩效领域的选择就只考虑以下环节。

(1) 获利能力。

(2) 市场地位。

(3) 生产率。

(4) 产品领导地位。

(5) 人员发展。

(6) 员工态度。

(7) 公共责任。

(8) 短期目标与长期目标的平衡。

3) 制定标准的方法

控制的对象不同，为它们建立正常水平标准的方法也不一样。一般来说，企业可以使用的建立标准的方法有下列三种，利用统计方法确定预期结果；根据经验和判断来估计预期结果；在客观的定量分析的基础上建立工程（工作）标准。

(1) 统计性标准。统计性标准也叫历史性标准，是以分析反映企业经营在历史上各个时期状况的数据为基础来为未来活动建立的标准。这些数据可能来自本企业的历史统计，也可能来自其他企业的经验。据此建立的标准，可能是历史数据的平均数。

利用本企业的历史性统计资料为某项工作确定标准，具有简便易行的好处。但是，据此制定的工作标准可能低于同行业的卓越水平，甚至低于平均水平。这种条件下，即使企业的各项工作都达到了标准的要求，也可能造成劳动生产率的相对低下、制造成本的相对高昂，从而造成成果和竞争能力劣于竞争对手。为了克服这种局限性，在根据历史性统计数据制定未来工作标准时，充分考虑行业的平均水平，并研究竞争企业的经验是非常必要的。

(2) 根据评估建立标准。实际上，并不是所有工作的质量和成果都能用统计数据来表示，也不是所有的企业活动都保存着历史统计数据。对于新从事的工作，或对于统计资料缺乏的工作，可以根据管理人员的经验、判断和评估来为之建立标准。利用这种方法来建立工作标准时，要注意利用各方面的管理人员的知识和经验，综合大家的判断，给出一个相对先进合理的标准。

(3) 工程标准。工程标准也是一种用统计方法制定的控制标准，不过它不是对历史性统计资料的分析，而是通过对工作情况进行客观的定量分析来进行的。例如，机器的产出标准是其设计者计算的正常情况下被使用的最大产出量；工人操作标准是劳动研究人员在对构成作业的各项动作和要素的客观描述与分析的基础上，经过消除、改进和合并而确定的标准作业方法；劳动时间定额是利用秒表测定的受过训练的普通工人以正常速度按照标准操作方法对产品或零部件进行某个（些）工序的加工所需的平均必要劳动时间。

由于控制的对象不同，控制标准的种类很多。企业究竟以何种方法制定何种标准，取决于所需衡量的绩效成果及其影响因素的领域和性质。

4）财务业绩标准

（1）利润率（投资收益率、销售毛利率）。

（2）现金比率（流动比率、速动比率）。

（3）杠杆比率（资产负债率、长期偿还比率）。

（4）周转率（存货周转率、平均收账率）。

比较理想的控制标准是可考核的标准。

5）标准应满足的要求

所制定的控制标准应满足以下几个方面的要求。

（1）简明性。标准的量值、单位、可允许的偏差范围要有明确说明，表述要尽量通俗，便于理解和把握。

（2）适用性。建立的标准都应该有利于组织目标的实现。对每一项工作衡量都必须有具体的时间幅度、具体的衡量内容和要求，以便准确反映组织活动的状态。

（3）一致性。建立的标准应尽可能地体现协调一致、公平合理的原则。管理控制工作覆盖组织活动的各个方面，制定出来的控制标准实际上就是一种规章制度，应该彼此协调，不可互相冲突。同时，控制标准应在所规定的范围内保持公平，如果某项控制标准适用于每个组织成员，那么就应该一视同仁，不允许个别人搞特殊化。

（4）可行性。建立的标准应是经过努力后可以达到的，既具有挑战性，又具有可行性。建立标准的目的，是用它来衡量实际工作，并希望工作达到标准要求。

（5）可操作性。标准要便于对实际工作绩效的衡量、比较、考核和评价；要使控制便于对各部门的工作进行衡量，当出现偏差时，能找到相应的责任单位。如成本控制，不仅要规定总生产费用，而且要按成本项目规定标准，为每个部门规定费用标准等。

（6）相对稳定性。标准建立起来后，可能在一般时期内保持不变，又要具有一定的弹性，对环境变化有一定的适应性。

（7）前瞻性。建立的标准既要符合现实需要，还应与未来的发展相结合。控制标准实际上是一种规范，反映了管理人员的期望，也为人们提供了努力的方向，因此，它应将组织当前运行的需要与未来发展的方向有机结合起来。

2. 衡量实际绩效

企业经营活动中的偏差如能在产生之前就被发现，则可预先采取必要的措施以求避免，这种理想的控制和纠正方式虽然有效，但其实现可能性不高。并非所有的管理人员都有远见，同时也并非所有的偏差都能被预见。在这种限制条件下，最满意的控制方式应是必要的纠偏产生以后迅速采取。为此，要求管理者及时掌握反映偏差是否产生，并能判定其严重程度的信息。用预定标准对实际工作成效和进度进行检查、衡量和比较，就是为了提供这类信息。

为了能够及时、正确地提供能够反映偏差的信息，同时又符合控制工作在其他方面的要求，管理者在衡量工作成绩的过程中应注意以下几个问题。

1) 确定适宜的衡量方式

对照标准衡量工作成效是控制过程的第二步。实质上是收集控制对象的有关信息。这就需要明确衡量什么、如何衡量、间隔期限和由谁衡量等问题。

(1) 衡量的项目。应该对决定工作成效的重要特征进行衡量。

(2) 衡量的方法。为了获得控制信息，管理人员在实际工作中可以采用亲自观察、分析报表资料、召开会议和抽样调查等方法来收集信息。

① 亲自观察。通过个人的亲自观察，管理者可亲眼看到工作现场的实际情况，还可通过与现场工作人员的交谈来了解工作的进展及存在的问题，进而可获得真实而全面的信息。

② 利用报表和大量的统计资料。这种由书面材料了解工作情况的方法，可以节省时间，但获取的信息是否全面、准确往往完全依赖于报表和统计资料的真实性和准确性。

③ 召开会议。让各部门主管汇报各自的工作近况及遇到的问题，既有助于管理者了解各部门工作的情况，又有助于加强部门间的配合协作。

④ 抽样调查。对从整批调查对象中抽取出的部分样本进行调查，并把结果看成是整批调查对象的近似特征，这种方法可节省调查成本及时间。

⑤ 另外还应看到，组织中也会存在很多无法直接测量的工作，只能凭借某些现象进行推断。

以上方法各有利弊，在信息的收集过程中必须多种方法结合使用，以确保信息的质量。

(3) 衡量的频度。简单地讲，频度是指数量。有效的控制要求确定适宜的衡量频度，这就意味着，衡量频度不仅体现在控制对象的数量（控制目标的数量）上，而且体现在对同一标准的测量次数或频度上。对控制对象或要素的衡量频度过高，不仅会增加控制的费用，而且还会引起有关人员的不满，影响他们的工作态度，从而对组织目标的实现产生负面影响；但衡量和检查的次数过少，则有可能造成许多重大的偏差不能被及时发现，不能及时采取措施，从而影响组织目标和计划的完成。适宜的衡量频度取决于被控制活动的性质、控制活动的要求。

(4) 衡量的主体。对工作成效进行衡量的人是工作者本人，还是同一层级的其他人员，或是上级主管或职能部门的人员，主体不同，控制的类型和效果就有差别。例如，目标管理因其执行者同时又是成果的衡量者和控制者而被归于"自我控制"方法。相对而言，由上级主管或职能人员进行的衡量和控制则是强加的控制。

2）建立有效的信息反馈系统

衡量实际工作情况的目的是为管理者提供有用的信息，为纠正偏差提供依据。然而，并不是所有衡量绩效的工作都直接由负责纠偏的主管人员和部门进行，这就应该建立有效的信息反馈网络，使反映实际工作情况的信息既能迅速地收集上来，又能适时地传递给恰当的主管人员，并能迅速地将纠偏指令下达到有关人员以便解决问题。

信息要符合以下三点基本要求，以便有效地服务于管理控制工作。

（1）信息的及时性。首先，信息的收集要及时。信息具有很强的时效性，对那些无法追忆和不能再现的重要信息，如果没有及时记录和收集，过后便很难再获取。而且，对于多数的信息来说，如果不能及时收集，信息的利用价值会大大地降低。因此，组织内部要建立健全统计、原始记录等基础工作，应促使组织成员等养成重视信息收集的意识，培养他们掌握信息收集的方法。其次，信息的加工、检索和传递工作要及时。

（2）信息的可靠性。管理人员只有依靠准确、可靠的信息方能做出正确的决策。信息的可靠性首先来源于准确，包括准确地收集信息、完整地传递信息等各个环节。在经济领域，完全可靠的信息是较难收集的，而高质量的决策又要求相对可靠的信息。要提高信息的可靠性，需要认真分析、研究事物的本质规律，同时要尽量多地收集相关信息。在现实生活中，许多企业大量投入资金，全面而规范地开展市场调查工作，就是为了获取可靠的市场信息。在我国，仅仅看到局部的、表面的、暂时的现象就盲目投资，造成了巨大经济损失的实例是很多的。

（3）信息的适用性。收集信息是为了利用，而组织中的不同部门乃至同一部门在不同时期对信息的种类、范围、内容、详细程度、准确性、使用频率的要求都可能是不同的。因此，工作人员要对衡量工作所获得的信息进行整理分析，并保证在管理者需要的时候提供尽量精练适宜的信息。

3）衡量成绩、检验标准的客观性和有效性

衡量工作成效是以预定的标准为依据的。但利用预先制定的标准去检查各部门在各个阶段的工作，这本身也是对标准的客观性和有效性进行检验的过程。

检验标准的客观性和有效性，是要分析对标准执行情况的测量能否取得符合控制需要的信息。在为控制对象确定标准的时候，人们可能只考虑了一些次要的非本质因素，或只重视了一些表面的因素，因此，利用既定的标准去检查人们的工作，有时候并不能够达到有效控制的目的。衡量过程中的检验就是要辨别并剔除那些不能为有效控制提供必需的信息及容易产生误导作用的不适宜标准，以便根据控制对象的本质特征制定出科学的控制标准。

由此可见,控制过程的第二阶段就是将实际工作成绩与控制标准进行比较,并做出客观的评价,从中发现二者的偏差,为进一步采取有效的控制措施提供全面准确的信息。

3. 分析偏差并采取纠正措施

对实际工作成效进行衡量之后,就应将衡量结果与标准进行对比。如果有较大偏差,则应该分析造成偏差的原因并采取矫正措施;如果没有偏差,则应首先分析控制标准是否有足够的先进性,在认定标准水平合适的情况下,将其作为成功经验予以总结积累,以便指导以后的工作。

在需要纠偏的情况下,为了保证纠偏措施的针对性和有效性,必须在制定和实施纠偏措施的过程中注意下述问题。

1) 找出产生偏差的原因

实际上并非所有的偏差都会影响企业的最终成果,有些偏差可能是由于计划本身和执行过程中的问题造成的,而另一些偏差则可能是由于一些偶然的、暂时的、局部性因素引起的,从而不一定会对组织活动的最终结果产生重要影响。因此,在采取纠正措施以前,必须首先对反映偏差的信息进行评估和分析。评估和分析偏差信息时,首先要判别偏差的严重程度,判断其是否会对组织活动的效率和效果产生影响;在管理活动中,偏差是在所难免的,因此一般要确定可以接受的偏差范围(Range of variation)。如果偏差超出了范围,就应该引起注意。其次要探寻导致偏差产生的主要原因。

一般认为,造成实际工作结果出现偏差的原因可以归纳为以下几类。

(1) 计划操作原因,是指计划执行者自身的原因造成偏差。

(2) 外部环境发生重大变化的原因。

(3) 控制标准出现如下三种情况:

① 控制标准不存在问题,环境也没有发生大的变化,偏差是由于组织和领导工作不力等原因造成的。

② 控制标准本身没有问题,但由于环境发生了较大的变化,使原本适用的标准不合时宜。

③ 控制标准本身不合理,过高或者过低。

纠正偏差措施的确定是以对偏差原因的分析为依据的。而同一偏差却可能是由于不同的原因造成的。这就要求工作人员认真了解偏差的信息并对影响因素进行分析,透过表面现象找出造成偏差的深层原因,为"对症下药"地制定纠正偏差措施提供保证。

2) 确定措施的实施对象

在纠正偏差过程中,需要纠正的不仅是企业的实际活动,也可能是指导这些活动的计划或事先确定的衡量标准。因此,纠偏的实施对象可能是组织进行的活动,也可能是衡量的标准,甚至是指导活动的计划。

导致计划目标或标准调整的原因可归纳为两个方面。

(1) 原先的计划或标准制定得不科学,在执行中发现了问题。

(2) 由于客观环境发生了预料不到的变化,原来被认为正确的计划不再适应新形势的需要。

负有控制责任的管理者应该认识到,外界环境发生变化以后,如果不对预先制定的计划和行动准则进行及时的调整,那么,即使内部活动组织得非常完善,企业也不可能实现预定的目标。

3) 选择适当的矫正措施

针对产生偏差的主要原因和确定的矫正对象,在控制工作中采取的矫正纠偏措施主要如下。

(1) 对于由工作失误而造成的问题,控制的办法主要是"纠偏",即通过加强管理、监督,确保工作与目标的接近或吻合。

(2) 若计划目标不切合实际,控制工作主要是按实际情况修改计划目标。

(3) 若组织的运行环境发生重大变化,使计划失去客观的依据,控制工作主要是启动备用计划或重新制定新的计划。

其中第二和第三种措施均着眼于对计划的不同程度的调整,以适应环境。因此,管理控制中的矫正措施就分为"纠偏"和"调适"两大类。

在矫正措施的选择和实施过程中,需要注意的问题主要如下。

(1) 矫正方案双重优化要得以保持。管理控制所实施的矫正措施和方案,不仅要根据实施对象的不同加以权变选择,而且对于同一对象也要根据具体情况而采取多种不同的方案。这里,判断方案是否合适需要考虑两个主要因素:一是矫正方案的经济性问题。如管理人员发现矫正方案的实施成本大于偏差发展可能带来的损失,则管理人员的理性选择应该是放弃矫正行动。力求使矫正行动的成本小于偏差可能带来的损失,这种经济性要求是决定该项控制工作是否有必要采取的前提条件,这就是第一重优化。第二重优化是在此基础上,通过对各种矫正方案的比较,找出其中相对最优的方案,达到追加投入最少、成本最小、解决偏差效果最好的效果。

(2) 充分考虑原计划实施的影响。无论是由于对客观环境的认识能力提高,还是由于客观环境本身发生了重要变化而引起的纠偏需要,都可能会导致对部分原先计划、甚至全部内容的修改或否定,由此进行的管理控制就会使企业经营活动的方向和内容发生调整。这种调整有类似于"追踪决策"问题的性质。追踪决策是相对于初始决策而言的。初始决策是指所选定的方案尚未付诸实施,没有投入任何资源,客观对象与环境尚未受到人的决策的影响和干扰,因而是以零为起点的决策。因此,在制定和选择追踪决策的方案时,要充分考虑到伴随着初始决策的实施已经消耗的资源,以及这种消耗对客观环境造成的种种影响、人员思想观念的转变。

(3) 逐步消除组织成员对矫正措施的疑虑。在实施矫正措施时,涉及某些组织成员的利益,不同的组织成员会因此对矫正措施持不同的态度,特别是矫正措施属于对原先的计划和活动进行重大调整的时候,一些事先就反对原先计划的人会幸灾乐祸,甚至可能因此对原先决策的失误夸大其词,或者将事态发展引起的变化与决策失误混为一谈,还有部分人对矫正措施持怀疑态度。原先计划的制定者和支持者会害怕计划的改变意味着自己的失败,从而公开或暗地里反对矫正措施的实施;至于执行原决策从事具体活动的基层工作人员,则可能由于对自己参与的、已经形成的或开始形成的活动结果有私心,或者担心调整会使自己失去某种工作机会,影响自己的既得利益而极力抵制任何重要的矫正措施的制定和执行。因此,控制人员要充分考虑到组织成员对矫正措施的不同态度,特别是要注意消除执行者的疑虑,争取更多的人理解、赞同和支持矫正措施,以避免在矫正方案的实施过程中可能出现的障碍和阻力。

即问即答 8-3

航空公司对客舱保养员工的工作十分不满意,他们在航班交替之际把客舱打扫得并不干净,而且按一般规定,他们每天要清洁 50 架次飞机,可他们只收拾了 40 架次。

李敏是保养客舱的管理员,她怎样才能更好地控制这项操作?

保养客舱的管理员可以从三个不同的角度来处理这一问题:

(1) 侧重于职工表现。她可以试图在挑选、培训、指导和激励员工上做得更好些。

(2) 侧重于标准。有以下两项重要标准应该重审一下:

① 工作量标准。它们是能够达到的吗?李敏怎么知道的呢?是根据历史记录和工时的研究,还是参照情况类似的其他人的工作量?如果都不是,就必须把旧的工作量标准降下来,定个可以达到的水准,比如说每天清扫 45 架次。

② 质量标准。它们是否具体明确,是否可以测定?什么叫"质量合格"呢?所有的垃圾都扫掉了,椅套弄干净了,椅座背后口袋里的备用品更换一新,如此等等。

标准总是应该反映成本支出(如员工人数)、工作量多少以及可以接受的质量水平。

(3) 侧重于计划、政策与工作程序。那批员工在航班交替之际是否有足够的时间打扫干净?航空公司应该提倡哪项政策——是低成本加上差劲的服务呢,还是一尘不染、窗明几净?对完成任务来说,规定的清扫程序和现有的清洁工具是否最有效率？如果不是的话，可以做哪些改进？

资料来源：张英奎，孙军. 现代管理（电子版）[M]. http：//www.5ixue.com：海量营销管理培训资料摘编

相关链接 8-3

许多控制的努力总是使用在下面五个方面中的一个上，即人员、财务、作业控制、信息和组织的总体绩效。

1. 人员

管理者是通过他人的工作来实现其目标的。为了实现单位的目标，管理者需要而且也必须依靠下属员工。因此管理者使员工按照所期望的方式去工作是非常重要的。为了做到这一点，管理者最简明的方法就是直接巡视和评估员工的表现。

2. 财务

每个企业的首要目标是获取一定的利润。在追求这个目标时，管理者借助于费用控制。例如，管理者可能仔细查阅每季度的收支报告，以发现多余的支出。他们也可能进行几个常用财务指标的计划，以保证有足够的资金支付出现的各种费用，保证债务负担不至于太重，并且所有的资产都得以有效的利用。这就是关于财务控制是如何来减轻低成本并使资源得以充分利用的例子。

3. 作业控制

一个组织的成功，在很大程度上取决于它在生产产品或提供服务的能力上的效率和效果。作业控制方法是用来评价一个组织的转换过程的效率和效果问题的。

典型的作业控制包括：监督生产活动以保证其按计划进行；评价购买能力，以尽可能低的价格提供所需的质量和数量的原材料；监督组织的产品或服务的质量，以保证满足预定的标准；保证所有的设备得到良好的维护。

4. 信息

管理者需要信息来完成他们的工作。不精确的、不完整的、过多的或延迟的信息将会严重阻碍他们的行动。因此应该开发出这样一种管理信息系统，使它能在正确的时间，以正确的数量，为正确的人提供正确的数据。

5. 组织的总体绩效

许多研究部门为衡量一个机构的整体绩效或效果作着不懈的努力。当然管理者关心他们组织的绩效，但他们并不是唯一的衡量其组织的人。以上事实证明，为了维持或改进一个组织的整体效果，管理者应该关心控制。但是衡量一个组织的效果并没有一个单一的衡量指标。生产率、效率、利润、员工士气、产量、适应性、稳定性，以及员工的旷工率等毫无疑问都是衡量整体绩效的重要指标。但

是其中任何一个单独的指标都不能等同于组织的整体绩效。一个组织的绩效要通过下列三种基本方式之一来进行评价。

（1）组织目标法。组织目标法（Organizational goals approach）就是以组织最终完成其目标的结果来衡量其效果，而不是以实现目标的手段。也就是说，只考虑终点冲线的结果。通常组织的目标包括利润最大化、有效地教育学生、使敌人投降、赢得一场篮球比赛、使病人康复等。在假定组织是认真地争取达到一个或多个目标的前提下，组织目标法是非常有意义的。

（2）系统方法。在管理发展史中已经介绍过了系统方法。一个组织可以描述成这样一个实体，即获得输入、从事转换过程、产生输出。从系统的角度看，一个组织可以通过下述这些方面的能力进行评价：获得输入的能力、处理这些输入的能力、产生输出的能力和维持稳定与平衡的能力。输出产品或服务是目的，而获得输入和处理过程的效率是手段。如果一个组织要想长期生存下去，必须保证其健康的状态和良好的适应能力。组织效果评价的系统方法（Systems approach to organizational effectiveness），主要集中考虑那些对生存有影响的因素，即目标和手段。

（3）战略伙伴法。第三种方法是假定一个有效的组织能够满足顾客群体的各种要求，并获得他们的支持，从而使组织得以持续地生存下去。我们称这种方法为战略伙伴法（Strategic constituencies approach）。

资料来源：清华大学．管理学（电子版）［M］．北京：清华大学出版社，2004（电子课件，作者不详）

第三节　控制的技术与方法

一、预算控制

所谓预算，就是用数字、特别是用财务数字的形式来描述企业未来的活动计划。它预估了企业在未来时期的经营收入和现金流量，同时也为各部门和各项活动规定了相应的支出额度。预算控制就是根据预算规定的收入与支出标准来检验和监管各个部门的生产经营活动，以保证各种活动或各个部门在实现利润的过程中对资源的利用，从而使费用支出受到严格有效的约束。

每个企业的首要目标是获取一定的利润。在追求这个目标时，管理者借助于费用控制。例如，管理者可能仔细查阅每季度的收支报告，以发现多余的支出。他们也可能进行几个常用财务指标的计划，以保证有足够的资金支付出现的各种费用，保证债务负担不至于太重，并且所有的资产都得以有效的利用。当然，财务控制并不仅仅局限于私人企业中使用。对非营利性部门中的管理者来说，其主要目标之一是提高效率。在计划中要讨论预算作为一种计划工具的问题。财务预算为管理者提供了一个比较与衡量支出的定量标准。由此能够指出标准与实际花费之间的偏差，因此它也是一种控制手段。

1. 预算的编制

为了有效地从预期收入和费用两个方面对企业经营全面控制，不仅需要对各个部门制定分预算，而且要对企业整体编制全面预算。分预算是按照部门和项目来编制的，详细说明了相应部门的收入目标和费用支出的水平，规定了相关活动中筹措和利用劳动力、资金等生产要素的标准。全面预算则是对所有部门或项目分预算进行综合平衡的基础上编制而成的，概括了企业相互联系的各个方面在未来时期的总体目标。

2. 预算的种类

企业不同，其生产活动也存在差异，预算表中的项目会有所不同。但一般来说，预算内容要涉及以下几个方面。

1）收入预算

收入预算和支出预算提供关于企业未来某段时期经营状况的一般说明，即从财务角度计划和预测未来活动的成果以及所需付出的费用。通过分析企业过去的销售情况、目前和未来的市场需求特点及其发展趋势，比较竞争对手和本企业的经营方式，确定企业在未来时期内为了实现目标利润必须达到的销售水平。由于企业收入通常不止生产一种产品，这些产品不仅在某一个区域市场上销售，往往需要按产品、区域市场或消费者群，为各经营单位编制分项销售预算，同时，由于在一年中的不同季度和月度，销售量也往往不稳定，所以通常还需要预计不同季度和月度的销售收入。

2）支出预算

企业销售的产品是在内部生产过程中加工制造出来的，在这个过程中，企业需要借助劳动力，利用和消耗物质资源。与销售预算相对应，企业必须编制能够保证销售过程得以进行的生产活动的预算。关于生产活动的预算，除要确定为取得一定销售收入所需要的产品数量，更重要的是编制各种支出预算。不同企业，经营支出的具体项目可能不同，但一般都包括如下内容。

（1）直接材料预算。即根据实现销售收入所需的产品种类和数量，详细分析为了生产这些产品，企业必须利用的原材料的种类数量。它通常以实物单位表示。

（2）直接人工预算。直接人工预算需要预计企业为了生产一定数量的产品。需要哪些种类的工人，每种类型的工人在什么时候需要多少数量，以及利用这些人员劳动的直接成本是多少。

（3）附加费用预算。直接材料和直接人工只是企业经营全部费用的一部分，企业的行政管理、营销宣传、人员推销、销售服务、设备维修、固定资产折扣、资金筹措以及税金等，对这些费用也需要进行预算。这就是附加费用预算。

3）现金预算

即对企业未来各种活动中现金的流动进行预测，通常由财务部门编制。现金预算只能包括那些实际包含在现金流程中的项目。因此，现金预算并不需要反映企业的资产负债情况，而是反映企业在未来活动中的实际现金流量。通过现金预算，可以帮助企业发现资金的闲置或不足，从而指导企业及时利用暂时过剩的现金，或及时筹齐维持营运所短缺的资金。

4）资金支出预算

上述各种预算通常只涉及某个经营阶段，是短期预算，而资金支出预算则设计好几个阶段，是长期预算。企业可以利用盈利的一个很重要部分来进行生产能力的恢复和扩大。这些支出由于具有投资的性质，因此对其计划安排通常被称为投资预算或资金支出预算。资金支出预算的项目包括：用于更新改造或扩充包括厂房、设备在内的生产设施的支出，用于增加品种、完善产品性能或改进工艺的研究与开发支出，用于提高职工和管理队伍素质的人事培训与发展支出，用于广告宣传、寻找顾客的市场发展支出等。

5）资产负债预算

它指的是对企业会计年度末的财务状况进行预测。它通过将各部门和各项目的分项预算汇总在一起，表明如果企业的各种业务活动达到预先规定的标准，在财务期末企业资产与负债呈现出怎样的状况，即可用资产负债预算表示出来。

二、生产控制

我们可以把企业看成这样一个动态过程。企业首先获得原材料、零部件、劳动力等投入，经过企业系统的转换和运营，生产出有形的产品或无形的劳务的过程中，为了达到企业预定的目标，就必须对企业的经营管理活动进行控制。事实上，控制活动贯穿于上述整个过程，即管理人员需要对原材料、零部件、劳动力等投入进行控制，需要对企业系统的转换和运营进行控制，也需要对有形的产品或无形的劳务进行控制。

1. 对供应商的控制

供应商既为本企业提供了所需的原材料或零部件，根据波特的竞争模型，他们又是本企业的竞争力之一。供应商质量的好坏、供货及时与否、价格的高低，都对本企业最终产品产生重大影响。因此，对供应商的控制可以说是从企业运营的源头抓起，能够起到防微杜渐的作用。目前盛行的做法是企业与供应商之间试图建立一种长期合作稳定的双赢局势。另一种方法是企业持有供应商一部分或全部股份，或由本企业系统内部的某个子企业供货。这是跨国公司为了保证货源而经常采用的做法。

2. 库存控制

对库存的控制主要是为了减少库存，降低各种占用，提高经济效益。当企业在一定期间内总需求量或订购量固定时，每次订购的量越大，则所需订购的次数越少；每次订购的量越小，则所需订购的次数越多。对第一种情况而言，订购成本较低，但保管成本较高；对第二种情况而言，订购成本较高，但保管成本较低。下面通过经济订购批量模型来解决该问题。

经济定购批量（EOQ）是一个平衡准备费用和保管费用的方法。在经济定购批量模型中，要么需求保持均衡，要么必须确定安全库存以满足需要变化。经济定购批量模型使用年需求总量、准备或订货费用以及年保管成本的估计值。

经济订购量并不是针对像 MRP 这样的系统设计的。应用于 MRP 的批量方法假设零件需求是使用离散时区的，因而只对时区末的库存计算保管费用，而不像经济订购批量模型那样随平均库存变化。

经济订货批量公式：

$$EOQ = \text{Squat}(2 \times DS/C)$$

式中　EOQ——经济订货批量；

　　　D——商品年需求量；

　　　S——每次订货成本；

　　　C——单位商品年保管费用。

例 8-1　某厂某种物料的年需用量为 4 500 kg，每次采购费用为 20 元，该种物料单价为 8 元，年保管费率为单价的 25%，计算经济采购批量。

解：$D = 4\ 500$ kg，$S = 20$ 元，$C = 8 \times 25\% = 2$ 元，$EOQ = \text{Squat}\ (2 \times 4\ 500 \times 20/2) = 300$（kg）

从例题中可以看出，该厂某物料的经济订货量（EOQ）为 300 kg。全年经济订货批次为 15 次。此时，总成本最低。

即问即答 8-4

某厂某种原材料的年需用量为 3 000 件，每次采购费用为 10 元，该种原材料单价为 6 元，年保管费率为单价的 20%，计算经济采购批量。

准时制库存系统可以减少库存，降低成本，提高效益。但是，该种方法对供应商却提出了很高的要求。供应商必须在规定的时间，按照规定的质量和数量，将原材料或零部件生产出来，并且准确无误地运输到规定的地点。但是，许多研究指出，准时制库存系统事实上将库存及带来的风险转嫁给供应商，供应商所能做的是自己消化或再次转嫁给那些为自己供货的供应商。由此，准时制库存系统对供应商管理提出了更高的要求。

3. 质量控制

质量有广义和狭义之分，狭义的质量指产品的质量；而广义的质量除了涵盖产品质量外，还包括工作质量。产品质量主要指产品的使用价值，即满足消费者需要的功能和性质。这些功能和性质可以具体化为下列五个方面：性能、寿命、安全性、可靠性和经济性。工作质量主要指在生产过程中，围绕保证产品质量而进行的质量管理工作的水平。质量管理与控制经历了三个阶段，即质量检验阶段、统计质量管理阶段和全面质量管理（TQM）阶段。

进行全面质量管理必须做到"三全"。

（1）内容与方法的全面性。不仅要着眼于产品的质量，而且要注重形成产品的工作质量。注重采用多种方法和技术，包括科学的组织管理工作、各种专业技术、数理统计方法、成本分析、售后服务等。

（2）全过程控制。即对市场调查、研究开发、设计、生产准备、采购、生产制造、包装、检验、储存、运输、销售、为用户服务等全过程都进行质量管理。

（3）全员性。即企业全体人员包括领导人员、工程技术人员、管理人员和工人等都参加质量管理，并对产品质量各负其责。

在具体推行过程中，可以从以下几个步骤来实施。

（1）通过培训教育使企业员工牢固树立"质量第一"和"顾客第一"的思想，制造良好的企业文化氛围，采取切实行动，改变企业文化和管理形态。

（2）制订企业人、事、物及环境的各种标准，这样才能在企业运作过程中衡量资源的有效性和高效性。

（3）推动全员参与，对全过程进行质量控制与管理。以人为本，充分调动各级人员的积极性，推动全员参与。只有全体员工的充分参与，才能使他们的才干为企业带来收益，才能够真正实现对企业全过程进行质量控制与管理，并且确保企业在推行 TQM 过程中，采用了系统化的方法进行管理。

（4）做好计量工作。计量工作包括测试、化验、分析、检测等，是保证计量的量值准确和统一，确保技术标准的贯彻执行的重要方法和手段。

（5）做好质量信息工作。企业根据自身的需要，应当建立相应的信息系统，并建立相应的数据库。

（6）建立质量责任制，设立专门质量管理机构。全面质量管理的推行要求企业员工自上而下地严格执行。从一把手开始，逐步向下实施；TQM 的推行必须获得企业一把手的支持与领导，否则难以长期推行。

从 20 世纪 50 年代开始的全面质量管理是以保证产品质量和工作质量为中心，企业全体员工参与的质量管理体系。它具有多指标、全过程、多环节的综合性的特征。如今，全面质量管理已经形成了一整套管理理念，风靡全球。

三、其他控制方法

其他常用的控制方法有比率分析、经营审计、统计分析和亲自观察等。

1. 比率分析

常用的有两种类型，即财务比率和经营比率。

1）财务比率

财务比率及其分析可以帮助我们了解企业的偿债能力和盈利能力等财务状况。

（1）流动比率。

$$流动比率 = 流动资产/流动负债$$

流动比率是企业的流动资产与流动负债之比。它反映了企业偿还需要付现的流动债务的能力。一般来说，企业资产的流动性越大，偿债能力就越强；反之，偿债能力则弱，这样会影响企业的信誉和短期偿债能力。因此，企业资产应具有足够的流动性。

（2）速动比率。

$$速动比率 = (流动资产 - 存货)/流动负债$$

速动比率是流动资产和存货之差与流动负债之比。该比率和流动比率一样是衡量企业资产流动性的一个指标。当企业有大量存货且这些存货周转率低时，速动比率比流动比率更能精确地反映客观情况。

（3）负债比率。

$$负债比率 = 总负债/总资产$$

负债比率是企业总负债与总资产之比，它反映了企业所有者提供的资金与外部债权人的资金的比率关系。只要企业全部资金的利润率高于借入资金的利息，且外部资金不在根本上威胁企业所有权的行使，企业就可以充分地向债权人借入资金以获取额外利润。

（4）盈利比率。

盈利比率是企业利润与销售额或全部资金等相关因素的比例关系。它们反映了企业在一定时期从事某种经营活动的盈利程度及其变化情况。常用的比率有销售利润率和资金利润率。

（5）其他常用财务比率指标。

$$利息收益倍比 = 纳税付息前利润/全部利息支出$$
$$存货周转率 = 销售收入/存货$$
$$总资产周转率 = 销售收入/总资产$$
$$销售利润率 = 税后净利润/销售收入$$
$$投资收益率 = 税后净利润/总资产$$

2）经营比率

经营比率，即活力比率，是与资源利用有关的几种比例关系。它们反映了企业经营效率的高低和各种资源是否得到了充分利用。常用的经营比率有三种。

（1）库存周转率。库存周转率是销售总额与库存平均价值的比例关系，它反映了与销售收入相比库存数量是否合理，表明了投入库存的流动资金的使用情况。

（2）固定资产周转率。固定资产周转率是销售总额与固定资产之比，它反映了单位固定资产能够提供的销售收入，表明了企业资产的利用程度。

（3）销售收入与销售费用的比率。此比率表明单位销售费用能够实现的销售收入，在一定程度上反映了企业营销活动的效率。由于销售费用包括了人员推销、广告宣传、销售管理费用等，因此还可以进行更加具体的分析。

反映经营状况的这些比率也通常需要进行横向的（不同企业之间）或纵向的（不同时期之间）比较，才更有意义。

2. 经营审计

审计是对反映企业资金运动过程及其结果的会计记录及财务报表进行审核、鉴定，以判断其真实性和可靠性，从而为控制和决策提供依据。

1）外部审计

由外部机构（如会计事务所）选派的审计人员对企业财务报表及其反映的财务状况进行的评估。外部审计实际上是对企业内部虚假、欺骗行为的一个重要而系统的检查，因此起着鼓励诚信的作用。由此，知道外部审计不可避免地要进行，企业就会努力避免做那些在审计时可能会被发现的错误的事情。

2）内部审计

内部审计提供了检查现有控制程序和方法能否有效地保证达到既定目标和执行既定政策的手段。根据对现有控制系统有效性的检查，内部审计人员可以提供有关改进公司政策、工作程序和方法的对策，以促使公司政策符合实际，更加合理地安排工作程序，正确地掌握作业方法，从而更有效地实现组织目标。内部审计有助于推行分权化管理。实际上，企业的控制系统越完善，控制手段越合理，越有利于分权化管理。内部审计不仅评估了企业财务记录是否健全，而且为检查和改进现有控制系统的效能提供了相应重要的手段。因此，有利于促进分权化管理的发展。

3）管理审计

外部审计主要核对企业财务记录的可靠性和真实性，内部审计在此基础上对企业政策、工作程序与计划程度进行测定，并提出必要的改进企业控制系统的对策，管理审计的对象和范围则更广，它是一种对企业所有管理工作与绩效进行全面系统的评鉴方法。管理审计虽然也可组织内部的有关部门进行，但为了保证某些敏感领域得到客观的评价，企业通常聘请外部的专家来进行。

管理审计的方法是利用公开记录的信息，从反映企业管理绩效及其影响因素的若干方面将企业与同行业其他企业的著名企业进行比较，从而判断企业经营与管理的健康程度。

尽管如此，管理审计不是在一两个容易测量的活动领域进行比较，而是对整个组织的管理绩效进行评价。因此，可以为指导企业在未来改进管理系统的结构、工作程序和结果提供有用的参考。

3. 其他方法

管理人员通过对过去的资料或未来的预测进行统计分析后，从中发现规律，对比自己企业的经营实际，实行有效的控制，这种控制方法被称为统计分析。该方法的优点在于简明，但缺点是可比性较差，已经发生的未必一定会再发生，对未来的预测准确性并不高。

事实上最简单的常常也是最有成效的控制方法是亲自观察法，即主管人员到车间或办公室进行实地走访和观察。

试举例说明控制方法在企业中的实际应用。

下面列举一些行为控制手段。在实践中，管理者几乎用到了所有列举的方法增大使员工按期望的方式去做的可能性。

(1) 甄选。识别和雇佣那些价值观、态度和个性符合管理当局期望的人。

(2) 目标。当员工接受了具体的目标，这些目标就会指导和限制他们的行为。

(3) 职务设计。职务设计的方式在很大程度上决定着人们可从事的任务，工作的节奏，人们之间的相互作用，以及类似的活动。

(4) 定向。向员工规定何种行为是可接受的或不可接受的。

(5) 直接监督。监督人员亲临现场可以限制员工的行为和迅速发现偏离标准的行为。

(6) 培训。正式培训计划向员工传授期望的工作方式。

(7) 传授。老员工非正式和正式的传授活动向新员工传递了"该知道和不该知道"的规则。

(8) 正规化。正式的规则、政策、职务说明书和其他规章制度规定了可接受的行为和禁止的行为。

(9) 绩效评估。员工会以使各项评价指标看上去不错的方式行事。

(10) 组织报酬。报酬是一种强化和鼓励期望行为和消除不期望行为的手段。

(11) 组织文化。通过故事、仪式和高层管理的表率作用，文化传递了什么构成人们的行为的信息。

资料来源：清华大学．管理学（电子版）[M]．北京：清华大学出版社，2004（电子课件，作者不详）

第四节　构建有效控制系统

一、有效控制

1. 适时控制

企业经营活动中产生的偏差只有及时采取措施加以纠正，才能避免偏差的扩大，或防止偏差扩散对企业产生更多的不利影响。及时纠偏，要求管理人员及时掌握能够反映偏差产生及其逐渐严重化发展的信息。纠正偏差的最理想方法应该是在偏差未产生以前，就意识到偏差产生的可能性，从而预先采取必要的防范措施，防止偏差的产生。

预测偏差的产生，虽然在实践中有许多困难，但在理论上是可行的，即可以通过建立企业经营状况的预警系统来实现。我们可以为需要控制的对象建立一条警报线，反映经营状况的数据一旦超过这个警报线，预警系统就会报警，提醒人们采取必要的措施防止偏差的产生和扩大。

2. 适度控制

适度控制是指控制的范围、程度和频度要恰到好处。

1) 防止控制过多或控制不足

有效的控制应该既能满足对组织活动监察的需要，又要防止与组织成员发生强烈的冲突，适度的控制应能同时体现这两个方面的要求。

控制程度适当与否，要受到众多因素的影响，判断控制程度或频度是否适当的标准，通常要随活动性质、管理层次以及下属受培训程度等多方面的因素而变化。

2) 处理好全面控制与重点控制的关系

一般而言，全面系统的控制不仅成本极高，而且也是不必要的。适度控制要求企业在建立控制系统时，利用 ABC 分析法和例外原则等工具找出影响企业经营成果的关键环节和关键因素，并据此在相关环节上设立预警系统或控制点，进行重点控制。

3) 使付出一定成本的控制得到足够的控制收益

任何控制都需要付出一定成本，衡量工作成绩，分析偏差产生的原因，以及为了纠正偏差而采取的措施，都需支付一定的成本费用；同时，任何控制，由于纠正了组织活动中存在的偏差，都会带来一定的收益。一项控制，只有当它带来的收益超出其所需成本时，才是值得的。控制费用与收益的比较分析，实际上是从经济角度去分析上面考察过的控制程度与控制范围的问题。

3. 客观控制

控制工作应该针对企业的实际状况，采取必要的纠偏措施，或促进企业活动朝着原先的方向继续前进。因此，有效的控制必须是客观的、符合企业实际的。

客观的控制源于对企业经营活动状况及其变化的客观了解和评价。为此，控制过程中采用的检查、测量的技术和手段必须能正确地反映企业经营实际情况的变化程度和分布状况，准确地判断和评价企业各部门、各环节的工作与计划是否与现实要求相符合。另外，由于管理工作带有许多主观成分，因此，对一名下属员工的工作是否符合计划要求，不应不切实际地加以主观评定，只要是凭检测手段，人们对企业实际工作就不易有一个正确的认识，从而难以制定出正确的措施，进行客观的控制。

4. 弹性控制

企业在生产经营过程中经常可能遇到某种突发的、无力抗拒的变化，这些变化使企业计划与现实条件相背离。有效的控制系统应在这样的情况下仍能发挥作用，维持企业的运营，也就是说，应该具有弹性。

弹性控制通常与控制的标准有关。同时也与控制系统的设计有关。通常组织的目标并不是单一的，而是多重目标的组合。由于控制系统的存在，人们为了避免受到指责或是为了突出业绩，会故意采取一些行动，从而直接影响一个特定控制阶段内信息系统所产生的数据。

一般而言，弹性控制要求企业制定弹性的计划和弹性的衡量标准。

除此之外，一个有效的控制系统还应该站在战略的高度，抓住影响整个企业行为或绩效的关键因素。有效的控制系统往往集中精力于例外发生的事情，即例外管理原则，凡已出现过的事情，皆可按规定的控制程序处理，第一次发生的事例，需投入较大的精力和物力。

相关链接 8-5

控制中的阻力

1. 人们反对控制的原因

不管一个组织的控制系统是多么有效，总会有人反对或抵制组织的控制。人们为什么会反对甚至抵制组织的控制呢？根据总结，其主要原因如下。

（1）过分地控制。有的组织企图对组织内所有的一切都进行严格的控制，结果是引起组织成员的普遍不满。一个组织对员工应何时上班、何时吃中饭、何时下班作一些控制是必要的，但若对员工上厕所的次数和时间都进行控制，恐怕就有点过分了。如果一个组织对员工增加一些额外的无理控制，那么矛盾就可能会激化。一般地，人们越是感到控制过分，反对和抵制控制的情绪也就越剧烈。

（2）不恰当的控制点。即使不是面面俱到的控制，如果控制点选择不当，也会遭到反对和抵制。例如，有的组织只注意产品的数量而不注重质量，有的大学只强调教师出论著的多少而忽视教学等等，都可能会引起人们对控制的反感。

（3）不公平的报酬。有时人们反对控制是因为管理者未能根据考评的结果给予公平的奖惩。如果考评归考评，奖惩归奖惩，人们就会觉得这样的考评是没有必要的。例如，当两个同等规模和类型的部门在年终结束时，一个部门的行政费尚有5 000元结余，另一个部门则超支3 000元，在这种情况下，若管理者在决定这两个部门第二年的预算时，给予的行政费相同，均为30 000元，其中前一个部门的30 000元包括上度节余的5 000元在内，后一个部门的30 000元则已扣除上年度的3 000元赤字。这样前者因去年的节余受到了惩罚，后者则反而因上年的赤字受到了奖励，很明显，人们对这样的预算往往会持反对和抵制态度。

（4）责任制度问题。效率高的控制系统往往都明确地规定各人的工作职责，若职责不明，就容易被一部分人钻空子，因为组织中常常有一部分人不坚守岗位好好工作。当制度不明时，这些人一旦在自己的工作中出了问题，就会千方百计地推卸自己的责任，反对和抵制组织对自己的控制。

2. 抵抗控制的方式

当人们反对控制时，常常会以以下几种方式表达出来。

（1）对抗某项制度。例如，企业的部门经理们经常会虚报预算，以预防其所在部门的经费被削减。而员工们如果不喜欢组织的某条规定，就往往会玩点儿小花招，一味死抠它的字眼为自己辩护，却根本不顾那条规定的用意。例如，当操作人不喜欢公司的安全预防措施时，就会以不折不扣地按相关条文办事为借口而故意放慢工作速度，以此迫使管理者修改条文。

（2）提供片面的或错误的信息。无论是经理还是员工，向上汇报自己的工作失误总不是件令人愉快的事，因此，有的信息会被故意拖延，汇报时遮遮盖盖，甚至篡改得面目全非。

（3）制造控制的假象。当向上级汇报工作时，人们常说的一句话就是"一切正常"，而事实上可能存在着很多的问题。

（4）故障怠工与破坏。假如管理者把标准定得不合理，员工们会以故障怠工的方式来进行对抗。而管理人员为了证明某一套控制方法不灵，就会有意地制造混乱，弄出一大堆问题。

3. 管理者的对策

管理者要分析抵制和反对控制的原因，采取一定的方法，如建立记录备查制度，通过目标管理，以及使尽可能多的人参与控制等方式建立有效的控制系统，从而处理对控制的抵制和反对。

资料来源：清华大学. 管理学（电子版）[M]. 北京：清华大学出版社，2004（电子课件，作者不详）

二、构建有效控制系统的原则与方法

控制的目的是保证企业活动符合计划的要求,以有效地实现预定目标。但是,并不是所有的控制活动都能达到预期的目的。控制工作的基本运行过程和原理具有普遍性。有效的管理控制必须具备一定的条件,遵循科学的原则与方法。

1. 控制应该同计划与组织相适应

管理的各项职能是相互关联、相互制约的。控制是为了保证计划得到顺利实施,这要靠组织中的各单位、各部门及全体成员来执行。所以,控制系统和控制方法应当与计划和组织的特点相适应。不同的计划有不同的特点,因而控制所需要的信息各不相同。例如,对成本计划的控制信息主要是各部门、各单位甚至各种产品在生产经营过程中发生的费用;而对产品销售计划的控制主要是销售产品的品种、规格、数量和交货期。控制工作越是考虑到各种计划的特点,就越能更好地发挥作用。

同样,控制还应当反映组织结构的状况和类型。组织结构既然明确规定了企业内每个人所应担当的职务和相应的职责权限,因而它也就明确了计划执行的职权所在和产生偏差的职责所在的依据。为此,有效的管理控制必须反映一个组织的结构状况并由健全的组织结构来保证,否则,只能是纸上谈兵。健全的组织结构有两方面的含义。

(1) 要能在组织中将反映实际情况和工作状态的信息迅速地上传下达,保证联络渠道的畅通。

(2) 要做到责权分明,使组织结构中的每个部门、每个人都能切实担负起自己的责任。否则,偏差一旦出现就难以纠正,控制也就不可能实现。

2. 控制应该突出重点,强调例外

控制不能只从某个局部利益出发,要突出重点,要针对重要的、关键的因素实施重点控制。作为管理人员,都希望对自己所管理的人员和工作活动进行全面的了解和控制,但组织中的工作活动往往错综复杂、涉及面广,谁也无法对每一方面甚至是每一件事都予以控制。即使能够这样,也将得不偿失。因此,找出或确定对组织行为有战略性影响的活动、作业和事件,找出最能反映或体现经营成果的关键因素,并加以控制,是一种有效的控制方法。

控制也应强调例外。控制工作的重点应放在计划实施中的例外情况上,可使管理者把精力集中在需要他们注意和应该加以注意的问题上。不过,例外并不能仅仅依据偏差的大小而定,而要考虑客观实际情况。在一个组织中,对于不同工作类型,一定程度的偏差所反映的事态严重程度并不相同。有时,管理费用高于预算3%可能无关紧要,而产品的合格率下降1%却可能使所有产品滞销。所以在实际工作中,例外原则必须与控制关键问题的原则结合起来,注意关键问题上的例外情况。

3. 控制应该具有灵活性、及时性和经济性的特点

灵活的控制是指控制系统能适应主客观条件的变化，持续地发挥作用，控制工作本是变化的，其依据的标准、衡量工作所用的方法等都可能会随着情况的变化而变化。如果事先制定的计划因为预见不到的情况而无法执行，而设计的控制系统仍在如期运转，那将会朝错误的方向上越走越远。例如，假设预算是根据一定的销售量制定的，那么，如果实际销售量远远高于或低于预测的销售量，原来的预算就变得毫无意义了，这时就要求修改甚至重新制定预算，并根据新的预算制定合适的控制标准。

4. 控制工作还必须注意及时性

信息是控制的基础，为提高控制的及时性，信息的收集和传递必须及时。如果信息的收集和传递不及时，信息处理时间又过长，偏差便得不到及时纠正。甚至，实际情况已经发生了变化，这时采取的纠正措施不仅不能产生积极作用，反而会带来消极的影响。为进行控制而支出的成本费用和由控制而增加的收益都直接与控制程度相关。这就是说，控制工作一定要坚持适度性的原则，以便提高经济性。所以，从经济性角度考虑，控制系统并不是越复杂越好，控制力度也不是越大越好，控制系统越复杂、控制工作力度越大，只意味着控制的投入越大，而且，在许多情况下，这种投入的增加并不一定能保证计划的顺利实施。

5. 控制应该具有客观性、精确性和具体性的特点

客观性就是坚持"实事求是"的原则。在控制工作中，管理者不能凭个人的主观经验或直觉判断，而应采用科学的方法，尊重客观事实。尤其是在工作绩效的衡量中。注意人的一些认知心理倾向会造成一定的偏差。

1）优先效应

就是第一印象效应，指人对人的感官知觉中留下的第一个印象。能够以同样的性质影响着人们再一次发生的感官知觉。如果在对一个人的感官知觉过程中，某人给我们留下了比较美好的第一个印象，这种印象就将影响到以后我们对他（她）的感官知觉。反之亦然。即使我们感知的某人表现已经变化了，第一印象形成的影响，也将是缓慢地、滞后地改变的。在实际中，有些人看人先入为主，容易发生偏差。

2）晕轮效应

所谓"晕轮"效应是指在知觉过程中，通过获得知觉对象某一行为特征的突出印象，而将其扩大成为整体行为特征的认知活动。好像刮风天气到来之前，晚间月亮周围出现的月晕（又称晕轮）把月亮光芒扩大了一样。晕轮效应实质上是"以点带面"、"以偏概全"、"情人眼里出西施"或者"厌恶和尚恨及袈裟"就是这种情况。

3) 近因效应

近因效应是指在知觉过程中，最后给人留下的印象最为深刻，对以后该对象的印象起着强烈的影响。它和优先效应正好相反。一般来说，在知觉熟悉的人时，近因效应起较大的作用；在知觉陌生人时，优先效应起较大的作用。

4) 定型效应（定势效应）

人们在头脑中把形成的对某类知觉对象的形象固定下来，并对以后有关该类对象的知觉产生强烈影响的效应。人们在社会生活实践中，不断地感知某类对象，因而对该种对象逐渐地形成了固定化的印象。提起商人，就联想到"奸诈"；提起教师，总是与文质彬彬联系在一起；提起工人，总是以身强力壮、性情豪爽为其形象；以至于对不同的年龄、不同的民族、不同的职业、不同的社会角色，我们脑海中都有定势印象。这就是我们意识中的定型效应。

精确性是指由控制系统所掌握并向管理者提供的信息必须是精确无误的。如果控制系统提供的情况不精确，就很容易做出错误的决策。控制系统所提供的信息情报还应该是尽量具体的，对重要的内容应尽可能作具体说明。这样，管理者才能做出有针对性的决策。

6. 控制工作应注重培养组织成员的自我控制能力

员工在生产和业务活动的第一线，是各种计划、决策的最终执行者，所以，员工进行自我控制是提高控制有效性的根本途径。例如，要提高产品质量，仅靠工商部门监督和新闻报道是不够的，重要的是企业改善管理、加强控制；而在企业中，光靠管理者重视和完善控制制度也是不够的，员工应加强相应的意识，并对产品生产的每个环节严格把关，这才是提高产品质量的最终保证。

自我控制具有很多优点。首先，自我控制有助于发挥职工的主动性、积极性和创造性。自我控制是职工主动控制自己的工作活动，是自觉自愿的。这样，他们在工作中便能潜心钻研技术，对工作中出现的问题会主动设法解决。其次，自我控制可以减轻管理人员的负担，减少企业控制费用的支出。最后，自我控制有助于提高控制的及时性和准确性。实际工作人员可以及时准确地掌握工作情况的第一手材料，因而能及时准确地采取措施、矫正偏差。

当然，鼓励和引导职工进行自我控制，并不意味着对职工可以放任自流。职工的工作目标必须服从于组织的整体目标，并有助于组织整体目标的实现。管理者从整体目标的要求出发，经常检查各单位和职工的工作效果，并将其纳入企业全面控制系统之中。

一般而言，许多控制工作会对人员、财务活动、作业控制、信息、组织的总体绩效进行控制。图8-3为某公司有效控制管理信息系统内部的运行结构图，可供学习与参考。

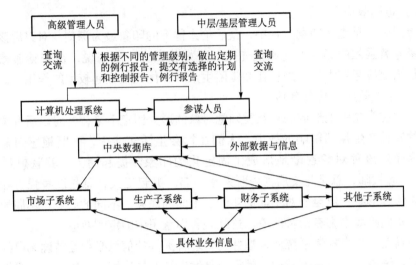

图 8-3 有效控制管理信息系统内部运行结构

为什么要建立有效控制管理系统？如何建立？企业的实际运作如何？

对员工行为的约束

人是组织中最重要的因素，任何组织都是通过人的活动来实现其目标的。为了实现组织目标，管理者需要而且也必须依靠下属员工。因此管理者使员工按照期望的方式去工作是非常重要的。同时，人的行为又是复杂、丰富、多变的，因此使员工按照组织期望的方式去工作又是一个难度很大的事。要达到这一点，一方面需要有效的激励，另一方面也要按照组织的规范对员工的行为进行有效的约束。在这一过程中，组织制度、组织文化与价值观整合有着极为重要的作用。

1. 组织制度

根据强调组织内部制度建立的观点，"组织是契约的集合体，它由许多成文或不成文的契约构成，组织成员根据契约的规定进行工作，获得相应的报酬"。因此，组织内部的员工的行为必然受到规则的约束，这些规则就是"契约的规定"。由于这些契约可分为成文和不成文两种形态，因而这些规则也分为正式规则（制度），和非正式规则（文化），这两种规则对员工行为形成不同强度和方式的约束。

一个组织的制度可以分为：

（1）组织的基本制度。组织使命决定的组织存在的法理基础。

（2）组织结构制度。关于组织内部职位、部门、单位的责任与决策权分配。

（3）组织的业务制度。组织运作过程中，有关业务工作的各种规定。

（4）组织的技术规则。组织活动中有关产品、服务的具体技术要求。

（5）员工行为制度。为保证组织活动进行，对员工行为做出的基本规定。

2. 组织文化

我们知道，每一个人都具有某些心理学家所说的"个性"。一个人的个性是由一套相对持久和稳定的特征组成的。当我们说一个人热情、富有创造精神、轻松活泼或保守时，我们正在描述他的性格特性。一个组织也同样有自己的个性，这种个性我们称为组织的文化。

谈到组织文化（Organizational culture），我们所指的具体意义是什么呢？我们用这一术语来指共有的价值体系。像部落文化中支配每个成员对待同部落人及外来人的图腾和戒律一样，组织拥有支配其成员行为的文化。在每个组织中，都存在着随时间演变的价值观、信条、仪式、神话及实践的体系或模式，这些共有的价值观在很大程度上决定了雇员的看法及对周围世界的反应。当遇到问题时，组织文化通过提供正确的途径来约束雇员行为（这就是我们做事的方式），并对问题进行概念化、定义、分析和解决。

组织文化是组织在长期运行过程中形成的、约定俗成的群体价值观念和基本行为规范。这些规范并无明文规定，但员工们都很清楚其内容以及遵守和违反的后果。如果员工遵守这些规范，就会得到组织的认可，强化自己在组织中的地位。如果违反，其惩戒可能是立即兑现的，也可能是潜在积累的，可能受讽刺、排挤、孤立甚至被驱逐。可见，文化是对员工行为的软约束。组织文化实际上反映了人作为组织成员的价值观念，对人的行为有潜移默化的影响，对组织管理有重要的意义。

3. 价值观

（1）价值观的内涵。价值观是指一个人对周围的客观事物（包括人、事、物）的意义、重要性的总评价和总看法，是一个人基本的信念和判断。一个人认为最有意义的最重要的客观事物，就是最有价值的东西；反之，就是最无价值的东西。例如，人们对金钱、友谊、权利、自尊心、工作成就和对国家的贡献等的总看法、总评价就不尽相同，有人看重金钱报酬，有人注重工作成就，有人认为地位权力最重要，有人把对国家的贡献看得最有价值等等。这种对于各个事物的看法和评价在心目中的主次、轻重的排列次序，就是价值观体系。价值观和价值观体系是决定人们的行为的核心因素。

（2）价值观对人的行为的影响。从管理的观点来考察，价值观影响当前及将来员工的行为，所以对价值观的了解极其重要。今日的价值观及其变化有助于塑造组织的未来。因为价值观① 影响对其他个人及群体的看法，从而影响到人与人的关系；② 影响个人所选择的决策和解决问题的方法；③ 影响个人对所面临的形势和问题的看法；④ 影响确定有关行为的道德标准；⑤ 影响个人接受或抵制组织目标和组织压力的程度；⑥ 影响对个人及组织的成功和成就的看法；⑦ 影响对个人目标和组织目标的选择；⑧ 影响选择为管理和控制组织中人力资源的手段。

其次，在组织管理中，要致力组织文化建设，根据组织的使命、任务，树立明确的组织价值观，努力使组织的所有员工接受并赞赏，提高组织的凝聚力。进行人事甄选时，要重视价值观的考察，尽量避免任用那些个人价值观与组织价值观相悖的人，以免造成未来的冲突。

许多组织成功的经验之一，就是有明确的价值观，即有共同的信念，并严守这个信念。正如IBM公司的董事长兼总经理托马斯·沃森（小沃森）在他所著《一个企业和它的信念》一书中回顾他父亲老沃森创建公司几十年成功的历史时所指出的：我坚定地认为，第一，任何组织要生存和取得成功，必须有一套健全的信念，作为该企业一切政策和行动的出发点；第二，公司成功的唯一最重要的因素是严守这一套信念；第三，一个企业在其生命过程中，为了适应不断改变的世界，必须准备改变自己的一切，但不能改变自己的信念。在该公司价值观和信念中最核心的内容就是为顾客提供世界上任何公司都比不上的最佳的服务，追求卓越的精神以及对公司职工的尊重。也正是因为该公司始终严守这些信念，所以它在同行业的竞争中获得了最广大的市场。

4. 通过制度、文化建设和价值观的整合约束员工行为

组织中员工的行为，要受到制度、文化和价值观的约束，是诸种因素复杂地相互作用的结果。因此，组织对员工的约束，应该从这三个层面着手。一项关于道德发展阶段的实质性研究表明，一个人个体的道德发展过程存在三个水平，每一个水平包含两个阶段，在每一个相继的阶段上，个人道德判断变得越来越不依赖外界影响。

第一个水平称为前惯例（Preconventional）水平。在这个水平上，个人仅当物质惩罚、报酬或互相帮助等个人后果卷入时，才对正确或错误的概念做出反应。在这一阶段，有效的约束方式是制度。

当演进到惯例（Conventional）水平时，道德价值存在于维护传统秩序和他人的期望之中。在这一阶段，有效的约束方式是文化。

在原则（Principled）水平上，个人做出明确的努力，摆脱他们所属的团体或一般社会的权威，确定自己的道德原则。在这一阶段，有效的约束方式是价值观。

通过对道德发展阶段的研究，我们可以得出几个结论。首先，人们以前后衔接的方式通过6个阶段。他们逐渐地顺着阶梯向上移动，一个阶段接着一个阶段地移动，而不是跳跃式地前进。第二，不存在道德水平持续发展的保障，发展可能会停止在任何一个阶段上。第三，大部分的成年人处于第4阶段上，他们被束于遵守社会准则和法律。最后，一个管理者达到的阶段越高，他就越倾向于采取符合道德准则的行为。例如，处于第3阶段上的一位管理者，可能制定将得到他周围的人们支持的决策；处于第4阶段上的管理者，将寻求制定尊重公司规则和程序的决策，以成为一名"模范的公司公民"；处于第5阶段上的管理者更有可能对他认为错误的组织行为提出挑战。最近，许多大学试图提高学生的道德意识和道德标准，他们的努力集中于帮助学生达到原则水平的高度。

这一结果对我们有重要的启示，在中国企业向现代企业迈进的历史进程中，由于管理人员职业化的程度较低。组织从创业到发展壮大的过程中，逐渐通过制度、文化建设和价值观的整合来约束员工的行为是一项重要的任务。通过这三个层面的相互配合，循序渐进，实现员工行为创造性和规范性的均衡发展，对中国企业的健康发展，至为关键，这一方面有许多的经验教训需要总结。

资料来源：清华大学．管理学（电子版）［M］．北京：清华大学出版社，2004（电子课件，作者不详）

本章小结

本章第一节主要介绍了控制的概念及控制的基本原理，强调了控制是保证企业计划与实际作业动态相适应的管理职能；第二节详细阐述了控制的基本类型和过程；第三节具体讲述了控制的技术和方法；第四节初步阐述了构建有效控制系统的原则和方法。学习本章内容要求理解控制的概念和基本原理，掌握控制的类型、过程、技术和方法，认识和熟悉构建有效控制系统的基本工作。

知识掌握题

1. 什么是控制？
2. 什么是前馈控制？
3. 什么是战略控制？
4. 在管理中控制的作用是什么？
5. 计划和控制是如何产生联系的？
6. 反馈控制中的优缺点是什么？
7. 控制的种类有哪些？
8. 控制的方法有哪些？
9. 现代管理信息系统会给管理者的工作带来哪些变化？
10. 如何构建有效控制系统？

自 测 题

一、单项选择题

1. 控制工作得以开展的前提条件是（　　）。
   A. 采取纠偏措施　　　　　　　　B. 建立控制标准
   C. 分析偏差原因　　　　　　　　D. 明确问题性质

2. 下面不属于有效控制应具备的特征的是（　　）。
   A. 客观性　　　　　　　　　　　B. 及时性
   C. 明确的成果导向　　　　　　　D. 依赖统计过程和数据

3. 下列各项控制手段，属于前馈控制的是（　　）。
   A. 生产线终端检测　　　　　　　B. 宣讲员工行为规范
   C. 期中考试　　　　　　　　　　D. 走动式管理

4. 进行控制时，首先要建立标准。关于建立标准，下列四种说法中错误的是（　　）。
   A. 标准应该越高越好　　　　　　B. 标准应考虑实际可能
   C. 标准应考虑实施成本　　　　　D. 标准应考虑顾客需求

5. 适度而经济的控制要注意的问题包括（　　）。
   A. 防止控制过多与不足　　　　　B. 处理好全面控制与重点控制的关系
   C. 防止扼杀组织成果的积极性　　D. A 和 B

6. 控制过程中合理的顺序应该是（　　）。
   A. 制定标准、评价成绩、测量成绩　　B. 测量成绩、制定标准、评价成绩
   C. 测量成绩、评价成绩、制定标准　　D. 制定标准、测量成绩、评价成绩

二、多项选择题

1. 信息资源的控制包括（　　）。
   A. 质量控制　　B. 环境分析　　C. 经济预测　　D. 公共关系

2. 生产控制的内容包括（　　）。
   A. 对供应商的控制　　　　　　　B. 库存控制
   C. 质量控制　　　　　　　　　　D. 关系控制

3. 按控制的时机分类，可把控制方法分为（　　）。
   A. 预先控制　　　　　　　　　　B. 现场控制（同步控制）
   C. 跟踪控制　　　　　　　　　　D. 结果控制

4. 下列属于控制手段的是（　　）。
   A. 生产线终端检测　　　　　　　B. 宣讲员工行为规范
   C. 期末考试　　　　　　　　　　D. 走动式管理

5. 控制的要素包括（　　）。

A. 控制标准　　　　B. 施控者　　　　C. 受控者　　　　D. 控制途径

知识应用与课堂讨论题

查克停车公司的控制问题

你要是在美国好莱坞或贝弗利山举办一个晚会，肯定会有这样一些名人来参加：尼科尔森、麦当娜、克鲁斯、切尔、查克·皮克。

"查克·皮克？"

"自然！"

没有停车服务员，你不可能成功地举办晚会。在南加州，停车业内响当当的名字就数查克·皮克了。

查克停车公司是一家小企业，但每年的营业额有几百万美元。公司拥有雇员100多人，其中大部分为兼职人员。每个星期，查克停车公司至少要为几十个晚会料理停车业务。在最忙的周六晚上，公司可能要同时为6~7个晚会提供停车服务，每一个晚会可能需要3~15位服务员。

查克停车公司经营的业务包括两项：一是为晚会料理停车事宜；另一是同一个乡村俱乐部办理停车经营特许权合同。这个乡村俱乐部要求提供2~3个服务员，每周7天都是这样。但查克的主要业务还是来自私人晚会。他每天的主要工作就是拜访那些富人或名人的家，评价道路和停车设施，并告诉他们需要多少个服务员来处理停车的问题。一个小型的晚会可能只要3~4个服务员，花费大约400美元。然而一个特别大型的晚会的停车费用可能高达2 000美元。

尽管私人晚会和乡村俱乐部的合同都涉及停车业务，但它们为查克提供收入的方式却很不相同。私人晚会是以当时出价的方式进行的。查克首先估计大约需要多少服务员为晚会服务，然后按每人每小时多少钱给出一个总价格。如果顾客愿意"买"他的服务，查克就会在晚会结束后寄出一份账单。在乡村俱乐部，查克根据合同规定，每月要付给俱乐部一定数量的租金来换取停车场的经营权。他收入的唯一来源是服务员为顾客服务所获得的小费。因此，在私人晚会服务时，他绝对禁止服务员收取小费，而在俱乐部服务时小费则是他唯一的收入来源。

本案例思考讨论题：

1. 你是否认为查克停车公司的控制问题在两种场合下是不同的？如确实如此，为什么？

2. 在前馈、反馈和现场控制三种类型中，查克应采取哪一种手段对乡村俱乐部业务进行控制？对私人晚会停车业务，又适宜采取何种控制手段？

资料来源：张英奎，孙军. 现代管理（电子版）（http://www.5ixue.com：海量营销管理培训资料）

戴尔公司对电脑显示屏供应厂商的控制机制

戴尔公司创建于1984年，是美国一家以直销方式经销个人电脑的电子计算机制造商，其经营规模已迅速发展到当前120多亿美元销售额的水平。戴尔公司是以网络型组织形式来运作的企业，它联结有许多为其供应计算机硬件和软件的厂商。其中有一家供应厂商，电脑显示屏做得非常好。戴尔公司先是花很大的力气和投资使这家供应商做到每百万件产品中只能有1000件瑕疵品，并通过绩效评估确信这家供应商达到要求的水准后，戴尔公司就完全放心地让他们的产品直接打上Dell商标，并取消了对这种供应品的验收、库存。类似的做法也发生在戴尔其他外购零部件的供应中。

通常情况下，供应商需将供应的零部件运送到买方那里，经过开箱、触摸、检验、重新包装，经验收合格后，产品组装商便将其存放在仓库中备用。为确保供货不出现脱节，公司往往要储备未来一段时间内可能需要的各种零部件。这是一般的商业惯例。因此，当戴尔公司对这家电脑显示屏供应商说道："这型显示屏我们今年会购买400万～500万台左右，贵公司为什么不干脆让我们的人随时需要、随时提货"的时候，商界人士无不感到惊讶，甚至以为戴尔公司疯了。戴尔公司的经理们则这样认为，开箱验货和库存零部件只是传统的做法，并不是现代企业运营所必要的步骤，遂将这些"多余的"环节给取消了。

戴尔公司的做法就是，当物流部门从电子数据库得知公司某日将从自己的组装厂提出某型号电脑××部时，便在早上向这家供应商发出配领多少数量显示屏的指令信息，这样等到当天傍晚时分，一组组电脑便可打包完毕分送到顾客手中。如此，不但可以节约检验和库存成本，也加快了发货速度，提高了服务质量。

本案例思考讨论题

1. 你认为，戴尔公司对电脑显示屏供应厂商是否完全放弃和取消了控制？如果是，戴尔公司的经营业绩来源于哪里？如果不是，那它所采取的控制方式与传统的方式有何切实的不同？

2. 戴尔公司的做法对于中国的企业有适用性吗？为什么？

资料来源：张英奎，孙军．现代管理（电子版）（http：//www.5ixue.com：海量营销管理培训资料）

情景模拟题

一、情景介绍

假设学校为了控制学生在校的综合表现，提高学生管理工作的效率，将各班级每月操作情况予以量化计算后公布，并按照一定的比例进行奖惩。但实行一段时间后，发现了许多问题，比如：一些班级连连奖励，表现突出，但一些班级连连受罚，班风越来越差，整体呈现两个极端的分化，非常尴尬的局面使班主任、辅导员和各级学生管理组织很头疼。现通过该案例，使学生模拟相关学生管理工作者，应用管理控制职能的相关知识，结合实际，分析问题，并提出相应的解决方案。

二、模拟训练

1. 同学们可按照学号顺序（每组6位同学左右）组成多个小组，1位小组组长，其余的为组员，大家共同来分析问题，并提出建立班级月度操行量化有效控制管理系统的可行性方案。

2. 每一小组由组长来介绍其可行性方案，其他的组员扮演班主任、辅导员和各级学生管理部门领导。组长介绍完该组的方案后，负责回答老师与其他组的有关提问。

3. 结束后请全班同学分别给各小组的可行性方案评分（见表8-1）。

表8-1 记分表

项目 \ 得分	优（90~100分）	良（70~89分）	及格（60~69分）	不及格（60分以下）
方案针对性方面				
方案可操作性方面				
方案实施方面				
方案成效方面				

4. 最后由指导老师进行点评和总结。

实践训练题

项目：调查公司所应用的质量控制技术和方法

1. 实训项目

对公司所应用的质量控制技术和方法概要阐述。

2. 实训目的

通过访问典型企业或教师所提供的资料，培养学生对质量控制的理解，掌握质量控制体系建立和运作的具体内容。

3. 实训内容

（1）要求学生了解了相关内容后，联系实际，分析它的利弊。

（2）通过总结、提炼质量控制的内涵，对提出适度质量控制措施的方案进行可行性分析。

4. 实训组织

（1）把全班同学分成5~6个小组，每个组确定1个负责人。

(2) 每组学生分别走访某一个企业或组织，考察其质量控制技术与方法应用的具体情况。（或从资料中提炼出相关内容）

5. 实训考核

(1) 要求每位学生写出访问报告、小结，必要时用流程图方式表达。

(2) 要求实训小组制作 PPT 在全班进行讲解交流，教师做出评语。

(3) 要求学生填写实训报告。其内容包括：① 实训项目；② 实训目的；③ 实训内容；④ 本人承担任务及完成情况；⑤ 实训小结。

课下补充参考资料

1. 斯蒂芬·罗宾斯. 管理学（第四版）[M]. 黄卫伟，等译. 北京：中国人民大学出版社，1997

2. 周三多. 管理学 [M]. 北京：高等教育出版社，2000

3. 朱秀文. 管理学教程 [M]. 天津：天大电子出版社，2006

4. 清华大学. 管理学（电子版）[M]. 北京：清华大学出版社，2004（电子课件，作者不详）

5. 张英奎，孙军. 现代管理（电子版）.（http://www.5ixue.com：海量营销管理培训资料，2008）

第九章

创新

学习目的和要求

通过本章学习，要求达到：

知识目标：了解创新的内涵和内容。
素质目标：熟悉创新的本质和思维。
技能目标：掌握创新的机会和过程。
能力目标：能够运用所学的创新思维和创新内容来抓住创新机会，进行实践性的创新活动。

主要概念和原理

创新　创新思维　观念创新　组织创新　创新思维的培养原则　创新的机会体现　创新的六大环节过程

▶ 案例导入

一 滴 智 慧

在美国某石油公司工作的一名青年，他的学历不高，也没有什么特别的技术，他在公司做的工作，就是巡视并确认石油罐盖有没有自动焊接好。石油罐子在输送带上移动至旋转台上时，焊接剂便自动滴下，沿着盖子回转一圈，作业就算结束了。他每天如此，反复好几百次地注视着这些石油罐。

有一天，他发现罐子旋转一次，焊接剂滴落39滴，焊接工作便结束。在这一连串的工作中，有没有可以改善的地方呢？如果能将焊接剂减少一两滴，是不是能够节省成本？经过一番研究，他终于研制出"37滴型"焊接机。但是，利用这种机器焊接出来的石油罐，偶尔会漏油，并不实用。他没有灰心，又研制出

"38滴型"焊接机，这次的发明非常完美，公司对他的评价很高，不久便生产出这种机器，改用新的焊接方式。虽然节省的只是一滴焊接剂，但却为公司带来了每年5亿美元的新利润。

这名青年，就是后来掌握全美制油业95%实权的石油大王——约翰·D·洛克菲勒。

资料来源：一滴智慧，吕国荣《人民文摘》，2008（05）

案例分析

此案例表明：创新无处不在，创新无人不能，哪怕是工作平凡的或者无学历和无技术的普通人，创新能改变人生，创新能产生利润，创新能创造价值，就如约翰·D·洛克菲勒一样，从默默无闻的普通工人到石油大王。

第一节 创新的基本理论

一、创新的内涵

根据韦氏词典所下的定义，创新的含义为引进新概念、新东西和革新。

美国经济学家约瑟夫·阿洛伊斯·熊彼特在1912年出版的《经济发展理论》一书中首次提出了创新的概念。他认为创新是对"生产要素的重新组合"，具体来说，包括以下五个方面：① 生产一种新产品，也就是消费者还不熟悉的产品，或是已有产品的一种新用途和新特性；② 采用一种新的生产方法，也就是在有关的制造部门中未曾采用的方法，这种方法不一定非要建立在科学新发现的基础上，它可以是以新的商业方式来处理某种产品；③ 开辟一个新的市场，就是使产品进入以前不曾进入的市场，不管这个市场以前是否存在过；④ 获得一种原材料或半成品的新的供给来源，不管这种来源是已经存在的，还是第一次创造出来的；⑤ 实现一种新的企业组织形式，如建立一种垄断地位，或打破一种垄断地位。

而创造在《现代汉语词典》里则被解释为："想出新方法、建立新理论、做出新的成绩或东西。"这是对创造最一般的解释。在学术界，人们对"创造"有80多种表述，综合各种表述可以概括为：创造是指人们首创或改进某种思想、理论、方法、技术和产品的活动。

创造可分为第一创造和第二创造。第一创造通常是指首创，它是指人类历史中出现的重大发明和创造，如中国的"四大发明"、爱因斯坦的相对论、瓦特的蒸汽机等。第二创造通常是指改进，它是指人们在理解和把握某些理论与技术的基础上，根据自身的条件加以吸收和溶解，再创造出大量的具有社会价值的新事物。第二创造是较为广泛的社会性活动，这与创新活动的内涵极为相似。

创新与创造有何异同？创新与发明呢？

约瑟夫·阿洛伊斯·熊彼特（1883—1950年），美籍奥地利人，是当代西方著名经济学家。《经济发展理论》一书是他早期成名之作，熊彼特在这本著作里首先提出的"创新理论"（Innovation Theory），当时曾轰动西方经济学界，并且一直享有盛名。熊彼特的《经济发展理论》以"对于利润、资本、信贷、利息和经济周期的考察"作为副标题，涉及范围可谓极其广泛，但是，书中最具特色和最引人注目的，还是他所提出的"创新理论"。全书共分为6章，第1和第2章最为重要，从静止状态的"循环流转"到经济发展的根本现象，特别是第2章对经济发展，包括从"企业家"的特点和功能、"生产要素的新组合"、"创新"的含义和作用，直到资本主义的产生，熊彼特都做了开创性的、精辟的论述，既是理论上的探讨，也是历史发展过程的概述。第3、第4和第5章则进一步分别阐述了信贷与资本，企业家利润，以及资本的利息。我们可以概括地说，"创新理论"就是熊彼特"经济发展理论"的核心。

资料来源：李仕模. 第五代管理 [M]. 北京：中国物价出版社，2000

二、创新的本质

通过对创新内涵的理解，可以看出创新一般包括两个层面：一是社会价值的创新，它是指因个体的发现和创新为人类社会带来变革性的新因素；二是个人价值的创新，它是指个体发现和创新出相对于自己已有的知识和经验的新知识、新事物、新方法。因此，创新的本质是指人们充分发挥主观能动性，采用新颖独特的方式，发现和创造新的知识、事物和方法。对创新本质的理解，主要有以下几种观点。

（1）创新是一种理念。创新作为一种理念是基于知识经济的时代背景，将知识转化在社会生产方式和生活方式活动过程中。这一观点提出，社会主体应不断对自身进行多方位的思考，而且社会主体之间需要多渠道的交流。创新理念是针对传统理念而言，具有新颖性、独特性和开放性等主要特性。

袁隆平被世界公认，誉冠全球的杂交水稻之父，国家最高科技奖的获得者。

显然，其成果得益于"杂交"。然而，经典的育种理论说："凡是自体授粉的植物没有杂交优势"，水稻即属此例。袁隆平大胆突破的创新使水稻的单季产量提高到原来的4倍！袁隆平三个字的无形资产评估值高达1 000亿元。

资料来源：http：//www.szccip com，精英论坛，白话创新——创新并不神秘 2007 - 09 - 06

(2) 创新是一种精神。创新作为一种精神，是人类作用于自然、社会和人本身的各种主观反映，它集中体现出人的个性与社会性的统一性特性，主要包括创新意识、创新态度、创新情感、创新意志等。张武升教授在《教育创新论》中指出：创新精神是学生创新素质的重要组成部分，它包括七种要素，即创新意识、创新情意、创新思维、创新个性、创新品德、创新美感和创新技法。

(3) 创新是一种能力。创新作为一种能力，它的特性包括敏锐性、变通性和原则性，创新能力的发展依托于个性的充分发展。创新作为一种能力，可以形成为创新力，包括学习力、探究力等，其核心是主体性、能动性与创造性。创新是人类改造自然与社会体现出的独有特质，作为一种人格特征的表现说明"创新人人都能，人人都能创新。"

相关链接 9 - 3

威廉是个画家，丢三落四是他改不了的毛病，作画时拿了铅笔丢了橡皮，找到了橡皮又不见了铅笔！恼火之余，威廉干脆用细线将橡皮绑在了铅笔上。威廉的朋友是个善于动脑的人，他觉得这是一个很好的创意。经过改进设计，发明了橡皮头铅笔，此项专利每年收益50万美元。

资料来源：heep：//www.szccip.com，精英论坛，白话创新——创新并不神秘 2007 - 09 - 06

(4) 创新是一个过程。创新作为一个过程，需要不断探索，需要付出代价，是一个不断努力奋斗的过程。创新过程是复杂的，包括一个又一个环节，需要一个环节又一个环节的探索推动，它一般不可能是一蹴而就。

即问即答 9 - 2

你具有创新习惯和观念吗？假如你在森林里偶然看到了一间小屋，里面有很多死尸，他们坐在一排一排的椅子上。发挥你的想象能力，你知道发生了什么事情吗？

三、创新的思维

人们平时常说的想一想、考虑一下、思考再三、沉思良久、思索一番、深思熟虑、设想、反省、抽象概括、判断推理、眉头一皱、计上心来等都是指人们的思维活动。那么，思维的"思"在字面上解释为想或思考，而"维"字则可解释为序或方向。因此，从字面上来解释"思维"就是有一定顺序的想，或是沿着一定方向的思考。

从心理学方面的角度来讲，思维是人脑对客观事物间接的和概括的反映。间接反映是指通过事物的媒介来认识客观事物，即借助已有的知识经验间接地理解和把握那些没有直接感知过的或根本不能感知到的事物。而概括反映是指依据对客观事物规律性的认识，把同一类事物的共同特征和本质特征抽引出来，加以概括，得出结论。因此，所谓思维，是指人脑利用已有的知识，对记忆的信息进行分析、计算、比较、判断、推理、决策的动态活动过程。思维是获取知识及运用知识来求解问题的根本途径，是人类区别于其他动物的最根本的特征。

即问即答 9-3

英语字母表的第一个字母是 A，那么最后一个字母是什么？答案是 T，而不是 Z，这是为什么？

那么何谓创新思维呢？美国心理学家科勒斯涅克认为，创新思维就是发明或发现一种新方式，用以处理某些事情或表达某种事物的思维过程。创新思维，首先是能够产生创造性后果或成果的思维；其次，是在思维方法、思维形式、思维过程的某些方面富有独创性的思维。因此，创新思维就是思维本身和思维结果均具有创造性特征的思维。创新思维并非是少数发明家、天才人物才具有的素质，而是任何一个正常人都具备的一种思维方式。

1. 创新思维的特征

1）新颖性和突破性

创新思维是以求异、新颖、独特为目标的，创新的过程和创新的结果都应体现出新颖。而突破性是创造性思维一个最明显的特征。首先体现为创造者突破原有的思维框架，这是指在思考有待创新的问题时，要有意识地抛开头脑中以往思考类似问题所形成的思维程序和模式，排除以往固有的思维程序和模式对寻求新设想的束缚，就有可能取得意想不到的创新性的成功。其次，突破性还体现为突破已有的思维定势。最后，突破性也体现在超越人类既有的物质文明和精神文明成果上。

相关链接 9-4

破除创新法

破除创新法就是打破常规惯例，消除思维定势的影响。思维定势就是在考虑问题的过程中，结论沿着同一思维进行，是过去的思维影响当前的思维。思维定势使人形成的某种重复习惯，严重束缚了思维的灵活性与创新价值，泯灭了思想的火花。三国演义"空城计"中的司马懿之所以对诸葛亮的意图判断失误，就是由于他长期的作战实践中，对诸葛亮谨慎用兵和不肯轻易冒险的特点产生了一种经验性的思维定势，而当诸葛亮一反常规，偏偏冒了一次险时，司马懿却由于固有的思维定势，丧失了军事上的一次成功机会。

在现实中常常会人为地设置很多框框，但这些框框在想象的世界里是可以破除的，打破这些常规或暂时地置常规于不顾，往往能引爆很好的创意。如对"两个凡是"的批判，在社会主义条件下搞市场经济和发展非公有制经济，"一国两制"，建设有中国特色社会主义等，这些都是邓小平同志"解放思想，实事求是"这种破除创新思维的成果，没有这种破除创新的胆识和魄力，也就没有我们今天改革开放的大好局面。

资料来源：张亚.创造性思维方法探析［J］.成都电子机械高等专科学校学报，2002 年第 3 期

2）灵活性

灵活性是针对一成不变的教条而言，要根据不同的对象和条件，具体情况要具体对待，灵活应用各种思维方式。尤其表现在视角上，能随着条件的变化而转变，能摆脱思维定势的消极影响，善于变换视角看待同一问题，善于变通与转化，重新对信息进行解释，进行创新。

相关链接 9-5

灵感创新法

灵感并非与生俱来的，它是人们在对问题进行反复的思考和探索后，有时百思不得其解，在思想高度集中直至到达饱和时，大脑里有时突然会闪现出一个智慧之光，这种智慧之光如果不及时抓住，可能稍纵即逝。灵感看似偶然得之，但它绝非凭空而来，它是在长期思考积累和实践经验的基础上而产生的突发性的心

理现象。美国汽车大王亨利·福特为了设计高效率的"流水生产线",已经苦苦思索了相当长一段时间,一次他偶然在牛肉商店看到三个人,一人剔牛头,一人剔牛背脊骨,一人剔牛腿骨,这三人分工合作,配合默契,于是现代化生产流水线的"灵感"立即在他脑中闪现。一些科学家的伟大发现和发明都来源于"灵感",阿基米德在澡池里洗澡时发现了浮力定律,牛顿坐在苹果树下看见苹果从树上掉下来发现了万有引力定律,瓦特看见烧开的水蒸气把水壶盖冲起发明了蒸汽机等。

资料来源:张亚.创造性思维方法探析[J].成都电子机械高等专科学校学报,2002年第3期

3)发散性

发散性则表现为在时间和空间上敢于突破思维框架,使思维像阳光一样向外放射,从而可能发现不同之处和相同之处。发散性创新可以从材料、功能、结构、形态、组合、方法、因果、关系等方面为"发散点",进行具有集中性的多端、灵活、新颖的发散训练、以培养创新性思维的能力。

从英文 food、friends 和 cars 中找出它们的共同特征是什么,再从中文降落伞、瓶子和信封中找出它们的共同特征是什么。

4)非逻辑性

这是指创新思维往往是在超出逻辑思维,出人意料地违反常规的情形下出现。它不严密或者暂时还说不出什么道理,但是在创新思维活动中,新观念的提出、问题的突破,往往表现为从逻辑的中断,到思维的跳跃,再到思想的飞跃。这通常都伴随着直觉、顿悟和灵感,从而使创新思维具有超常的预感力和洞察力。如德国科学家普朗克首创量子假说时,连他自己也感到茫然不知所措,甚至怀疑这个假说的真实性。

逆向创新法

逆向创新法就是从相反的方向来考虑问题的思维方式,敢于标新立异,经常以离奇的想法让人不可思议。人们对某种事物和现象习以为常,认为事物理当如

此，此时如能换一个角度，作相反方向的考虑，常可获得意外收获。如我国历史上司马光破缸救人的典故，按正向思维，人掉进大水缸最直接的方法是把人从水缸中救出，但他采取了砸缸救人的反常举动。传统的动物园是动物被关在笼子里，参观者是自由的，可以随处走动的，雅安碧峰峡的动物园按逆向思维，把参观者关在笼子里——在密封的汽车里游览，动物是可以自由走动的，开业以来，深受游客欢迎。

日本丰田汽车公司独具一格的"看板"管理方式，就来源于当时的丰田副总经理大野耐一的逆向思维：大野在考查汽车组装流水作业线时，发现由于零部件送达不及时，经常造成流水线各环节脱产停产，而仓库为了防止零部件跟不上，往往储备大量暂时不用的零件，导致资金积压。当时人们在考虑改进流水线工作时，往往是从前一工序向后——工序逐步下推，这样很难发现积压浪费、互不衔接的停工待料现象。大野一反常规，将问题倒过来考虑：从前一工序往后一工序推，而使后一工序在需要时去前一工序领取正好需要数量的那些工作，这样前一工序只要生产后一工序所需数量的那部分工作就可以了，各工序间只要明确表示"某种东西需要多少"，便可以衔接起来，而且消灭了积压的浪费现象。

资料来源：张亚. 创造性思维方法探析［J］. 成都电子机械高等专科学校学报，2002年第3期

5）综合性

创新活动本身是一种探索性的活动，从提出问题到成功的过程中势必包含许多曲折反复，因而，也肯定会有多种思维方式的参与：既有知觉的洞察和灵感的闪现，又有想象的驰骋和类比的启迪，更不乏演绎与归纳、发散与集中、假象与试探等。只有突破刻板思维的约束，综合灵活地运用多种创造性思维方法，才会有非同寻常的创新结果。另外，创新活动是在前人基础上进行的，必须综合利用他人的思维成果。科学技术发展史一再表明，谁能高度综合利用前人的思维成果，谁就能取胜，就能取得更多的突破，做出更多的贡献。据说，松下电视机就是在综合了各国400多项技术的基础上发展起来的。

相关链接9-7

举世闻名的世界奥林匹克运动会，1980年莫斯科举办第22届时，因耗资巨大（达90亿美元）而面临着难以继续办下去的危机。1976年，加拿大的蒙特利尔市承办第21届奥运会，花费了35亿美元，亏损达10亿美元，数额如此庞大的支出，怎能不令人望而生畏。第23届奥运会将要在美国的洛杉矶市举办，洛杉矶市议会不准动用公共基金举办奥运会，市政府只好向美国政府求救。美国政府拒绝了这一请求，并表示不会提供一分钱。万般无奈之下，洛杉矶市政府于是

破天荒地设想，由民间私人来主办这届奥运会。困难这么大，有谁敢染指呢？

这时身为商人的彼德·维克多·尤伯罗斯站了出来，尤伯罗斯非常清楚这届奥运会举办的困难之大，超乎想象，如果不在往届举办奥运会的运作上有所突破、有所创新，就不会成功举办，而且还会巨额亏损。于是，尤伯罗斯巧妙地运用创新思维，在这届奥运会上体现出无数的新颖和突破。如采取改造已有体育场地（尽量少建新馆）、利用假期大学生宿舍办奥运村、选择赞助厂商、出售转播权与火炬传递接力权、专卖专利商品等开源节流的措施，尤其是在选择赞助厂商、出售转播权与火炬传递接力权等方面。

赞助厂商只招30家，而且每种不同的行业只选一家，这样使得赞助竞争空前的激烈。首先掉进陷阱的就是百事可乐和可口可乐这对欢喜冤家。1980年的莫斯科奥运会，百事可乐占了上风，并以此为契机，完成了企业形象和利润的双重飞跃，与传统的可口可乐形成了分庭抗礼之势。这次可口可乐为了一举击败百事可乐，报出了高出招标底价3倍多的天文赞助费，可口可乐的董事们笑着成为第23届奥运会饮料行业的独家赞助商。当然，笑得最开心的莫过于尤伯罗斯了，下一对掉进陷阱的就是感光胶片行业的富士公司和柯达公司，富士公司出价700万美元成了这一行业的独家赞助商，柯达公司后来才发现美国市场上的富士已经稳占半壁江山了。另外在火炬传递接力权上，凡是参加美国境内的火炬传递接力跑的人，每人须交纳3 000美元，虽然有人指责不断，可是还是通过这样的手段筹集到了3 000万美元。2008年北京奥运会的火炬传递人数已经达到了历届最多的21 880人，如果每人3 000元，那么就有近7 000万元。

尤伯罗斯一个人举办的奥运会，事事显新颖，处处有突破，最终取得了前所未有的成功，不但没有亏损，而且还从奥运会上挣到了2.5亿美元的财富。

资料来源：杨明刚. 营销策划创意与案例解读 [M]. 上海：上海人民出版社，2008

2. 创新思维的培养原则

1）克服思维障碍的原则

创新思维是指人们已经固有的思维惯性和思维定势。人的大脑对客观事物的思维有一个特点，就是一旦沿着一定方向、按照一定次序思考，久而久之，就形成了一种惯性。遇到这种类似的问题或表面看起来相同的问题，不由自主地沿着上次思考的方向或次序去解决，这就是思维惯性。而思维定势则是多次以这种惯性思维来对待客观事物，就形成了非常固定的思维模式。这种固有的思维惯性和思维定势阻碍了人们的创新性思维，对创新性问题的解决非常不利。要进行创新思维，首先必须克服和突破一些固有的思维障碍，这些思维障碍主要表现在从众型、习惯型、自我型、权威型、直线型、书本型等方面。

一杯冷水和一杯热水同时放入冰箱的冷冻室里，哪一杯水先结冰？

2）多视角看问题的原则

视角指看事物或思考问题的角度，有时也称为眼光、眼界。我们生活中常见的一件小事，常常会出现公说公有理，婆说婆有理的情景，这就是视角不同引起的。视角可分为过去、现在和未来视角，肯定、否定视角，纵向、横向视角，功利、道德视角等。创新思维是一种多视角的思维，是一种开放的、搜索空间很大的发散思维。对于创新思维而言，应多注意转换视角和更换视角。转换视角就是把当前或即将到来的事情放在一个更大的或新的参照系中进行思维，而更换视角就是更换参照系，进行换位思维。创新思维的这一原则就是鼓励人们善于从多种不同角度来研究同一问题，观察同一现象，思考同一对象，从而有许多新的发现和新的创意。

英国一家比较著名的酒店历史悠久，酒店的电梯不够用，准备增加一部电梯。于是酒店请来了建筑师和工程师研究如何增设新的电梯。专家们一致认为，最好的办法是每层楼打个大洞，直接安装新电梯。方案定下来之后，两位专家坐在酒店前厅商谈工程计划。他们的谈话被一位正在扫地的清洁工听到了，清洁工想到自己的工作量又要增大了，于是对他们说："每层楼都打个大洞，肯定会尘土飞扬，弄得乱七八糟，又影响正常的营业，我要是你们，我就会把电梯装在楼的外面。"工程师和建筑师听了这话，相视片刻，不约而同地为清洁工的这一想法叫绝。于是便有了近代建筑史上的伟大变革，把电梯装在楼外，而且设计成透明的观光电梯。

资料来源：刘长明，陈英，创新往往是简单的，《视野》P15页，2001（4）

3）寻求多种答案的原则

人们鼓励追求目标的执着性，但是，不赞成思维的执着性。创新思维具有发散性的特征，对任何问题都不要追求或局限于一个答案，对同一问题可提出多种答案的设想，善于寻求多种答案。许多父母都给自己的孩子出这样的思维题：树上有10只鸟，被人用枪打死1只，还剩几只？孩子一般都回答还剩9只。此时父母往往哈哈大笑地说，打死的一只掉了下来，其余的全飞走啦。这是唯一正确的答案吗？其实，此题的答案可以有无数多个。

4）善于探索问题的原则

法国著名文学家巴尔扎克认为："打开一切科学的钥匙都毫无异议的是问号，大部分的伟大发现都应该归功于'如何'，而生活的智慧大概就在于凡事都要问个为什么"。从为什么开始，通过观察、分析、归纳、概括、推理、判断等一系列的探索活动，来形成良好的创新思维品质和培养创新性分析问题与解决问题的能力。

即问即答 9-6

在茂密的树林中，太阳光透过树叶间空隙照在地面上，形成许多圆形光斑，其明亮程度不一，位置交错重叠。为什么这许多光斑都是圆的呢？

四、创新的机会

我国著名教育家陶行知先生曾经讲道：处处是创造之地，天天是创造之时，人人是创造之人。这说明每个人的创新机会都时时存在、处处存在，但是，还要看我们是不是一个有心人，是不是有创新方面的意识，善不善于抓住机会。被称为"管理学之父"和"不朽的管理思想大师"的彼得·德鲁克更系统地总结过创新的机会，他认为：创新机会是从易到难，从内到外，从可靠到不可靠，从可预测到难以预测的，归纳起来有几个方面的机会来源。创新的机会主要体现在以下几个方面。

1. 意外发生的时候

在日常生活和经济生活中，人们通常只愿意观察和发现那些自己所熟悉的或者自己所希望出现的结果，但是，往往会有未曾预料或希望的结果出现。这种意外的结果，可能是意外的成功，也可能是意外的失败。意外的成功虽然为创新提供了大量的机会，但是这种机会往往容易被人们视而不见，悄悄溜走，有时甚至被视为"异端"而遭到排斥。意外的成功会容易被忽视，但意外的失败人们不能不正视面对。因为人们通过精心的准备和努力的实施，最终还是失败了，这种失败必然隐含了某种变化，这种变化实际上就是某种创新机会的存在。另外，当意外的事件、突发的事件出现时，人们要冷静地意识到：积极面对、勇于担当，尽可能地把不好的方面降低，而创新性地转变或提高好的方面。"5.12"汶川大地震，许许多多的个人、企业、政府和其他组织都及时地、积极地通过各种方式参与，但是，还是有一些个人、企业、政府和其他组织不够积极、不够主动，没有意识到大地震到来时，是勇担责任、尽献爱心的大好机会。

不管是意外的成功，还是意外的失败，或者是突发的事件，一经发生，就要正视其存在，这个时候就是最好的创新机会。此时，人们应该进行认真的分析，努力搞清楚这几方面的问题：第一，究竟发生了什么问题？第二，为什么会发生这样的问题？第三，这种问题将会引向何方？第四，采取什么应对策略才能充分地利用这种意外的或者突发的事情，使之成为更好的发展机会？

相关链接 9-9

我国台湾一家公司生产了一种名叫"玛莉 G11"的药皂，由于配方精良，清新爽洁，大量外销欧美各地，销路很好。但是，突然从美国传来一个不利的消息，美国进口的该药皂中 G11 的含量过大，有害人体，消息传得沸沸扬扬，令人生畏，它的销量一下子萎缩了 2/3。

受此突然打击的制皂公司自然也不服，他们便做了广泛的调配和实验，在弄明白事情并非如此之后，决心要卷土重来。许多公司都遇到过类似情况，但是，他们并没有采取那些类似公司的做法，通过正当渠道不断地澄清，而是做出了一组系列的起死回生的广告。

首先在台湾主要报刊上同时刊出一则"玛莉 G11"征求受害人的广告。广告画面背景设计为某律师事务所，一位手执烟斗的律师在审视"玛莉 G11"的照片，上面的文字内容为：凡是因使用"玛莉 G11"有不良反应的，经医院证明属实，就可以得到 50 万元以上的赔偿，请受害者 10 天之内将有关资料和证明文件直接寄到律师事务所。3 天以后，又刊出了这幅广告，文字内容为"截至目前，无人应征"。又过 3 天，广告再次出现，文字内容为"应征受害人有两个，其中一个没有医院的证明，不予受理；而另一个在医院的检查中"。再过 3 天，广告第四次出现，文字内容为"谁是受害人？""那个受害人经复查，皮肤红疹为因吃海鲜所引起的过敏，与玛莉 G11 无关。"并申明，10 天期限一过，就不再受理此类案子了。等到超过 10 天期限 5 天后，登出整版广告为"我才是受害人！"还设计了一副手铐，铐在 G11 药皂上。文字说明"寻遍世界各地，并无 G11 致病先例！"

"玛莉 G11"药皂因意外的误解而引起的这组系列广告，富有创新性、戏剧性、悬念、冲击和高潮都安排得当，堪称一流佳作。

资料来源：东篱子. 财富的落点 [M]. 北京：中国商业出版社，2005

2. 不协调的时候

不协调是指事物的状态与事物应该有的状态之间，或者事物的状态与人们假想的状态之间的不一致、不合拍，甚至不正常。不协调就好比地质学的一个术语——"断层"一样，出现了裂痕，出现了变化，与原有的、应该有的状态不一致了，这种征兆就是创新机会。当人们的日常消费与收入之间存在不协调、当大学的招生与就业之间存在不协调、当支付与价值和客户的期望之间存在不协调、当现状与设想之间存在不协调、当经济现状之间存在不协调、当程序的节奏或逻辑的内部不协调、当组织内外之间存在不协调、当管理系统内外之间存在不协调等，这些时候，都存在着创新的机会，要有意识地善于利用这些创新的机会。

即问即答 9-7

没有了战争，动力强劲、武器先进、排水量大、耗资巨大的核动力航空母舰（如苏联的明斯克号航空母舰）该怎么办？

3. 流程不畅的时候

当工作效率和办事效率不高，工作效果和办事效果不好的时候，一方面是由于人为的因素，另一方面可能更是流程的问题。一位刚刚上任的市长到该市的某药厂去搞调研，发现该药厂的一个改建项目已经立项两年多了，还没有开工，原因是还有十多个手续没有办完，而已经办了几十个手续了。市长立刻要求相关的政府职能部门领导马上到现场，结果一个星期以后，该项目就开工了。此时，市长意识到该对市政府各职能部门的工作流程创新了，半年后，对多个政府职能部门的工作流程进行了变革。

流程不畅主要是因为在现有的流程中存在多余的环节、薄弱的环节或者各个环节脱节、比较分散等方面的原因所造成的。在实践中，如果对这些多余的环节、薄弱的环节以及脱节的环节进行分析、进行改善和创新，就能很好提高工作的效率和效果。一家民营的饲料生产企业的老板，发现客户从进入厂里把饲料装上车，办完所有手续，把车开出厂门口，需要近两个小时，而大门外还有排起长队等装车买饲料的客户。有一天，一位请来给他们员工讲课的老师发现了这个情况，就问老板：是你们的生意特别好，还是你们的效率比较慢？老板也意识到是效率的问题，但是，如何解决呢？老师认为问题的关键是他们的工作流程没有设计好，于是对他们的工作流程进行了一系列的改进，其中包括把多个职能部门集中到靠近大门的地方办公、把称重的方式也改进了。这样，客户装车从进大门到出大门的时间只需要半个小时了。

相关链接 9-10

联合邮包服务公司（UPS）雇用了15万名员工，平均每天将900万个包裹发送到美国各地和世界180多个国家和地区。UPS公司被认为是世界上效率最高的公司之一，每人每天取运130件包裹，而联邦捷运公司只有80件包裹，这都源于UPS公司对工作流程进行改进和创新的结果。

UPS公司的工程师们对每一位司机的行驶路线进行了时间研究,对每种送货、取货和暂停活动设立了工作标准。这些工程师们记录了红灯、通行、按门铃、穿过院子、上楼梯、中间休息喝咖啡的时间,甚至上厕所的时间,将这些数据输入计算机中,从而给出每一位司机每天工作中的详细时间标准。司机们必须严格遵守工程师们设定的流程。当他们接近发送站时,他们松开安全带,按喇叭、关发动机、拉起紧急制动,把变速器推到一挡上,为送货完毕后的启动离开做好准备,这一系列动作极为严格。然后司机从驾驶室走到地面上,右臂夹着文件夹,左手拿着包裹,右手拿着车钥匙。他们看一眼包裹上的地址,把它记在脑子里,然后以每秒钟3英尺的速度快步走到顾客的门前,先敲一下门以免浪费时间找门铃。送货完毕,他们在回到卡车上的路途中完成记录工作。这样的工作流程能不为UPS公司带来丰厚的利润吗?

资料来源:孙晓琳. 管理学[M]. 北京:科学出版社,2006

4. 结构变化的时候

结构变化主要是指市场结构和行业结构两大方面的变化,当这种变化出现时或者即将出现时,组织必须迅速做出反应,进行调整和创新,否则就可能影响组织在市场和行业中的地位,甚至带来生存危机。市场结构主要与消费者的需求特点有关,消费者的需求发生了变化,组织应及时地发现,并进行有效的创新来适应这种变化。比如,电视机的需求变化,由黑白电视机的需求转向彩色电视机的需求,由小的转向大的,进一步转向高清晰电视、等离子电视、液晶电视以及数字电视等。行业结构的变化主要指行业中不同组织的相对规模和竞争力结构以及由此决定的行业集中或者分散度的变化。这种变化不是突然出现的,而是慢慢地在变化,当组织发现的时候,已经失去了往日的竞争优势和地位。比如汽车行业的这种结构变化尤为突出,日本的丰田汽车公司在20世纪80年代,不肯以合资的形式,而要以整车的形式进入中国的汽车市场,而德国的大众汽车公司则抓住机会率先以合资的形式进入中国市场,结果赢得了竞争。

任何一个行业或者市场都处在变动之中,参与者的数量、参与者的分量、行业的成熟度以及在国民经济和世界经济中的地位都在发生着巨大变化,只不过行业结构的变化为旁观者提供了一个清楚且可以预见的机会,而局内人则将这些变化视为威胁。面对市场结构和行业结构的变化,关键的问题是要迅速地进行创新活动,至于创新的形式或者方向可以是多样化的。

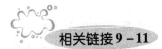
相关链接 9-11

万丰奥特集团董事长陈爱莲认为,创新是每一个企业的主题,但是每个企业面临的环境都不一样,创新侧重点也不一样。创新没有定律和标准,要视每个企业所处的不同阶段、不同行业而定。万丰奥特集团在短时间内成功研制了国内首台具有国际先进水平的低压铸造机，2005年5月，首拿"标致"全球大单，成功进入标致雪铁龙集团全球采购网络。陈爱莲认为，企业要实现第二次飞跃，文化创新至关重要。因为企业文化是无形的，它关乎员工的行为准则、思维方式、价值取向。现在万丰奥特每年都会投入500万～600万元用于员工文化建设。

绿盛集团总裁林东和杭州天畅科技网络有限公司董事长郭羽则是一对奇妙的组合，一家是传统的牛肉干生产商，另一家则是网络游戏开发企业。但是他们提出的"R&V非竞争性战略联盟"理论已经受到国内外的关注，成为商业模式创新的一个突出样本。林东认为，创新就是要打破传统思维。比如他的牛肉干，从2001年起已经连续五年实现每年翻番的增长，当基数越来越高，下一个突破点在哪里？他想到了网络，想到了将真实世界与虚拟世界进行对接。而郭羽认为，创新不是一蹴而就，而是一个持续积累然后有所突破的过程。当初在操作边锋游戏的时候，他就发现一个奇妙的现象，就是虚拟世界和现实世界遵循着同样的法则，所以当林东提出将牛肉干放到网上的建议时，他一拍大腿就同意了。

资料来源：杨湘洪. 现代企业管理 [M]. 重庆：东南大学出版社，2003

5. 人口变化的时候

人口因素是社会各项活动中必不可少的一种重要的资源，人口结构的变化直接决定着劳动力的供给，而作为产品的最终用户，人口的数量和结构又决定了市场的规模与结构。因此，人口结构变化的时候将是组织进行创新的良好机会。

人口结构变化的因素有人口的总量、收入构成、年龄构成、受教育的程度以及就业水平等，对这些人口结构因素的分析，要根据各种人口构成的统计资料来反映其变化趋势，有利于准确地创新。

西方国家在第二次世界大战后普遍出现了"婴儿潮"，而20世纪60年代青年人数量大大增加，20世纪80年代以后中年人的数量稳步增加，21世纪初的现在，老年人的比重则大量上升。这种人口结构上的变化，给社会各组织造成了巨大的压力，同时也提供了很多的创新机会。德国人口的老龄化，由此带来了一系列商机，如敬老院、保险、旅游、老人教育等方面的发展。梅尔维尔（Melville）是美国一家小型且默默无闻的鞋店，20世纪60年代初，也就是第一批生育高潮期出生的婴儿正好到达青少年阶段的时候，梅尔维尔开始涉足这个新市场。它专为青少年建立了新的、与众不同的商店，重新设计了鞋子的款式，向10多岁的青少年大做广告，除了鞋类外，它还向少年男女提供时尚的服装。结果梅尔维尔成为美国发展最快、获利最多的零售商。10年以后，其他零售商才开始跟进，迎合青少年的口味。但是，当是人口结构的重心要变化到青年人，20多岁的时候，梅尔维尔已经将注意力转移到了新的年龄段主力军客户群之中，进而取得了更大的成功。同样，中国的人口结构变化，如老龄化、独生子女以及大学生等方面的变化，都为各组织的创新带来了无尽的机会。

由于中国的计划生育政策，今天的同学们大多数是独生子女。如果你们的父母、爷爷奶奶没有社会保障，今年你们20岁，设想一下，10年后你们的责任和负担有哪些？有多大？再进一步设想，如果你们没有社会保障，30年后你们的孩子可能已经成家立业了，他们的情况又会怎样？

6. 新知识应用的时候

知识创新是指通过科学研究，包括基础研究和应用研究，获得新的基础科学、技术科学和应用科学知识的过程，是创新的基础，是新技术和新发明的源泉，是促进科技进步和经济增长的革命性力量。知识创新是为了追求新的发现、探索新的规律、创立新的学说、创造新的方法、积累新的知识，但是，这种创新无论是所花的时间、失败的概率，还是挑战的程度上，都是变化莫测的。

由知识创新所产生的新知识不仅包括新的基础知识、技术知识，而且还包括更多的应用管理方面的知识。当这些新的知识已经产生，并且已经逐渐完善的时候，就要拿来应用，在应用中更好地抓住创新机会。网络计划技术是源于关键路线法（CPM）和计划评审法（PERT）两种新知识的创新应用。关键路线法（CPM）是1956年美国的杜邦公司在制定企业不同业务部门的系统规划时，制定了一套网络计划。这种计划借助于网络表示各项工作与所需要的时间，以及各项工作的相互关系。通过网络分析研究工程费用与工期的相互关系，并找出在编制计划及计划执行过程中的关键路线。而计划评审法（PERT）是1958年美国海军武器部，在制定研制"北极星"导弹计划时，同样地应用了网络分析方法与网络计划方法，但它注重于对各项工作安排的评价和审查。1965年，著名的数学家华罗庚教授将网络计划技术引入我国，在计划管理中得到了广泛的创新应用。如在某钢铁厂的高炉大修理计划中，应用网络计划技术来进行大修理，比原计划提前21天完成。

1897年，德国机械技师狄塞尔发明了以他的名字命名的柴油引擎，当时每一个人都立刻意识到这是一个重大发明。然而，多少年过去了，仍没有运用到实际生活之中。直到1935年，美国人凯特林重新设计了狄塞尔发明的引擎，才使它能够应用在各种不同的领域，如船只、火车头、卡车、巴士以及客车上。

1951年福特公司的一位负责生产的行政官员提出了"自动化"一词,并详细地描述了自动化所要求的整个生产程序。然而25年来,"机器人"和工厂自动化被广泛地谈论,却没有什么实质性的结果。直到1978年,日本的丰田公司才把机器人应用到工厂中。20世纪80年代初,通用电气公司在宾夕法尼亚州的伊利市建立了自动化机车工厂。

资料来源:彼得·德鲁克. 创新与企业家精神[M]. 蔡文燕,译. 北京:机械工业出版社,2007

第二节 创新职能的基本内容

创新是一种思想及在这种思想指导下的实践活动,是一种原则及在这种原则指导下的具体活动,这是管理的一种基本职能。它是因为管理系统是一个动态的系统,仅有属于管理"维持职能"的组织、领导和控制职能是不够的,还应该有能够随环境条件的变化而不断调整的"创新职能"。创新职能是管理系统中通过组织提供的产品或者服务的更新和完善以及其他管理职能的变革和改进来表现其存在的。对于一个有活力的组织来讲,创新无时不在,无处不在。创新贯穿于各项管理职能和组织的各个层次之中,是各项管理职能的灵魂和核心。

即问即答9-9

创新与维持的关系何在?

对于一个管理系统而言,创新涉及许多方面的内容,但其基本的内容主要表现在观念创新、目标创新、技术创新、环境创新和组织创新等方面。

一、观念创新

胡锦涛强调:"要在全社会培育创新意识,倡导创新精神,完善创新机制,大力提倡敢为人先、敢冒风险的精神,大力倡导敢于创新、勇于竞争和宽容失败的精神。"我们落后的关键是观念的落后:教条僵化、安于现状、不思进取,缺乏创新观念。

观念影响和决定着人们的精神和素质,在相同的客观条件下,由于人的观念不同,主观能动性的发挥就不同,具体行为也就不同,效果也就大不相同。改革开放之初,有人说温州人每一根头发都是捕捉、接收商业信息的天线。温州人为什么在发现、捕捉商机上能够独具慧眼、先知先觉,根本原因在于其思想上不保守,观念更新快。这是一个朴素的真理:观念一新,万两黄金。

即问即答 9-10

你想用脖子以上赚钱,还是脖子以下赚钱?

观念创新实际上就是转变观念,要用能够适应新形势和新变化的新观念去代替已经跟不上形势发展要求的旧观念。观念创新是最重要的、也是最关键的创新,是其他一切创新的基本前提,如果没有观念创新,也就不可能有更好的其他创新。在当今市场经济和知识经济环境下的创新型社会,人们应该多注意在思想观念、思维观念、市场观念、竞争观念、择业观念、人才观念、团队观念和实践观念等方面有所创新。观念的创新,不仅影响和决定个人的命运,而且也是一个国家、一个民族兴旺发达的不竭动力,思想解放、观念创新在任何时期都是经济发展的先声。

即问即答 9-11

在上小学的时候,放学回到家,你们的父母首先要问你们什么?假如你们是父母,你们又问小孩什么?假如你们是美国人,作为父母的你们又问小孩什么?

相关链接 9-13

两个乡下人外出打工,一个准备去上海,一个准备去北京。他俩在候车厅等车时,听候车室的人议论说,上海人精明,外地人问路都收费;而北京人质朴,见吃不上饭的人,不仅给馒头,还送旧衣服。说者无心,听者有意。准备去上海的人想,还是北京好,挣不到钱也饿不死,幸亏车还没上车,不然真掉进了火坑;而去北京的人想,还是上海好,给人带路都能挣钱,还有什么不能挣钱呢?我幸亏还没上车,不然真失去一次致富的机会。旁人的议论让他俩都改变了各自的初衷。

于是他俩在退票处偶遇了,互相交谈后,交换了车票,然后各奔东西。去北京的人发现,北京果然好,他初到北京的一个月,什么都没干,竟然没有饿着。不仅银行大厅里的太空水可以白喝,而且大商场里欢迎品尝的点心也可以白吃,捡破烂卖钱还能寄点钱回家。去上海的人发现,上海果然是一个遍地黄金的地方。他敏锐地观察到:上海人特别喜欢养花,他脑子一转,有了做无本生意的想法。第二天一早,他在郊区装了10包泥土,冠以"花盆土"的名义,以1元钱1包的价格兜售,居然被一抢而空。当天他在城郊间往返6次,净赚了50元钱。

就是这 50 元钱，成为他掘到的第一桶金，激励起了他的创业雄心和信心。他开始研究各种土壤，哪种花卉适宜在哪种土壤中生长。渐渐地，他的"花盆土"名气越来越大，生意越来越好。不久后，他在大上海拥有了一间门面，从此，过上了衣食无忧的生活。但是，他并没有满足，还是在不断寻觅商机。在长年的走街串巷中，他又有一个新的发现：当时的清洗公司只负责清洁大楼而忽略了招牌的清洗，结果好多商店楼面亮丽但招牌污渍斑驳。他立即抓住这一空当，买了些水桶和抹布等清洗工具，办起一个小型清洗公司，专门负责擦洗招牌。由于抢占了市场的先机，公司迅速发展，最终他的公司拥有 150 多个打工仔，业务也由上海延伸到杭州、南京等周边城市。

若干年后，他坐火车去北京考察清洗市场。在北京火车站，一个捡破烂的人把头伸进软卧车厢，向他要一只空的啤酒瓶。就在他递给啤酒瓶的同时，两人都愣住了。因为 5 年前，他俩交换过车票，那情景犹如在昨天。由于两个人观念的差异，导致最后两人的命运犹如天壤之别。的确，观念影响我们对人生的态度，最终观念改变着我们的命运。

资料来源：裴玲. 心灵鸡汤智慧全集［M］. 北京：中国言实出版社，2008

二、目标创新

不论是工作、创业，还是规划未来的生活，首先需要确定目标，然后才能围绕这个目标制订行动计划。如果没有明确的目标，行动就失去了方向和指引，导致行动往往会偏离了目标的方向或者不足以支撑目标的实现。但是，由于环境条件的变化，主观和客观因素的影响，目标的确定往往具有一定的瑕疵，如目标太模糊、太理想，甚至是错误的目标。沈阳某公司当时有几个市场前景非常好的产品，经营也很好，没有几年公司经营却很困难了。原因在于公司当时的目标是在追求利润最大化，而没有在目标的确定上进行创新。当时有人在提醒该公司要注意自己的理性化目标，如生存目标、双赢目标以及可持续性发展目标等，结果该公司根本没有在意。

正确的、明确的目标是成功的前提，是力量的源泉，那么怎样的目标才是正确的、明确的呢？这就涉及创新职能的另一个基本内容——目标创新的问题。目标创新在于把握住以下几方面的基本特征。

1. 目标创新的方向性

它是指确定的目标是否正确、是否更加明确和清晰。如某电影学院的一名优秀学生，他在大学毕业时候，其就业目标不是哪家单位好、大、有名气或者有戏演，而是哪家单位能解决他的大城市户口，他就去哪家单位。几年以后，他成了一名非常著名的青年演员。

即问即答 9-12

同学们的就业目标是什么?

2. 目标创新的挑战性和可达性

它是指确定的目标不要是太容易就可以实现的,也不要是太难才能实现的,甚至根本无法实现的。太容易实现的目标,容易使人产生惰性,不能调动人的积极性和创造性。太难的目标,不是使人具有去挑战的勇气,而是容易使人一开始就可能放弃。因此,在进行目标创新时,要注意挑战性和可达性的结合点,同时并举。就如猩猩想把香蕉抓来吃一样,如果香蕉挂得太高,它看一眼转身就走;如果不太高,它就会努力想办法,最后跳一下,把香蕉抓来吃了。

3. 目标创新的系统性

它是指确定的目标不要只是总目标或者目标框架,而是要有具体目标和完善的目标体系。犹如剥洋葱一层一层地剥一样,目标也应一点一点地分解确定,最后组合起来形成完善的目标体系。在1984年的东京国际马拉松邀请赛中,一个名不见经传的日本人夺得了世界冠军,震惊了所有的人。记者采访时,他只说:凭智慧战胜对手,很多人不解。直到10年后他才在自传中解开谜底,原来,他事先把40多千米的赛程分解成了若干段,并且找好标志,比如第一个标志是棵大树,第二个是个红房子,第三是某某,直到最后的标志,开始后,每一段都以百米冲刺的速度来跑,在一个又一个的成功到达之后,冲向最后的一个目标。同样在2008年的北京奥运会上,我国的大多数金牌获得者在采访的时候,几乎都说了同样的话:开始没有去想得冠军的事,只是想把每一个动作做好、发挥好,结果成就了梦想,而有些一心想得冠军的运动员最终因压力过大而没有得到。

4. 目标创新的可量化性

它是指确定的目标不要定性化,而要定量化,包括时间上的定量,只有数字才能更好地说明问题。有一个青年人,他的人生目标是:这一辈子我要挣很多钱。他的人生目标具有创新性吗? 一辈子是多少年? 10年、20年,还是50年? 很多钱是多少钱? 我国的一些大型企业的目标是成为世界级的知名企业,其目标同样没有在时间上量化,也没有在竞争地位上量化,如在世界500强中处于第几位。因此,在进行目标创新的时候,尽量做到主观目标客观化,定性目标定量化,定量目标数字化,数字目标记录化。

相关链接 9-14

1979年哈佛大学对当年应届毕业生做了一个调查报告。在调查中,他们询问在应届毕业生中有多少人有明确的人生目标,结果只有3%的人有明确的人生目标并且写在了日记本上,他们把这些人列为第一组;另外有13%的人在脑子里有人生目标但没有写在纸上,他们把这些人列为第二组;其余84%的人都没有明确的人生目标,他们的想法是完成毕业典礼后先去度假放松一下,这些人被列为第三组。

10年后,哈佛大学又把当初的毕业生全部召回来做一次新的调查,结果发现第二组的毕业生,他们每个人的年收入平均是那些84%没有人生目标毕业生的两倍。而第一组的人,即那些3%的把明确人生目标写在日记本上的人,他们的年收入是第二组和第三组人的收入相加后的十倍。也就是说如果那97%的人加起来一年挣1 000万美元,那么这3%的人加起来的年收入是一个亿。

资料来源:韩伟恩. 保证你快速致富的7个步骤[M]. 北京:地震出版社,2006

三、技术创新

1999年《中共中央、国务院关于加强技术创新,发展高科技,实现产业化的决定》中明确指出"技术创新,是指组织应用新知识和新技术、新工艺,采用新的生产方式和经营管理模式,提高产品质量,开发生产新的产品,提供新的服务,占据市场并实现市场价值。"在这里技术创新已经不是单纯技术概念,而是技术与经济结合的经济学范畴的概念,涵盖组织运行的全过程。技术创新是一项高风险的活动,同时又是一项高收益的活动。据资料显示,如果技术创新活动有20%的成功率就可以收回投资并且能够盈利,因此,许多组织都愿意并舍得在技术创新方面进行投资。技术创新主要包括要素创新、要素组合创新和产品与服务创新三大方面。

1. 要素创新

参与组织活动的要素创新主要包括材料创新、设备创新以及人员创新三个方面。材料创新是指开辟新的材料来源,开发和利用成本更低的替代性材料,提高材料的质量,改进材料的性能等方面。如用鲨鱼皮生产的游泳衣对水的摩擦力比用普通材料生产的游泳衣的摩擦力要小得多。设备创新则表现在:第一,将先进的科学技术成果用于革新和改造原有的设备,以提高性能和延长寿命;第二,利用创新的新设备提高组织的自动化和机械化程度;第三,有计划地更新设备,以更经济的、更先进的新设备来代替陈旧的、过时的老设备。人员创新是指组织应不断从外部吸纳高素质的人才,也应注重对组织现有人才的有效使用和继续培养，不断地对他们进行新知识、新技术的培训和改造，使之适应技术进步的要求。

相关链接 9-15

吉列（Gillette）公司成立于 1901 年，主要生产剃须产品、电池和口腔清洁卫生产品。"掌握全世界男人的胡子"的吉列剃刀产品，在美国市场占有率高达 90%，全球市场的份额竟达到 70% 以上。在 2005 年评出的世界品牌 100 强中位列第 15 位，品牌价值 175.3 亿美元。但是，在 1998 年，阿尔弗雷德·泽恩担任 CEO 时，吉列公司的业绩开始出现下滑。于是迈克尔·霍利（Michael Hawley）接过帅印，而后吉列公司业绩加速下滑，市场份额减少、利润率下降、股价下跌不止、员工士气低落。当时，包括著名投资者巴菲特在内的吉列公司董事会迅速采取行动，2000 年 10 月，任职仅一年多的迈克尔·霍利被迫辞职。2001 年 2 月，詹姆斯·基尔茨（James Kilts）走马上任，这是当时吉列公司 70 年来第一位空降的 CEO，也就是外行，但他擅长成本创新与控制。通过两年多的努力，吉列公司走出了低谷。

资料来源：覃唐·吉列：刀锋上的战争．中国新时代，2005（2）．

2. 要素组合创新

组织活动中的要素除了材料、设备和人员以外，还包括市场、厂房等要素，要素组合创新就是利用一定的方式将不同的运营要素加以有机的组合，尤其是在时间和空间上面加以创新，使得组合创新后的要素能发挥更大的效用。组织运营过程中充分利用不同空间的材料、设备、厂房以及技术人员与管理人员等多种要素资源，进行整合性的创新就能够产生更大的效用。同时在时间上再加以整合创新，可以提高劳动的效率，缩短运营的周期来提高各种要素的利用效率。很多组织都通过合作、兼并的方式来整合各种要素的创新，这是一种行之有效的方法。康佳集团公司为了更好地占领东北市场，它们不是把在广东生产的产品运到东北，而是到黑龙江去兼并了一家电视机企业，利用当地的厂房、技术人员、材料以及市场等多种要素，再结合自己在广东的各种优势要素来整合创新，从而有效地利用了两地的要素资源，取得了很好的效益。

即问即答 9-13

"虚拟"在企业的运营上是什么意思？

3. 产品与服务创新

各类组织要想保持持久的竞争力和旺盛的生命力，只有不断地组织并实现产品与服务的创新，不断地为客户提供新的产品与服务。产品与服务创新主要是指组织在产品与服务的结构、品种以及效用等诸多方面进行创新。结构创新是指组织通过改进使产品与服务的结构更合理、性能更提高、使用更安全、操作更方便、更具有市场竞争力。品种创新是要求组织根据市场需求的变化及时调整作业方案，开发受市场欢迎的、适销对路的产品与服务品种。而效用创新则是指组织通过了解客户的偏好，以此为依据改进原有产品，开发新产品，使产品能给客户带来更多满足，更受客户的欢迎和喜爱。

从新旧产品与服务的角度来讲，产品与服务创新主要包括老产品与服务的改造和新产品与服务的开发两大方面，这两方面是指对产品与服务的结构、性能、技术特征等几方面进行改造、提高或者独创。产品与服务的这种创新，既可以利用新技术、新原理和新结构开发出一种全新的产品与服务，也可以在原有产品与服务的基础上，部分采用新的原理、技术而开发出来的，适合新用途，满足新需要的换代新产品与服务，还可以是对原有产品与服务的规格、性能、品种、款式以及包装等方面的完善而进行的创新。

对市场来说，大多数的情况下技术创新只是手段，只是为了实现产品与服务创新的一种手段，产品与服务创新才是目的。根据国内企业新产品研究开发的实践与经验，通过对国内外市场千姿百态的商品销售动向的观察与分析，产品创新的发展方向主要包括以下方面：

1. 创新不同领域且相互融合的"复合型"产品

所谓"复合型"产品，是指通过现有技术与高技术的融合，传统工艺与现代新技术的融合，自有技术与引进技术的融合，军用技术与民用技术的融合等，使原有产品具有新的使用性能和使用价值，从而成为"复合型"高新技术产品，如电脑与现代通信技术的融合产生具有各种新功能的信息技术产品。

2. 创新富有智能启发功能的"智力型"产品

所谓"智力型"产品，是指在创新产品的物质实体中具有演唱、奏乐、模仿、计算、学习、会话等功能，能给人以智力启迪的产品。当前市场上流行的掌上电脑、英语学习机等就是具有很大诱惑力的"智力型"产品。

3. 创新融机电为一体的"机电型"产品

所谓"机电型"产品，就是综合运用机械技术、电子技术和信息技术研制的机电仪一体化产品，它实现了机械装备的整体优化。具体创新的优先领域是数控机床及其他机械制造设备，电子化量具量仪、过程检测控制仪表、工业机器人，微电子控制的轻工纺织、医疗器械等。具体创新的共性关键技术是检测传感、信息处理、自动控制、伺服传动、精密机械、系统总体等。

4. 创新高效且低耗的"节能型"产品

高效、降耗、省料的"节能型"新产品的开发创新，是国民经济发展的迫切需要，一旦创新成功并被社会广泛采用，就会有令人瞩目的社会价值和经济价值。因此，应用节能新技术改造旧设备和发展"节能型"创新产品，是工业生产领域的一个永恒主题。

5. 创新普遍需求的"安全型"产品

企业对安全装置、设施和设备的需求日益迫切，开发创新"安全型"产品，确保劳动者安全、健康、舒适、愉快地劳动，以提高工作质量和劳动效率，是企业生产的普遍需求。如覆盖火区迅速灭火并能预防瓦斯爆炸的矿井灭火装置，就能为井下工人带来福音，就会具有很大的市场潜力。

6. 创新档次不同的"系列型"产品

所谓"系列型"产品是以技术先进、功能完善、结构相近的名优产品为基型，通过优先升级、提高，形成具有新的功能，能满足新的需求的系列化产品。如近年来市场涌现的用途相同而档次不同的监控系列化仪表、系列化家用电器和汽车、摩托车系列等都具有旺盛的需求。

7. 创新代表新技术发展趋势的"轻微型"产品

微电子技术的发展，加速了"轻微型"产品的开发创新进程，"短、轻、精"的创新产品一经问世即称雄市场，使"长、大、重、厚、粗"的老产品相形见绌。如我国创新的一批微型机床、微型耕作机械和微型收录机、微型矿用机具等，迅速赢得了用户的喜爱。它们是一种体积耗料少、运输方便、价格便宜，低投入、高产出的新技术产品，代表了创新产品发展的趋势。

8. 创新符合环境保护的"环保型"产品

在当今世界，日益强烈的环境保护呼声已成为许多国家强化环保法规的推动力，作为抵制破坏环境的一项战略性手段，越来越多的国家开始重视发展环保型产品。为此，只有根据消费者的绿色消费意识尽早进行绿色产品的创新，方能驾驭未来的市场。

产品方面的创新除了以上的发展方向外，还有诸多的改进和更新方面的创新。产品创新的同时还伴随诸多千姿百态的服务创新，未来竞争的关键不仅在于企业能创新什么产品，而更在于能创新多少服务。如 IBM 公司不仅创新了无数的 IBM 产品，而且公司的服务还是世界最佳服务的象征，形成了 IBM 就是最佳服务的品牌。

相关链接 9—16

江苏小天鹅集团连续 10 年在中国洗衣机市场占有率第一，经过 10 多年来的努力，形成了脍炙人口的 12345 全国规范化服务承诺。新的世纪里，小天鹅在服务理念上更上一层楼,在中国家电行业又率先推出"168·微笑之心"服务的耀眼旗帜。"168·微笑之心"服务体系的主要内容包括:1张质量信誉卡;6项承诺:一双鞋,两句话,三块布,四不准,五保修,六及时;8项关怀:专家咨询,上门安装,主动追踪,网上自助,投诉管理,公众监督,呼叫中心,800热线支持。从早已深入人心的12345服务承诺到现在的"168·微笑之心"服务体系,秉承了小天鹅一贯"服务第一,销售第二"的企业宗旨,并使小天鹅"全心全意"服务理念得到更具体的体现。

资料来源:周三多.管理学 [M]. 北京:高等教育出版社,2006

四、环境创新

环境是人类生存发展的物质基础和制约因素,环境的承载能力和环境容量是有限的,如果不考虑环境条件的制约作用,超出了环境允许的极限,就会导致环境污染与破坏,造成资源的枯竭和对人类的损害。环境问题的实质在于人类经济活动索取资源的速度超过了资源本身及其替代品的再生速度,以及向环境排放废弃物的数量超过了环境的自净能力。在环境科学中,一般认为环境是指围绕人群的空间以及可以直接或间接影响人类生活和发展的各种自然因素和社会因素的总称。相对于地理条件、资源状况、基础设施、基础条件等因素的硬环境而言,思想观念、文化氛围、体制机制、政策法规及政府行政的能力水平和态度等因素所形成的软环境才是人们应该特别重视的。

人们不仅能适应环境,而且还能开发和利用资源,甚至还能改造和创新环境,使环境更加适合于人们的生存和发展。实践证明,一个地区的环境是否优化、是否宽松,直接关系到生产要素能否聚集、人才能否聚集、干部群众的积极性能否发挥,直接关系到一个地区、一个部门的生存和发展。环境创新是一个综合的概念,既要有产业环境、居住环境、交通环境、商业环境等硬件环境的创新,又要有政策环境、服务环境、信用环境、商务环境、法制环境、舆论环境等软件环境的创新。如扬州市几年来,重大基础设施取得重大突破,城市环境发生深刻变化,沿江开发、园区建设全面推进,搭建了发展的平台,拓宽了空间,硬件环境已有很大的改善,具有了吸纳各种生产要素、各种产业来扬州发展的承载能力和发展条件。但是面临的突出问题是发展软环境的改善,扬州需要继续秉承"亲商安商富商"的理念,需要坚持信守承诺、诚信守约的原则,营造让投资者投资安全、有利可图的发展环境,需要更加扎实地围绕项目落地做好审批、商务、关务、检务、事务等一系列服务,不仅需要服务者的笑脸,也需要服务的效率,更需要服务的规范,营造高效规范成本低的商务环境。扬州需要全民创业,进一步营造全民创业、创新、创优的氛围,让一切创造财富的积极性都能充分发挥,让一切创造财富的源泉充分涌流。扬州需要政府各个部门、各个工作人员都能牢固确立服务意识、大局意识、责任意识,服务经济、服务群众、服务基层;

需要进一步改善生态环境、人居环境、治安环境,提高文化、教育、卫生、商业配套功能和服务水平,让生活在这座城市的老百姓包括在扬州投资发展的投资者都能生活得更加充实、更加踏实和更加殷实。

对于组织而言,环境既是组织生存与发展的基础和土壤,同时也制约着它的生存与发展。组织环境创新不是指组织为了适应外界环境的变化而调整内部结构或者活动,而是指通过组织积极的创新活动去改造、改善环境,去引导环境朝着有利于组织生存与发展的方向变化。根据波士顿咨询公司的最新调查,全球有72%的企业在2006年加大了对创新的投资,尤其是对环境创新方面的投资。当全球企业希望通过创新追求更高的业绩目标时,善于创新的人才变得炙手可热而不可多得,在这种情况下,很多企业希望通过激发现有人员的创新特性来提高生产力。美国著名的设计公司IDEO就是其中的一员,其创立者认为:创新性潜伏于每个普通人的体内,公司所要做的就是把他们激发出来,每个人都有创新性的一面,如果你能够营造出一个允许冒险和疯狂想法,以及容忍偶然失败的氛围,在这种环境氛围的刺激下,创造力就会旺盛地生长起来。

即问即答 9-14

2005年高考前夕,攀枝花市有一父母向他们的女儿许下诺言:如果女儿能考上她理想的大学——上海某重点大学,就送她一辆轿车。女儿一听就说:"爸爸妈妈,肯定是开玩笑。自从我上初中以来,我们就租房住,而且搬了几次家,家里也没有什么值钱的家具。即使我考上了,我们家也买不起轿车呀!"最后,女儿真的考上了她理想的大学,而她的父母也兑现了承诺。此时,她的父母才告诉她,家里其实并不穷,而且还很有钱。请问她的父母为什么要有意地给她创造这样的成长环境?

五、组织创新

组织创新是指组织中的管理者和其他成员为了使组织系统适应外部环境的变化,或者满足组织自身内在成长的需要,对组织内部各个子系统及其相互作用机制,或者组织与外部环境的相互作用机制进行创新性的调整、开发和完善的过程。它具体是通过调整与优化各项管理要素,如人、财、物、时间、信息等资源的配置结构,提高现有管理要素的效能来实现的。

作为企业的组织创新,可以有新的产权制、新的用工制、新的管理机制,公司兼并和战略重组,对公司重要人员实行聘任制和选举制,企业人员的调整与分流等方面。企业组织创新的方向就是要建立现代企业制度,真正做到产权明晰、权责明确、政企分开和管理科学等四个方面。而企业组织创新的内容就是要全面系统地解决企业组织结构与运行,以及企业间组织联系方面所存在的问题,使之适应企业发展的需要。组织创新的主要内容表现在以下几个方面。

1. 职能结构的创新

职能结构创新的主要思想是走专业化的道路，分离由辅助作业、生产与生活服务、附属机构等构成的企业非生产性主体。发展专业化社会协作体系，精干企业生产经营体系，集中资源强化企业核心业务与核心能力，同时应加强对市场调研、技术开发、产品开发、市场营销和用户服务等过去长期薄弱环节的创新。

2. 组织体制的创新

组织体制是指以集权和分权为中心，全面处理企业纵向各层次，特别是同二级单位之间权责利关系的体系。在进行组织体制的创新时应要注意以下三个方面的问题：第一，在企业的不同层次，正确设置不同的经济责任中心，包括投资责任中心、利润责任中心、成本责任中心等，消除因经济责任中心设置不当而造成的管理过死或管理失控的问题。第二，突出生产经营部门的地位和作用，管理职能部门要面向一线，对一线既管理又服务，根本改变管理部门高高在上，对下管理、指挥监督多而服务少的传统结构。第三，基层实行管理中心下移，这一层次在较大的企业中，还可分为分厂、车间、工段、班组等若干层次。可以借鉴国外企业的先进经验，调整基层的责权结构，将管理重心下移到工段或班组，推行作业长制，使生产现场发生的问题，由最了解现场的人员在现场迅速解决，从组织上保证管理质量和效率的提高。如邯郸钢铁厂实行的工长制，取得了巨大的经济效益。

3. 机构设置的创新

考虑横向上每个层次应设置哪些部门，部门内部应设置哪些职务和岗位，怎样处理好他们之间的关系，以保证彼此间的配合协作。创新的方向是推行机构综合化，在管理方式上实现每个部门对其管理的业务流，能够做到从头到尾、连续一贯的管理，达到物流畅通、管理过程连续。具体做法就是把相关性强的职能部门归并到一起，做到一个基本职能设置一个部门、一个完整流程设置一个部门；另外，机构设置还应从领导岗位开始，推行领导单职制，即企业高层领导尽量少设副职，中层和基层基本不设副职。

4. 横向协调的创新

横向协调的创新主要体现在三个方面：第一，实行相关工序之间的指挥、服从以及自我协调。第二，在设计各职能部门的责任制时，对专业管理的接合部和边界处，有意识地安排一些必要的重叠和交叉，有关科室分别享有决定、确认、协助、协商等不同责权，以保证同一业务流程中的各个部门能够彼此衔接和协作。第三，对大量常规性管理业务，在总结先进经验的基础上制定制度标准，大力推行规范化管理制度。

5. 运行机制的创新

建立企业内部的价值链，上下工序之间、服务与被服务的环节之间，用一定的价值形式联结起来，相互制约，力求降低成本、节约费用，最终提高企业整体效益。创新原有自上而下进行考核的旧制度，按照价值链的联系，实行上道工序由下道工序考核、辅助部门由主体部门评价的新体系。

6. 跨企业联系的创新

前面几项组织创新内容，都是属于企业内部组织结构及其运行方面的内容。除此之外，还要考虑企业外部相互之间的组织联系问题，重新调整企业与市场的边界，重新整合企业之间的优势资源，推进企业间组织联系的网络化，这是新世纪企业组织创新的一个重要方向。如 ERP 的创新应用、BPR 的创新应用以及虚拟化组织的创新应用等方面。

组织创新是一个系统过程，它不仅会受到组织内部个体创新特征、群体创新特征和组织特征的影响，还要受到整个社会经济环境的制约。组织创新行为又会直接影响组织绩效，包括市场绩效、竞争能力、盈利情况、员工的态度等。同时，组织创新是一个渐进过程，往往从技术与产品开发入手，逐步向生产、销售系统、人力资源、组织结构发展，进而进入战略与文化的创新，表现为一种渐进创新的过程。那么，组织创新应该遵循哪些原则呢？第一，一致性原则。所谓"一致性"是指必须注意各要素之间的相互匹配，换言之，就是要竭力避免"自相矛盾"的情况发生。这种一致性不但包括组织结构和企业文化、制度设置等宏观方面的一致，而且还包括各微观要素之间的一致。如员工的举止规范与企业形象的一致，核心价值观与管理制度之间的一致。第二，进步性原则。所谓"进步性"是指组织的使命定位和价值取向是否符合历史发展的潮流，是否遵循与组织属性相关的规律法规，是否遵循人性的价值及其诉求。不少企业在创立伊始就拥有先进设备和充足投资，但是，企业因为组织创新的薄弱，缺乏进步性，不久就走向死亡。只有创新的组织才是有生命力的组织，只有创新的组织才能由弱小走向强大、由被动走向主动、由困境走向辉煌。第三，本土化原则。任何组织都会面临"落地生根"的问题，空中楼阁是没有生命力的。因为组织的核心构成要素是人，而人的基本属性是社会性，人的社会性当然与其所处的特定的社会密不可分，即便是同一种管理思想，甚至是同一种管理工具，在不同的国家，不同的企业，发生的效果都是不一样的。第四，导向性原则。组织的导向决定着全体成员的注意力，从 20 世纪初开始，企业的导向经历了一个从生产导向、产品导向、促销导向、营销导向以及服务导向等方面的发展历程。企业必须根据自身的使命或战略确定明确的组织导向，处于不同的业态、竞争环境和市场地位中的企业需要不同类型的导向。同样不同导向的组织形态会决定组织的注意力、财力和人力的投向，以及不同信息在组织内的传导方式和处理方式。

组织创新决定了一个组织的基本框架和发展的潜力，它决定了一个组织的先天命运，时时刻刻影响着组织发展的过程。一个结构混乱的组织可能导致职责不清，工作混乱；而一个结构理性、清晰，又时刻充满了创新精神的组织，就如同一个过滤器，会把组织中的一些小问题自动自发地解决掉，从而使组织以良性的方式自动成长。所以说，组织创新可以使一个组织成为自动成长的生命体。

即问即答 9 – 15

请为一家只有10个员工的新型网络研发公司设计组织结构，这家公司最适合采用哪种类型的组织结构？

第三节　创新的过程和模式

一、创新的过程

处处有创新，人人能创新，但是在人们的实际生活、学习和工作中又是处处无创新，人人不创新，认为创新离得太远，创新有太多的困难。其实，这是对创新的一种误解，没有掌握创新的一般规律和程序，可能是把创新看成是一个结果，而没有把创新看成是一个过程。往往创新不是一有好的点子，或者只要一干，就能有一个好的结果，甚至能成功的，而是需要一个循序渐进的、科学合理的、持之以恒的过程。总结众多成功创新的经验，成功的创新需要经过培养创新意识、寻求创新机会、提出创新构想、制定创新方案以及迅速行动和坚持忍耐等过程。

1. 培养创新意识

创新意识是指创新的愿望和动机，是人们根据社会和个体生活发展的需要，引起创新前所未有的事物或观念的动机，并在创新活动中表现出的意向、愿望和设想。如果没有这种创新意识，或者这种意识还不够强烈，人们就不可能产生创新活动，因此，培养创新意识是创新活动的首要环节，是创新活动的第一过程。人类意识活动中的一种积极的、富有成果性的表现形式，是人们进行创新性活动的出发点和内在动力，它以感知、记忆、思考、想象等能力为基础，体现着智力品质的综合性，并表现出目的性、探索性、求新性和超越性的基本特征。创新意识是创新性思维和创新力得以发挥的前提条件，具有创新意识的人才能对已积累的知识和经验进行科学的加工创造，产生新知识、新思想、新概念、新成果或新产品。

2. 寻求创新机会

在9.1节中谈到的创新机会主要表现在当突发的事件或者意外发生的时候、当系统内外不协调的时候、当业务流程需要改变的时候、当市场结构和行业结构变化的时候、当人口结构变化的时候、当新知识产生并应用的时候等，这些时候都是创新的契机。当然，除了在这些时候要把握住创新的机会外，在人们日常的生活和工作中，遇到一些不正常的事件，甚至是正常的事件都有可能是创新的机会。只要人们具有了创新意识和创新观念，时刻做一个有心的人，就有可能时刻寻求和发现到创新的机会。

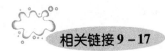
相关链接 9-17

美国的一对年轻夫妇比利和妮姬创新了一种最新款式的奶瓶，由此成就了他们的事业。1983年2月2日，妻子妮姬生下了儿子威廉，他们用奶瓶给小威廉喂奶时，发现市面上出售的奶瓶都太大，8个月以下的婴儿难以自己用手托住，必须由父母帮忙。比利的岳父高尔是一间工厂的烧焊品质检查员，有一次，他来看外孙，发现女儿用手托着奶瓶给孩子喂奶，便说将来的奶瓶都焊上瓶柄就好了。

听到这句话，妮姬灵机一动，便利用黏土试做了各种奶瓶形状，干透后拿给儿子试用。她相继试过三角形及四角形的奶瓶，到最后才设计出将圆圈拉长的形状，并取名为 ANSA，拉丁文的意思是"手柄"。一开始的样品采用不透明的鲜红、鲜蓝及鲜绿色，看不清瓶内是否清洁，因而，首次在达拉斯贸易会展出时不受欢迎。于是比利夫妇将奶瓶改为透明的粉红、粉蓝等色，很快就在65天内卖出5万多个。这对年轻夫妇便在该市建了一间工厂，雇了35名员工，1985年开业，第一年就收入150万美元。如今，ANSA奶瓶每个售价2.5美元，每月销量超过25万个。

资料来源：徐欣欣．走出梦想创业起步 [M]．北京：中国经济出版社，1995

3. 提出创新构想

寻求到了创新的机会，发现了各种变化和需求的时候，就要透过现象去分析原因，并据此来分析和预测这种现象背后的变化和需求趋势，估计这种趋势可能带来的消极或者积极的东西，以便利用好这种趋势，从而提出能够符合实际的构想。这种构想的方向性、层次性、新颖性等方面都要体现创新的思想。

4. 制定创新方案

提出的创新性构想一般只是粗略的框架，要想把这种构想变为现实，还要进一步地制定可行的、具体的方案。方案应尽量细化，就所涉及的人、财、物、时间、信息、技术以及市场等多个方面进行计划、创新和论证。

5. 迅速行动

不管是好的创新构想，还是完善、具体的创新方案，都必须付诸行动才有意义。只有通过具体的实践行动才能检验提出的创新构想是不是好的，制定的创新方案是不是具体和完善的。往往再好的构想和方案都不可能是十全十美的，如果在提出构想或者在制定方案的时候，就一味地去追求完美，而不是迅速行动，在行动中去逐步完善，就很有可能坐失良机，创新的机会白白地送给了自己的竞争对手。

6. 坚持忍耐

创新的过程往往是在行动中不断尝试、不断完善、不断提高，甚至是不断失败、不断坚持忍耐的过程。创新行动往往不是一帆风顺，有可能遇到各种各样的主观和客观因素的影响或者限制，造成创新行动的缓慢，甚至是失败。此时，必须有足够的信心和较强的耐性，能够正确对待创新活动中出现的失败，具体深入地分析原因，采取必要的纠正和预防措施，减少失败或者消除失败后的影响，要知道创新的成功在很大程度上往往取决于最后的坚持。

即问即答 9-16

你进行过自我超越的修炼吗？

二、创新的模式

创新的过程涉及一系列的活动，所有的活动都是相互联系的。创新模式表述了创新过程中的这些创新活动或创新要素的联系与制约关系。自 20 世纪 60 年代以来，国际上先后出现了一些具有代表性意义的创新模式。

1. 技术推动的创新模式

在早期阶段人们对创新过程的认识是：研究与开发或科学发现是创新的主要来源，技术创新是由技术成果引发的一种线形过程。这一过程始于研究与开发，经过生产和销售，最终将某项新技术产品引入市场，市场是研究与开发成果的被动接受者。这种技术推动的创新模式包括基础研究、应用研究与开发、生产和销售，以及市场需求，然后由市场的需求再来促进基础研究。实际上，许多根本性创新确实来自于技术推动，对技术推动的认识会激发人们的创新努力，特别是新的发现或新的发明。

2. 需求拉动的创新模式

需求拉动也称市场拉动，在这种创新过程中，强调市场需求是研究与开发构思的来源，市场需求为产品和工艺创新创造机会，并激发为之寻找可行的技术方案的研究与开发活动，认为创新是市场需求引发的结果，只有市场需求才是推动创新的原动力。这种需求拉动的创新模式包括市场需求、消费信息反馈、研究与开发，再进行生产。但必须指出的是，由于消费者需求变化的有限性及其准确预测的困难，尽管市场需求可能会引发大量的技术创新，然而这些创新大都属于渐进性创新。

3. 一体化创新模式

这种创新模式不是将创新视作从一个职能到另一个职能的序列性转换过程，

而是将其看作同时涉及创新构思的产生、研究与开发、设计、制造与市场营销等并行的全面过程。这种一体化创新模式强调创新过程中全部要素的参与，以及所有创新要素之间存在的关系来整合创新。创新的过程有可能划分为多个不同的阶段，而各个阶段之间常常由不同的职能小组或职能部门来完成特定的创新任务，这些小组或职能部门之间一般存在着一定的界限。由于这些界限很有可能形成对整体创新过程的协同障碍，从而在一定意义上影响或制约创新的效率。

即问即答 9-17

一体化应怎样理解？

4. 持续创新模式

持续创新过程是指在根本性创新产生以后，特定产业中各类型创新的分布形式以及创新对产业成长的作用方式。创新的分布形式是指在创新产品的生命周期在不同阶段内，各种创新及其后续创新之间的数量、强度及其频率。1973年美国哈佛大学的阿巴纳希教授和麻省理工学院的阿特拜克教授通过对以产品创新为主的持续创新过程的分析与研究，发现企业创新类型与创新程度一定程度上取决于企业和产业的成长阶段。他们把企业创新的演化进程划分为三个阶段，即不稳定阶段、过渡阶段和稳定阶段，并将这一创新演化进程与产品生命周期联系起来，提出了描述以产品创新为中心的产业创新分布形式的创新模式。这一创新模式表明：以产品创新为主的持续创新过程是产业内的企业在产品设计、生产工艺和企业组织等方面，从无序到有序、从离散到高度整合状态的转换过程。其创新过程中各阶段在竞争重点、创新激励、创新类型、生产方式、生产工艺和组织管理等方面都显示出各自不同的特点。

5. 能力创新模式

为了应对整合上的需要，组织必须能够在现有的流程之外发展出一种新的模式，以便从整体、系统和动态适应性的角度来打造企业的核心竞争力。能力是由多种不同的能力要素所构成的综合体，这些能力要素主要包括战略与策略、财务状况、流程系统、人力资源系统、无形资源系统、技术与组织结构、系统外部环境等。只有当所有这些能力要素能够形成某种有机整合机制时，才能构建一个组织的综合竞争优势。能力创新的关键在于：把每种能力要素都能够深度开发出来，并且能够同时形成一种合理的能力结构。实际上，创新能力的结构复杂度越高，组织从能力创新中得到的创新价值就越大。

6. 重新创新模式

在知识经济时代的创新型社会，各类组织或者个人都处于一个高度动态的、复杂的和充满替代性的竞争环境之中，差别化的优势对所有的组织来说，都是具有关键性的制胜法宝。然而，造就差别化的优势谈何容易，竞争对手很快就能够学会昨天的发明，并能够运用于竞争。为了防止不被学习或者模仿，关键在于自身的快速反应能力、高度柔性的结构流程，尤其是在创新方面。因此，重新创新模式就成为当今各类组织都竭力追求的创新模式，这种模式的基本思路就是重新思考、重新组合、重新定序、重新定位、重新定量、重新指派和重新构建，只有这样才能使竞争对手永远慢一步，从而使自己立于不败之地。

相关链接 9-18

统一率先在茶饮料的基础上，推出了新的果汁饮料品牌鲜橙多，它在品牌定位的过程中，巧妙地把消费者熟知的与认可的资源借为己用，提出了一个新的广告口号："多C多漂亮"。面对统一鲜橙多的成功，康师傅自然不会坐视不理，想拿来为己用。鲜橙多是"多喝多漂亮"，靠什么漂亮呢？就是因为含有"维生素C"。于是，康师傅就推出了新的果汁饮料"每日C"。当然，"每日C"借用了鲜橙多的"多C多漂亮"的资源，是一个连续的渐进过程，"每日C"可能要比"多喝"而不知道什么时候喝，来得更直接，更有效力。

鲜橙多真的新鲜吗？凭什么新鲜呢？有具体的科学依据吗？当统一、康师傅把"鲜"做成了一个可以利用的品牌梯子时，汇源真鲜橙来了。果汁饮料的新鲜与否，最主要取决于产品的"罐装形式"。在这样的市场背景下，汇源瞅准了果汁饮料的巨大商机，开始在技术上创新，寻找突破点，并真正地在"新鲜"上发起一场颠覆性的革命。汇源从意大利引进了世界上最先进的无菌生产线——PET无菌冷灌装生产技术，采用超高温瞬间灭菌，然后在25℃常温下灌装，以最大限度减少果汁受热时间，保留水果的营养和新鲜。汇源真鲜橙最大的差异化优势就是技术优势，其引进的"无菌冷罐装"技术在国内尚属首次。所以，在品牌传播战略上，如何把技术优势转化成品牌优势，是汇源真鲜橙必须面对的问题。汇源真鲜橙打的第一版广告就是"对比篇"，在这一版广告中，两个外表看似一模一样的橙子进入画外，其中"热"橙子对"冷"橙子说：我也能和你一样，之后便把外表涂得和冷橙子一样。此时画外音强调，光外表一样可不行，之后冷橙子把热橙子的皮掀开，结果里面一点也不新鲜。此时画外音跟进，被高温蒸煮过，当然不新鲜，汇源真鲜橙，无菌冷罐装，新鲜真美味。

资料来源：http://www.hc360.com，企业管理，品牌创新定位，2004-03-18

本章小结

本章主要从创新的基本理论、创新职能的基本内容以及创新的过程和模式三大方面来讲述了创新的相关知识和应用，章节之中穿插了相关的即问即答、相关链接以及引导案例和案例分析等方面的内容。具体讲述了创新的内涵和本质，创新思维的特征以及创新思维的培养原则；创新机会的具体体现：意外发生的时候、不协调的时候、流程不畅的时候、结构变化的时候、人口变化的时候以及新知识应用的时候；创新职能的基本内容，包括观念创新、目标创新、技术创新、环境创新以及组织创新；创新的过程包括培养创新意识、寻求创新机会、提出创新构想、制定创新方案、迅速行动以及坚持忍耐等方面；创新模式方面具体介绍了国际上先后出现的一些具有代表性意义的创新模式。

知识掌握题

1. 什么是创新？它的内涵表现在哪些方面？
2. 创新思维的特征表现在哪些方面？
3. 创新的契机表现在哪些时候？
4. 创新职能的基本内容有哪些？
5. 创新活动包括哪些过程？

自 测 题

一、单项选择题

1. （　　）在1912年出版的《经济发展理论》一书中首次提出了创新的概念。
   A. 彼得·德鲁克　　　　　　B. 哈罗德·孔茨
   C. 约瑟夫·阿洛伊斯·熊彼特　　D. 斯蒂芬·P·罗宾斯
2. 思维就是有一定顺序的想，或是沿着（　　）的思考。
   A. 某件事情　　B. 一定方向　　C. 一定规律　　D. 客观事件
3. 体现超越人类既有的物质文明和精神文明成果上创新的特征是指创新的（　　）。
   A. 新颖性　　　B. 发散性　　　C. 灵活性　　　D. 突破性
4. （　　）职能是各项管理职能的灵魂和核心。
   A. 决策　　　　B. 计划　　　　C. 领导　　　　D. 创新
5. 创新的成功在很大程度上往往取决于（　　）。
   A. 创新意识　　B. 创新构想　　C. 迅速行动　　D. 忍耐坚持

二、多项选择题

1. 创新精神和创新意识主要来自于（　　）。
   A. 先天的智力　　B. 丰富的实践　　C. 科学的训练　　D. 知识积累
2. 在知识经济和经济全球化的推动下，组织创新主要呈现的趋势是（　　）。
   A. 格式化　　　B. 扁平化　　　C. 网络化　　　D. 复杂化

3. 约瑟夫·熊彼特的创新概念体现在（　　）。
   A. 采用新的方法　　　　　　B. 使用新的原材料
   C. 开辟新的市场　　　　　　D. 采取新的组织形式
4. （　　）的时候是创新的好时机。
   A. 流程不畅　　B. 意外失败　　C. 更换管理者　　D. 知识应用
5. 技术创新主要表现在（　　）。
   A. 要素创新　　B. 理论创新　　C. 思维创新　　D. 产品创新

知识应用与课堂讨论题

创新无限，青春永驻的3M公司

1902年，几个年轻人觉得在矿产丰富的明尼苏达采矿有利可图，一起凑了1 000美元成立了明尼苏达州矿产和制造公司（Minnesota Mining and Manufacturing，简称3M）。3M公司在全球60多个国家经营着100多家大型生产企业，共有7万多名雇员。据统计，世界上有50%的人每天直接或间接地接触到3M的产品，3M产品创新的能力令人称奇，公司拥有近7万种产品，每年开发的新产品多达200多种，几乎每隔1~2天就有一项新产品问世。100多年来，3M公司已经将自己红色的烙印深深刻在了全球各地。

3M公司是世界最富创新的公司，素以勇于创新，产品繁多著称于世，已经成为多元化制造型企业发展道路上的一座里程碑、一面旗帜、一个青春不老的神话。事实上，3M公司全球年营业额的30%是从最近4年研制的产品中取得的，"创新"二字被公司奉为至高无上的生存法则，公司的宣言就是要成为"世界上最具创新能力的公司"。在3M看来，对创新的理解，既醒目又简单，就是"新思想+能够带来改进或利润的行动"。

3M公司一直以来努力创造一个有助于产品创新的内部环境，公司鼓励每一个人开发新产品，公司推行的"15%规则"可谓业内皆知。这项规则允许每个技术人员可用15%的时间来"干私活"，搞个人感兴趣的工作方案，而不管这些方案是否直接有利于公司。"15%规则"在提供自由发挥空间的同时，也肯定了一点：要创新，就不可避免会犯错误。3M公司知道在成千上万个构思中最后成功的只是凤毛麟角，对此有一个很形象的比喻就是"亲吻青蛙"——为了发现王子，你必须与无数个青蛙接吻。"亲吻青蛙"意味着经常会失败，3M公司把失败视为创新工作的一部分，其哲学是"如果你不想犯错误，那么什么也别干"。

创新不是刻意得来的，3M公司证明了一件事，那就是当公司愈是刻意要创新时，反而愈是不如其他公司。利贴便条是在一连串意外中诞生，并不是依循精密的计划而来，每次意外的发生都是因为某个人可以完全独立从事非公司指定的工作，但同时也履行了对公司的正式义务。发明者往往比管理者有更多的空间，可以表达自我。3M的许多创新产品来自于不经意间的灵感，这些灵感有的是关于新材料、新技术的，也有的是突破部门限制和思维定势而产生的。曾任3M公司总裁的路易斯·雷尔就曾指出，任何条条框框，不论来自于何处，都是有害于创新能力的。他的名言是："假如你在人们周围设置太多的围栏，那里就变成一个牧羊场，哪会有发明专利是颁给羊儿的呢？"3M中国公司的一位员工研制出了一种闪光膜，很长一段时间都不知道该用来做什么，后来灵感出现了，这种闪光膜被用在3M公司的产品朗美地垫上，许多人都喜欢上了这种闪闪发光的地垫。像这样通过偶然的灵感制造出来的产品还有思高牌胶纸、思高保洁剂、遮蔽胶纸、反光材料、屋顶材料等。

对于一个视创新为生命的企业而言，管理创新很大程度上意味着对人的创新管理。3M公司能够在21世纪之初还继续保持行业领头羊地位的原因是充分考虑了人的因素，公司为员工提供了良好的创新环境。首先，在3M公司内部，主管与员工之间、部门与部门之间保持经常交流。3M公司的内部机构设置规模小、人员精，这就方便了部门领导与员工之间的交流。通过交流，部门领导对下属员工个人工作情况、专长、性格特点、学识水平等都了如指掌，以便人尽其才、才尽其用。3M公司的集体协作气氛、经常性联络制度和员工们的主动精神，意味着交流可以在不经意之间发生，员工们往往会在不经意间把信息和主张汇集在一起。同时各部门之间也有频繁的交流，这种打破隔阂的做法经常可以在问题刚刚露出征兆时便解决了。在组织结构方面，3M公司采用扁平化组织结构改造，不是简单地从上而下分设组织，而是从下往上发展新组织，随着员工的创新产生项目组。其次，给予每一个员工充分施展才能、发明创造的机会。3M十分尊重员工个人的价值，为他们提供一个公平、具有挑战、排除偏见、分工协作式的工作环境。第三，3M积极奖励创新者。新产品搞出来了，不仅意味着薪金的增加，还包括职位晋升。第四，3M还要求研究人员、市场人员和管理人员经常与客户保持互动，请他们帮助出主意开发新产品。

对于一个以知识创新为生存依托的公司而言，3M公司知道，有强烈的创新意识和创新精神的知识员工是实现公司价值的最大资源，是3M公司赖以达到目标的主要工具。技术论坛就是3M公司创新活动的知识共享平台，是一个具有管理框架的大型志愿者组织，成员有数千人，每天都有各种活动。技术论坛的成立，目的是在鼓励信息的自由交换，为研究人员相互交流心得和解决疑难问题创造条件。技术论坛委员会负责组织各种活动、教育和交流事务，公司对外委员会负责3M公司的员工与其他公司人员进行交流的活动。这个组织还通过公司内部的电视系统向全美各地的分部传送活动情况，交流委员会则向技术论坛成员定期分发公司的业务通信。员工在这些相互信任的气氛中交流受益无穷，这是一种文化、一种氛围。然而，更重要的是要培养一种环境，在这种环境中，员工可以与其他部门的人自由组合，同时每个人都愿意与他人共享自己所掌握的信息与知识。

本案例思考讨论题

1. 你认为3M公司创新思想的核心是什么？
2. 3M公司的创新体现在哪些方面？
3. 怎样理解"亲吻青蛙"？它说明了创新过程中重要的是什么？

资料来源：杨湘洪．现代企业管理［M］．重庆：东南大学出版社，2003

http://www.cko.com.cn 中国学习型组织网，创新管理，2007-08-23

情景模拟题

一、情景介绍

有一家面积500多平方米的茶馆，位于一条僻静的小巷内。自开业以来，上座率一直不高，虽然也开展了一些如派发宣传卡等促销活动，但收效不大，茶馆经营一直处于亏损状态。经分析发现，造成上座率不高的客观原因有两个：一是茶馆的地理位置偏僻，二是在该家茶馆周围半径一千米范围内，有四家规模相当的茶馆，同行业竞争激烈。如果继续经营，前景不明，如果撤出，上百万的投资会付诸东流，茶馆老板进退维谷。

茶馆属于传统的服务行业，产品方面的创新余地不大，内部环境也大同小异，经营较好的茶馆大多依赖良好的地理优势，要么开在繁华的市口，要么开在目标消费群较为集中的区域内。经营方式基本是守株待兔式的，坐等顾客上门，促销手段也就是在周围发发宣传单，在经营模式上缺乏创新。那么，用什么方法能让茶馆摆脱经营困境而盈利呢？该茶馆要想赢得消费者青睐，必须跳出传统的条条框框，注入一些新的理念，运用新的运营模式来突破。

二、模拟训练

1. 同学们可按照学号顺序（每组8位同学左右）组成多个创新小组，1位创新小组组长，其余的为组员，大家共同来进行该茶馆运营模式的创新，并提交创新方案。
2. 每一小组由组长来介绍其创新方案，其他组的组员扮演消费者，而其他组的组长扮演该茶馆管理层的管理者（总经理、副总经理以及各部门经理），组长介绍完该组的创新方案后，负责回答消费者和管理者的有关提问。
3. 结束后请全班同学分别给各小组的创新方案评分（见表9-1）。

表9-1 记分表

得分 项目	优 (90~100分)	良 (80~89分)	中 (70~79分)	及格 (60~69分)	不及格 (60分以下)
创新点子方面					
创新模式方面					
创新实施方面					
创新效果方面					

4. 最后由指导老师进行点评和总结。

实践训练题

项目：业务流程创新

1. 实训项目

针对某一个组织的具体业务流程进行更新性创新。

2. 实训目的

通过本章的学习，尝试对某一个组织的具体业务流程进行调查、分析，有针对性地对某些流程环节或者整个流程进行改进创新，看新的业务流程能否对该组织起到良好的效果，进而能培养学生对创新的兴趣和信心。

3. 实训内容

(1) 要求学生了解该组织的具体业务流程。

(2) 要求学生找出该业务流程中存在不合理或者不先进的地方和环节，并分析其原因。

(3) 提出创新的思路和具体的实施方案。

(4) 尽量说服该组织实施创新后的业务流程，以便检验其效果。

4. 实训组织

(1) 以小组的形式参加，每6位同学为一组。

(2) 选择的组织尽量全面，要有生产型企业、流通型企业、纯服务型企业，也要有事业型组织，甚至是政府机构。

(3) 每个小组要按照创新团队的方式进行组织和管理。

5. 实训考核

(1) 要求每个小组写出创新方案。

(2) 对每组的创新方案进行自评，然后进行讨论和交流。

(3) 教师进行点评和大家进行评选最佳创新方案。

课下补充参考资料

1. 彼得·德鲁克. 创新与企业家精神 [M]. 蔡文燕，译. 北京：机械工业出版社，2007

2. 孙晓琳. 管理学 [M]. 北京：科学出版社，2007

3. 东篱子. 财富的落点 [M]. 北京：中国商业出版社，2005

4. 周三多. 管理学 [M]. 北京：高等教育出版社，2006

5. 加雷思·琼斯，等. 当代管理学 [M]. 郑风田，译. 北京：人民邮电出版社，2005

6. 杨湘洪. 现代企业管理 [M]. 重庆：东南大学出版社，2003

7. www.zgkjcx.com

8. www.inno365.com

9. www.chinahightech.com

10. 内德·哈里森. 罗伯特·霍德. 全球化创新 [M]. 北京：华夏出版社, 2004

11. 林伟贤. 创意点亮生意 [M]. 北京：北京大学出版社, 2007

12. 余华东. 创新思维训练教程 [M]. 北京：人民邮电出版社, 2007

参 考 文 献

[1] [美] 彼得·德鲁克. 创新与企业家精神 [M]. 蔡文燕，译. 北京：机械工业出版社，2007.
[2] [美] 彼得·德鲁克. 有效的管理者 [M]. 屠端华，译. 北京：工人出版社，1989.
[3] [美] 彼德·圣吉. 第五项修炼 [M]. 郭进隆，译. 上海：上海三联书店，1998.
[4] [美] 斯蒂芬·罗宾斯. 管理学 [M]. 北京：中国人民大学出版社，2004.
[5] [美] 泰罗. 科学管理理论 [M]. 北京：中国社会科学出版社，1980.
[6] [法] 法约尔. 工业管理和一般管理 [M]. 北京：中国社会科学出版社，1982.
[7] 周三多，等. 管理学——原理与方法 [M]. 上海：复旦大学出版社，2006.
[8] 单风儒. 管理学基础 [M]. 北京：高等教育出版社，2008.
[9] 王德中. 管理学 [M]. 成都：西南财经大学出版社，2002.
[10] 倪杰. 管理学原理 [M]. 北京：清华大学出版社，2007.
[11] 魏文斌. 现代西方管理学理论 [M]. 上海：上海人民出版社，2001.
[12] 杨湘洪. 现代企业管理 [M]. 东南大学出版社，2003.
[13] 朱秀文. 管理学教程 [M]. 天津：天大电子出版社，2006：125-157.
[14] 肖洪均. 管理学 [M]. 大连：大连理工出版社，1998.
[15] 徐国华. 管理学 [M]. 北京：清华大学出版社，1998.
[16] 杨洪兰. 现代实用管理学 [M]. 上海：复旦大学出版社，1996.
[17] 杨文士. 管理学原理 [M]. 北京：中国人民大学出版社，1994.
[18] 云冠平. 管理学 [M]. 广州：暨南大学出版社，1990.
[19] 张炜. 新编管理学原理 [M]. 苏州：苏州大学出版社，2007.
[20] 和丕禅. 管理学原理 [M]. 北京：中国农业出版社，2003.
[21] 郑健壮. 管理学原理 [M]. 北京：清华大学出版社，2007.
[22] 刘熙瑞，张康之. 现代管理学 [M]. 北京：高等教育出版社，2000.
[23] 周健临. 管理学 [M]. 上海：上海财经人民大学出版社，1996.
[24] 季辉，林维柏. 管理学基础 [M]. 重庆：重庆大学出版社，2006.
[25] 王钊. 管理学原理 [M]. 成都：电子科技大学出版社，2003.
[26] 王凤彬. 管理学 [M]. 北京：中国人民大学出版社，2000.